中国近代名人股票鉴藏录

陈伟国
任良成 编著

上海大学出版社

图书在版编目（CIP）数据

中国近代名人股票鉴藏录 / 陈伟国，任良成编著
—上海：上海大学出版社，2012.11
ISBN 978-7-81118-329-0
Ⅰ．①中... Ⅱ．①陈...②任... Ⅲ．①股票—收藏—中国—近代 Ⅳ．①G894

中国版本图书馆 CIP 数据核字（2012）第 238570 号

选题策划：尚水文化
责任编辑：庄际虹
技术编辑：金 鑫 章 斐

中国近代名人股票鉴藏录

编著 陈伟国 任良成

出版 上海大学出版社
地址 中国上海市上大路 99 号
邮编 200444
网址 http://shangdapress.com
发行 上海大学出版社
印刷 上海春秋印刷厂
版次 2012 年 11 月第 1 版
印次 2012 年 11 月第一次印刷
开本 787 × 1092 1 / 12
字数 450 千字
印张 27.5

ISBN 978-7-81118-329-0/G·924 定价：600.00 元

往事并不如烟……

前言

证券市场是市场经济发展的产物。而股份公司和股票是推动证券市场发展的两个“轮子”。也就是说，证券市场的产生与发展是和股份公司以及股票的诞生与发展密不可分的。股份制企业作为一种新的企业组织形式，对社会化大生产起到了巨大的推动作用。正如马克思所说：“假如必须等到积累去使某些单个资本增长到能够修建铁路的程度，那么，恐怕到今天世界上也没有铁路，但是集中通过股份制公司转瞬就把这件事完成了。”

中国是世界上封建社会延续较长的为数不多的国家之一，封建社会的生产方式严重阻碍了证券市场的形成。但是，中国的证券发展历史却是源远流长的。

证券产生的历史在中国最早可以追溯到春秋战国时期，当时诸侯国家向大户的举债和王侯给平民老百姓的放债，形成了最早的债券。汉唐以后，国家因军需临时向商贾举借巨款的事情已不再是偶然现象。随着商业的发展，飞钱、汇票、当票等商业票据的出现，证券品种更加丰富多彩。值得一提的是，到了明清时期，在一些投资大、收益高且又具有较大风险的行业，如上海沙船业、四川井盐业、云南广东的矿业和山西金融业，已经较多地采用“招商集资、合股经营”的企业组织形式了。这种企业组织形式明显地具有资本主义的股份制特征，而“集资合股”者之间签订的载明权利与义务的契约，则是中国最早的股票雏形。当然，中国真正具有现代意义上的证券的出现，则是在 19 世纪 40 年代以后的事情了。

证券市场产生的基本条件，一是要有股份公司和股票的产生，二是要有供股票流通和交易的场所。如同英国的证券市场诞生于咖啡馆、美国的证券市场形成于梧桐树下一样，中国近代证券市场开始于茶楼。由于英国资本主义发展较早，咖啡馆成为英国人消费和社交的重要场所，自然而然也就成了证券的最初交易场所；美国是世界文化的熔炉，来自五湖四海的人在梧桐树下闲谈纳凉，从而诞生了《梧桐树协议》；茶文化是中国文化特色之一，茶楼成为人们休闲和传播消息的重要场所，是否有茶楼协议还无从考证。

如果说 1872 年开始筹办的轮船招商局是中国近代证券史上发行的第一张股票的话，到目前中国证券市场的发展已经一百四十余年了。在此期间，发行的股票数已无从统计，但是数量众多是毫无疑问的。由于年代久远，纸质的股票能够流传至今的，更是少之又少。尽管改革开放以后，也有不少著作从整理、挖掘中国近代证券文化遗产的角度，对中国证券市场作了深入的研究，也出版了不少的作品，但是，从文化、名人、收藏与鉴赏的角度对中国近代股票进行整理的著作还是很少的。

出于这样的思路和想法，我们开始精心策划和筹备，经过几年准备，《中国近代名人股票鉴藏录》一书终于和大家见面了。

本书分门别类地整理了中国近代证券市场公开发行过的老股票。它们是：(1) 工业篇。在这一篇中，有“中国商父”盛宣怀主办的汉冶萍煤铁厂矿股份公司股票；有“实业兴邦第一人”唐廷枢的开平矿务局股票；有“商海巨子”朱葆三的上海华商电气公司股票；有“著名外交家”颜惠庆的信和纱厂股票、久安实业公司股票；有蒋介石“文胆”陈布雷的五和织造厂股票；等等。(2) 金融业篇。在这一篇中，有“晚清著名士绅”李平书的华成经保火险公司股票；有“中国摩根”陈光甫的上海商业储蓄银行股票；有“金融巨子”胡笔江的交通银行股票；有“一代枭雄”袁世凯的中国银行股票；有“国民党金融之父”宋子文的交通银行股票；有“皇亲国戚”孔祥熙的中国国货银行股票；有“国民党教父”陈果夫的中央合作金库股票；有“民国奇人”张静江的通义实业银行股票；有“民国第一总理”熊希龄的中国实业银行股票；有“海上闻人”杜月笙的中汇银行股票、中国通商银行股票；等等。(3) 商业篇。在这一篇中，有“中国百货之父”马应彪的上海先施公司股票；有“百货大王”郭乐的上海永安公司股票、永安纺织公司股票；有“烟草大王”简照南、简玉阶的南洋兄弟烟草公司股票；有“食品大王”冼冠生的冠生园食品公司股票；等等。(4) 公用事业篇。在这一篇中，有“状元实业家”张謇的苏省铁路股票、大生第一纺织公司股票；有“北洋实业导师”周学熙的京师自来水公司股票；有“铁路之父”詹天佑的广东粤汉铁路公司股票；有“中国船王”卢作孚的民安产物保险公司股票；等等。(5) 文化娱乐业。在这一篇中，有“革命先行者”孙中山的民智书局股票、上海古玩书画金石市场股票；有“文化巨匠”梁启超的上海广智书局股票；有“出版耆宿”张元济的上海商务印书馆股票；有“出版巨擘”陆费逵的中华书局股票；有“和平老人”邵力子的中国青年出版社股票、开明书局股票；有“一代报王”史量才的申报馆股票、民生纺织公司股票；有“报业巨擘”胡政之的大公报股份公司股票；等等。

这些老股票与文化名人的分类尽管有的有交叉，但是，还是大致涵盖了中国近代证券市场中股票发行的大致情况与发展脉络，从中也可以看出本书所具有的鲜明特色：

一是时代性。中国近代经济史也是一部中国经济转型史。几千年的封建经济体制受到资本主义生产萌芽的冲击，尽管转型很艰难、有阵痛，但是经济的转型带来了社会的深刻变化。

如果深入研究我们收录的老股票，你就能深深领会到中国近代史上这种变革。每一张老股票背后都深藏着一个发人深省、感人肺腑的故事；每一张老股票都记载了岁月的沧桑；每一张老股票上都烙上了一个在政治、经济、文化等领域叱咤风云的历史人物，他们披荆斩棘、筚路蓝缕，冲破封建势力的重重束缚，在中国古老的土地上创新了生产方式、经营方式。

二是文化烙印。这也是我们收集整理中国近代名人老股票的初衷之一。中国近代老股票的历史也是一部中国近代文化的发展史。且不说，这里收藏的股票中的叱咤风云几十年的政治、经济方面的翘楚，单是那些直接从事文化事业的近代文化名人，就使我们这本厚重的图书增添了浓重的文化色彩——深深地烙上了中国近代文化印迹。

三是老股票鉴赏价值。本书中收录的老股票之所以具有很高的收藏价值和市场价值，其鉴赏价值也是重要原因。收藏爱好者之所以热衷于收藏某种物品，其诱人的魅力是藏品的价值。但是，老股票除了其诱人的收藏价值之外，还具有很高的欣赏价值。每一张老股票印制精美，图案各异，都蕴含着各个历史时期大量的政治、经济、文化、民俗等信息，爱好者通过对老股票图案的研究，不但可以增长历史知识，而且还可以提高自身的文化素养，这是老股票的鉴赏价值之所在。

四是文化传承价值。每一张老股票都记载了一段历史时期的经济、文化发展状况，记录了岁月的沧海桑田；每一张老股票都是一段名人传记。我们试图从传承中国文化的高度，以“名人与股票”的视角，来展示中国近代证券市场发展的历史画卷。从这些弥足珍贵的老股票中，我们以更宽广的视野和更深的精神境界，审视中国近代史上博大精深的文化底蕴。

当然，以上构想只是我们编写这本《中国近代名人股票鉴藏录》的初衷，至于能否或者是否达到了这一高度，由于我们的认知水平和专业能力的局限，还请读者朋友提出批评意见。抑或由于成书心切而又才疏学浅，书中还有谬误之处，还望各位读者指正和谅解。

编　者

2012 年 9 月

目 录

金融业篇

商业篇

公用事业篇

文化娱乐业篇

工业篇

1.“中国商父”

盛宣怀

盛宣怀，字杏荪，别号愚斋，晚号止叟，江苏常州人，被称为“中国商父”、“中国近代工业之父”。

盛宣怀（1844 ~ 1916 年）

盛宣怀是中国近代工业史上一个传奇式的人物，他不仅是中国近代民族工业和洋务运动的开拓者与奠基人，也是中国近代工业史和洋务运动史的缩影，极大地影响了中国近代工商业及教育文化业的发展，因而被后人称为“中国商父”、“中国近代工业之父”。

盛宣怀开始是在李鸿章军前当幕僚，后以襄助李鸿章主办洋务企业起家，成为晚清政府的重要官员。盛宣怀一生中最重要的角色是实业家，他苦心经营 40 年，从一个军营文秘成长为掌握国家十几个垄断企业的实业界巨人。中国近代实业发展中众多的“第一”与盛宣怀的名字联系在一起：中国第一家商业银行——中国通商银行、中国第一家轮船航运企业——轮船招商局、第一家电报公司——中国电报总局、中国第一家葡萄酒厂——张裕葡萄酒厂、中国第一家内河小火轮航运公司——山东内河小火轮航运公司、中国第一所工科大学——北洋大学堂（天津大学的前身）、中国第一个正规师范学堂——南洋公学堂（上海交通大学的前身）等都是盛宣怀创办的。他还是中国第一任红十字会会长。

1907 年盛宣怀奉召进京，次年被任命为邮传部右侍郎。1910 年袁世凯被免职后，盛宣怀受到重用，1911 年升为邮传部尚书，次年为皇族内阁邮传部大臣。他建议将各省自己建立的铁路、邮政转为中央领导，这个措施遭到了许多地方的反对，四川、广东、湖南和湖北发生了保路运动，盛宣怀命令各地加以镇压。1911 年 10 月 10 日武昌起义爆发后，盛宣怀被革职移居大连，永不再用，他逃亡日本神户。1912 年秋，盛宣怀受孙中山之邀回到上海，继续主持轮船招商局和汉冶萍公司。1916 年 4 月 27 日，盛宣怀病逝于上海，终年 72 岁。

设在上海的汉冶萍公司总事务处大楼

汉冶萍公司的全称是“汉冶萍煤铁厂矿有限公司”，始建于1890年，由清朝两广总督张之洞创建；1896年11月起，由清末大臣盛宣怀接办。1908年，盛宣怀奏请清政府批准，合并公司下属的汉阳铁厂、大冶铁矿和萍乡煤矿，成立汉冶萍煤铁厂矿股份有限公司，总部设在上海，地址在四川路33号。汉冶萍公司历经官办、官督商办、商办三个阶段，它是中国最早的钢铁联合企业，也是我国第一个跨地区跨行业的集团公司，当时的钢铁产量占清政府全年钢铁产量的90%以上。汉冶萍煤铁厂矿有限公司成立后，招募新股1 500万元（银元，下同），连老股共2 000万元，分为40万股（其中头等优先股6万股，二等优先股14万股，普通股20万股），每股50元。

汉冶萍煤铁厂矿有限公司股票（图1）发行于民国二年（1913年），由上海商务印书馆代印，主基色为黄色，是清朝最盛行的色彩，给人以庄重、大气的感觉。该套股票由正张和副张（图2）两部分组成，副张主要是每年的股息付讫记录。值得注意的是，在正张中三位公司高级管理人员的签名都没用印章，而是手写的。据说上面“盛宣怀”三个字就是他本人的手迹。

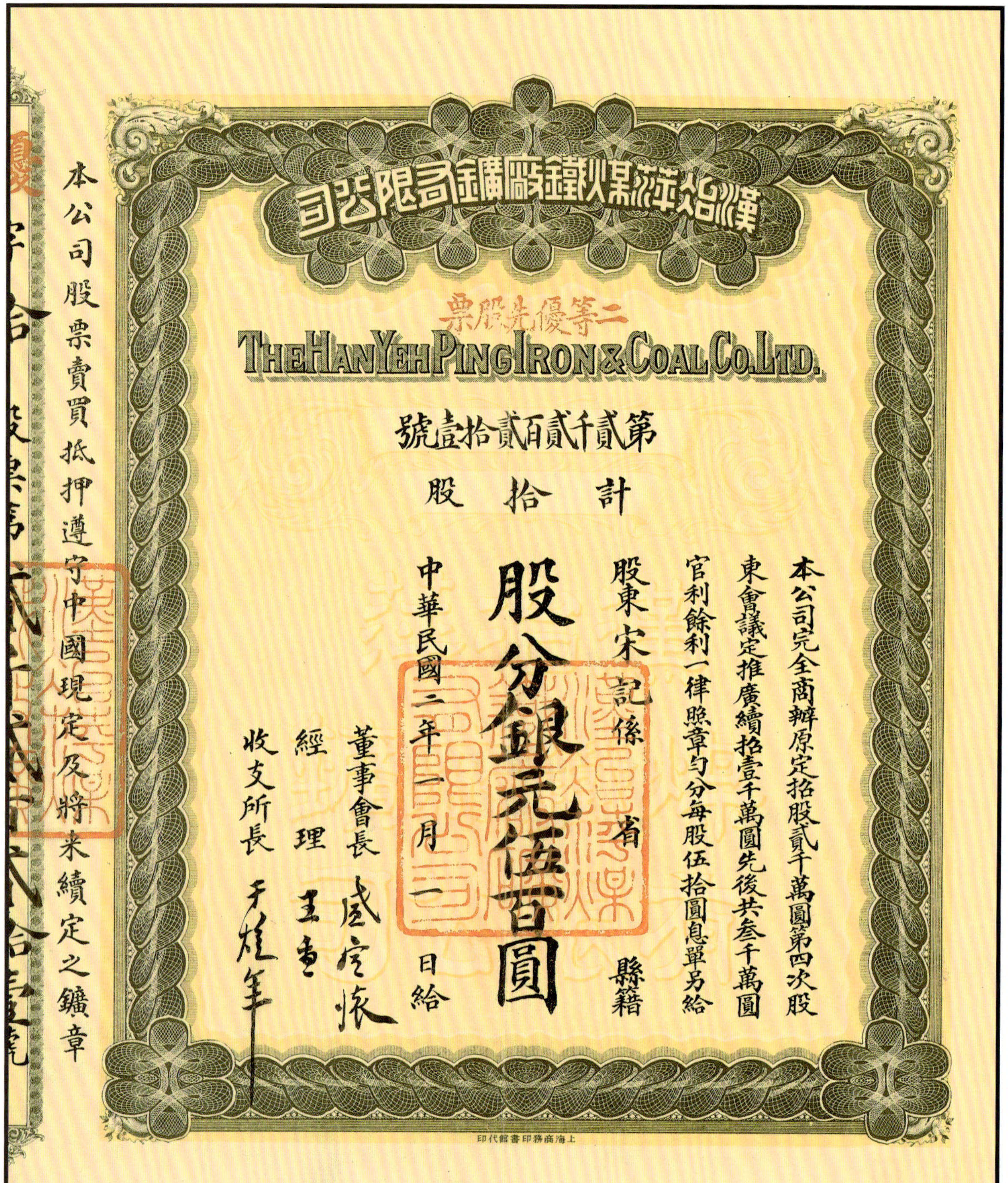
漢冶萍煤鐵廠鑛有限公司
二等優先股票
THE HAN YEH PING IRON & COAL CO. LTD.
第貳千貳百貳拾壹號
計拾股
本公司完全商辦原定招股貳千萬圓第四次股東會議定推廣續招壹千萬圓先後共叁千萬圓官利餘利一律照章勻分每股伍拾圓息單另給
股東宋記係 省 縣籍
股分銀元伍百圓
中華民國二年一月一日給
董事會長 盛宣懷
經理
收支所長
本公司股票賣買抵押遵守中國現定及將来續定之鑛章
上海商務印書館代印

图1 汉冶萍煤铁厂矿有限公司股票

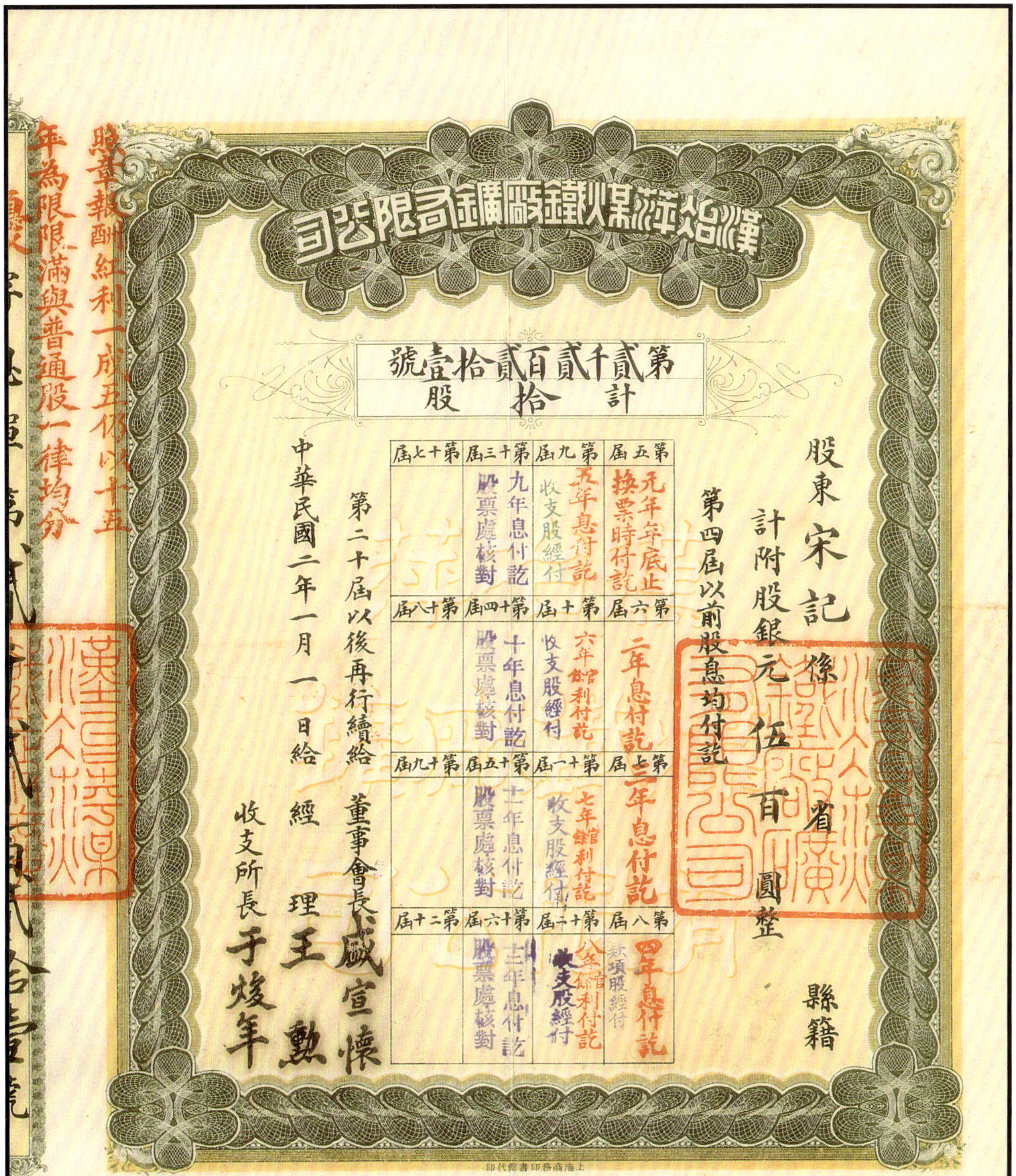

图2 汉冶萍煤铁厂矿有限公司股票

2.“实业兴邦第一人”

唐廷枢

唐廷枢（1832 ~ 1892 年）

唐廷枢，字建时，号景星，亦作镜心，广东省香山县唐家湾（今属珠海市）人，我国民族工业的奠基者之一、洋务运动的代表人物之一，中国近代史上著名的洋行买办，中国煤矿之父。

唐廷枢是一个集买办、洋务派和民族资本家等多重身份于一身的人物。他一生中创下了许多个中国第一：他主持修建了中国第一条国有铁路；创办了中国第一家水泥厂；开办了第一家由中国人办的保险公司；编纂了中国第一部英语词典和教科书等。

唐廷枢少年时期在香港的马礼逊教会学堂接受过6年教育，学得一口好英语。1851 年起，他在香港英国殖民政府当了 7 年翻译，后又在上海海关担任了 3 年高级翻译。1861 年唐廷枢离开海关，在怡和洋行代理生意，两年后升任怡和洋行总买办，从此开始了他的买办生涯。

1873 年，唐廷枢离开怡和洋行，参加了由直隶总督李鸿章主办的上海轮船招商局的改组工作，并担任总办。1875 年他与徐润等人创办了保险招商局，此后成立仁和水险公司、济和水火险公司，1886 年两家合并成为“仁济和保险公司”，开创了中国保险业的先河，因此，唐廷枢也被称为“中国保险业之父”。

唐廷枢自步入实业界后，一生曾自营、合营或受清政府委托兴办了 47 家大小企业，其中居“中国第一”的企业就有 6 家。在这 6 家中，创办最艰难、成就最辉煌的企业就是开平矿务局。1876 年唐廷枢受李鸿章的委派，开始筹办开平煤矿。作为开平煤矿的附属部分，中国自营的第一条铁路——开平铁路、中国自营的第一家水泥厂——唐山细棉土厂，也是在唐廷枢的倡议和主持下兴办的。

1892 年 10 月 7 日，60 岁的唐廷枢在天津病故。在他病故的第二天，上海最早的英文报纸《北华捷报》发表纪念文章，赞扬“他的一生标志着中国历史上的一个时代”。李鸿章也说过：“中国可无李鸿章，但不可无唐廷枢。”

开平矿务局创办的唐山细棉土厂，后更名为启新洋灰公司

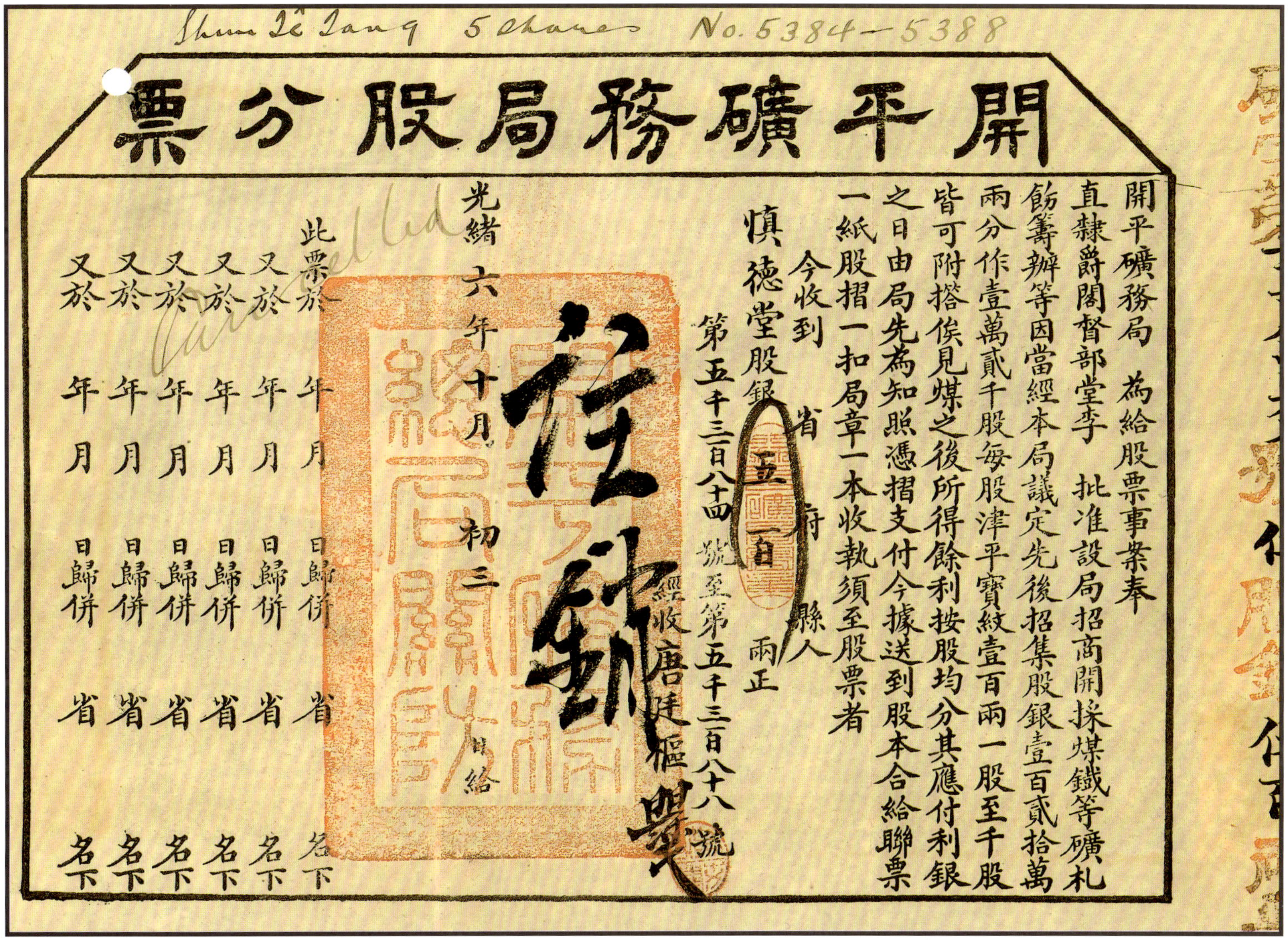
Shun Te Tang 5 shares No. 5384—5388

開平礦務局股分票

開平礦務局 為給股票事案奉
直隸爵閣督部堂李 批准設局招商開採煤鐵等礦札
飭籌辦等因當經本局議定先後招集股銀壹百貳拾萬
兩分作壹萬貳千股每股津平寶紋壹百兩一股至千股
皆可附搭俟見煤之後所得餘利按股均分其應付利銀
之日由局先為知照憑摺支付今據送到股本合給聯票
一紙股摺一扣局章一本收執須至股票者
今收到 省 府 縣人
慎德堂股銀 五百 兩正
第五千三百八十四號至第五千三百八十八號
經收唐廷樞
光緒六年十月初三日給

此票於 年 月 日歸併 省 名下
又於 年 月 日歸併 省 名下
又於 年 月 日歸併 省 名下
又於 年 月 日歸併 省 名下
又於 年 月 日歸併 省 名下
又於 年 月 日歸併 省 名下

Cancelled

图 3 开平矿务局股分票

光绪二年（1876 年）9 月，李鸿章派轮船招商局总办唐廷枢筹办开平矿务局，并拟定《直隶开平矿务局章程》，招商集股。1878 年 8 月，开平矿务局在唐山开平镇成立，1881 年正式投产，它是中国近代第一家官督商办的大型煤矿企业。1892 年唐廷枢去世后，由江苏候补道张翼接任总办。1900 年英商墨林公司借八国联军的武力威慑诱骗张翼，攫取了开平矿务局，改名“开平矿务有限公司”。1912 年，开平矿务局和滦州煤矿公司合并成立开滦矿务局。

开平矿务局股份票（图 3）发行于光绪六年（1880 年）十月初三，先后招股银 120 万两，分作 12 000 股，股票正面有经手人“唐廷枢”的名字；股票反面（图 4）为当时开平矿务局的实景。开平矿务局股份票是目前发现的年代最早的中国实物股票。

图4 开平矿务局股分票

3.“西药宗师”

顾松泉

顾松泉(1857～1926年),字征锡,上海人,我国早期著名实业家,是我国最早在西药生产经营中使用商标(“中西”牌)的人,被誉为“西药宗师”。

光绪十四年(1888年),在上海的福州路、山西路口,出现了上海第一家医药商店——中西大药房,它的创始人就是顾松泉。

光绪三年(1877年),20岁的顾松泉由于英文基础较好,顺利地考入了由英商创办的上海大英医院(药房),并在该药房从事药品配方工作。由于他勤奋好学、刻苦钻研,一段时间后便掌握了西药调配技能和业务经营方法。后来顾松泉认为上海的药房只有外商而无国人开设,如果筹办一家华商药房,营业前途必定可操胜券。于是在光绪十三年(1887年)11月,他辞去大英医院(药房)的职务,与同事徐亦庄、徽州人程尧臣等人合伙筹备创设西药房。1888年六月初一,上海第一家华商西药房“中西大药房”开张营业。光绪三十二年(1906年),顾松泉将中西大药房改组为“中西大药房股份有限公司”,资本增至5万元,从业人员增至30人,并开始在本外埠设分支店、联号,年营业额约20万银元,成为当时上海一家有相当名气的西药房。

顾松泉晚年曾将经营中西大药房积累起来的资本转向投资面粉业,这时他已年过60,儿子又庸懦无能,不得不把药店的业务委托给内弟负责。而内弟在主持中西大药房期间,吃喝嫖赌,因而使药房业务日趋衰落。顾松泉唯恐夜长梦多,遂决意出让中西大药房。1923年9月11日,顾松泉将中西大药房的牌号、生财、存货共作价5万银元(其中2万银元系牌号、3万银元系存货),盘给了中法大药房的老板黄楚九。1926年顾松泉因病去世,终年69岁。1931年1月,我国近代著名“药品大王”黄楚九病逝,中西大药房与“中西”商标由周邦俊盘进。

中西大药房旧址(今上海福州路、山西路口)

中兴机器面粉厂创立于1904年，由顾松泉、朱葆三、贝润生等人在上海创建。1915年荣宗敬、荣德生兄弟收购了中兴机器面粉厂股份，改名“福新面粉四厂”。中兴机器面粉有限公司股票（图5）发行于清光绪三十一年（1905年）2月，值年总董：徐士修、朱佩珍（即朱葆三）、胡光铭、赵荣昌、程宏弼，办事值年总董顾徵锡（即顾松泉），总经理王芬。值年总董和办事值年总董的名称是第一次在老股票中出现。中兴机器面粉有限公司股票的设计为西洋式，股票正面呈边框和四角设计，在四角上画有四位“西洋女”。股票的正面设计成竖式（中文），背面设计成横式（英文），股票正反两面一竖一横，并且有中英文对照，据说这样的设计是出自当年“商海巨子”朱葆三的构想。

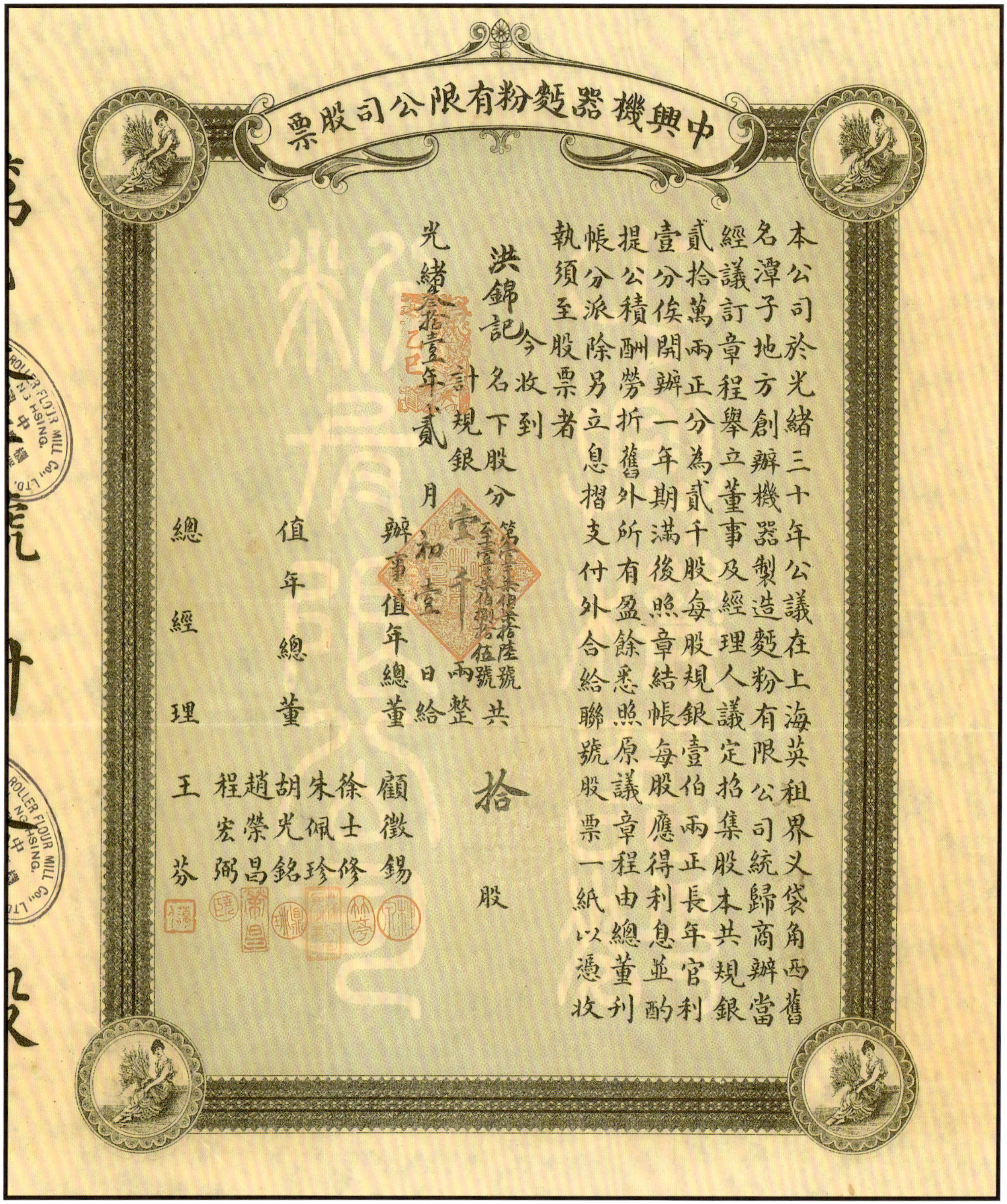
中興機器麪粉有限公司股票

本公司於光緒三十年公議在上海英租界乂袋角西舊名潭子地方創辦機器製造麪粉有限公司統歸商辦當經議訂章程舉立董事及經理人議定招集股本共規銀貳拾萬兩正分為貳千股每股規銀壹伯兩正長年官利壹分俟開辦一年期滿後照章結帳每股應得利息並酌提公積酬勞折舊外所有盈餘悉照原議章程由總董刊帳分派除另立息摺支付外合給聯號股票一紙以憑收執須至股票者

今收到 洪錦記 名下股分第　號至　號共 拾 股 計規銀壹千兩整

光緒叁拾壹年貳月初壹日給

辦事值年總董 顧徵錫

值年總董 徐士修 朱佩珍 胡光銘 趙榮昌 程宏弼

總經理 王芬

图5　中兴机器面粉有限公司股票

始創於公曆一八八八年

中西大藥房股份有限公司股票

設立登記　二十一年四月七日
執照號數　重字第四〇二號
資本總額　國幣壹仟萬圓
股份總數　壹佰萬股
每股金額　國幣拾圓
繳股方法　一次繳足

文同　股東

股份壹佰股計國幣壹仟圓整

董事長兼總經理
董事
董事
董事
董事

中華民國三十三年五月一日發給

第　　號

图 6　中西大药房股票

中西大药房创立于光绪十四年（1888 年）六月初一，总店设在上海福州路 313 号，工厂设在虹口东有恒路 1193 号，1915 年前后迁至福州路 272 号中和里口，最早使用的西药商标是“中西”牌。当时与顾松泉合伙的友人为药房取名“中国大药房”，但是顾感到“中国”两字不能体现出自己经营的商品，即西药的性质，于是友人又提议将“中国”改称“申西”，即药房开设在上海，上海简称“申”，再加上一个“西”字，说明经营的是西药。但顾松泉认为“申西”两字不够响亮，且地域范围有限，最后他确定了“中西大药房”这个名称，而英文招牌仍为“Great China Dispensary”。

中西大药房股份有限公司股票（图 6）发行于 1944 年 5 月 1 日，周邦俊任董事长兼总经理，股东是该公司的董事周文同。这张股票上的大楼图案，就是上海福州路 313 号（河南中路口）的中西大药房总店，现在是上海市医疗器械批发部大楼（上海市河南中路 220 号）。

4. “孙 氏 望 族”

孙多森

孙多森（1867 ~ 1919 年）

孙多森，字荫庭，安徽寿州人，清末民初孙氏家族中的佼佼者、著名实业家。孙多森、孙多鑫兄弟创办的上海阜丰面粉厂是中国第一家华商机制面粉厂。

提起旧中国的机制面粉业，大多数人首先想到的恐怕是荣宗敬、荣德生兄弟的福新面粉厂，其实中国最早的华商机制面粉厂是 1898 年由孙多森与其兄孙多鑫在上海创办的阜丰面粉厂。

孙氏家族为仕宦世家，在安徽寿县地区是规模最大的家族，因在寿县约占有一半的土地，故在当地有“孙半城”之称。孙氏家族有着得天独厚的政治背景，他们的祖父是清朝状元孙家鼐，后来做了光绪皇帝的老师，也是京师大学堂（今北京大学）的创办人。他们的外祖父是两广总督李瀚章，也就是李鸿章的大哥。孙多森、孙多鑫兄弟之所以创办阜丰面粉厂，是因为看到外商 1894 年在上海杨树浦开办的增裕面粉厂生意兴旺，每年要赚去中国人 70 万～ 150 万两的关银。孙氏兄弟一眼就看准了机制面粉市场的广阔前景，他们花了 22 万美金从美国进口了全套机器设备，1900 年正式投产，日产面粉 2 500 包。到 1936 年，阜丰厂日产面粉 4.7 万余包，占全国民族资本面粉厂的 11%，成为当时中国最大的华商机制面粉厂。

1915 年 8 月，孙多森北上协助袁世凯创办官商合股的通惠实业有限公司。此后几年，孙又在天津开设中孚商业银行、在山东济宁开设面粉厂、在河南新乡开办通丰面粉厂、在山东烟台开设通益精盐公司，还在哈尔滨投资创办通森采木公司等。所有这些企业以通惠实业公司、中孚商业银行和阜丰面粉公司为主，所以被人们统称“孚丰集团”。1919 年 8 月，孙多森因患糖尿病等并发症，医治无效，在天津去世，年仅 52 岁。

上海阜丰面粉公司旧址

阜豐機器麵粉股份有限公司

股份第　　號

股票第　　頁

阜豐機器麵粉股份有限公司為發給股票事查本公司創辦於前清光緒二十四年稟奉前商部批准在上海開設機器麵粉廠令屆二十年營業期滿復經股東會議決繼續營業三十年另案呈請 政府註冊改足資本額為國幣壹百萬圓分為壹萬股每股壹百圓長年正利柒釐併照章分配紅利今收到

宋子文 拾 股計壹千圓

除發給息票外合發股票收執須至股票者

董事 孫穉筠 孫勉成 孫履平 孫章甫 顧竹侯 孫養儒 孫景西

總理孫章甫

經理孫景西

中華民國九年三月　日

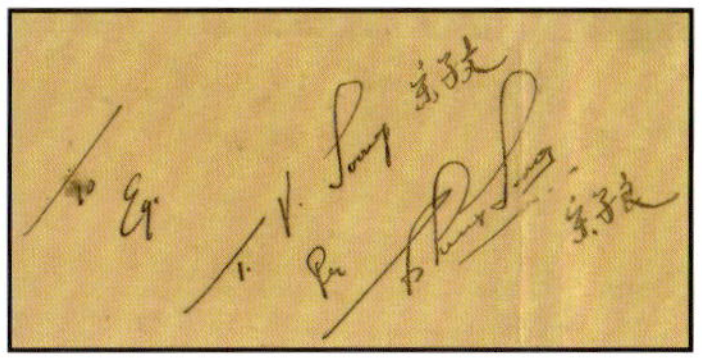

图 7　阜丰机器面粉股份有限公司股票

阜丰机器面粉厂创建于 1898 年，由安徽寿州（今寿县）孙多鑫、孙多森兄弟创办，1900 年建成投产，厂址在今上海莫干山路 120 号。1956 年，阜丰机器面粉厂和荣宗敬、荣德生兄弟创办的福新面粉厂合并为上海阜丰福新面粉厂，1966 年更名为上海面粉厂。阜丰机器面粉股份有限公司股票（图 7）发行于 1920 年 3 月。该股票有一个引人注目的地方：在董事、总理、经理一栏里，9 人中有 8 人姓孙，是一个典型的家族企业，其中总理孙章甫、董事孙稚筠是孙多森的弟弟。这张股票的股东是国民党“四大家族”之一的宋子文，股票背面还有宋子文及其弟宋子良的中英文亲笔签名，很具研究收藏价值。

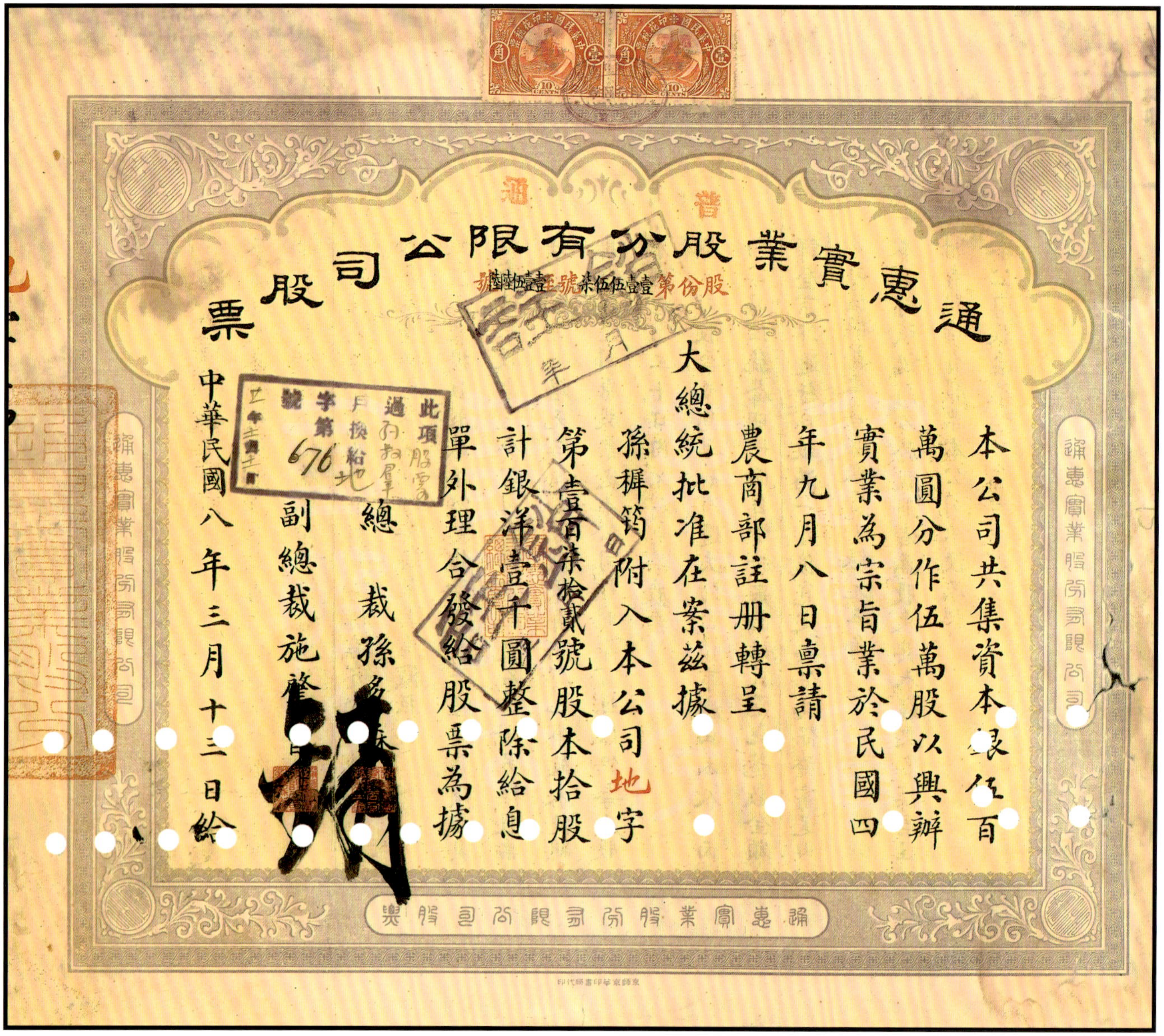
通惠實業股份有限公司股票

普通

本公司共集資本銀伍百萬圓分作伍萬股以興辦實業為宗旨業於民國四年九月八日稟請農商部註冊轉呈大總統批准在案茲據孫撰筠附入本公司地字第壹百柒拾貳號股本拾股計銀洋壹千圓整除給息單外理合發給股票為據

總裁孫多森

副總裁施肇曾

中華民國八年三月十三日給

图 8 通惠实业股份有限公司股票

通惠实业股份有限公司股票（图 8）发行于 1919 年 3 月 13 日，总裁孙多森。“总裁”的称谓在老股票中是不多见的。

5.“煤铁大王”

周廷弼

周廷弼（1851 ~ 1923 年）

周廷弼，字舜卿，无锡人，近代工商巨子，被誉为“煤铁大王”。

周廷弼生于无锡周南镇的一个小地主家庭里，因生活所迫，他在13岁时就离开家庭，跟随族叔周晓亭前往上海，在同乡丁明奎开设的利昌煤铁行当学徒。那时，利昌煤铁号经常与外商做生意，周廷弼深感通晓英语的重要，便在业余时间进夜校学习英语，掌握了一般的英语会话。有一次，周廷弼在路上拾到一张1 000元的巨额支票，失主是英商大明洋行的大班帅初。这位贫困家庭出身的孩子马上登门奉还，这使帅初非常器重周廷弼的高尚品德，便聘任他为大明洋行雇员。不久，帅初回国，3年后，帅初因病去世，他的儿子来上海料理父亲遗产，除取回历年盈余3万两银外，其余资财悉数赠与周廷弼，周廷弼的命运从此发生了决定性的变化。

周廷弼有了巨额资金以后，长袖善舞，既在升昌煤铁号旁开设了震昌煤铁号，又在国内的牛庄、汉口、镇江、常州、无锡、苏州等地和日本的长崎开设分号，这些“昌”字号的煤铁行，主要经营钢铁等商品，利润十分丰厚，这时周廷弼已成为全国工商业资本家中少有的百万富翁，被誉为中国的“煤铁大王”。周廷弼并不满足于已有成就，1904年他出资8万两银子，在自己的家乡开设裕昌丝厂，接着又和无锡巨子薛南溟合股，在上海七浦路创办永泰丝厂，还在苏州开设苏经丝厂和苏纶纱厂。1906年，周舜卿集资银50万两，在上海开办信成银行，这是中国第一家私营商业储蓄银行。周廷弼虽是豪富，生活却十分俭朴，长年青鞋、布袜，晚年笃信佛教。1923年7月20日，我国近代工商巨子周廷弼在家乡病逝，享年72岁。

1911 年，周廷弼与朱葆三、周晋镳等人在上海西苏州路 1396 号创办大有榨油股份有限公司，1922 年改名为“大有机器榨油股份有限公司”。大有机器榨油有限公司股票（图 9）发行于 1911 年 4 月初一，周廷弼任总理。股票上有当时最先进的榨油机图案。

大有機器榨油有限公司

上海大有榨油有限公司為

給發股票事照得本公司招集資本

規銀拾萬兩分作壹千股每股規銀

壹百兩稟奉

農工商部批准立案作為有限公司

辦理茲承股東

金鴻記君　省　縣州　人交到股

本規銀五百　兩計五股除另

給息摺以便遵章取息外合給股票

以資信守須至股票者

宣統叁年四月初壹日給

總理周廷弼

協理

董事

周晉鑣　朱佩珍　吳澐

周肇甫　李鍾珏　李經灃

大字第壹百叁拾五號

上海小沙渡大有機器榨油有限公司

图 9　大有机器榨油有限公司股票（罗天生先生藏品）

6.“富甲王侯”

徐润

徐润（1838 ~ 1911 年）

徐润，又名以璋，字润立，号雨之，别号愚斋，拱北北岭村（今珠海）人。中国近代民族工商业的代表人物之一，国货内衣的首创者，近代中国著名的买办、实业家，被誉为“近代中国茶王”和上海“地产大王”。

20 世纪初，一位在上海滩被称作“富甲王侯”的商人，在上海静安寺附近兴建了一座私宅，名为“愚斋”，愚园路由此而得名。这位富商就是中国近代民族工商业的代表人物之一徐润（徐雨之）。

在 19 世纪末，中国还没有“汗衫”这种内衣，所以每到炎夏季节，大家唯一的御暑办法便是赤膊。可是“赤膊”毕竟很不雅观，徐润于是便设厂制造了一种空花汗衫，当时被称为“景纶衫”。现在，每当我们穿起汗衫的时候，就会想起中国第一家内衣工厂——景纶衫袜厂的创始人徐润。徐润曾被李鸿章誉为“创办新式企业的特殊人才”。他一生从事实业活动达 60 年之久，经营过的企业不下 40 家，如创办了招商轮船局、中国第一家保险公司、第一家机器印刷厂、第一家机械化煤矿，还被誉为“近代中国茶王”和上海“地产大王”。

徐润不仅是个成功的商人，他对文化事业也贡献巨大，诸如创办格致书院、仁济医院、中国红十字会等，其中影响最为深远的是选派中国幼童赴美留学和创办同文书局。徐润与容闳既是同乡又是宝顺洋行的同事。从 1872 年到 1875 年，容闳、徐润选定 120 名幼童，由徐润等人作担保，前后分四批送到美国留学，94 人学成回国，其中知名人物有近代中国铁路之父詹天佑、清代爱国将领邓世昌、民国政府首任总理唐绍仪等。

1882 年，徐润兄弟在上海熙华德路（今长治路）集股创办同文书局，开创了中国现代印刷业的先河。同文书局自 1882 年创办到 1898 年歇业，短短十几年，用石版印刷术印刷了《古今图书集成》、《殿版二十四史》、《资治通鉴》、《康熙字典》等重要典籍，发掘和保存了祖国的文化遗产。

徐润中年以后一直被肺疾所困扰，在 71 岁时不得不退出政界和商界后，就其一生所为，写成《徐愚斋自叙年谱》与《上海杂记》两书，最后于 1911 年 3 月在上海辞世，享年 73 岁。

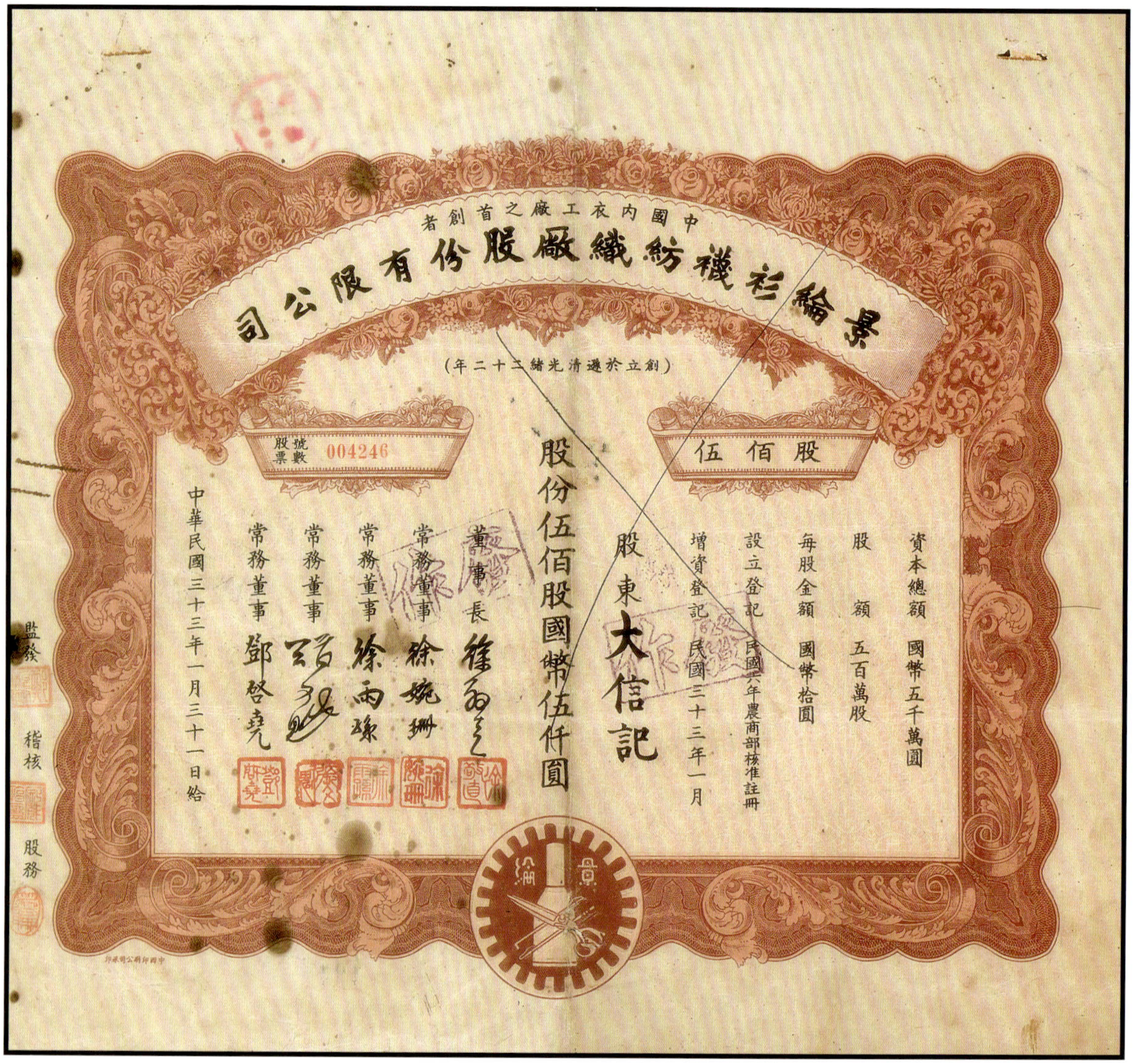

图 10 景纶衫袜纺织厂股份有限公司股票

景纶衫袜纺织厂原名“云章袜衫厂”，创建于1896年，由杭州人吴季英在上海独资经营，1902年由徐润（徐雨之）接办，改名“景纶衫袜纺织厂”，厂址在上海狄思威路（今溧阳路）284号。1911年徐润不幸病逝，由徐霞村继任，1917年改组为股份有限公司。1933年徐霞村去世，由徐润的孙子徐雨孙继任总经理。景纶衫袜纺织厂是中国最早的内衣企业，该厂生产的“鹿头”牌袜子曾获在英国伦敦举办的首届世博会大奖。

景纶衫袜纺织厂股份有限公司股票（图10）发行于1944年1月31日，这时徐润早已去世，但我们在这张股票上仍可以看到徐润的二女儿徐婉珊和徐润的孙子徐雨孙的名字。这时徐雨孙为总经理、徐婉珊为常务董事（她还是上海市启秀实验中学的创始人）。这张看上去毫不起眼的景纶衫袜厂股票，实际上凝聚了徐润、徐婉珊、徐雨孙这一家三代人呕心沥血、筚路蓝缕的人生奋斗经历。该股票的下面是凹凸版的齿轮型公司标记，齿轮中的“轮”与景纶中的“纶”谐音。

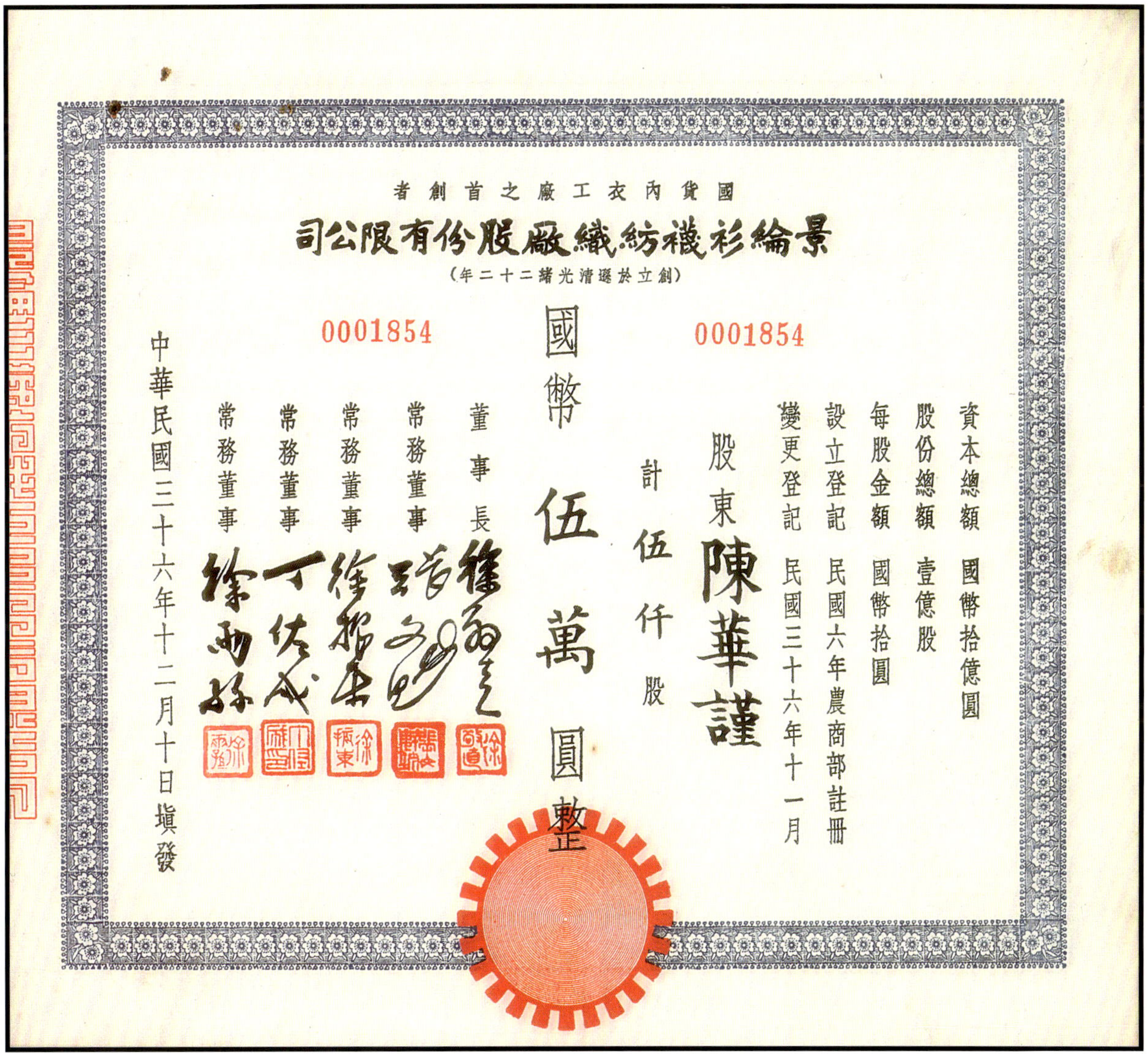

图 11 景纶衫袜纺织厂股份有限公司股票

7."商海巨子"

朱葆三

朱葆三（1848 ~ 1926 年）

朱葆三，名佩珍，字葆三，浙江定海人，清末民初实业"巨鳄"，"宁波帮"的早期领袖之一。

在上海外滩附近，有一条不足 100 米的小马路——溪口路，当年曾被命名为"朱葆三路"。这是 1926 年 9 月 2 日朱葆三在上海病逝后，法租界公董局为了表彰朱葆三的功绩，破例命名朱葆三创办的华安水火保险公司所在马路为"朱葆三路"。这是上海以中国人名字命名的第一条马路。

朱葆三 13 岁那年，母亲就托人把朱葆三带到上海学生意。1890 年前后，他受雇于英商平和洋行，成为一个买办。从 19 世纪末开始，朱葆三接二连三地甩出了大手笔：

投资或参股创办金融业，如中国通商银行、浙江实业银行、四明银行、华安保险公司、华成保险公司、华安合群人寿保险公司等；

投资或参股创办交通运输业，如宁绍轮船公司、长和轮船公司、永安轮船公司、舟山轮船公司、大达轮埠公司等；

投资或参股创办公用事业，如上海华商电车公司、舟山电灯公司、上海内地自来水厂、汉口自来水公司、广东自来水厂等；

投资或参股创办工矿企业，如中兴机器面粉厂、上海华商水泥公司、长兴煤矿公司、大有榨油厂、龙华造纸厂、上海第一呢绒厂等。

朱葆三的总投资额达到了规银二三百万两，一跃成为清末民初拥有金融、保险、工业、商业、航运等行业的"巨鳄"。"上海道台一颗印，不如朱葆三一封信"，这句流传了近一个世纪的大白话，正是对朱葆三一言九鼎的个人魅力的生动写照。

1926 年 9 月 2 日，朱葆三在上海西门外斜桥寓所与世长辞，享年 78 岁，宁波同乡会为会长朱葆三下半旗志哀三天；10 月 24 日，朱葆三的葬礼隆重举行，约有 50 万人为他送葬。

当年上海朱葆三路（今溪口路）命名盛典

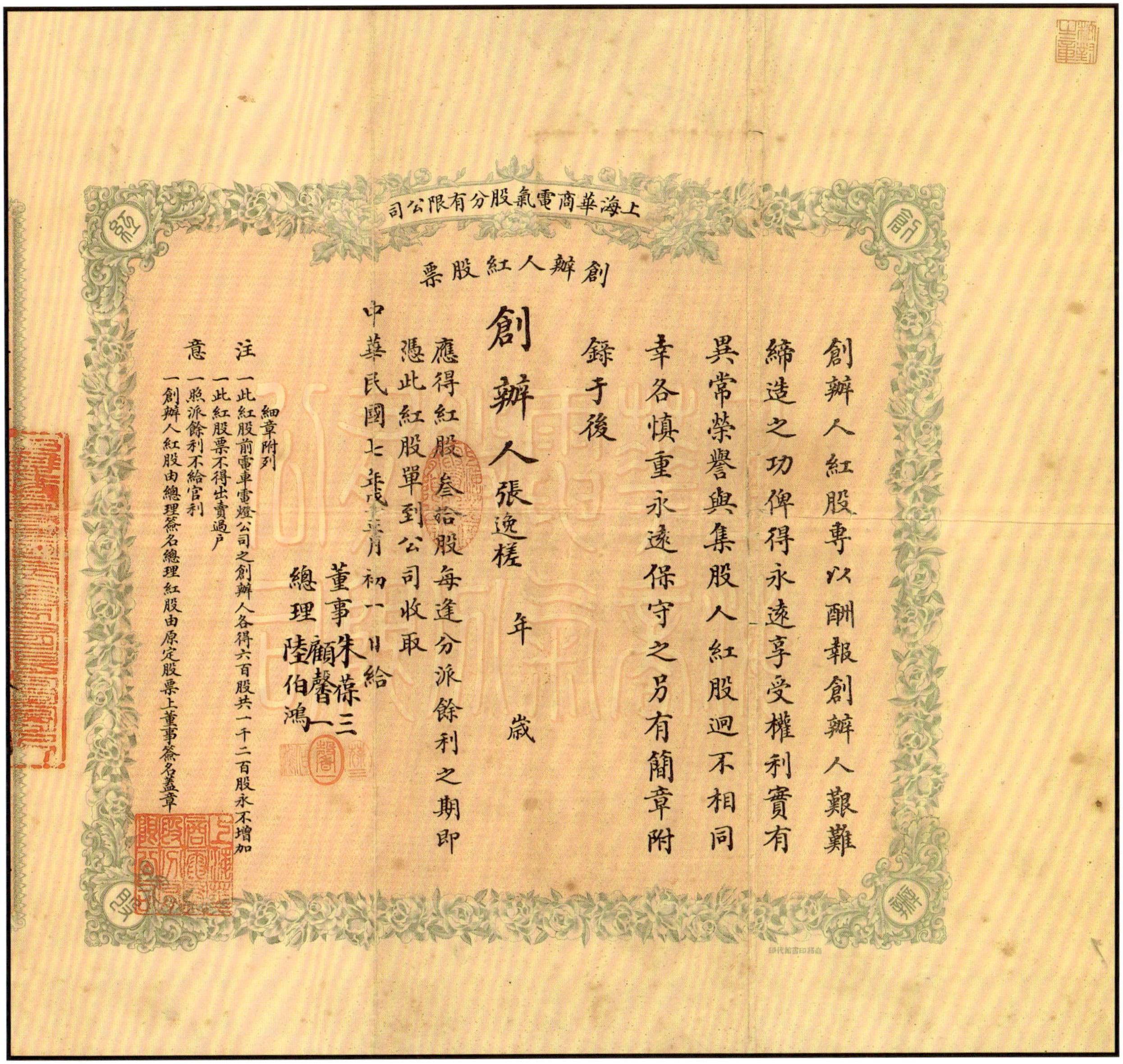

上海華商電氣股分有限公司

創辦人紅股票

創辦人紅股專以酬報創辦人艱難締造之功俾得永遠享受權利實有異常榮譽與集股人紅股迥不相同幸各慎重永遠保守之另有簡章附錄于後

創辦人 張逸槎 年 歲

應得紅股叁拾股每逢分派餘利之期即憑此紅股單到公司收取

中華民國七年戊午五月初一日給

董事 朱葆三 顧馨一

總理 陸伯鴻

注意 細章附列

一此紅股前電車電燈公司之創辦人各得六百股共一千二百股永不增加

一此紅股票不得出賣過戶

一照派餘利不給官利

一創辦人紅股由總理簽名總理紅股由原定股票上董事簽名蓋章

图 12 上海华商电气股份有限公司创办人红股票

上海华商电气股份有限公司是当时上海最大的民族电力企业，创设于 1918 年 1 月，由商办上海内地电灯有限公司和上海华商电车有限公司合并而成，分为优先股 25 000 股，普通股 77 500 股。公司地址在上海车站路 564 号。

上海华商电气股份有限公司创办人红股票（图 12）发行于 1918 年，它是给公司创办人分送红股而特意设计的一种股票样式。被冠以“创办人红股票”的名称，这是第一次在股藏市场上出现。“创办人红股票”在股票中的档次是最高的，在数量上是最少的，它为我们研究上海近代股份制企业提供了一件新的实物史料。

8. “味 精 大 王”

吴蕴初

吴蕴初（1891 ～ 1953 年）

吴蕴初，原名葆元，字蕴初，江苏嘉定（今上海）人，著名的化工实业家，中国近代化学工业的奠基人之一，被誉为中国的“味精大王”。

“味精”、“天厨”、“佛手”这三个互有联系的名词，都出自一人之手，这就是中国近代化学工业的先驱、中国的“味精之父” 吴蕴初。

吴蕴初，1911 年毕业于上海兵工专门学校，历任汉冶萍公司汉阳钢铁厂化验师、天津造币厂化验师、汉阳兵工厂制药课课长、燮昌火柴厂厂长、上海炽昌牛皮胶厂厂长等职。吴蕴初一生以“科学救国”、“实业救国”为己任，早年研究日本的“味之素”，试制出我国第一批“天厨” 味精；在 20 世纪 30 年代，建立起包括天厨味精厂、天原电化厂、天盛陶器厂、天利氮气厂在内的“天字号集团” 而名闻遐迩。吴蕴初还是一位爱国者，他创立了中国第一家教育基金会，资助了包括科学家钱伟长、电脑大王王安等在内的一批著名人士。

1945 年 9 月 17 日，吴蕴初和王若飞共同签发请帖，邀请重庆的工商界人士与毛泽东在桂园座谈。1949 年 10 月，吴蕴初到达北京，周总理亲切接见并设便宴招待，一见面周总理就说：“‘味精大王’回来了，欢迎！欢迎！”

1953 年 10 月 15 日，吴蕴初在上海华东医院逝世，享年 62 岁。2006 年 12 月 5 日，在上海市嘉定区的“吴蕴初故居”经重新修缮后向公众开放。

天厨味精厂旧貌

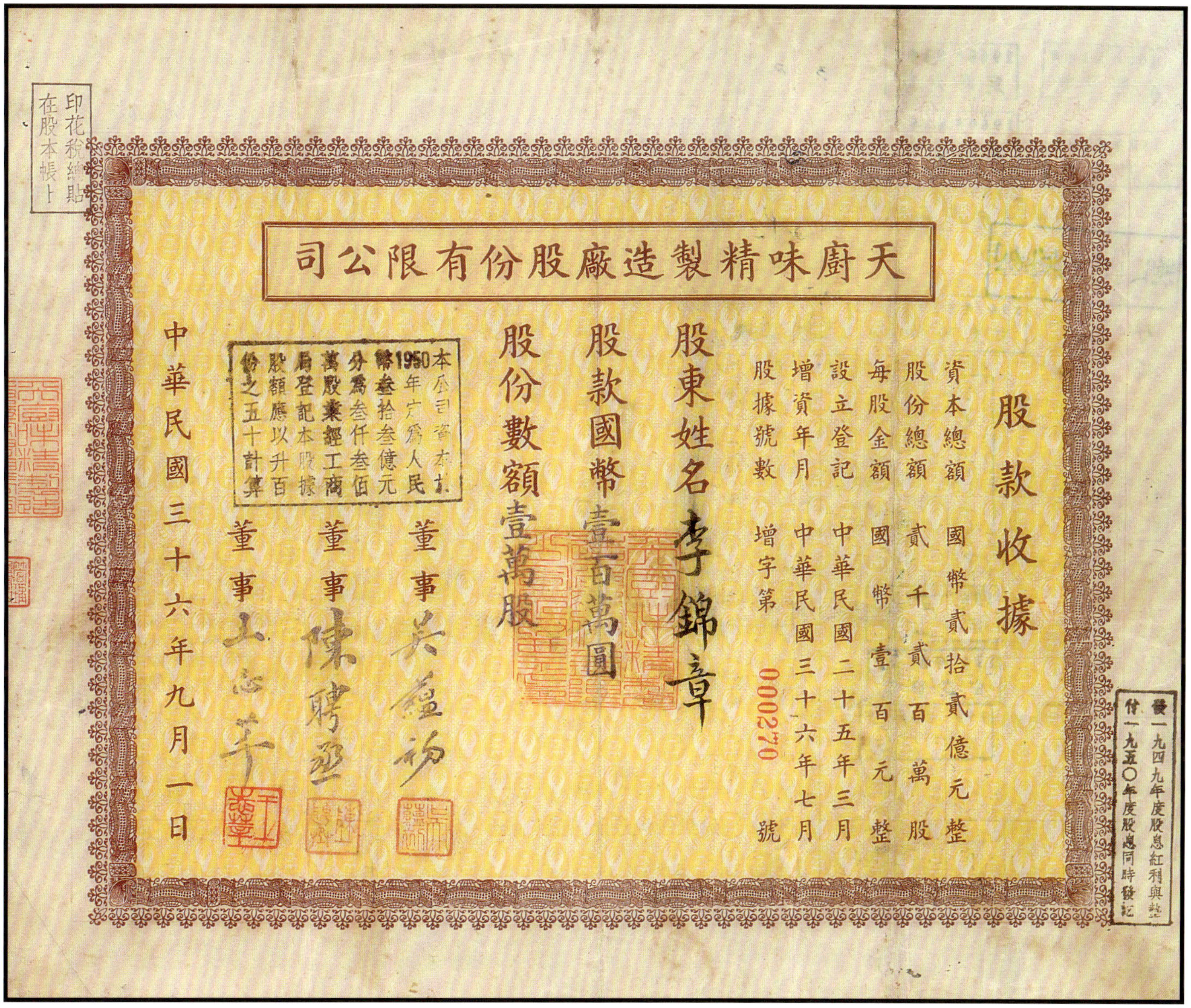

图 13　天厨味精制造厂股份有限公司股票

天厨味精厂是近代中国第一家调味品企业，创建于 1923 年 5 月，由吴蕴初、张逸云等合伙发起，总投资 5 万银元，厂址最初在上海新桥路 453 号，后又在菜市路（现在的顺昌路）176 号建立总厂，1935 年改组为股份有限公司。天厨公司创制的“佛手牌”味精在 1926 年美国费城世博会和 1930 年比利时世博会、1933 年芝加哥世博会上均获大奖。天厨味精制造厂股份有限公司股票（图 13）发行于 1947 年 9 月 1 日。

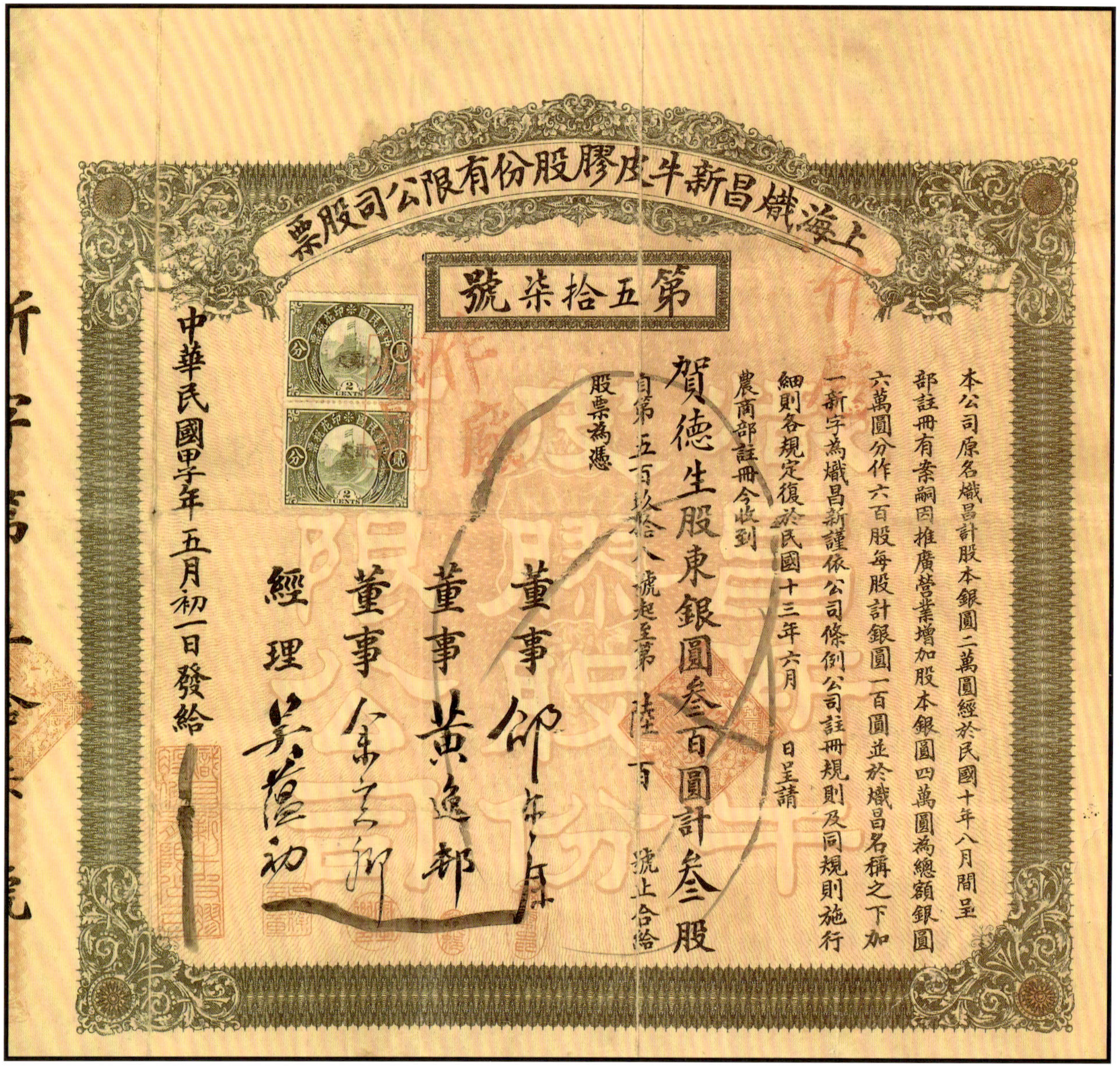

图 14 上海炽昌新牛皮胶股份有限公司股票

上海炽昌新牛皮胶制造厂创立于 1921 年 8 月，由吴蕴初、刘鸿生、施耕伊等人创建，它是中国第一家牛皮胶生产厂家，厂址最初在上海南市外日晖桥日晖东路 685 号，后又在中正西路（今延安西路）1448 弄 191 号开设新厂。注册商标是八角形里一个“熾”字。上海炽昌新牛皮胶股份有限公司股票（图 14）发行于 1924 年 5 月。

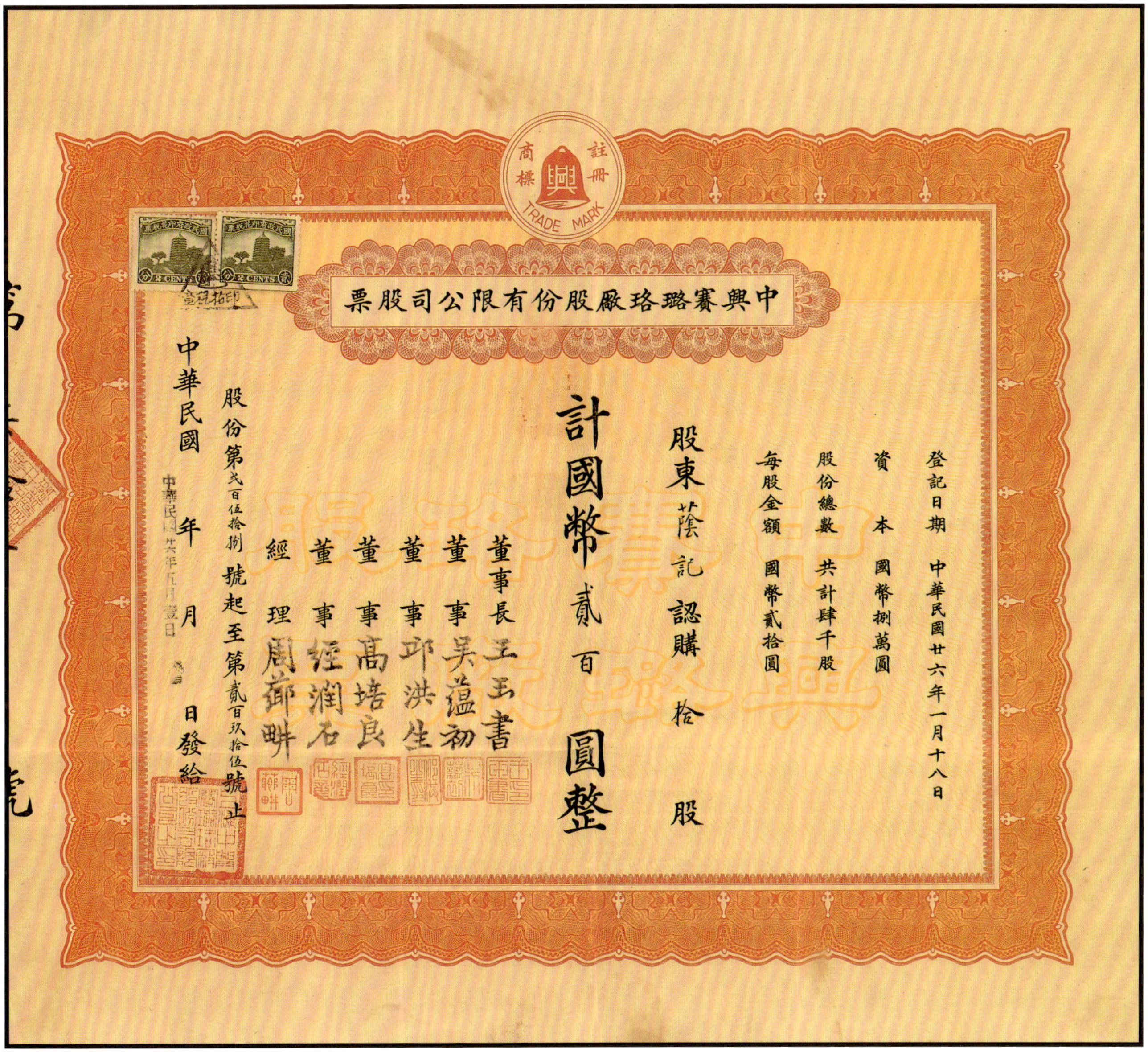

图 15 中兴赛璐珞厂股份有限公司股票

中兴赛璐珞厂创立于 1934 年，由邱洪生、陈璇笙等人创建，工厂设在上海斜土路 1346 号， 1937 年 1 月 18 日改组为股份有限公司，新中国成立后并入上海赛璐珞厂。中兴赛璐珞厂股份有限公司股票（图 15）发行于 1937 年 5 月 1 日，吴蕴初任公司董事。股票上面的注册商标图案是一口警钟，内有一个繁体的“興”字，“钟”和“中”谐音，既点明公司名称“中兴”，又寓意抗日救国，警钟长鸣。

9."绒线大王"

沈莱舟

沈莱舟（1894 ~ 1987 年）

沈莱舟，字宏让，江苏吴县东山人。中国驰名商标、著名品牌“恒源祥”的创始人，被誉为“绒线大王”。

沈莱舟 16 岁来到上海久康洋杂货号当学徒、职员，1927 年与人合伙在上海四马路（今福州路）一个弄堂口，开设了一个叫“恒源祥人造丝绒线号”的半开间门面小店，上面挂了一块用黑漆书写的匾额——“恒源祥”。这块匾额由著名书法家马公愚题写，出自“恒源百货，源发千祥”这副对联，取其“恒古长青、源远流长、吉祥如意”之意。

绒线刚传入上海不久，太太小姐们大多不会结绒线，沈莱舟便聘请了绒线编织大师鲍国芳、冯秋萍到“恒源祥”来坐堂，还在广播里请编织大师教授编织技巧，并且专门出版了绒线编织技法的专集，请来了当红明星，让她们穿上恒源祥的新款毛衣一一亮相。一系列成功的商业运作，使“恒源祥”名声大噪，沈莱舟的生意日益红火。1936 年初，沈莱舟与人合股 60 万银元，开设了一家专门生产绒线的“裕民毛绒线厂”，生产“地球牌”、“双洋牌”绒线。

“绒线大王”沈莱舟一直有个心愿，想要办一家自己掌控的独资毛绒厂，他的这个愿望一直到新中国成立才得以实现：1950 年 1 月 1 日，恒丰毛绒厂正式建成开工，生产出了第一绞优质毛线，沈莱舟将其取名为“红福牌”，并托人将这绞绒线赠送给当时的陈毅市长。

1987 年 9 月 25 日沈莱舟病逝，享年 93 岁。在恒源祥商厦的大厅里，后人为他塑了一尊半身铜像，以怀念这位被称为“绒线大王”的恒源祥的创始人。

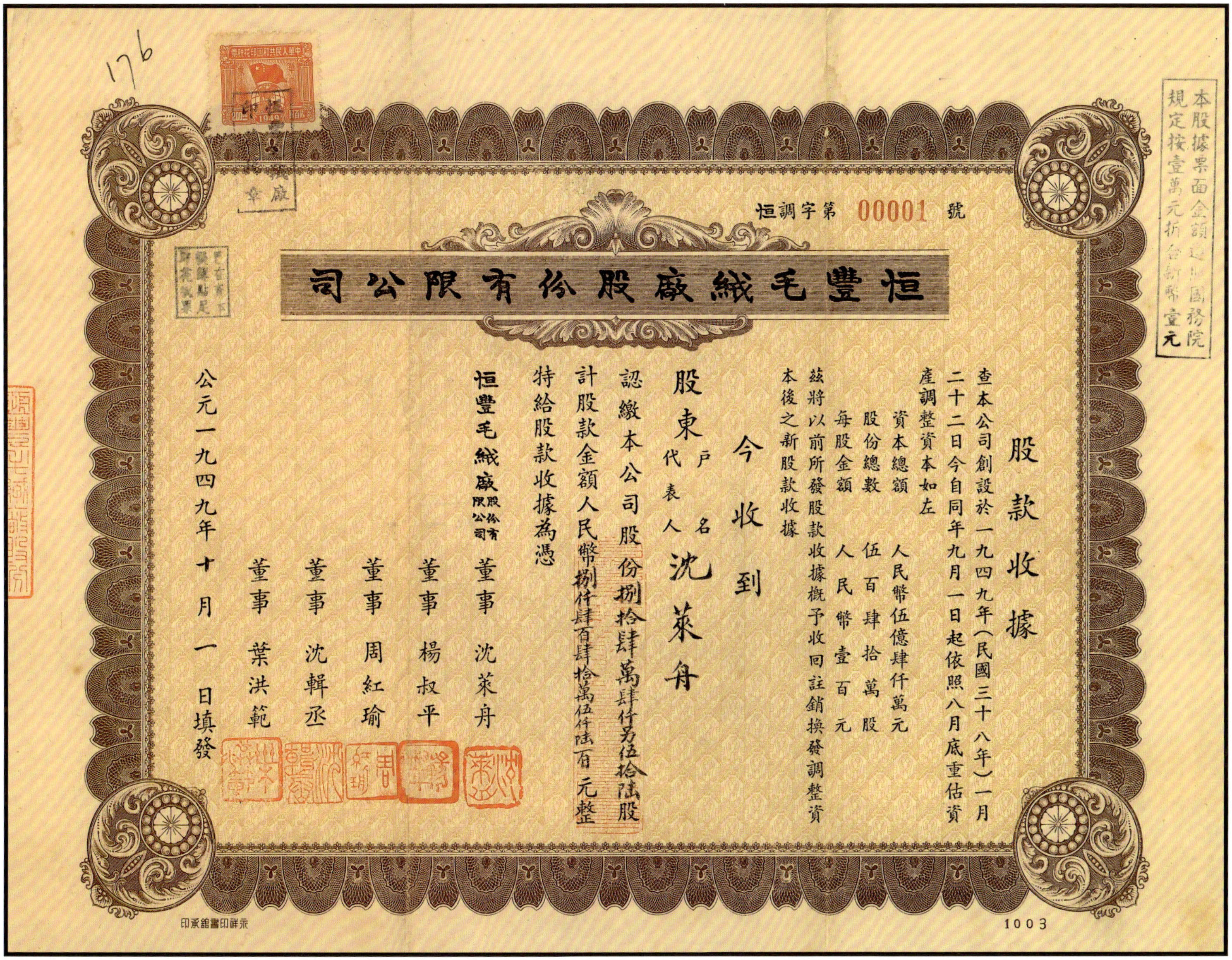

本股據票面金額遵照國務院規定按壹萬元折合新幣壹元

恒調字第 00001 號

恒豐毛絨廠股份有限公司

股款收據

查本公司創設於一九四九年（民國三十八年）一月二十二日今自同年九月一日起依照八月底重估資產調整資本如左

資本總額 人民幣伍億肆仟萬元

股份總數 伍百肆拾萬股

每股金額 人民幣壹百元

茲將以前所發股款收據概予收回註銷換發調整資本後之新股款收據

今收到

股東戶名 代表人 沈萊舟

認繳本公司股份捌拾肆萬肆仟伍拾陸股

計股款金額人民幣捌仟肆百肆拾萬伍仟陸百元整

特給股款收據為憑

恒豐毛絨廠股份有限公司

董事 沈萊舟

董事 楊叔平

董事 周紅瑜

董事 沈輯丞

董事 葉洪範

公元一九四九年十月一日填發

永祥印書館承印

1003

图 16　恒丰毛绒厂股份有限公司股票（第 001 号）

1949 年 10 月 1 日，在开国大典的隆隆礼炮声中，“恒源祥”发行了新中国的第一张股票，它的总股本为 4.5 亿元，这正是当时中国人口数量的总和，具有特殊的象征意义。1949 年 9 月 27 日，全国政协一届一次会议刚刚通过《关于中华人民共和国国都、纪年、国歌、国旗的决议》，而这张 1949 年 10 月 1 日发行的“恒丰毛绒厂股份有限公司股票”（图 16），就已经贴上了五星红旗的印花税票，真是珠联璧合。更加令人欣喜的是，这张股票的编号为 001 号，股东就是“恒源祥”的创始人沈莱舟，他认购了该公司股份 5 040 股，计人民币 50.4 万元，正好占公司总股本的千分之一。另外，“董事”栏里的沈辑丞，是沈莱舟的二儿子，当时掌管恒丰毛绒厂。

10.“纺织泰斗”

聂云台

聂云台（1880 ~ 1953 年）

聂云台，名其杰，号云台，湖南衡阳人，其母亲曾纪芬是曾国藩之女。我国第一家纺织机械制造厂的创始人，被誉为“纺织泰斗”、“近代企业之星”。聂云台、陈嘉庚、吴锦堂被称为“办学三贤”。

聂云台少年时随父亲聂缉椝来到上海，后赴美国留学。1909 年，聂云台以 31.75 万两白银收购华新纺织新局全部股权，将它更名为“恒丰纺织新局”（后又改名“恒丰纱厂”），自任总经理；1919 年，聂云台招股 200 万两白银筹建大中华纱厂。此后聂云台还先后与王正廷等筹建华丰纺织公司；与姚锡舟等在崇明创建大通纺织股份公司；与张謇、荣宗敬等在吴淞开办铁工厂；与孔祥熙、陈光甫等成立中美贸易公司；与穆藕初等筹建上海纱布交易所等。

在教育事业上，聂云台创办了一所缉椝中学。该校是聂云台为纪念他的父亲聂缉椝在 1916 年开办的，刚成立时叫“聂中丞华童公学”，1941 年改名“上海市立缉椝中学”，1951 年又改名“上海市市东中学”。1942 年到 1943 年，聂云台撰写了著名的《保富法》一书，阐述了一个饱经沧桑的中国智者对于人生、财富的观察、思考和感悟，在上海《申报》上连载后引起轰动。鲜为人知的是聂云台曾代表中国在美国巴拿马世博会上演讲，名震旧金山。

聂云台晚年皈依佛门，成为一名虔诚的居士，1953 年 12 月 12 日在上海病逝，享年 73 岁。

1929 年建造的恒丰纱厂原址

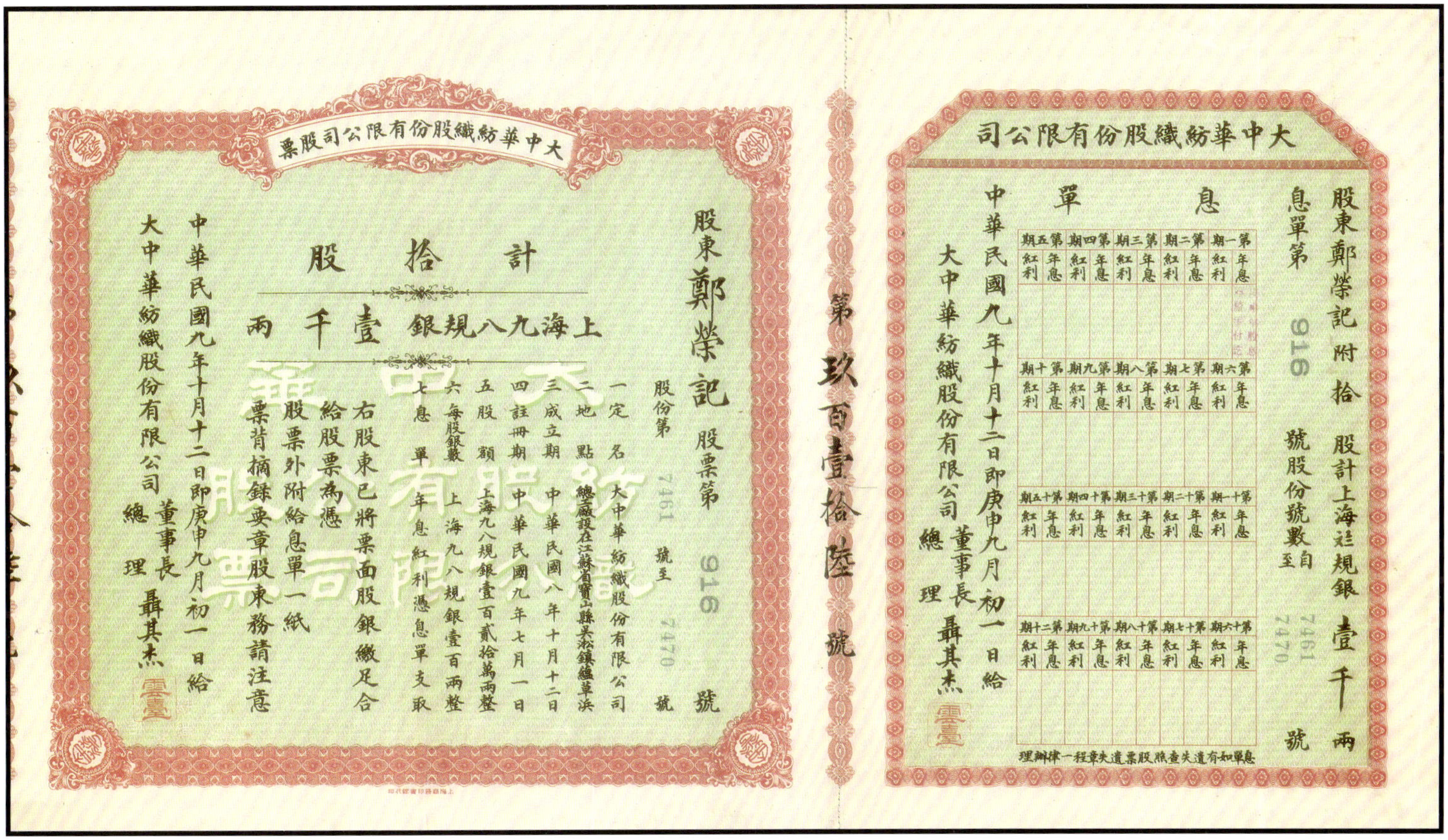

图 17 大中华纺织股份有限公司股票

大中华纺织股份有限公司创立于 1919 年 10 月，由聂缉椝及其三子聂云台创建，其规模居当时全国纺织业之首，新中国成立后并入“上海第八棉纺织厂”。大中华纺织股份有限公司股票（图 17）发行于 1920 年 10 月，董事长兼总理是聂其杰（云台），总厂设在上海市（当初为江苏省）宝山县吴淞镇蕴草滨。

图 18 恒丰纺织股份有限公司股票

恒丰纱厂的前身是官商合办的华新纺织新局，由龚照瑗、严信厚、聂缉槼等人出资 45 万两规银创建，地址在上海许昌路 5 号。1909 年，聂云台以 31.75 万两规银盘下整个厂子，改名“恒丰纱厂”，1947 年后改组为“恒丰纺织股份有限公司”。新中国成立后“恒丰公司”改名“第三丝织厂”。恒丰纺织股份有限公司股票（图 18）发行于 1947 年 5 月，董事长聂云台。

11.“国货大王”

方液仙

方液仙（1893 ~ 1940 年）

方液仙，字傅沆，小名阿揆，浙江镇海人，著名爱国实业家、中国化学工业的先驱之一，有“国货大王”、“化工大王”、“中国日用化工之父”之称。

方液仙是近代著名的镇海方氏子弟。方家世代经商，在上海、杭州、宁波等地经营钱庄、典当、银楼、南北货等业，仅钱庄就有二十多家。方液仙少年时就读于宁波斐迪中学和近代上海著名的教会学校中西书院，接受了良好的西学教育。他尤其喜爱研究化学，曾师从上海公共租界工部局化验师、德国人窦柏烈，其同学中还有后来著名的“味精大王”吴蕴初。青年时代，方液仙耳闻目睹列强横行、洋货泛滥，立志走实业强国之路。1912 年，19 岁的方液仙创办了“中国化学工业社”（今上海牙膏厂的前身），生产销售“三星牌”牙粉、雪花膏、生发油、花露水等，与洋货轻工产品相抗衡。除了中化社之外，方液仙还参与投资了多家工厂。这些工厂大多是为中化社提供原材料的，如 1925 年开设的永盛薄荷厂、1932 年兴办的肇兴化学厂、1934 年设立的开成造酸公司、1934 年创办的中国胶木厂等，使中国化学工业社成为中国当时规模最大的日用化学品企业。

1932 年“九一八”事变一周年纪念日，方液仙联合华生电器厂、美亚织绸厂等 9 家国货工厂，选出 18 种主要商品，在上海南京路开辟了“九厂国货临时联合商场”，此后又投资支持李康年等筹设中国国货公司。1933 年 2 月，中国国货公司在上海南京路开业，方液仙任董事长兼总经理。1937 年 5 月，方液仙联合吴蕴初、蔡声白等在上海创办中国国货联营公司。由于方液仙在国货运动中的作用和影响，被社会各界誉为“国货大王”。

中国化学工业社与国货公司的日益发展壮大，成为日军的心腹之患。日伪对方液仙利诱不成，便用恐吓手段，最后恼羞成怒决定下毒手。1940 年 7 月 25 日早上，方液仙从上海星加坡路（今余姚路）寓所驾车出门，突遭预伏的暴徒枪击，后被劫至汪伪“76 号”魔窟，终因伤重殒命，遇害时年仅 47 岁。如今方液仙的名字已被上海淞沪抗战纪念馆列入“八一三”殉国将领名录。

中国化学工业社商品广告

肇新化學廠股份有限公司股票

設立登記 民國廿二年四月二日

變更登記 民國廿五年一月廿四日

資本總額 國幣貳拾伍萬圓

股份總數 陸千貳百伍拾股

每股銀數 國幣肆拾圓

股東 虞兆興 君

股份 肆拾 股

國幣 壹千陸百 圓整

股票號數第 叁拾弍 號

股份號數自第五乙〇〇號至第五乙叁九號止

董事

董事 李祖範

董事 方作舟

董事

董事 方哲民

中華民國廿五年二月一日

廿六年一月廿日填發

图 19 肇新化学厂股份有限公司股票

1932 年，方液仙与方哲民、方作舟等合资兴办肇新化学厂（后来的“云岭化工厂”），供应中化社化工原料。肇新化学厂股份有限公司股票（图 19）发行于 1936 年 2 月 1 日，董事长方液仙。

12.“书画收藏大家”

庞莱臣

庞莱臣（1864～1949年）

庞莱臣，名元济，字莱臣，号虚斋，湖州南浔人，清代举人，清末民初著名收藏家，浙江民族工业的开创者之一。

庞莱臣是南浔“四象”之一庞云鏳的次子，他先在家乡继承父业经营庞滋德国药号和庞怡泰酱园，后去日本考察实业，回国后，先后在杭州创办世经缫丝厂、大纶制丝厂和通益公纱厂。为抵制日本垄断上海造纸市场，庞莱臣于1906年在上海龙华镇创办了龙章造纸厂。庞莱臣除兴办工业外，还在南浔、绍兴、苏州、杭州等地开设米行、酱园、酒坊、中药店、当铺及钱庄等，拥有大量田产和房地产，原上海牛庄路的“三星舞台”(后改名“中国大戏院”)和成都北路的整条世述里都是他的产业。

庞莱臣是我国近代最大的收藏家和鉴赏家之一，他一生收藏历代名家书画多达5 000件，时为全国之最。凡是他收藏的书画都盖有“虚斋”印章，外国人购买中国古代书画，都以“虚斋”之印作为识别书画真伪的标记。抗日战争爆发后，庞莱臣因年事已高寓居上海，1949年去世，享年85岁，他的大部分藏品都由后人捐献给了上海博物馆、北京故宫博物院、南京博物院和苏州博物馆。

庞莱臣用印

庞莱臣晚年故居（苏州市颜家巷28号）

图 20 上海龙章机器造纸股份有限公司股票

龙章造纸厂由近代实业家庞莱臣创建于 1906 年，它是当时上海唯一一家造纸厂，也是全国最大的造纸厂之一，厂址位于上海龙华镇高昌庙日晖桥，占地 60 亩，引进全套美国造纸设备，主要以提供证券、钱币、票据等高档纸为主。1937 年 8 月 13 日，日军进攻上海，龙章造纸厂被迫内迁至四川重庆，后出售给国民党建设委员会，改名“中央造纸厂”。

上海龙章造纸股份有限公司股票（图 20）发行于 1933 年 2 月 1 日，董事长庞莱臣。股票上方配以双龙戏“珠”：两条黑龙玩着烈焰熊熊的红珠。龙为东方民族的象征，又喻示民族的强盛、腾飞；在它的上面是两条红龙衔着用黑字书写的股票名称，上下对比强烈，左右对仗工整，这样的设计很好地体现了股票名称中“龙章”两字的深刻含义。

13.“大慈善家”

陆伯鸿

陆伯鸿（1875 ~ 1937 年）

陆伯鸿，原名陆熙顺，教名若瑟，上海人，天主教徒。我国民族工商业的先驱、近代著名的大慈善家。

陆伯鸿出生在上海，18 岁中秀才，后来向一位天主教堂神父学法文，能讲一口流利的法语。1911 年，由民政总长李平书推荐，陆伯鸿出任上海南市电灯公司总经理；1912 年又筹建华商电车公司，在上海华界首次开通了有轨电车。1918 年，电灯与电车两公司合并，改名“华商电气股份有限公司”。

1913 年 11 月，陆伯鸿以“和兴实业公司”的名义，筹得股银 12.5 万两，在浦东周家渡西村（今上南路 300 号）购地 20 余亩，创建了上海第一家民营钢铁厂“和兴化铁厂”（即上海和兴钢铁股份有限公司），新中国成立后改名为“上海第三钢铁厂”。陆伯鸿是第一批进入上海法租界公董局的 5 位华人董事之一。

民国时期，上海的慈善机构数量居全国之首，最多时曾达 100 余家，而由大慈善家陆伯鸿创办的新普育堂，是其中规模最大、收养人数最多的一家。后据统计，至陆伯鸿去世时，新普育堂先后收容 10.2 万人，施诊 219.4 万余人次。另外，陆伯鸿还办有圣心医院、杨树浦诊疗所、上海普慈疗养院、中国公立医院、南市时疫医院和北京中央医院 6 所慈善机构，在上海慈善史上留下了不可磨灭的一页。

1937 年 12 月 20 日，陆伯鸿在吕班路住宅前准备乘车外出时，遭到两名伪装成卖橘子男子的袭击而致身亡，终年 62 岁。此事至今仍为悬案。

位于上海北施家弄的陆伯鸿旧居

和興鋼鐵股份有限公司

上海和興鋼鐵股份有限公司
為填給股票事本公司由和興化鐵股份有限公司即和興化鐵
廠改組為和興鋼鐵股份有限公司茲依公司條例及新舊股東
會決議之結果一律換給本公司之新股票今收到
華商電氣公司 君規銀壹萬兩計認定股份貳百 股正業已如
數收足合照法定程式填給股票為證
一本公司定名為上海和興鋼鐵股份有限公司簡稱為上
海和興鋼鐵廠
二本公司於民國十一年 一 月 六 日呈請註冊
三股份總數為上海規元銀壹百萬兩每股伍拾兩共貳萬
股合成壹百萬兩一次收足
四本公司之股票關於抵押轉讓等一切手續非照本公司
定章辦理不生效力
中華民國十三年 五 月 四 日給
董事 劉冕軒
董事 樂振葆
經理 陸伯鴻
字第三四六六號至第三六六五號

上海中華書局承印

图 21 上海和兴钢铁股份有限公司股票

1913 年 11 月，民族实业家陆伯鸿创办了上海第一家钢铁企业，取名“和兴化铁厂”，这就是上钢三厂的前身，至今已有近百年历史了。1918 年 4 月，上海和兴钢铁股份有限公司正式成立，当时的投资人有朱葆三、乐振葆、王一亭、王云甫等。

上海和兴钢铁股份有限公司股票（图 21）发行于 1924 年 5 月 4 日，股份总数为上海规银 100 万两。公司董事刘冕轩、乐振葆，经理陆伯鸿。这张股票的股东为华商电气公司，股票上加贴两枚面值伍角的长城图早期印花税票，税票上盖有“和兴钢铁厂”和“驻沪办事处”红、蓝便章各一枚。

14. “颜料大王”

周宗良

周宗良（1875 ~ 1957 年）

周宗良，字良卿，号宗良，浙江宁波人，祖先是安徽人，据说是周瑜的后代，民国时期著名实业家、上海滩著名的“颜料大王”，上海滩最大花园洋房主人。

1875 年周宗良出生在浙江宁波一个牧师家庭，从小在教会学校里读书，练就了一口流利的英式口语。1905 年他来到上海，以其英语上的优势，得到在华德国谦信洋行老板的赏识，很快就坐上了买办的交椅。1914 年第一次世界大战爆发后，在华德商纷纷回国，德国谦信洋行老板哥罗门离沪时，将谦信洋行的全部栈存染料折价卖给周宗良。大战期间，颜料来源中断，日、美等国商人来沪收购德国颜料，颜料价格狂涨数十倍，周宗良因栈存颜料数量大而一举成为沪上的大富豪。1924 年，德商在沪成立德孚洋行，周宗良又任德孚洋行总买办，成为德国颜料在华的总代理人，分支机构猛增至 200 余个，时有“颜料大王”之称。此外，周宗良还投资金融、房地产业，先后任浙江实业银行、中国垦业银行、中国银行和中央银行董事，投资经营的工矿企业有汉口既济水电公司、杭州电汽公司、中兴轮船公司、康元制罐厂、公和纺织厂、振丰毛纺织厂等。1948 年 6 月周宗良移居香港，1957 年在港去世，享年 82 岁。

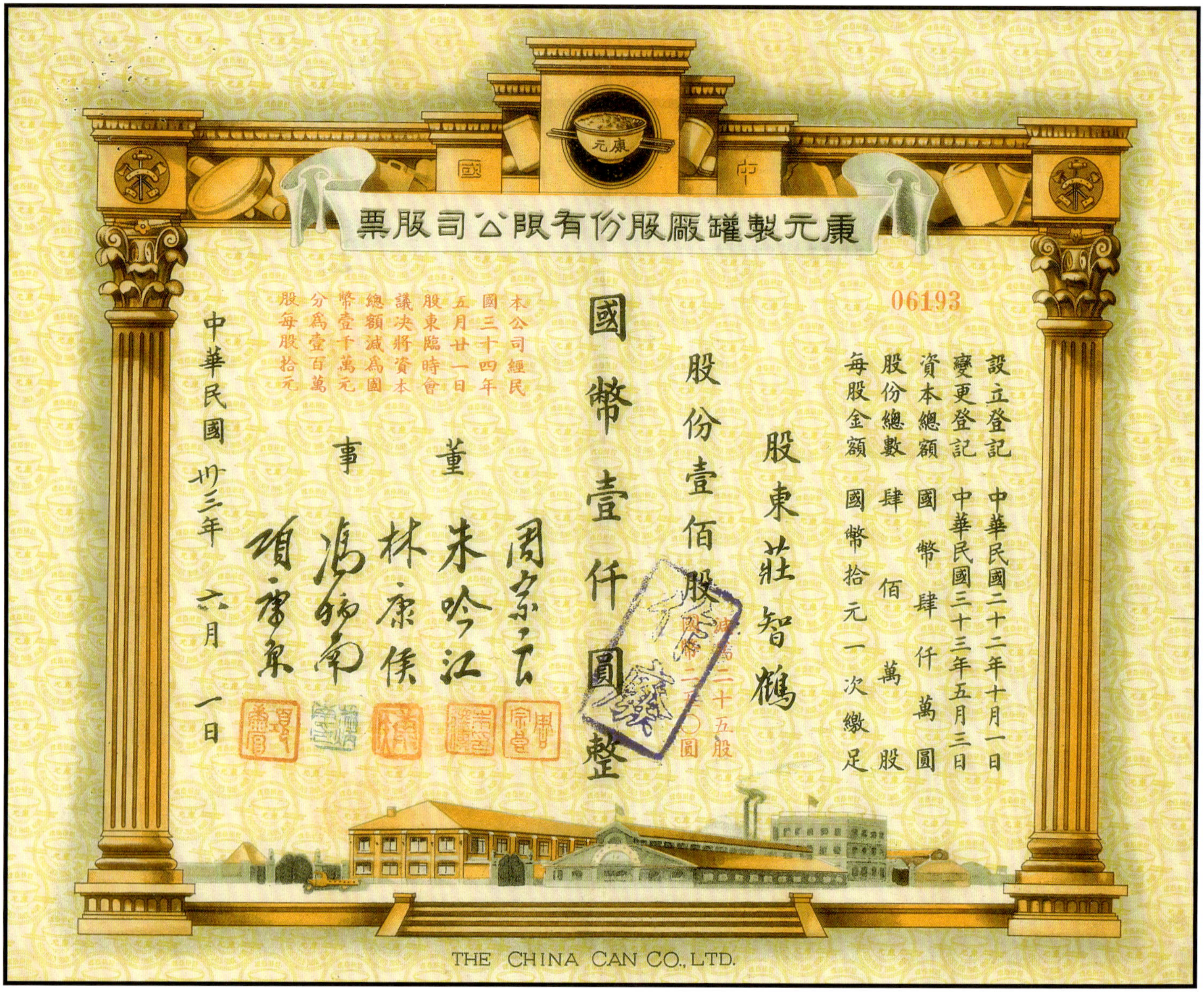

图 22 康元制罐厂股份有限公司股票

上海康元制罐厂创建于 1922 年，最初由项康元独资经营（故取名康元制罐厂），资本 10 万银元，厂房设在上海虹口有恒路（今余杭路）武陵里；1933 年 9 月改组为股份有限公司，总厂设在虹口华德路（今长德路）965 号，抗战时全部被毁，后在武定路 956 号开设新厂。1934 年康元制罐厂设立玩具部，利用制罐的边角料生产金属玩具“三跳”（跳鸡、跳鸭和跳蛙），成为中国首家制造机动玩具的工厂。

康元制罐厂股份有限公司股票（图 22）发行于 1944 年 6 月 1 日，它的设计很有特色：门柱形的边框设计，下面是厂房全景图，上面绘有制罐工具和罐头产品，中间的“康元”注册商标，采用了“饭碗和筷子”的图案，寓意“人人有饭吃，民以食为天”。

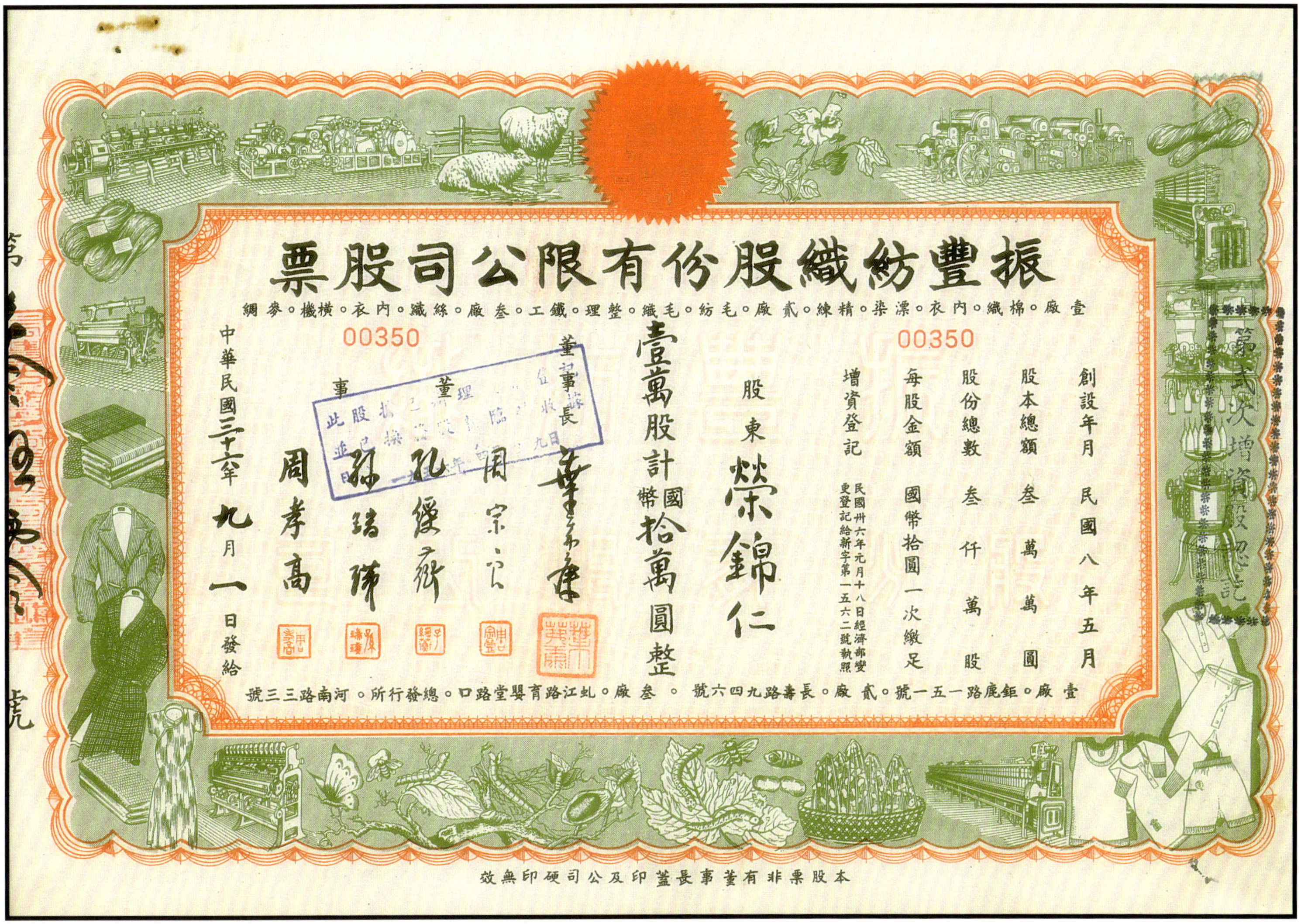

图 23 振丰纺织股份有限公司股票

振丰纺织股份有限公司股票（图 23）发行于 1947 年 9 月 1 日，周宗良任“董事”一职。

15.“商 海 巨 子”

鲍国昌

鲍国昌（1902～? 年）

鲍国昌，浙江鄞县人，著名“宁波帮”人士，信谊化学制药公司发起人之一，被誉为中国化学制药“鼻祖”。

鲍国昌幼年随母迁居上海，后考进圣芳济学堂，1921 年毕业后升入震旦大学医科学习，1925 年入英商怡和洋行供职。1937 年，信谊药厂创始人之一霞飞退股回国，由鲍国昌接任信谊药厂总经理。创业之初，他将所有资金全部投入到信谊药厂。结婚时，他给新婚的妻子只买了一只细细的金戒指，他觉得愧对妻子，便向妻子承诺：今天我买不起大戒指，将来一定要补送你 100 只戒指。鲍国昌去世后，鲍太太在整理丈夫遗物时，打开首饰盒一看，盒子里竟然珍藏着许多戒指，细细一数，居然有 108 枚之多。睹物思人，鲍太太泪水夺眶而出……

鲍国昌在正式接手信谊药厂后，除仍然生产“维他赐保命”、“妙力生”、“食母生”等早期产品外，马上召集 18 位化学、药学博士，集中力量研制新产品。1941 年初，化学博士林世瑾等人研制成功消炎特效药“消治龙”，被称为“云中之龙、药中之王”，成为当时远东地区最畅销的药品之一，信谊药厂也登顶“远东第一大药厂”的威名。

鲍国昌、杨玉清（原上海副市长杨恺的姐姐）夫妇 1948 年 10 月迁居香港，后一直定居于南美的乌拉圭。1985 年 11 月 5 日，阔别 30 多年的鲍国昌夫妇回国观光，并视察了信谊药厂，还当场捐款人民币 30 万元，以赞助兴建职工住房。

旧时西湖饭店上的信谊广告牌

图 24 信谊化学制药厂股份有限公司股票

1916 年，德国药学博士马克恩 • 霞飞在上海霞飞路（今淮海中路）746 号独资开设西药房，取名“信谊药房”。1924 年，霞飞又与华人药剂师何子康在上海马斯南路（今思南路）20 号合资创办了“信谊化学制药厂”。1930 年 9 月，当时在英商怡和洋行任职的鲍国昌邀其兄鲍国梁和徐虎臣等人，集资 5.39 万银元，与霞飞的药房资本合股，将信谊药厂改组为股份有限公司。1966 年 11 月起信谊药厂改名“第七制药厂”，1979 年 10 月恢复“信谊药厂”原名。

信谊化学制药厂股份有限公司股票（图 24）发行于 1944 年 9 月 1 日的，是目前发现的最早一张信谊制药厂股票，它上面的商标是“长命”牌商标，由中文“长命”和英文“SINE”组成，“SINE”是英文“信谊”的简称。“信谊”两字取自“社稷有信乃立，苍生因谊而睦”的中国古训。

图 25 信谊化学制药厂股份有限公司股票

1947 年 4 月 1 日发行的信谊化学制药厂股份有限公司股票（图 25），它上面的商标已改为以中文“信谊”和西文“SINE”组成的红色圆形图案，远望似一轮红日从东方升起，寓意信谊事业如旭日东升，蒸蒸日上。

16. "绸 业 大 王"

蔡声白

蔡声白（1894 ~ 1977 年）

蔡声白，名雄，字声白，浙江湖州人。中国丝织行业的翘楚，被誉为"绸业大王"。

莫觞清及其女婿蔡声白经营的美亚集团是民国时期中国最大的丝绸企业，堪称"丝绸王国"，蔡声白因此被誉为"绸业大王"。

蔡声白1905年入杭州安远中学，毕业后考入北京清华学堂，1916年被保送到美国麻省理工大学攻读地质学，1919年获工学硕士学位回国，1921年被其岳父莫觞清聘为上海美亚织绸厂经理。蔡声白上任后，即着手添置机械、罗致人才、革新管理、扩大营业。他率先引进美国先进的织造设备和技术，生产出的"华丝葛"、"印度绸"、"乔其纱"等一批时新绸缎供不应求，还出口英国、日本、印度等国。此后，蔡声白又以"合伙"、"兼并"等方式，先后成立了美记、美孚、美成、美生、美利等织绸厂，使"美亚"发展成为拥有1 200多台织绸机、职工3 000多人的大型企业集团，其规模在全国丝绸行业中首屈一指。1926年，上海美亚织绸厂参展美国费城世界博览会，其产品荣获"甲等大奖"（绸缎类）。

1930年10月9日，上海美亚丝绸厂在上海大华饭店举行中国历史上第一次真正意义上的时装表演，取得轰动效应后，马上广招仕女，创建了中国第一支时装模特表演队。更具试验意义的是，蔡声白于20世纪30年代创设的"关栈制造厂"，实质上就是现代意义上的"保税区"雏形，比新中国成立后内地第一家保税区上海外高桥保税区早了半个多世纪。

蔡声白曾先后任中国丝业公司总经理、中国国货联营公司总经理、劝工银行董事长、上海电机丝织厂同业公会主席、丝绸业联合会董事长等职，著有《中国绸业概况》一书。1977年4月15日，蔡声白因心脏病突发，在香港九龙寓所逝世，享年83岁。

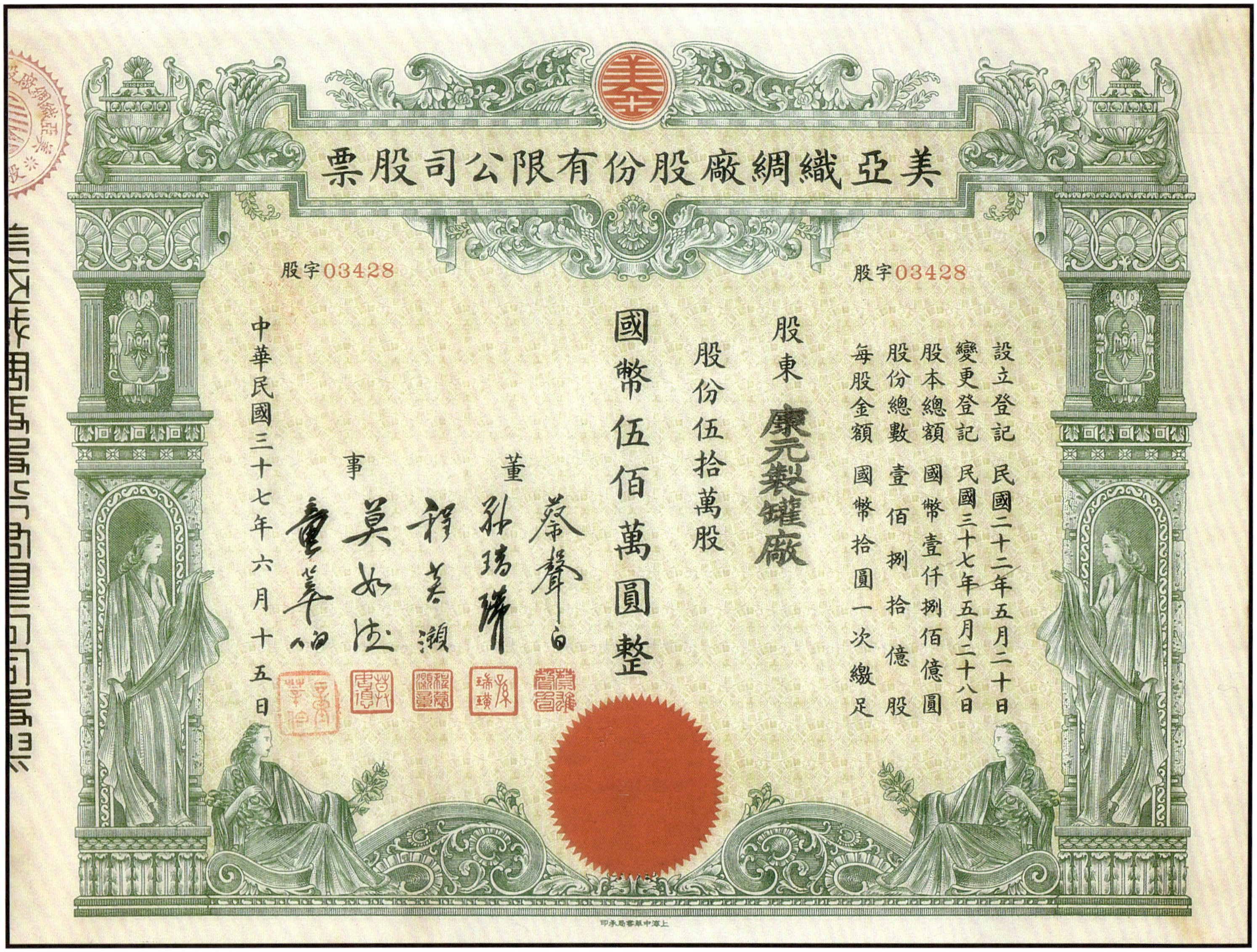

图 26 美亚织绸厂股份有限公司股票

美亚织绸厂最早建于1917年，地址在上海华德路（现长阳路），原由丝绸商人莫觞清、汪辅卿与美国人兰乐壁合伙创办，故名“美亚”，后因经营不善，不到3年即告歇业。到了1920年，莫觞清在上海徐家汇马浪路（今马当路）久成里独资兴建了一家丝绸厂，仍沿用“美亚”的厂名。1933年2月，美亚厂改组为“美亚织绸厂股份有限公司”，莫觞清的女婿蔡声白任公司总经理。

美亚织绸厂股份有限公司股票（图26）发行于1948年6月15日。它的股东是康元制罐厂，它也是旧上海很出名的一家上市公司。该股票的票面设计很有特色：整个画面呈两边对称的门框立柱形设计，画中有东方和西方各两位美女，身披丝绸霓裳，面面相视，婀娜多姿，风情万种，向人们展示出一幅中西合璧的时装表演图。

17."晋商巨贾"

渠本翘

渠本翘（1862 ~ 1919 年）

渠本翘，原名本桥，字楚南，山西祁县人。近代山西著名实业家，被称为"晋商巨贾"。

作为中国最早的一批商人,"晋商"本身就是一部传奇。而"渠本翘"又在其中占据了颇多的份量。他不但是晋商家族中官做得最大的一个，曾做到正二品的典礼院直学士，而且在清末组织领导了山西的保矿运动。

渠本翘出生于祁县著名的富商家族，其父渠源浈，人称"旺财东"，生有三子，渠本翘为长子，自幼天资聪明，勤学不怠，不到 20 岁就博得"神童"美誉。光绪十一年（1885 年）渠本翘考中头名秀才，次年于太原岁试，又获第一，被当时山西学政赏识，接见时，将其原名"本桥"改为"本翘"，一时传为佳话。1892 年渠本翘参加全国会试中进士，敕任内阁中书，时年 31 岁。

1906 年，渠本翘出资 5000 两白银，接办了山西官办的"晋升火柴公司"，改名为"双蝠火柴公司"（地址太原市三桥街），开创了山西省民族工业的先河。1905 年，山西民众为收回被清政府出卖给英商福公司的阳泉、潞安等煤矿开采权，掀起了轰轰烈烈的保矿运动。1906 年，渠本翘率先发出筹款倡议，得到了许多富户的响应，最终赔付 275 万两白银，从英商手中赎回了煤矿开采权。由此，山西近代最大的采矿企业"保晋矿务公司"在渠本翘手中诞生，商界人士一致公推渠本翘为公司总经理。

渠本翘晚年隐居天津，致力于收藏和著述。1919 年 5 月，他在天津赴友人的酒宴中猝然辞世，终年 57 岁。

晋商"渠家大院"（现为"晋商文化博物馆"）

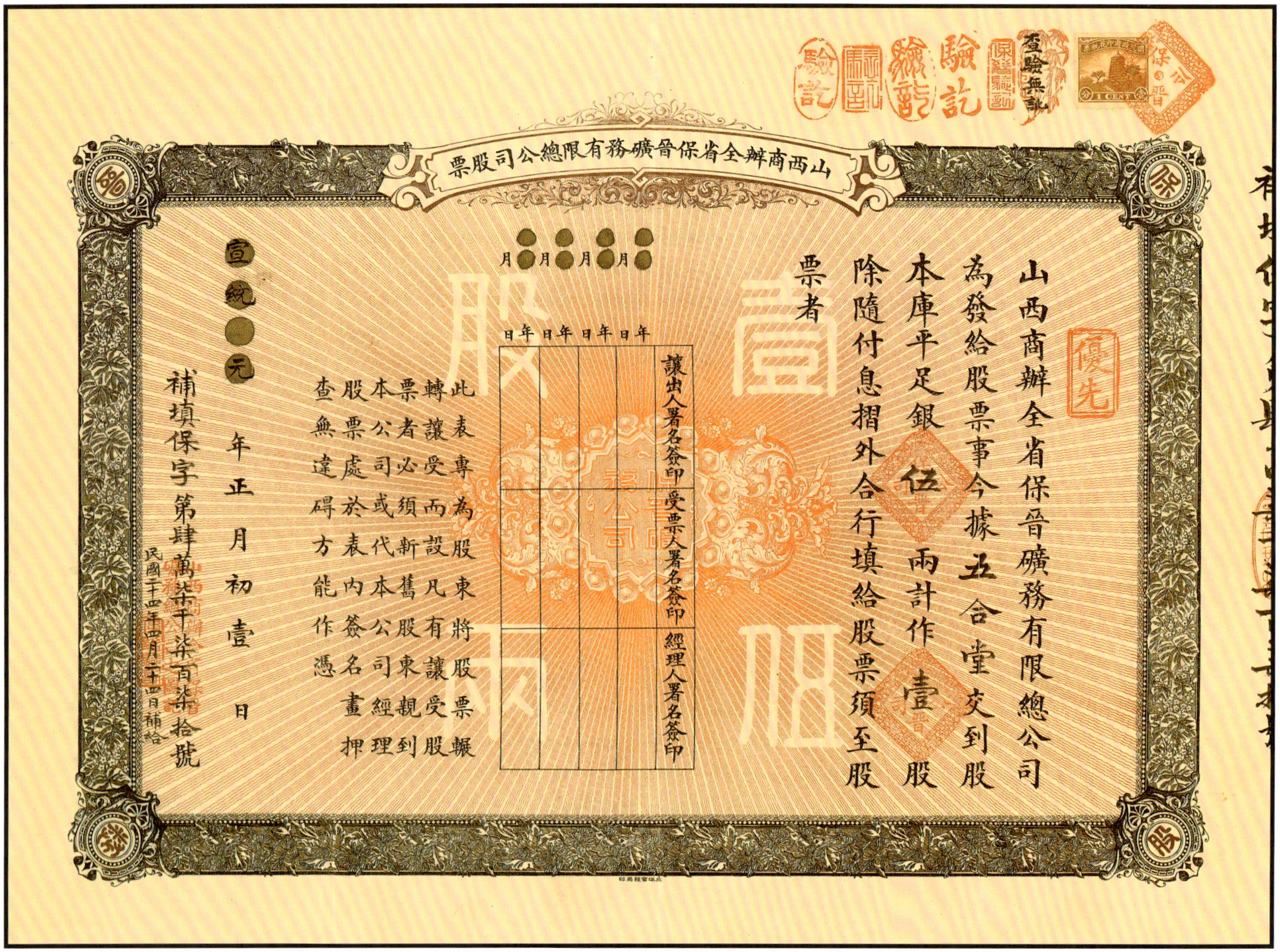

图 27　山西商办全省保晋矿务有限总公司股票

光绪三十三年（1907 年）11 月山西商办保晋矿务有限总公司创立于太原，由渠本翘与刘懋赏、冯济川等人创建，1908 年农历六月初三获清政府正式批准，由渠本翘出任总经理。“保晋”即保护山西矿产资源之意。1915 年，山西煤炭首次参加巴拿马国际博览会，获“煤中皇后”殊荣。

山西商办全省保晋矿务有限总公司股票（图 27）发行于宣统元年，股票四角小圆圈里各印“保、晋、股、券”篆字，股票中间还用篆体分印“壹、股、伍、两”四个大字。股票上凡印有伍两和壹股的字体上，都盖有保晋公司小方印章，印章采用正书和篆书两种文体，起到防伪作用。

18.“呢绒大王”

宋裴卿

宋裴卿（1898 ~ 1956 年）

宋裴卿，名显忱，山东省益都县（今青州市）人，近代天津实业救国的代表人物，创立“抵羊”毛线著名品牌，有“呢绒大王“之称。

提到著名的“抵羊牌”毛线，人们不能不谈到近代天津实业救国的代表人物宋裴卿。

宋裴卿是家中的长子，自幼接受基督教的灌输，从小学、中学，直到齐鲁大学、燕京大学，都接受教会学校的教育。1918 年，他未及大学毕业，即转赴美国芝加哥西北大学留学，攻读工商管理和化学课程。1922 年，宋裴卿学成归国，先是协助其父打理企业经营，后来决心发展民族工业，走实业救国之路。1932 年 4 月 15 日，“东亚毛呢纺织有限公司”成立。厂名“东亚”寓意“产品不仅要行销国内，还要行销东南亚”。“九一八”事变后，各界群众纷纷抵制日货，宋裴卿决心创造中国的国货名牌，与洋货竞争。当时，国内市场出售的毛线都是进口产品，如日本的“麻雀”牌、英国的“蜜蜂”牌等，中国自己还没有能与之抗衡的产品。宋裴卿决定把东亚毛呢纺织公司生产的毛线商标冠以“抵洋”两字，从而鲜明地表示抵制洋货，发展本国民族工业的态度；但“抵洋”两字过于直白，于是把“洋”换为“羊”，一字之差，却是一语双关。用“抵羊”赶走“蜜蜂”与“麻雀”的创意，获得了大家的认同。

新中国成立后，宋裴卿当选为第一届全国政协委员、政务院财经委员。1950 年，宋裴卿到香港购置机器和逗留期间，不时收到匿名恐吓信和电话，警告他不要回天津，并威逼他去台湾。1951 年 7 月，宋裴卿辗转去了阿根廷。在阿根廷，他尝试办厂的努力都宣告失败。1956 年 7 月 17 日，宋裴卿在阿根廷的布宜诺斯艾利斯因突发心脏病去世，终年 58 岁。

著名的“抵羊牌”商标

图 28　天津东亚毛呢纺织有限公司股票

天津东亚毛呢纺织有限公司股票（图 28）发行于 1934 年 5 月 11 日，董事长宋裴卿，董事徐燕珊、张惠中、谷育德、赵子贞等。东亚公司的设立登记日是 1932 年 9 月 8 日。

19.“化工先导”

范旭东

范旭东（1883～1945年）

范旭东，原名源让，字明俊，后改名锐，字旭东，湖南湘阴县人。中国近代化学工业的奠基人、被人们称为“中国化学工业之父”。

范旭东的家族是宋代大政治家、大文学家范仲淹的后裔。范旭东9岁时就随其兄前往日本，1908年进入京都帝国大学专攻化学，毕业后留校任教。1911年辛亥革命爆发时，范旭东偕妻回国，先在北洋政府财政部供职，1914年春，范与人共同招股集资5万银元，在天津创办了“久大精盐公司”。1916年久大精盐公司在塘沽的制盐厂正式投产。

第一次世界大战期间，因欧亚交通梗塞，中国以碱为原料的工厂纷纷倒闭，致力于化学工业的范旭东决意创办中国的制碱工业。1920年9月经农商部批准，“永利制碱公司”成立。1926年6月29日，公司生产出的纯碱，碳酸钠含量达99%以上，打破了英国洋碱公司垄断中国市场的局面。更令人振奋的是，同年8月，永利制碱厂生产的“红三角”牌纯碱在美国费城举办的万国博览会上荣膺金奖。范旭东深知，酸和碱是化学工业的两个“翅膀”，他决心为祖国创办一座制酸厂。1937年2月5日，一座远东第一流的大型硫酸厂——永利铔厂在南京落成，生产出了第一批国产硫酸，揭开了中国化学工业崭新的一页。

范旭东对中国民族化学工业的贡献得到实业界的一致认同。1924年他当选中华化学工业会副会长，1945年又出任中国化学会理事长。1945年10月4日，范旭东因病在重庆逝世，享年62岁。范旭东逝世后，毛泽东送去了写着“化工先导，功在中华”的挽幛。周恩来、朱德、王若飞、彭德怀、郭沫若等人也都送去了挽联。

天津永利碱厂“红三角”牌纯碱商标

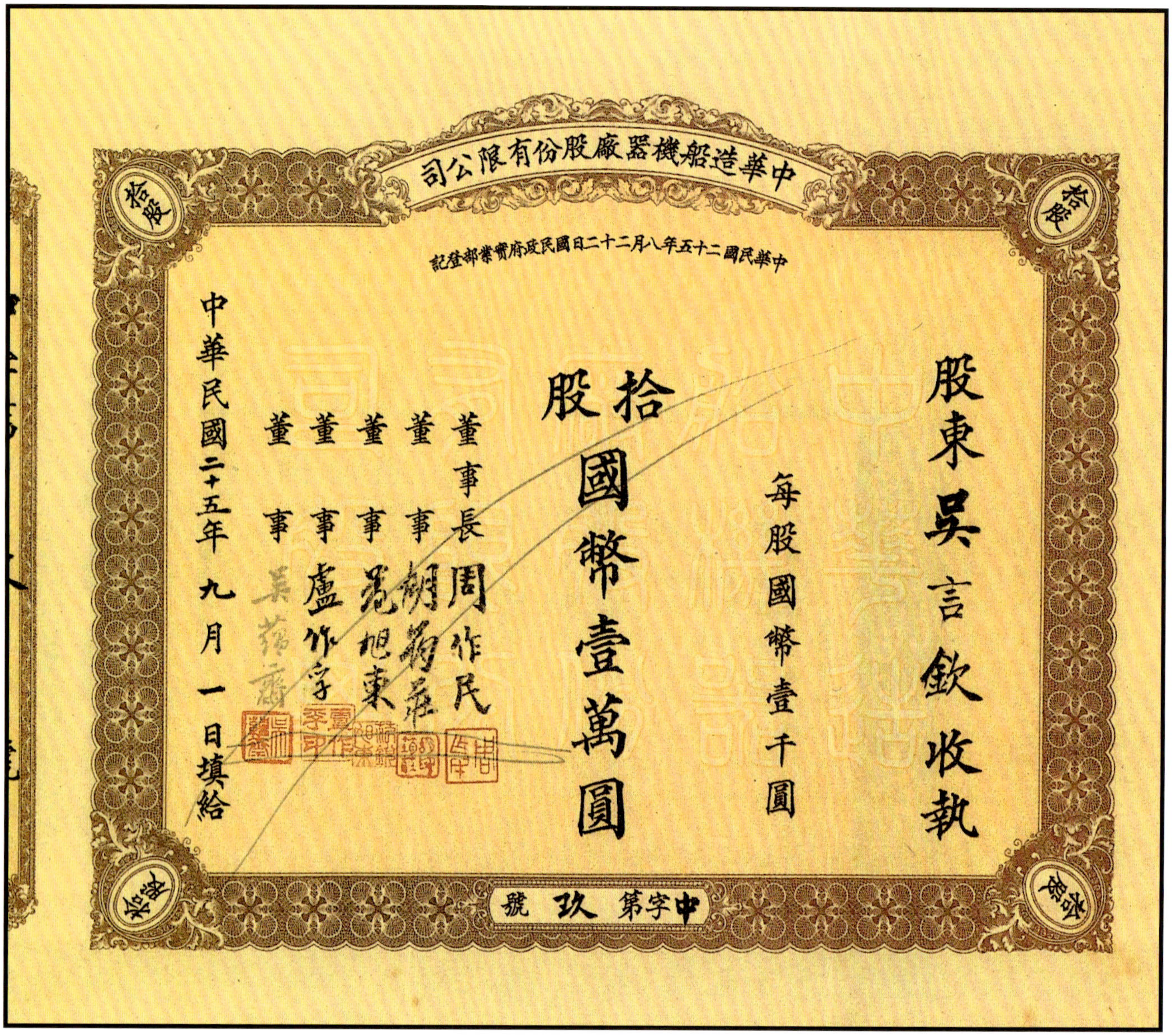
中華造船機器廠股份有限公司

拾股

中華民國二十五年八月二十二日國民政府實業部登記

股東吳言欽收執

每股國幣壹千圓

拾股

國幣壹萬圓

董事長 周作民

董事 胡筠莊

董事 范旭東

董事 盧作孚

董事 吳蘊齋

中華民國二十五年九月一日填給

中字第玖號

图 29 中华造船机器厂股份有限公司股票（《百年中国证券典藏》图录）

1926 年 10 月，中华造船机器厂在上海复兴岛创建，先后建造了“永安”、“长风”、“大达”等 9 艘长江客货轮和“天行号”破冰船。1936 年由范旭东、周作民、卢作孚等集资 25 万银元，改组为“中华造船机器厂股份有限公司”。1953 年 1 月，中华造船机器厂改名“公私合营中华造船厂”，1973 年 1 月定名为“中华造船厂”。大中华造船机器厂股份有限公司股票（图 29）发行于 1936 年 9 月 1 日，“董事”栏里有范旭东的名字和印鉴。

20.“徽 商 巨 子”

吴兴周

吴兴周（1868 ~ 1941 年）

吴兴周，名正尘，安徽绩溪人，安徽省第一家民族电力企业——明远电灯有限公司创始人，被誉为“徽商巨子”。

吴兴周，一个载入芜湖史册的名字。20 世纪初，这个人曾用自己的一生，将这座长江边的城市照亮。

吴兴周从 13 岁起就离乡外出当学徒，10 年后在合肥开了一家小商铺。1900 年，他变卖了产业，带着所有的资本，离开合肥来到长江边上的芜湖，开了一家经营百货的宝兴商号，很快在芜湖商界赢得了声誉。20 世纪初，正是孙中山实业救国思想盛行之时，吴兴周也深受其影响。后来有人告诉他：当时全国只有 5 家电厂，安徽省还没有一家电厂，如果在芜湖投资办电厂，一定会有利可图。吴兴周听后大受启发，他马上找了宝兴号的合伙人程宝珍，以及绩溪同乡周淑培、黄佩之、胡应莲等人，商议共同集资办电厂事宜。1904 年 6 月 26 日，吴兴周在《中外日报》上刊登了明远电灯公司的招股消息。1906 年明远电灯公司正式创立，吴兴周任总经理，1908 年明远电灯公司建成发电。接着，吴兴周以明远电灯公司为基础，陆续与人合伙开办了火柴厂、面粉厂、机器厂、电话局、汽车运输公司等，成为芜湖实业界的风云人物。

1937 年 12 月日军侵占芜湖，“明远”沦入日本人之手，改名“华中水电株式会社”。日本人想说服吴兴周继续留在“明远”，但吴不屑与日寇汉奸为伍，愤然返回绩溪闲居，直至 1941 年秋病逝，享年 73 岁。他的三个儿子吴子壮、吴名骝和吴名驹，后来都献身于新中国的电力事业，吴名驹还曾获得水电部的特等劳动模范称号。

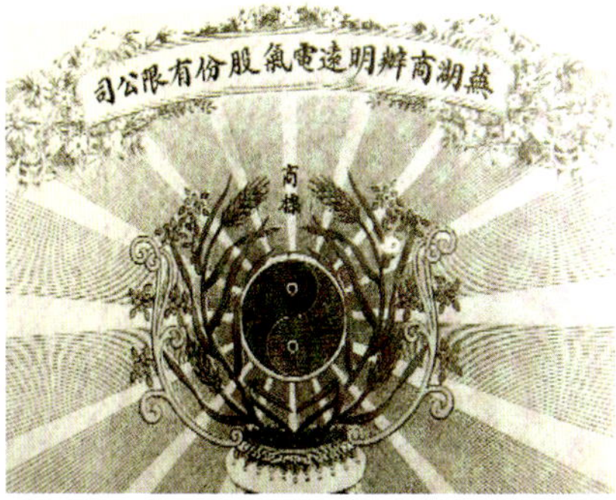

明远公司“黑白月亮”商标

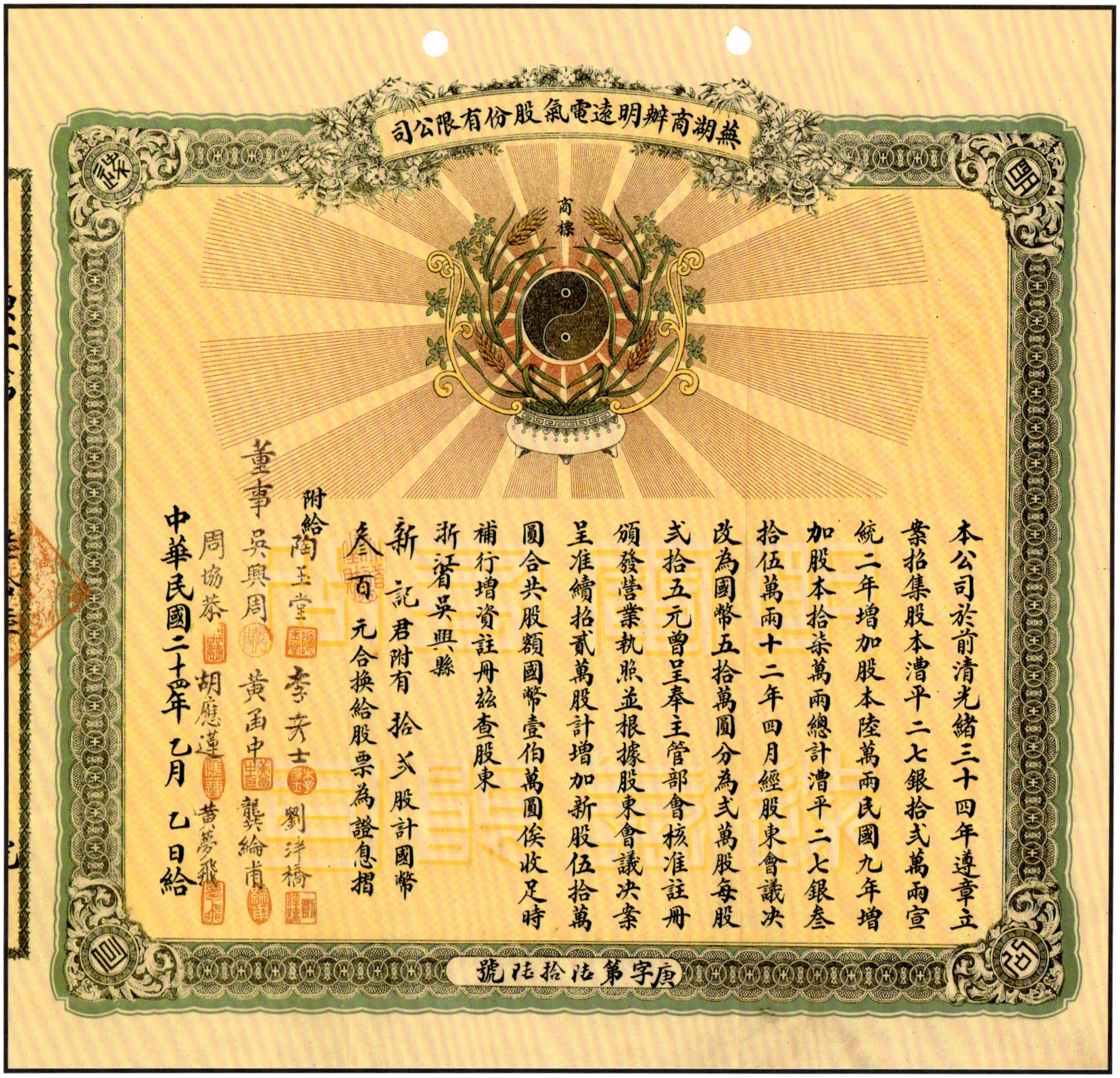

图 30 芜湖商办明远电气股份有限公司股票

芜湖的早期工业被誉为“两个半烟囱”，那就是裕中纱厂、明远电厂和益新面粉厂。其中的明远电灯公司创办于光绪三十四年（1906 年），招集股本银 12 万两，注册“黑白月亮”商标，公司地址在今安徽芜湖中山路十三道门附近。公司取名“明远”，寓意“光明到永远”。1929 年，公司更名为“明远电气股份有限公司”。

芜湖商办明远电气股份有限公司股票（图 30）发行于 1935 年 1 月 1 日。董事长吴兴周，总经理李彦士。图中的注册商标是“黑白月亮”太极图，即以阴阳双鱼为中心的八卦图，寓意电力中正与负的对立统一、相互共存。

21.“纺织俊杰”

刘国钧

刘国钧（1887 ~ 1978 年）

刘国钧，名金生，字国钧，号丽川，江苏靖江人，著名的爱国民族工商业者，被誉为“民族纺织业之魂”、“东南织染业先驱”。

刘国钧是中国近代工业史上一位具有传奇色彩的人物。

1918 年春，刘国钧在常州新坊桥独资创办了广益布厂，自任经理；1922 年，在常州创办了广益二厂，1925 年广益布厂与广益二厂合并，更名为“广益染织厂”，这为刘国钧毕生经营纺织业奠定了基础。创办大成纺织染公司是刘国钧历史上最光辉的一页。1930 年 2 月 15 日，以刘国钧为首的资本集团，出资 50 万银元盘下大纶久记纱厂，更名为“大成纺织股份有限公司”（以下简称大成公司）。1932 年春，广益染织厂正式并入大成公司，改称大成二厂，大成纺织股份有限公司也相应改称“大成纺织染股份有限公司”。1934 年春，刘国钧和大儿子刘汉堃、女婿查济民等第三次东渡日本考察丝绒、灯芯绒生产技术。至抗战前夕，大成公司试制成功丝绒、灯芯绒，开创了我国生产平绒、灯芯绒的先例。

新中国成立前夕，因为缺少对新政权的了解，刘国钧打算把大成三厂、大明纱厂、意诚布厂等迁到中国香港、九龙和新加坡去，中共地下党组织立即找刘国钧阐明党的政策，使刘国钧最后打消了迁厂的计划。事后，刘国钧找大成一、二、三厂的厂长开会，叫他们保护好工厂，如果出了事，不好向共产党交代。1950 年 9 月，刘国钧在周恩来总理的召唤下，毅然从香港返回祖国大陆。他除了继续从事经济工作外，还积极参与国家的政治生活，曾当选全国人大代表、江苏省副省长等职。1978 年 3 月 8 日凌晨 6 时，刘国钧在南京江苏省工人医院谢世，享年 91 岁。

刘国钧故居（靖江市生祠镇中街）

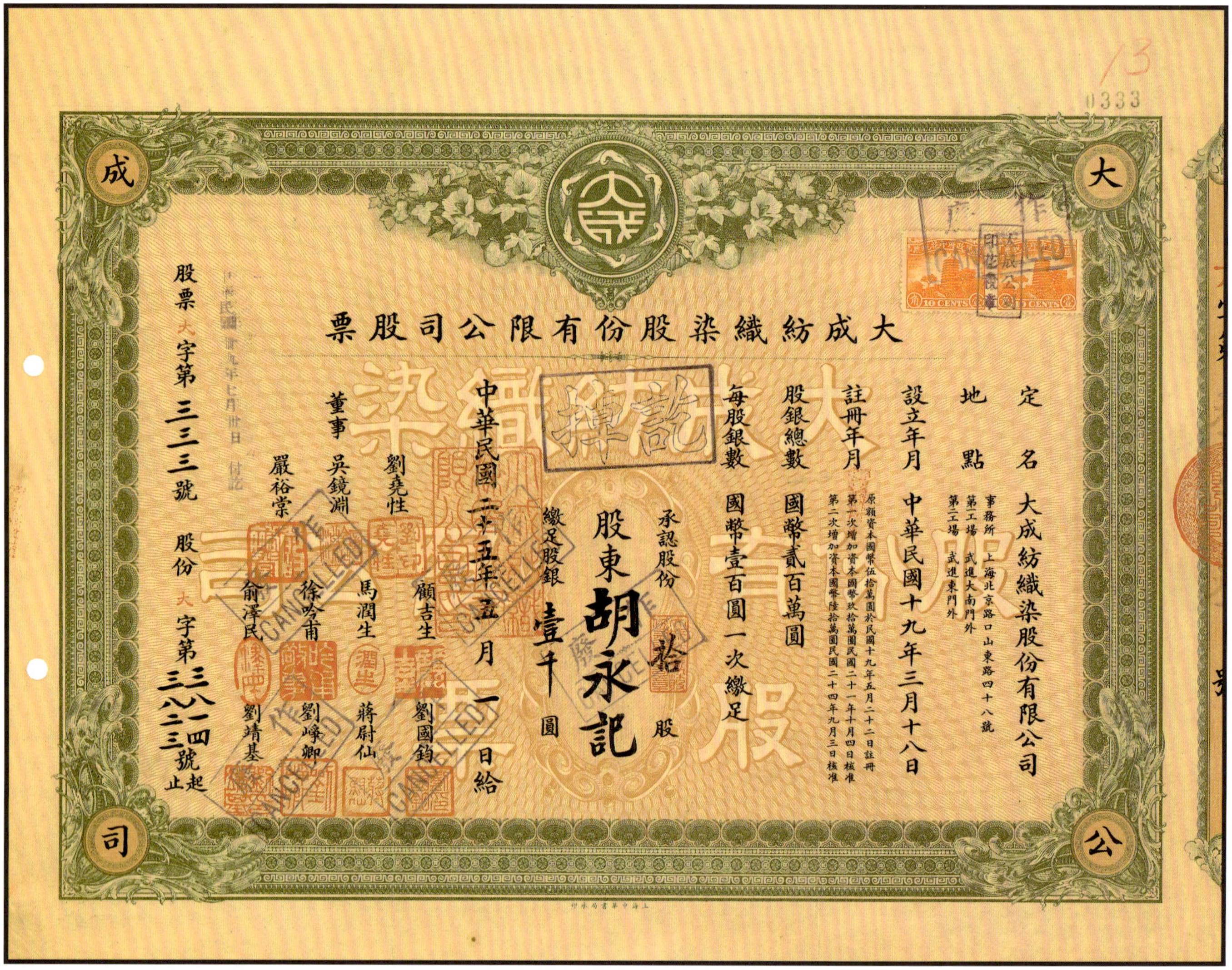

图 31 大成纺织染股份有限公司股票

大成纺织染股份有限公司创立于1930年3月18日，注册资本50万银元。公司事务所在上海山东路48号(北京路口)，公司第一工场在武进大南门外、第二工场在武进东门外。

大成纺织染股份有限公司股票（图31）发行于1936年5月1日，董事长吴镜渊（即吴有伦，中华书局创办人之一），总经理刘国钧，经理刘靖基（上海工商巨子、吴镜渊的女婿）；董事严裕棠（上海大隆机器厂创始人，被称为上海“棉铁之父”），严裕棠与吴镜渊是两亲家（严裕棠之子严庆龄与吴镜渊之女吴舜文喜结连理。吴舜文后被称为台湾的“纺织女王”和“汽车皇后”），马润生（被称为“中国邮坛第一家”），顾吉生（嘉丰棉纺织厂创始人之一）。在一张股票上留下这么多名人的姓氏和印章，这在老股票中是不多见的。

22.“汉镇巨贾”

宋炜臣

宋炜臣（1866 ~ 1927 年）

宋炜臣，字渭润，浙江镇海人，武汉民族工业的开创者之一，被称为“汉镇巨贾”、“汉口的头号中国商人”、“湖北公用电业第一人”。

谈起武汉的民族资本，不得不谈到宋炜臣；谈起武汉民族工业的发端，不得不谈到宋炜臣创建的汉镇既济水电有限公司。

宋炜臣少年时读过几年私塾，后在一家南货店当学徒，因其精明勤勉，被“五金大王”叶澄衷的亲戚带往上海介绍给叶澄衷。1890 年，叶澄衷在上海创办燮昌火柴厂，宋炜臣深受叶的信任，先任协理后任经理，步入了上海新兴实业家的行列。1897 年 8 月，宋炜臣在汉口创立了武汉第一家民族工业企业——汉口燮昌火柴厂，其规模超过上海燮昌火柴厂，居全国首位。

武汉的城市用电始于 1906 年汉口洋商电灯公司，总容量仅 125 千瓦。武汉也没有自来水厂，只能到长江汉水去挑水，水电之需迫在眉睫。宋炜臣邀集朱葆三等浙江和武汉商人，联名发起筹办水电公司。1906 年 7 月，汉镇既济水电股份有限公司在英租界太平路成立。1906 年 8 月，水电两厂同时破土动工。1908 年秋，既济电厂首先落成，其规模超过当时上海、广州、北京的电厂，居全国民营电厂之首。除了燮昌火柴厂、既济水电公司，宋炜臣还在上海、厦门、宁波等地创办或参股多家企业。

1921 年 4 月，宋炜臣辞去长达 15 年的汉镇既济水电公司总理职务，1926 年 5 月 17 日因病去世，享年 61 岁。

1909 年汉口既济水电公司水塔

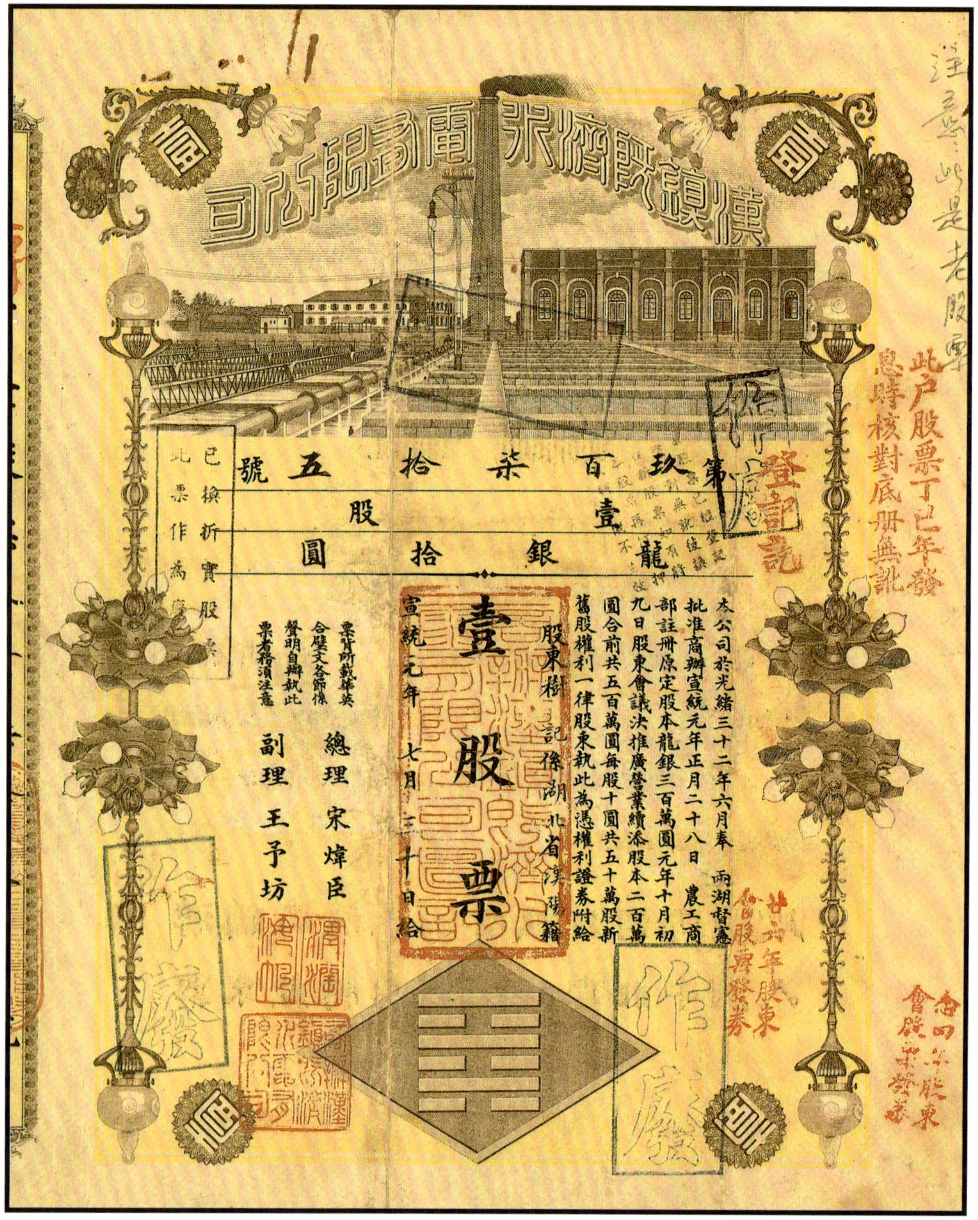

图32　汉镇既济水电股份有限公司股票（《百年中国证券典藏》图录）

汉镇既济水电股份有限公司成立于1906年7月，总资本额300万银元，由宋炜臣、王予坊在汉口创办。宋炜臣出任公司总理，王予坊任副理。汉镇既济水电公司是当时武汉最大的公用事业。公司取名“既济水电”，出自《易经》第六十三卦“水与火两者相生相克”的互补之义。汉镇既济水电股份有限公司股票（图32）发行于宣统元年七月三十日，总理宋炜臣。

23. “洋灰陈”

陈范有

陈范有（1898 ~ 1952 年）

陈范有，名汝良，安徽石埭（今石台）县人，爱国实业家，中国水泥工业创始人之一，陈一甫、陈范有父子被称为“洋灰陈”。

在天津，上了年纪的人，只要一提起“洋灰陈”，就知道指的是陈一甫、陈范有父子俩，他们是著名的水泥世家，中国水泥工业的先驱。

陈一甫的长子陈范有 1912 年就读于天津南开中学，比周恩来高一个年级，年年成绩名列第一，因此周恩来也与他相识。1917 年，陈范有考入天津北洋大学土木工程系，当时学采矿的陈立夫与他同寝室。1921 年 6 月北洋大学毕业后，陈范有奉父命回到家乡石埭县，主持建造了当时国内跨度最大的公路大桥——永济桥，受到乡亲们的赞誉。1925 年春，陈范有回到天津，同年进入启新洋灰公司任工程师，先后到美国、意大利、法国、英国、丹麦、瑞士等西方国家考察水泥工业。1935 年 5 月，江南水泥公司在天津正式成立，陈范有任常务董事，后受董事会指派，到南京负责主持创建江南水泥厂。

1937 年 12 月 13 日，日寇制造了骇人听闻的南京大屠杀。在总经理陈范有的协调下，江南水泥厂挂起了德国和丹麦国旗，共接纳了 3 万多名难民，使江南水泥厂成为当时南京最大的流动性难民营。

新中国成立后，陈范有被推选为全国水泥工业同行业联合会主任委员。然而，在“三反五反”运动的压力下，陈范有走投无路，于 1952 年 3 月 31 日在上海法华路寓所服了大量安眠药后与世长辞，年仅 54 岁。陈范有去世前曾给家属立下遗嘱：将价值 100 万银元的各种股票和定息单据以及北京、天津、上海、南京等地的房产全部捐献给国家。

旧时江南水泥厂全景

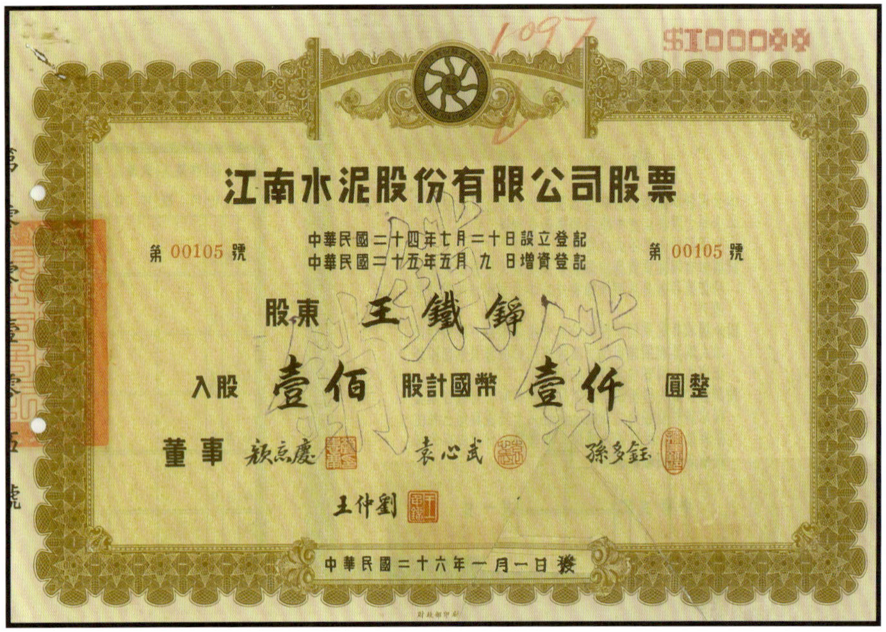

图 33 江南水泥股份有限公司股票（喻建忠先生藏品）

图 34 江南水泥股份有限公司股票

江南水泥股份有限公司创立于 1935 年 5 月，江南水泥厂地址在南京近郊的栖霞山东麓，1937 年 10 月基本建成，是当时亚洲最大的水泥厂之一，被苏联专家誉为“东方水泥厂之冠”。江南水泥总公司地址在上海北京东路 230 号（江西路口）兴业大楼三楼，在同一楼层的还有中国水泥公司、启新水泥公司的驻沪机构。

江南水泥股份有限公司股票（图 33、34）分别发行于 1937 年 1 月 1 日和 1948 年 6 月 1 日，董事长颜惠庆，常务董事袁心武（袁世凯之子）、陈范有。

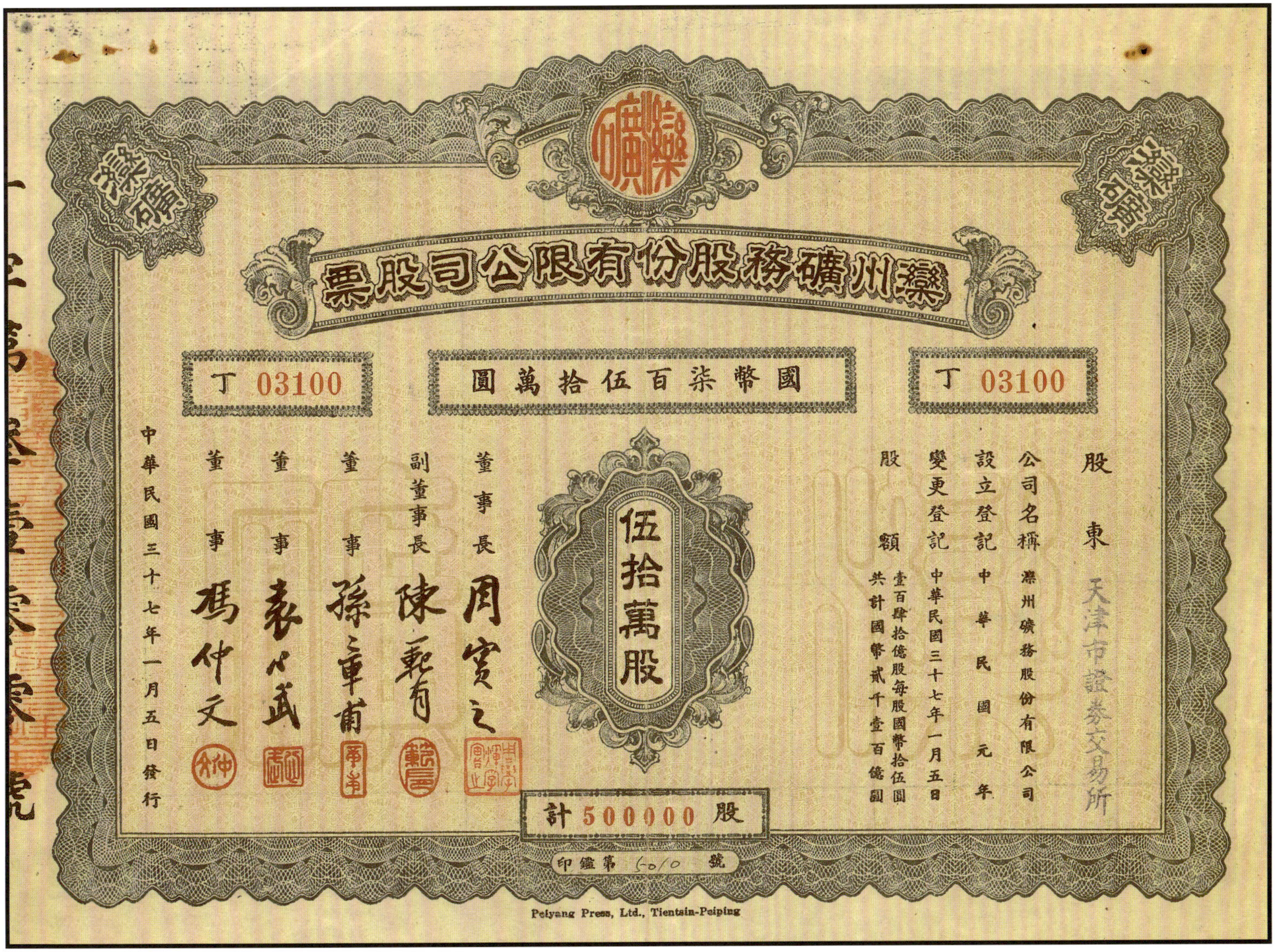

图 35　滦州矿务股份有限公司股票

滦州矿务股份有限公司股票（图 35）发行于 1948 年 1 月 5 日，董事长周实之（周学熙之弟）、副董事长陈范有，股东是天津市证券交易所。

24.“巴蜀奇才”

刘航琛

刘航琛（1897～1975年）

刘航琛，名宾远，字航琛，四川泸县人，工商、金融巨头，被人们称为“巴蜀奇才”。

刘航琛是一个极富个性又颇具代表性的人物，是一个特殊时代所造就的特殊人物。

刘航琛出身于商贾家庭，1910年岁考入有近百年历史的著名学府泸州中学堂，1916年考上北京大学理科预科，后升入北京大学经济系。5年的大学生涯，为他以后在财政、金融方面的大展宏图奠定了坚实的基础。大学毕业后，刘航琛回到母校泸州中学堂任校长，不久便匆匆赴渝，做起了“爱人堂”分店的少东家，从此走上了亦官亦商的人生之路。

1927年后，刘航琛投靠四川军阀刘湘（后成为抗日爱国将领），先后任重庆铜元局事务处长、刘湘部二十一军财政处长、四川省财政厅长等职，成为刘湘的敛财之臣。抗日战争爆发后，刘航琛受命担任川康、川盐银行董事长，他以川康、川盐两行为支柱，大量投资重庆电力公司、自来水公司、四川水泥厂等工商企业，以及《商务日报》、《益世报》、《新民报》等媒体。他曾经说过：“除了没有做大粪生意而外，其他的生意大抵都做了。”刘航琛担任过的董事、董事长、总经理等头衔多达七十多个，成为抗战时期首都重庆的工商、金融巨头。

在李宗仁代行总统职务期间，刘航琛曾一度出任国民政府经济部长。1949年10月下旬，刘以处理经济部在港公务为由，先到香港，后到了台湾。1975年9月28日，刘航琛因患肺癌在台北去世，享年78岁。

图 36 四川水泥股份有限公司股票

四川水泥股份有限公司成立于 1936 年 9 月，由刘航琛、杨伯智等创办，工厂设在重庆市南岸玛瑙溪。四川水泥股份有限公司股票（图 36）发行于 1940 年 5 月 1 日，董事长潘昌猷、总经理刘航琛，股票上方还印有公司的“川牌”注册商标。

25.“油漆大王”

陈调甫

陈调甫（1889 ~ 1961 年）

陈调甫，字德元，江苏吴县（今苏州市）人。我国化学工业的先驱、涂料行业的“泰斗”，被誉为“油漆大王”。陈调甫与范旭东、侯德榜、李烛尘合称“我国化学工业的四大奠基人”。

陈调甫出生在一个小税务官吏家庭。他 9 岁丧母，16 岁丧父，1907 年到上海求学，先入复旦公学，后转中国公学，1910 年中学毕业后回苏州农业学校任教，1912 年进入苏州东吴大学化学系，1916 年毕业留校任教，获硕士学位。1918 年至 1920 年，陈调甫在美国伊利诺伊大学研究院进修，1920 年前后与范旭东、侯德榜等创建了亚洲第一座纯碱工厂——永利碱厂。1928 年，陈调甫变卖了妻子的首饰等凑了 8 000 块大洋，独自创办永明油漆厂，研制生产“永明牌”酚醛清漆。“七七”事变后，日本侵略者想吞并永明漆厂，遭到陈的断然拒绝，结果使永明漆厂被迫停产。抗战胜利后，陈调甫从上海返回天津重整旧业，1948 年在国内首次研制成功醇酸树脂漆，这种漆具有能喷、能刷、能烘烤三种性能，因此，被命名为“三宝漆”（“灯塔牌”）。

新中国成立后，陈调甫继续关心着我国涂料工业的发展。党和人民也给予他很高的荣誉，他曾担任过全国政协委员、全国工商联执行委员、中国化工学会理事及天津分会理事长、化工部华北研究院副院长等职，并多次受到毛泽东、周恩来等中央领导人的接见。1956 年以后，陈调甫患了心脏病，但他为了完成周恩来总理“要多写书，留给后人”的嘱托，终日伏案写作，著书立说。1961 年 12 月 25 日清晨 1 时，陈调甫因心脏病复发，在天津猝然去世，终年 72 岁。

天津永明油漆厂旧址

永明漆廠兩合公司股單

永字第零壹弍陸號

公司名稱 永明漆廠兩合公司

資本總額 國幣壹千陸百萬元

股額 共拾陸萬股每股壹百元

股東 秦幼林（交通銀行代管）計肆仟伍百股

國幣 肆拾伍萬圓整

本廠所在地 河北省天津

登記年月日 民國二十二年十二月十九日

登記證書 兩合公司新字第一四號

執行業務無限責任股東 陳調甫

中華民國三十六年五月二十五日

本股單轉讓時依公司法須經無限責任股東同意

图 37　永明漆厂两合公司股单（《百年中国证券典藏》图录）

天津永明油漆厂创立于 1928 年，由陈调甫独自创办，1929 年 5 月正式投产，该厂生产的“永明漆”，是中国油漆行业第一个名牌产品。天津永明油漆厂后来改名为“天津灯塔涂料股份有限公司”，1997 年，该公司的“灯塔牌”商标荣获“中国驰名商标”，这是中国涂料行业首家驰名商标。我国第一辆红旗牌轿车、第一辆解放牌汽车、第一台拖拉机、第一座南京长江大桥、第一颗人造地球卫星、第一枚“长二捆”运载火箭，均使用“灯塔牌”涂料。

永明漆厂两合公司股单（图 37）发行于 1947 年 5 月 25 日，登记日期为 1933 年 12 月 19 日，陈调甫为执行业务无限责任股东。

26."山东火柴王"

丛良弼

丛良弼 (1868 ~ 1945 年)

丛良弼，号庭梦，道号良悟，山东蓬莱人，民族企业家，被誉为"山东火柴王"。

丛良弼出生于一个农民家庭，青年时代先后在烟台、上海等地的"东顺泰"商号做店员，因勤于事业又精明诚信，被派往日本大坂川口九十六番"东顺泰"任资方代理人，负责收购火柴向中国贩运。其时，国内火柴主要依赖进口，丛良弼深为中国工业落后，大量资金外流而感到痛心。1912 年，政府以"振兴中华，实业救国"为名，召集海外侨胞共商国是。丛良弼以旅日华侨总商会会长的身份出席会议。1913 年，丛良弼在济南集资 20 万银元，创建了振业火柴有限公司，生产"蜘蛛"、"三光"、"三狮"牌火柴。五四运动爆发后，国内抵制日货运动日益高涨，"振业"火柴出现供不应求的局面。1920 年和 1928 年，丛良弼又集资 60 万银元，先后在济宁、青岛增设分厂，所产火柴除行销国内市场外还供出口，从而结束了日本、瑞典火柴垄断中国火柴市场的局面。

丛良弼颇具民族气节，注重维护民族利益，所创公司命名"振业"，实取"振兴中华，实业救国"之意，并且在集资简章中明文规定："股东以中国人为限，一律不收外资"。"七七"事变后，日军侵占青岛，多次邀丛良弼出任青岛市市长和商会会长，均遭严辞拒绝。丛良弼乐善好施，1925 年在家乡独资创办丛氏小学，后改为良弼小学，到 30 年代初发展成全县规模最大的完全小学。丛良弼还常为各地赈灾捐款，曾先后三次获国家、省级赠匾褒扬。1945 年 12 月，丛良弼在青岛病逝，享年 77 岁。据丛良弼的孙子丛兆桓后来回忆：他当年只有 14 岁，清楚记得在长长的送葬队伍中，有 200 多个青岛的叫花子，他们是自发地来给爷爷送行的，场面十分感人。

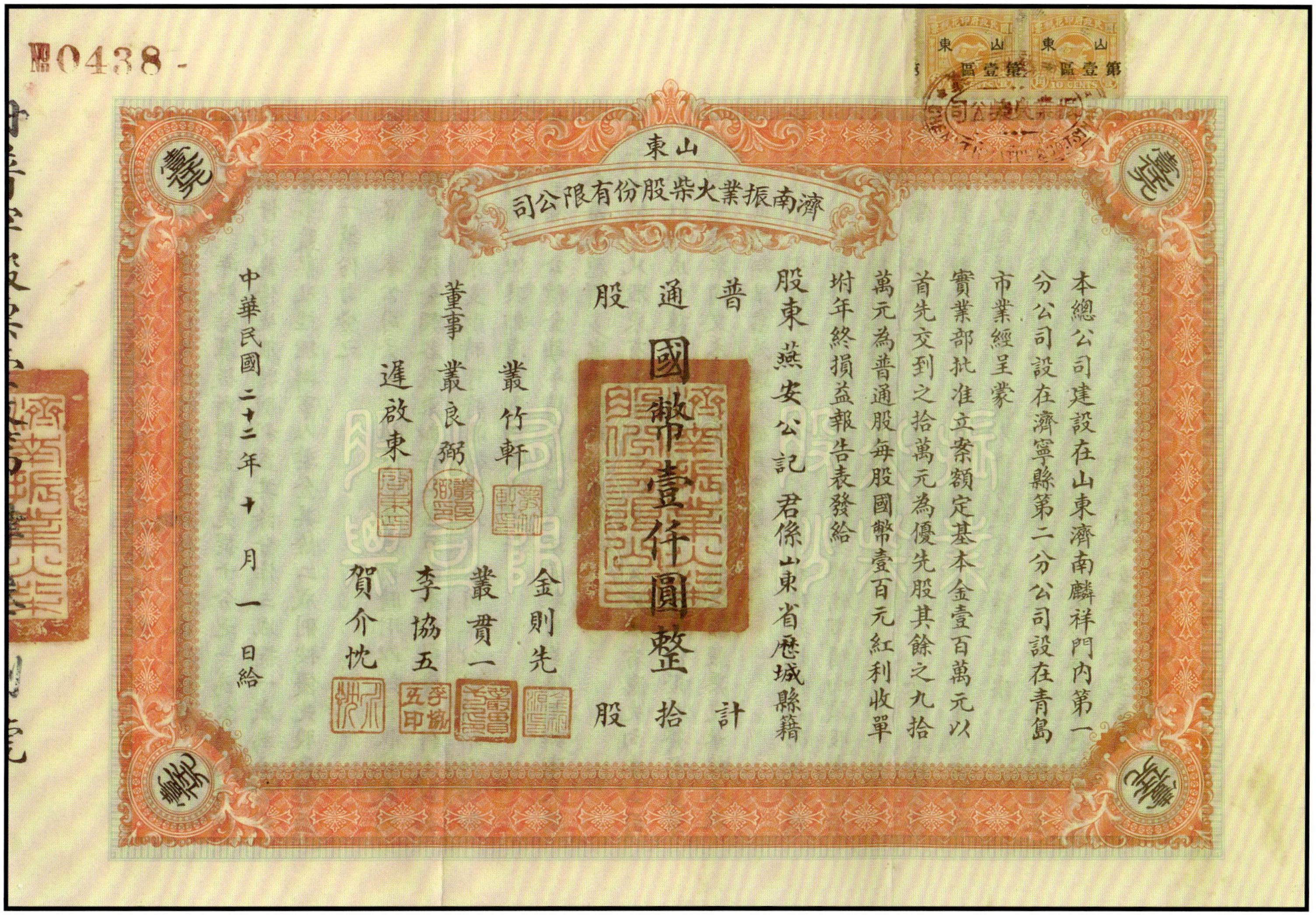

图 38　山东济南振业火柴股份有限公司股票

振业火柴厂是山东省第一家由民族资本开办的火柴厂。山东济南振业火柴股份有限公司股票（图 38）发行于 1933 年 10 月 1 日，丛良弼为董事长。

27. “铅笔大王”

吴羹梅

吴羹梅（1906 ~ 1990 年）

吴羹梅，原名吴鼎，曾用名吴一羽，江苏武进（今常州）人，被誉为“铅笔大王”。

1935 年 10 月，中国第一家全能型铅笔制造企业——“中国标准国货铅笔厂”在上海诞生，他的创始人，就是后来被称为“铅笔大王”的吴羹梅。

吴羹梅，1922 年就读于上海同济大学，是学生会主要负责人之一，因参加“五卅”游行请愿活动被学校当局开除。1927 年，吴羹梅由地下党员胡曲园等介绍，参加了中国共产党北京大学支部，1928 年赴日本留学，就读于横滨高等工业学校。4 年后大学毕业，吴羹梅到日本真崎大和铅笔株式会社实习，掌握了彩色铅芯及制杆、油漆等方面的加工技术。

1935 年 10 月 8 日，由吴羹梅、郭子春、章伟士等人筹资 5 万银元创办的中国标准国货铅笔厂正式投产，从此，“国产铅笔”成功地摆进了上海南京路的永安、先施和大新三大百货公司文具柜台，每一支笔上还印着“中国人用中国铅笔”的爱国字样。

1945 年 8 月，毛泽东在重庆三次会见了吴羹梅等在渝的民主人士，对吴的思想产生重大影响。1945 年 12 月 16 日，黄炎培、胡厥文、吴羹梅、章乃器等发起成立了中国民主建国会，吴羹梅被推选为常务理事。新中国成立后，吴羹梅率先将“中国标准铅笔厂”改名为“公私合营中国铅笔一厂”。1954 年 3 月，公司成功研制了“中华”牌 101 绘图铅笔，成为中国人首选的绘图工具。吴羹梅在“文化大革命”中遭受劫难，粉碎“四人帮”后担任了中国制笔业协会名誉会长。1990 年 6 月 1 日吴羹梅因病去世，享年 84 岁。

原上海中国铅笔厂外景

“中华牌”铅笔商标

图 39 上海铅笔厂股份有限公司股票

1934 年 7 月 7 日，吴羹梅与同窗郭子春，携手章伟士，于上海八仙桥青年会召开中国标准国货铅笔厂第一次发起人会议，决定资本额为银币 5 万元。1935 年 3 月 15 日，位于上海斜徐路（今日晖东路）116 号的厂房竣工，10 月 8 日正式投产。1939 年，吴羹梅与章伟士、郭子春分道扬镳。1940 年 1 月 29 日章伟士、郭子春在上海徐家汇路 324 号设立上海铅笔厂股份有限公司，注册“三星”商标；而吴羹梅则投入了中国标准铅笔厂的恢复工作，由此形成了上海铅笔厂、长城铅笔厂和中国标准铅笔厂“三足鼎立”的局面。1954 年 10 月，中国标准铅笔厂、上海铅笔厂、长城铅笔厂三家合并，成立公私合营中国铅笔公司，中国标准铅笔厂改为中国铅笔公司一厂，上海铅笔厂改为中国铅笔公司二厂，长城铅笔厂改为中国铅笔公司三厂（1956 年并入中国铅笔公司一厂）。

上海铅笔厂股份有限公司股票（图 39）发行于 1947 年 11 月 1 日，额定资本 5 万银元，李勉之任董事长，章伟士任经理，郭子春任协理。

28. “著名物理化学家”

张大煜

张大煜，字任宇，江苏江阴人，著名物理化学家、中国催化科学的奠基人之一。

张大煜 (1906 ~ 1989 年)

张大煜从小酷爱读书，学习成绩优异，中学毕业后考入南开大学，后转清华大学；1929 年清华大学化学系毕业，1933 年获德国德累斯顿大学博士学位；回国后任清华大学讲师、教授。抗日战争爆发，张大煜从北平到长沙，又从长沙辗转到昆明，在西南联大任教，并兼任中央研究院化学所研究员，从基础研究转向石油、煤炭方面的科学研究。他利用云南的褐煤，在昆明附近建立了一个从褐煤低温干馏提炼汽油的小型实验工厂，历尽千辛万苦炼出了油。抗日战争胜利后，张大煜从昆明到上海，任交通大学教授兼北京清华大学化工系系主任。他亲眼看到知识分子在旧中国不可能实现富国强民的理想。1948 年底，他经上海地下党负责人介绍，毅然离开上海，绕道香港和朝鲜，于 1949 年初到达老解放区大连。

20 世纪 50 年代初期，在我国天然石油资源尚未开发的情况下，张大煜组织了我国水煤气合成液体燃料、页岩油加氢、汽油馏分环化制甲苯等研究，有些成果达到当时的世界先进水平。张大煜在发展我国的人造石油、石油炼制、催化科学、化肥工业、化学工程、色谱、激光和相应的理论研究等方面都有杰出贡献。他曾当选第一、二、三届全国人大代表，第五届全国政协委员，中国民主同盟中央委员等职。“文化大革命”时期，张大煜遭到迫害，身心受到严重摧残，于 1989 年 2 月 20 日去世，享年 83 岁。

“长城牌”铅笔商标

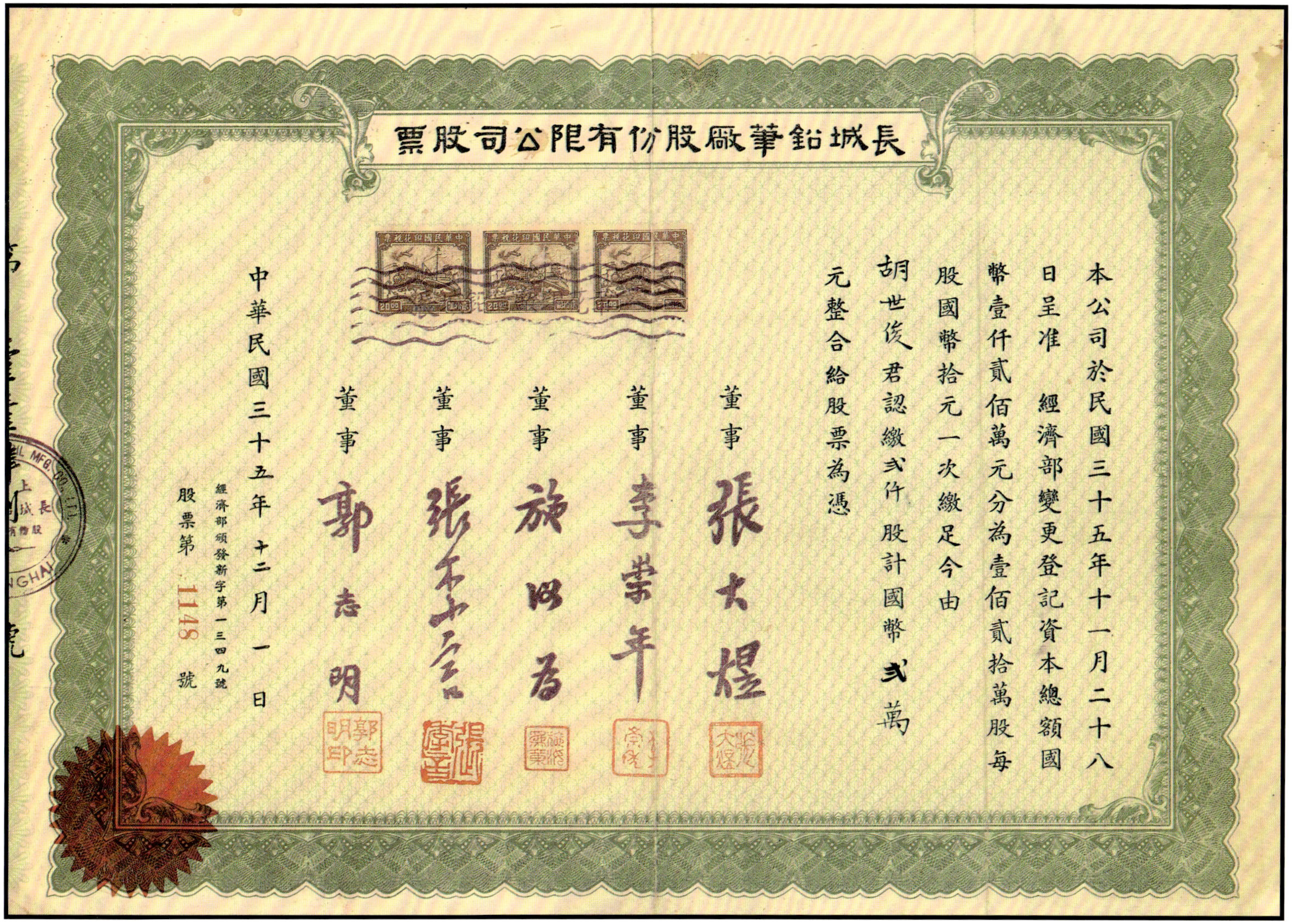

長城鉛筆廠股份有限公司股票

本公司於民國三十五年十一月二十八日呈准 經濟部變更登記資本總額國幣壹仟貳佰萬元分為壹佰貳拾萬股每股國幣拾元一次繳足今由胡世俊君認繳弍仟股計國幣弍萬元整合給股票為憑

董事 張大煜

董事 李崇年

董事 施汝為

董事

董事 郭志明

中華民國三十五年十二月一日

經濟部頒發新字第一三四九號

股票第 1148 號

图 40 长城铅笔厂股份有限公司股票

1937 年 6 月，张大煜、施汝为等人集资 3 万银元，委托郭志明在上海创建了长城铅笔厂股份有限公司，地址在长寿路 635 号，注册“长城牌”商标。长城铅笔厂股份有限公司股票（图 40）发行于 1946 年 12 月 1 日，资本总额 1200 万银元，董事长张大煜，总经理郭志明，董事施汝为。股票上贴有 3 枚印花税票，税票上盖有罕见的波纹状“长城铅笔厂印花章”，看上去又好似一座“长城”图案，这与公司的名称十分吻合，可见当初设计者的独具匠心。

29．“宁波帮巨商”

李康年

李康年(1898 ~ 1963 年)

李康年，原名李良康，一度用名良康、左之，字洪福，鄞县人，百货业巨子之一。

李康年 15 岁入宁波乾大昌纸号当学徒，满师后任司账；1921 年任宁波棉业交易所秘书，1925 年到上海进方液仙所办中国化学工业社任总务科长。1931 年“九一八”事变后，李康年联络中国化学工业社、美亚织绸厂、五和织造厂、华生电器厂、鸿兴布厂、华昌钢精厂、中华珐琅厂、亚浦灯泡厂、华福帽厂等 9 家厂商，在上海开设国货临时联合商场，大力提倡国货。1933 年李康年又提议创设中国国货公司，由方液仙、潘仰尧等集资，于 1933 年 2 月 9 日在上海南京路（今南京东路）大陆商场开设了一家专售国货的大型百货公司——中国国货公司。它独树“提倡国货、抵制洋货”的旗帜，以“请中国人用中国货”为口号，被众人亲切地称为“国货公司”。此后，李康年等又集资开设了中国萃众制造股份有限公司，生产“钟牌” 414 毛巾，还先后参与经营其他工商企业，历任国华烟厂、鸿兴袜厂、肇新化学厂董事长，中国钟厂总经理等。

上海解放后，李康年任民主建国会上海市委委员、市工商联执行委员。1957 年他被错划为“右派”，1979 年纠错，恢复名誉。1963 年 3 月 24 日李康年病逝，终年 65 岁。

图 41 上海中国国货股份有限公司股票

上海中国国货股份有限公司创立于 1932 年 2 月，由方液仙、潘仰尧等人集资创建，方液仙任董事长兼总经理，李康年任经理。总店设在上海南京路 341 号（今南京东路东海大楼）。

上海中国国货股份有限公司股票（图 41）发行于 1944 年 1 月，上面绘有上海中国国货公司的外景图。

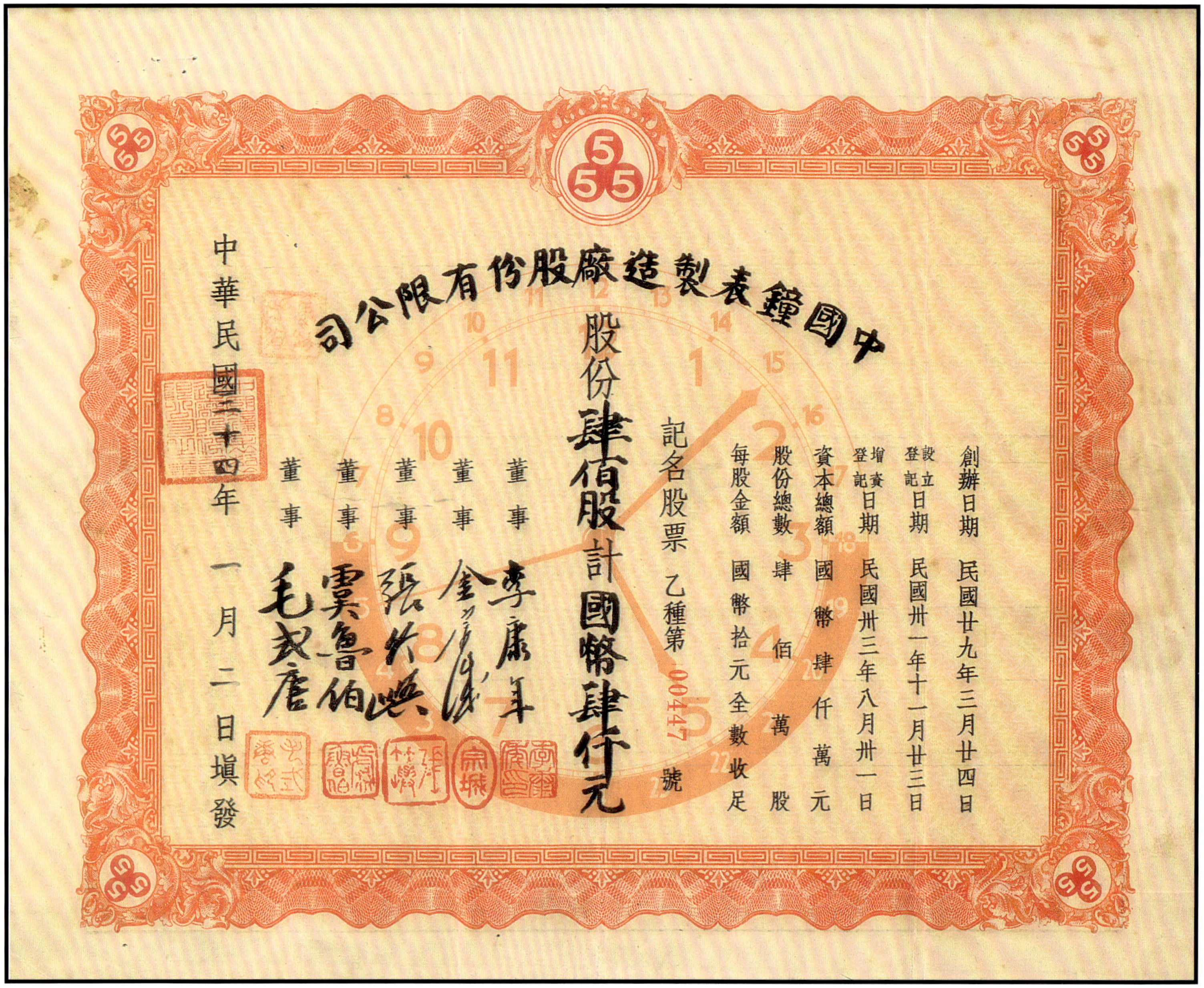

中國鐘表製造廠股份有限公司

股份肆佰股計國幣肆仟元

記名股票 乙種第 00447 號

創辦日期 民國廿九年三月廿四日

設立登記日期 民國卅一年十一月廿三日

增資登記日期 民國卅三年八月卅一日

資本總額 國幣肆仟萬元

股份總數 肆佰萬股

每股金額 國幣拾元全數收足

董事 李康年

董事

董事

董事

董事

中華民國三十四年一月二日填發

图 42　中国钟表制造厂股份有限公司股票

中国钟表制造厂股份有限公司股票（图 42）发行于 1945 年 1 月 2 日，李康年任董事长。

30. 工程营造业“一代宗师”

姚锡舟

姚锡舟（1875 ~ 1944 年）

姚锡舟，名锦林，字锡舟，上海川沙人。近代著名实业家、中国水泥工业先驱之一、工程营造业“一代宗师”。

姚锡舟因家境艰难，幼年失学，11 岁就到上海租界独自谋生，贩过瓜果，为洋人拣过网球，当过外国坟山守夜。1893 年他在租界做马路小工，因其勤奋被擢升为班首，有机会接触到上海建筑界的一些头面人物，如杨斯盛、江裕生等，使他的营造技术造诣日深。1900 年姚锡舟在上海创办姚新记营造厂，1905 年建造的中国第一座钢筋混凝土高楼——上海电话大厦，使厂主姚锡舟崭露头角。

1910 年左右，姚锡舟与穆勒、德利合伙开办协泰洋行。这是上海建筑业最早的中外合资建筑企业之一，先后承建了不少重要工程，如上海外白渡桥、中孚银行大厦、中央造币厂、中央银行、恒丰路桥等，其中尤以承办南京中山陵为世人瞩目。1926 年，南京中山陵一期工程开工，由姚锡舟中标承建。当时施工条件十分艰难，材料均由外埠运来，被沿途关卡层层盘剥，并不时遭军阀拦路抢劫，工程未完，亏损已成定局。姚锡舟说：“国父坟再蚀本也要做，质量上绝对保证”。经过三年多努力，中山陵告竣。姚锡舟在此项工程中亏损 14 万两银子，但为中国建筑史留下了一件可贵的历史作品。姚锡舟还与聂云台、胡耀廷等在崇明创办大通纺织股份有限公司，生产出的“大飞牌”棉纱畅销国内市场。

1937 年“八一三”事变发生后，姚锡舟捐款在四川南路市六中学处建造伤兵医院支援抗战。同年龙潭中国水泥厂陷于日军之手，日方以“中日经济提携”为名，胁迫姚锡舟与其合作，但遭姚断然拒绝。1939 年，姚锡舟又投巨资创办华伦造纸厂，生产的“金轮牌”牛皮纸风行沪市。姚锡舟的儿子姚乃煌、姚乃炽、姚乃康、姚乃寿及姚清德等后来均继承姚的事业，活跃在国内外的营造界。以姚锡舟为代表的姚氏家族，已成为上海营造界的建筑世家。

20 世纪 20 年代中国水泥厂

图 43　中国水泥股份有限公司股票

中国水泥厂成立于 1921 年 9 月，由姚锡舟联络上海、无锡等地的金融家和实业家吴麟书、陈光甫、聂云台、荣宗敬等人筹集白银 50 万两创建。中国水泥厂厂址在江苏省句容县龙潭镇（1953 年划归南京市），事务所设在上海。中国水泥厂是继启新水泥厂后我国规模最大的水泥厂之一。

中国水泥股份有限公司股票（图 43）发行于 1939 年 6 月 1 日，资本总额国币 540 万银元，其中普通股 210 万银元、优先股 330 万银元，票面上方是五岳独尊的泰山图案，四角是“泰山商标”字样，董事“姚锡舟”的名字赫然在目。

31. “古钱币大王”

张叔驯

张叔驯（1899 ~ 1948 年）

张叔驯，名乃骥，字齐斋，创办古泉学社和《古泉杂志》，被誉为“中国古钱币大王”。

中国近代钱币收藏界向以“南张北方”为巨擘。“北方”是指天津的方药雨（即方若），其藏品以刀布为最好；“南张”就是指张叔驯，藏品以圆泉著名。张叔驯是南浔“四象”之一张氏家族中一个极具个性的人物，他继承其父终生热衷中国传统文化的细胞，在 20 世纪 30 年代，成为中国最优秀的收藏家之一，被誉为“中国古钱币大王”。

张叔驯是南浔张石铭的第七子，抗战前其父去世，他分得了 200 万银两的家产，成为房地产巨商，收集古钱有了充足的财源。钱币收藏家一般都是集中收藏自己喜欢的冷门，张叔驯也是这样，他所收藏的宋靖康钱已成为集藏之冠。1926 年 9 月，张叔驯邀请泉币收藏爱好者程文龙等人，创办“古泉学社”，这是中国第一个钱币学研究团体；1927 年 5 月，古泉学社创办了《古泉杂志》，这是我国正式出版的最早的钱币专业杂志。

“古钱币大王”张叔驯手上有一批独一无二的孤品珍钱，人们只要一提起这些古钱，就知道是张叔驯的藏品，如南唐早期铸造的“大齐通宝”、后梁刘守光所铸的“应天元宝背万”、五代十国时期的“当钱壹佰”、王莽时期的“国宝金贵直万”、元代篆楷“中统元宝”等。“四眼大齐”是 20 世纪 20 年代泉学家戴保庭和朱克壮在江西鄱阳地区发现的，后被著名收藏张叔驯重金购得，藏之密室，从不示人，因而取斋名曰“齐斋”。

张叔驯 1948 年去世后，他的夫人徐氏将这批古钱币卖给了美国大收藏家戴吉涛。戴先生去世后，他的巨额遗产和藏品组成了“戴吉涛基金会”，张叔驯收藏的中国古钱“五十珍”之一“四眼大齐”，便存于这个基金会。

中国古钱五十珍之一“大齐通宝”

图 44 亚光制造股份有限公司股票

亚光制造股份有限公司股票（图 44）发行于 1936 年 9 月 1 日，张叔驯为“董事”之一，而股东顾毓琦，则是著名的医学专家，也是文理大师顾毓琇之兄。

32.“无锡工商巨子” 唐保谦、唐星海

唐保谦（1866 ~ 1936 年）

唐星海（1900 ~ 1969 年）

唐保谦，字滋镇，江苏无锡严家桥人，无锡唐氏家族的开创者，无锡机制砖瓦、九丰面粉、庆丰纺织的创始人；唐星海，名炳源，唐保谦之子，香港实业界翘楚，被誉为“无锡工商巨子”。

无锡是中国近代民族工商业的发祥地之一，形成了杨宗濂兄弟、荣宗敬兄弟、唐保谦父子、薛南溟父子为代表的四大实业家族。作为中国无锡工商界四大家族之一的唐氏家族，历年来相继出现了唐保谦、唐星海、唐骥千、唐骧庭、唐君远、唐翔千、唐英年等家族成员的身影。和赫赫有名的荣氏家族有众多相似之处：同样发迹于无锡；同样滥觞于纺织业；同样在1949 年以后在香港与内地的政界、商界两方面持续发挥影响力。

唐保谦早年曾中举入仕，后在钱庄习业，并帮其父经营春源布庄；1904 年接替其父，与人合作经营永源生米行；1910 年与人集资在无锡创办九丰面粉厂；1920 年 4 月与蔡缄三等人集资创办庆丰纺织厂。1936 年 12 月唐保谦病逝，终年 70 岁。唐星海是唐保谦的次子，1919 年毕业于北京清华学校，后入美国麻省理工学院攻读纺织专业；1923 年毕业获纺织、纺织企业管理硕士学位；同年 10 月学成回国，任无锡庆丰纺织厂副总管兼纺织部工程师，后对庆丰厂进行体制改革和技术改造，自任厂长；1933 年在庆丰推行“泰罗制”以提高劳动生产率；该厂生产的“双鱼吉庆”牌纱成为无锡地区标准纱而远销东南亚地区。1936 年 12 月唐星海接替其父任庆丰纺织公司总经理。1939 年 4 月，唐星海在上海租界创办保丰纺织厂。

1948 年唐星海前往香港定居，他是香港中文大学的创始人之一，一直担任该校董事及新亚书院董事会主席，还长期担任香港立法委员会非官方委员、香港社会公共基金第一主席、东南亚棉纺织联合会会长等职，为香港经济社会发展作出了杰出贡献。1969 年唐星海在港病逝，终年 69 岁。

庆丰纺织厂办公大楼旧址

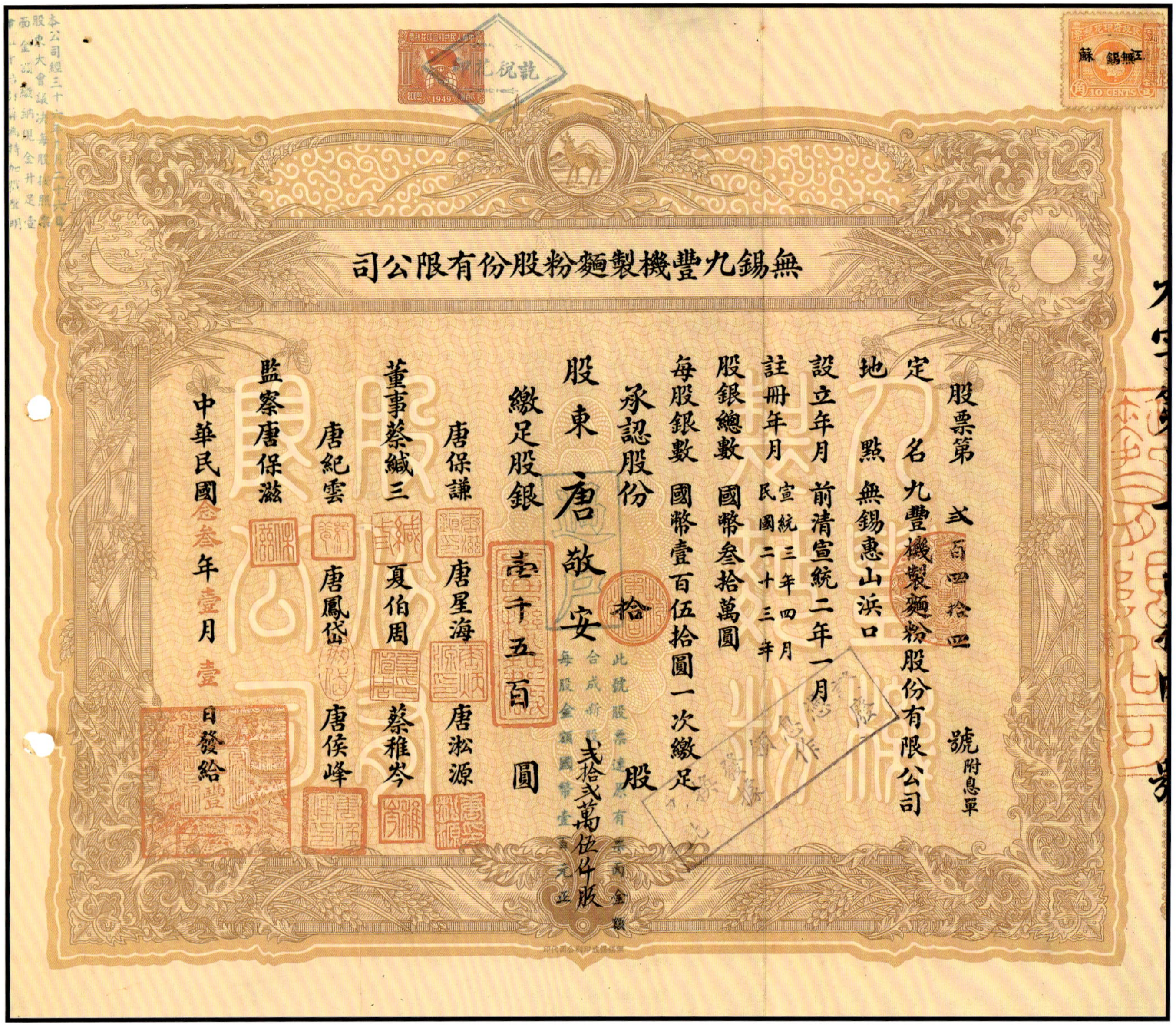

图 45 无锡九丰机制面粉股份有限公司股票

1901 年，唐保谦与蔡缄三合伙在无锡三里桥开设永源生米行，1910 年他们又与夏子坪等九人集资创办了无锡九丰机制面粉厂，厂址设在无锡惠山浜口（蓉湖庄），于 1911 年正式投产。因工厂建于惠山之麓，逐取山麓谐音“山鹿”作为面粉商标。无锡九丰机制面粉股份有限公司股票（图 45）发行于 1934 年 1 月 1 日，“董事”里有唐保谦、唐星海父子和创办人之一蔡缄三等人的名字。

图 46　惠农兔业股份有限公司股票

惠农兔业股份有限公司股票（图 47）发行于 1943 年 9 月 30 日，董事长和股东都是唐星海（本人签名手迹）。

图 47 通惠地产股份有限公司股票

通惠地产股份有限公司股票（图 47）发行于 1944 年 6 月 30 日，“常务董事”栏里也有“唐星海”的签名手迹和印章。

33. “水泥大王”

王涛

王涛（1905 ~ 1985 年）

王涛，字松波，江苏崇明县（今属上海市）人，水泥工业专家，被誉为“水泥大王”。

王涛 16 岁考入天津北洋大学，攻读采冶专科，毕业时获得金质奖章。1926 年在南京中国水泥厂化验室工作，1929 年考取公费留学，赴德国柏林皇家水泥研究院深造，成为世界水泥权威奎鲁教授的学生。他与奎鲁教授合著的《水泥水化》一书在世界水泥界享有盛誉。1933 年 6 月王涛学成回国，被聘为唐山启新水泥公司副总技师，1935 年主持栖霞山江南水泥厂的总体设计和建厂工程。他怀着振兴民族工业的决心，研制出启新“马牌”水泥新产品，荣获芝加哥博览会优质产品奖。“七七”事变后，他毅然放弃高薪，只身潜赴大后方，先后建成华中、昆明水泥厂，并任厂长；抗战胜利后，回到唐山，受托接收启新水泥厂和瓷厂，并着手筹建华新水泥厂。

新中国成立后，王涛历任华新水泥厂副厂长兼总工程师，重工业部一级工程师，建工部水泥研究院院长，建材研究院副院长等职。1985 年 5 月 23 日，王涛先生因心力衰竭，医治无效，与世长辞，享年 80 岁，安葬在北京八宝山公墓。

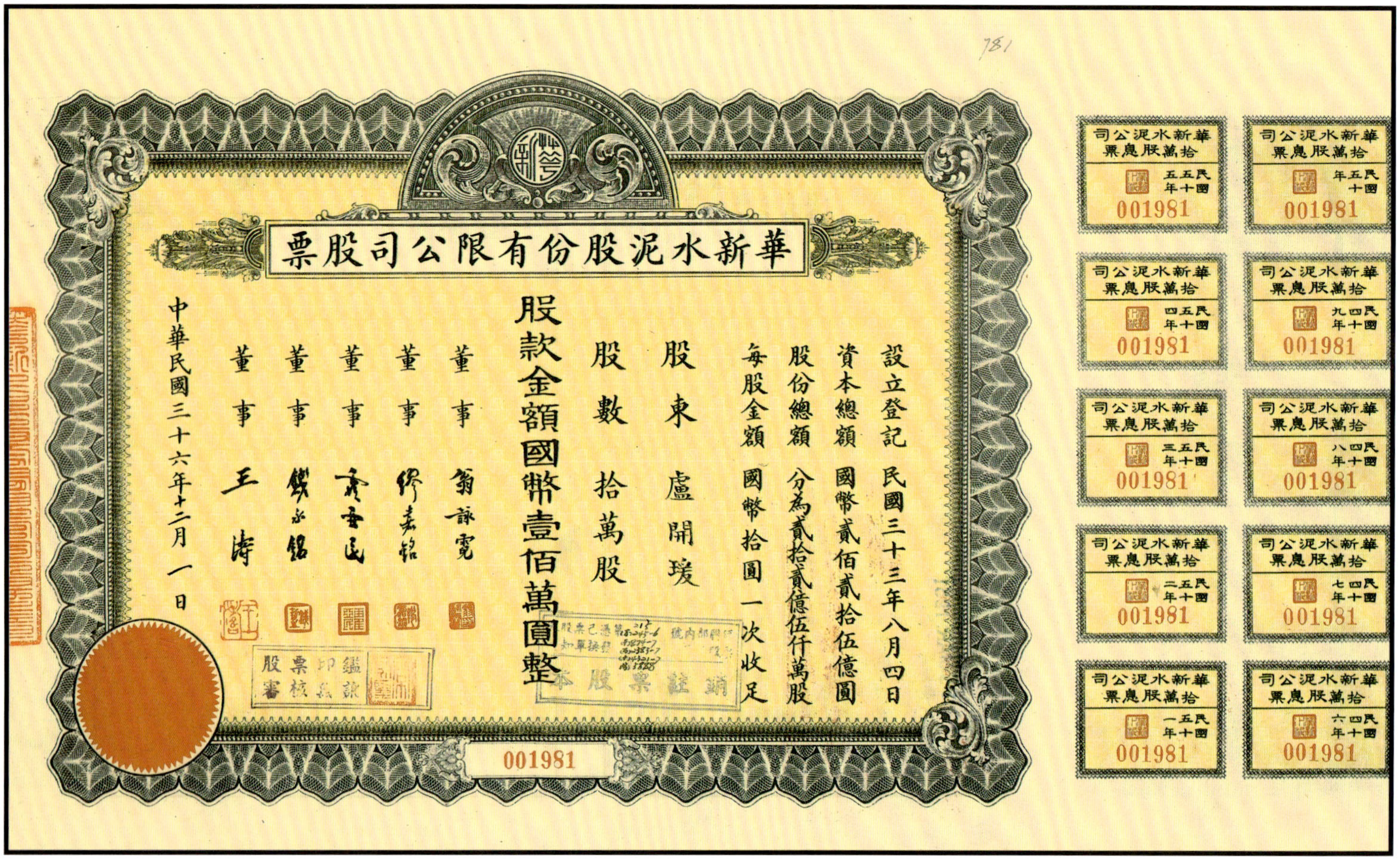

图 48 华新水泥股份有限公司股票

华新水泥公司是一个有着百年历史、享誉国内外的国家大型水泥骨干企业，前身为创建于清光绪 33 年（1907 年）的湖北大冶水泥厂，该厂是由福建清华实业公司总经理程祖福集股白银 30 万两创办的，1909 年 5 月 2 日建成投产。华新水泥股份有限公司股票（图 48）发行于 1947 年 12 月 1 日，王涛任董事兼总经理。

34.“西医泰斗”

颜福庆

颜福庆（1882 ~ 1970 年）

颜福庆，字克卿，上海市人，著名的医学教育家、公共卫生学家、中华医学会创始人之一，上海医科大学创始人，被称为“西医泰斗”。他与兄长颜惠庆（外交家）、颜德庆（铁道专家）并称为“颜氏三杰”。

颜福庆出生在上海江湾镇的一个牧师家庭。8 岁那年，父亲因伤寒过世，他被过继给了伯父。伯父颜永京是上海最早的教会学校圣约翰书院的创办人和首任院长。颜福庆的童年在圣约翰书院接受了最初的教育。少年时代他在伯父的资助下，先后就读于上海圣约翰中学和圣约翰大学医学院。1903 年，颜福庆从圣约翰大学医学院毕业。1906 年，颜福庆被选送到美国耶鲁大学医学院深造，1909 年获得医学博士学位，是第一位获得耶鲁医学博士的亚洲人。

1910 年，颜福庆接受美国雅礼会的聘请，在湖南长沙雅礼医院任外科医师。有一天，来了一个年轻人，身披蓑衣，头戴斗笠，背着身患疟疾的妻子来求医。在颜福庆的精心治疗下，这位病人日见好转。一晃几十年过去了，20 世纪 50 年代初，毛泽东在北京宴请全国知名人士的宴席上，特地点了颜福庆的名，请他坐在自己的身边。酒酣时，主席饶有兴趣地谈起当年背夫人杨开慧求医的往事。令颜福庆想不到的是，自己当年治愈的病人竟是毛主席的夫人杨开慧。主席紧握颜福庆的手说：“我们老早就相识了，你的医德医风很不错，为人民做了不少好事，要感谢你啊！”

1914 年，32 岁的颜福庆创办长沙湘雅医学专门学校（湖南医学院前身），并任校长；1916 年，在颜福庆和伍连德的倡议下，中华医学会在上海成立，颜福庆当选首任会长；此后颜福庆又先后创办了上海医学院、中山医学院、澄衷肺病疗养院等并任院长。抗日战争时期，颜福庆积极从事抗日救亡运动，先后任上海市救护委员会主任委员、国民政府内政部卫生署署长等职。

新中国成立后，年届花甲的颜福庆仍致力于医学教育的各项活动，曾任第一、二、三届全国人民代表大会代表和第二届全国政协委员，多次受到毛泽东、周恩来等党和国家领导人的接见。1970 年 11 月 29 日上午，在屋里坐着的颜福庆突然倒下了，终年 88 岁。1987 年，上海第一医学院集资铸造了颜福庆铜像安放于校园内，供后人瞻仰。

颜福庆铜像（复旦大学上海第一医学院内）

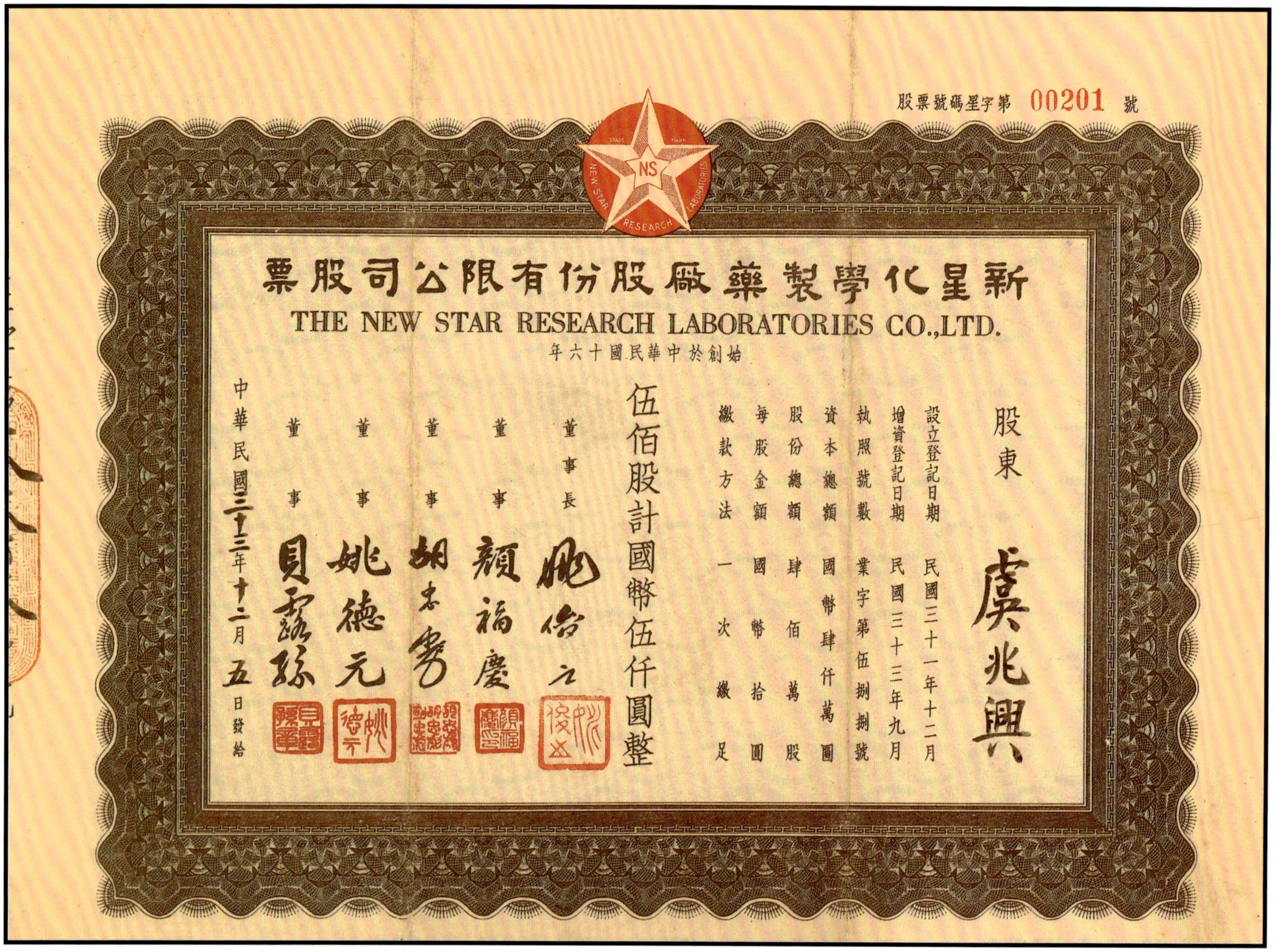

图 49 新星化学制药厂股份有限公司股票

新星化学制药厂股份有限公司创办于 1927 年，原名新星西药行，为无限公司性质，1942 年秋改组为股份有限公司，总公司设在上海黄河路凤阳路口，总厂在沪西的长宁路 26 号，并在重庆、昆明、汉口、天津等处设立分厂。新星化学制药厂股份有限公司下设新星化学药物研究所。新星化学制药厂股份有限公司股票（图 49）发行于 1944 年 12 月 5 日，颜福庆为“董事”之一，股东虞兆兴是中国最早制造樟脑和酒精的“美龙香料药品厂”创办人。

35. “地质学鼻祖”

翁文灏

翁文灏（1889 ~ 1971 年）

翁文灏，又名存璋，字咏霓，号君达，浙江鄞县人。民国时期著名学者、中国第一位地质学博士、中国近代地质学创始人之一，与丁文江、李四光并称中国地质学“三大权威”。

翁文灏是中国历史上唯一“学问做到院士，当官做到行政院长”的人。

翁文灏出身绅商家庭，1902 年 13 岁时通过乡试中秀才，后来到上海读书，继而又到欧洲留学，1912 年在比利时鲁汶大学获物理及地质学博士。同年回到中国，在北洋政府农商部任事，同时在北京大学、清华大学任教授，曾任清华地质学系主任、兼任代理校长。

翁文灏对中国的矿产资源分布进行了开拓性研究，创造了多个中国第一：第一位地质学博士、第一个撰写中国矿产志、编成第一张全国地质图、第一位代表中国出席国际地质会议、主导开采中国第一个油田——玉门油田。此外，翁文灏对构造地质学、历史地质学等都有杰出贡献。河北省宛平县周口店（今属北京市）出土北京猿人，就是由翁文灏领导的新生物研究所发现的。

作为“学者从政”的典型，翁文灏曾任国民政府行政院院长、总统府秘书长、行政院经济部长等职，先后掌管全国的经济、政务达十年之久，最后因发行金圆券，导致金融紊乱，物价暴涨，民怨沸腾而下台。在对国民党彻底失望后，他选择了新中国。1951 年，他成为首位海外归来的国民党高级人士。在全国政协二届一次会议期间，毛泽东握着翁文灏的手高兴地说：“翁先生回来了，好啊，好啊。” 1954 年后，翁文灏主要从事翻译及学术研究。

翁文灏有两子，次子为国民党空军机师，于抗日战争中殉国；大儿子是著名石油工程师，1970 年在“文革”中被迫害至死。1971 年 1 月 27 日，翁文灏病逝于北京，享年 82 岁。

翁文灏故居（宁波市海曙区月湖西岸大书院巷 11 号）

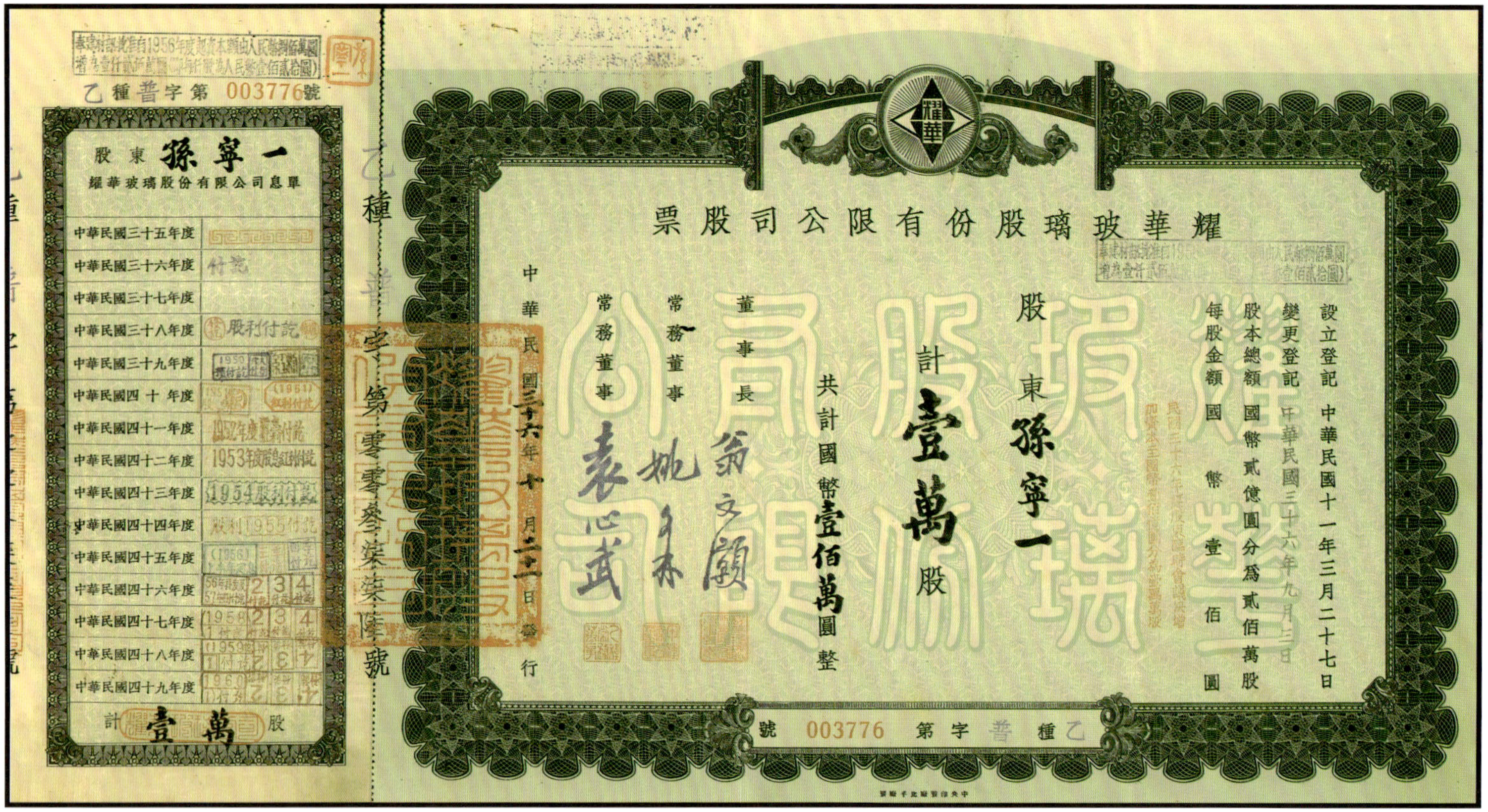

图 50 耀华玻璃股份有限公司股票

耀华玻璃股份公司的前身是“耀华机器制造玻璃股份公司”，创立于 1922 年 3 月 27 日，由曾两任北洋政府财政总长的周学熙与号称“玻璃王国”的比利时合资创建，它是中国乃至远东第一家采用机器生产平板玻璃的企业，被誉为“中国玻璃工业的摇篮”。

耀华玻璃股份有限公司股票（图 50）发行于 1947 年 10 月，公司总股本国币 2 亿元。股票上“耀华”的品牌标识是光芒四射的双套金刚钻，这个标识产生于 1924 年，并一直沿用至今。公司名字中的“耀华”，取“光耀中华”之意。

36. “中国奥运之父”

王正廷

王正廷（1882 ~ 1961 年）

王正廷，原名正庭，后改正廷，字儒堂，浙江奉化人。中国近代著名外交家、社会活动家，中国第一位国际奥林匹克委员会委员，因此，被称为“中国奥运第一人”、“中国奥运之父”。

在中国近代史上，王正廷是一个声名显赫的人物。1896 年他考入北洋大学堂，1907 年春在东京加入中国同盟会，1910 年毕业于美国耶鲁大学。辛亥革命后，王正廷先后担任广东护法军政府外交总长和财政总长，北洋政府代理国务总理兼外交总长、财政总长，国民政府外交部长、驻美国大使，以及北京中国大学校长、北平故宫博物院首席理事、中华全国体育协进会理事长、中国红十字会会长、太平洋保险公司董事长等职。1919 年 1 月，王正廷作为出席巴黎和会中国代表团的全权代表之一，最后拒绝在《凡尔赛和约》上签字，获得了国内外舆论的一致好评。王正廷虽在政界担任要职，但他热心体育事业，并致力于在中国开展奥林匹克运动。1922 年，王正廷被选为国际奥委会委员，成为中国第一位国际奥委会委员（后为终身委员）。1936 年和 1948 年，王正廷作为中国体育代表团总领队，先后率团参加了第 11 届（柏林）和第 14 届（伦敦）奥运会。1949 年王正廷移居香港，继续从事金融、保险事业，1961 年 5 月 21 日在香港病逝，享年 79 岁。

上海華豐紡織股分有限公司股票

註冊商標

華豐紡織公司

股本銀壹百萬兩分為壹萬股每股銀壹百兩

股票天字第壹壹伍叁號

本公司遵照公司條例在農商部註冊計股本銀壹百萬兩分為壹萬股每股銀壹百兩每年年終結帳次年三月以前召集股東年會如有盈餘給以紅利由股東會議決茲由

祝記君附有本公司股分計壹百股計銀壹萬兩正合給股票以憑收執

華豐紡織股分有限公司

董事長 錢永銘

總經理 王正廷

中華民國十三年七月壹日給

图 51 上海华丰纺织股份有限公司股票

华丰纺织股份有限公司由上海巨商王正廷、张英甫等人在 1920 年集资创办，核定资本银 100 万两，厂址在上海吴淞蕴藻浜北泗塘河的东首（今蕴藻浜大桥北首桥堍的西面）。公司董事长聂其杰，总经理王正廷。华丰纺织股份有限公司在 1924 年上半年调整公司高层人士，由钱永铭出任董事长。抗日战争胜利后，该公司作为敌产在 1945 年 9 月 21 日被国民党政府经济部接收，改名“中纺八厂”，上海解放后改名“上海第八棉纺织厂”。

华丰纺织股份有限公司股票（图 51）发行于 1924 年 7 月 1 日，股票的面值是 100 股，计银 10 000 两，董事长钱永铭，总经理王正廷。

37. “著名外交家”

颜惠庆

颜惠庆 (1877 ~ 1950 年)

颜惠庆，字骏人，上海市人。著名的爱国外交家、政治活动家。颜惠庆与医学专家颜福庆、铁道专家颜德庆并称为“颜氏三杰”。

颜惠庆早年毕业于上海同文馆，1895 年 10 月赴美国弗吉尼亚大学留学，1900 年 8 月回到上海。他的经历跨越清朝、民国北洋政府、南京国民政府和新中国等几个历史阶段，活跃于中国政坛达 40 年之久，曾担任过北洋政府总理、外交总长，驻英国、驻苏联大使，出席国际联盟大会首席代表等职；曾与毛泽东、周恩来、袁世凯、溥仪、段祺瑞、张作霖、吴佩孚、罗斯福、加里宁、甘地等中外著名历史人物有过近距离的接触或密切交往。

颜惠庆在发展现代文化教育事业方面也多有建树。在上海圣约翰大学执教期间，他主持编辑的《英华大辞典》于 1907 年由商务印书馆出版；在北京任职时，他最早参与筹办清华学堂，后又主持成立了清华学校校董会；他还对国立北平图书馆的建立、现代博物馆事业的发展做过有益的工作。在实业方面，颜惠庆先后担任了天津大陆银行董事长、天津自来水公司董事长、中国企业银行董事长、信和纱厂股份有限公司董事长等职。

1949 年 2 月，颜惠庆率李宗仁私人代表团飞往北平与中共商谈和平事宜，并前往西柏坡与毛泽东秘密会晤。新中国成立前夕，蒋经国等人一再胁迫颜惠庆去台湾，颜以“我生在上海，死也得在上海”为由加以拒绝。新中国成立后，颜惠庆历任全国政协委员、华东军政委员会副主席等职。1950 年 5 月 24 日，颜惠庆病逝于上海寓所，享年 73 岁，毛泽东和周恩来均致电哀悼。

颜惠庆旧居（天津市和平区睦南道 26 号）

图 52 信和纱厂股份有限公司股票

英商上海信和纱厂创立于 1937 年 12 月，由北洋财政总长周学熙之子、民族实业家周志俊创建，厂址在上海莫干山路 50 号。太平洋战争爆发后，日本军队接管了信和纱厂，1943 年 3 月，周志俊通过其夫人史镜清（日籍），花巨款将信和纱厂从日本人手里赎回。新中国成立后，信和纱厂董事长由颜惠庆之弟颜立庆接任，先后更名为上海信和棉纺织厂、上海第十二毛纺织厂。信和纱厂股份有限公司股票（图 52）发行于 1947 年 6 月 4 日，股票上的股东和董事长都是颜惠庆。

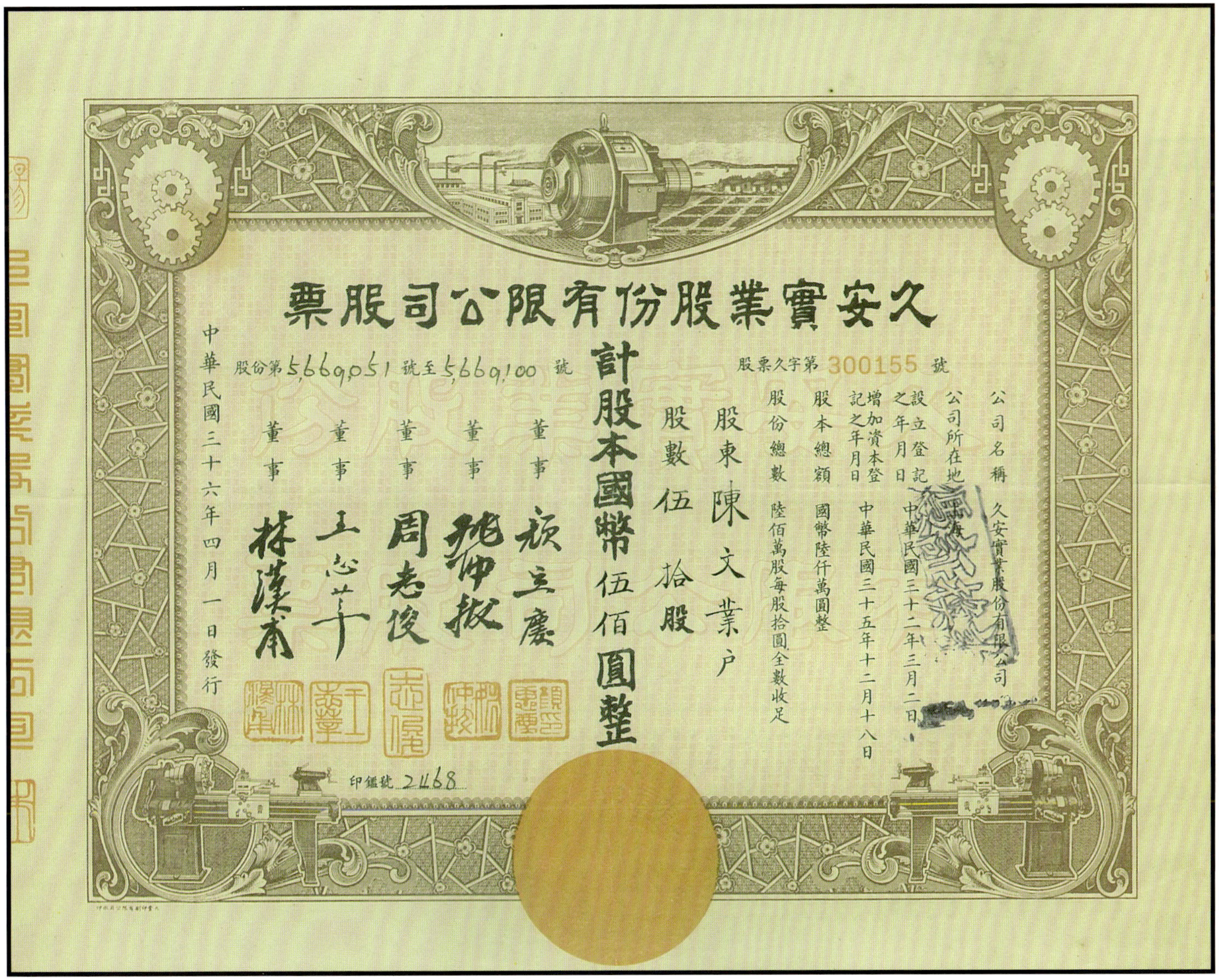

图 53 久安实业股份有限公司股票

久安实业股份有限公司是周志俊著名的“久安系”实业集团成员之一。久安实业股份有限公司股票（图 53）发行于 1947 年 4 月 1 日，“董事”一栏里有颜惠庆和周志俊的名字。

38. 蒋介石"文胆"

陈布雷

陈布雷，名训恩，字彦及，笔名布雷、畏垒，浙江慈溪人，一代报人，被称为蒋介石的"文胆"。

陈布雷（1890 ~ 1948 年）

1911 年陈布雷毕业于浙江高等学校（浙江大学前身），同年在上海《天铎报》当记者，1912 年 3 月加入同盟会，1927 年加入国民党，历任浙江省政府秘书长、省政府委员兼教育厅长、国民政府教育部副部长、国民党中央宣传部副部长等职。1935 年后，陈布雷先后任蒋介石侍从室第二处主任、国民政府军事委员会副秘书长、国民党中央政治委员会秘书长等职。陈布雷是蒋介石的"幕僚长"、"军机大臣"，素有国民党"第一支笔"之称。

陈布雷热爱报业、想当记者，却身不由己做了高官；他身居高位，大权在握，却鄙薄政治，为官清廉。就当时言论界而言，有"南陈北张"之称，"南陈"即上海商报主笔的陈布雷，"北张"乃天津大公报的张季鸾。陈布雷有一个女儿，名字叫陈琏，是一位共产党员，时代与命运，让这对父女走上了截然不同的人生道路，然而父女俩最后又都以自杀作为悲剧性的结局。

1948 年 11 月 12 日深夜，在无任何预兆之下，陈布雷在南京服下大量的安眠药，气绝于次日凌晨，终年 58 岁。就在自杀的前一天，陈布雷对他的女婿袁永熙说："我一生最大的错误就是从政，从政而不懂政，投在蒋公门下，于今悔之晚矣！"陈布雷曾在女儿陈琏面前也说过："唉，为人捉刀，何其苦恼乃尔！"

陈布雷故居（南京市鼓楼区颐和路 6 号）

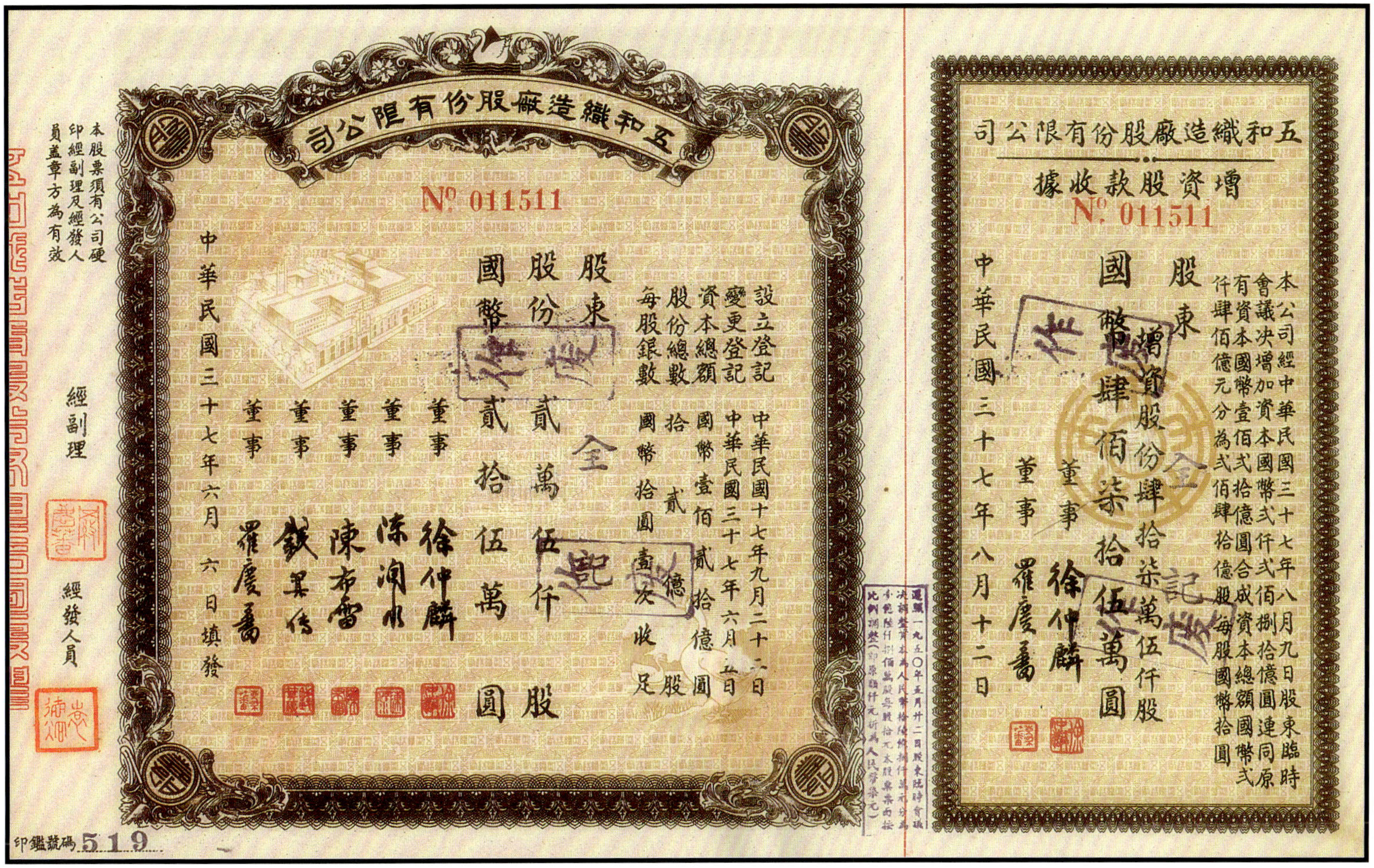
五和織造廠股份有限公司
No 011511
設立登記 中華民國十七年九月二十一日
變更登記 中華民國三十七年六月五日
資本總額 國幣壹佰貳拾億圓
股份總數 拾貳億股
每股銀數 國幣拾圓 壹次收足
股東
股份 貳萬貳仟股
國幣 貳拾伍萬圓
董事 徐仲麟
董事
董事 陳布雷
董事
董事 羅慶蕃
中華民國三十七年六月 六 日填發
本股票須有公司硬印經副理及經發人員蓋章方為有效
經副理
經發人員
印鑑號碼 519

五和織造廠股份有限公司
增資股款收據
No 011511
股東
股份 增資股份肆拾柒萬伍仟股
國幣 肆佰柒拾伍萬圓
董事 徐仲麟
董事 羅慶蕃
中華民國三十七年八月十二日

图 54 五和织造厂股份有限公司股票

五和织造厂创立于 1925 年，由任士刚、罗庆蕃、杨光启、钱箕传、梁悟庵等 5 人集资创建，1928 年改组为股份有限公司，当年成功注册“鹅牌”商标。解放后改名为上海五和针织二厂。1999 年“鹅牌”商标被认定为上海市著名商标。

五和织造厂股份有限公司股票（图 54）发行于 1948 年 6 月 6 日，它的票面设计与景福衫袜股票十分相似，也是股票和增资股款收据连张，正张上面有隐隐的白鹅和工厂图案。在这张股票上，我们发现了“陈布雷”的名字，至于陈布雷和五和织造厂究竟是什么关系，有待日后考证。

39.“香港工商巨子”

王宽诚

王宽诚（1907～1986年）

王宽诚，又名文侠，浙江宁波人。香港中华总商会永远荣誉会长，工商界知名爱国人士，被称为“工商巨子”。

王宽诚是“宁波帮”的杰出代表之一、香港著名的实业家、坚定的爱国者和慈善家。

王宽诚8岁入私塾读书，读完小学后就去当学徒，先后在钱行、面粉厂工作；25岁应聘为太丰面粉厂采购主任；28岁与宁波富商合资开设维大鼎记面粉号。1937年，王宽诚将目光投向上海，开设了维大洋行，经营范围扩大至罐头食品、呢绒、木材等，还与人合资开设金城铁工厂，投资五洲银行、新汇银行，开办永兴地产公司、祥泰轮船公司、中国国货公司等。抗战胜利后，王宽诚从重庆返回上海，恢复维大洋行，并在伦敦、纽约等地成立分行。1947年，王宽诚移居香港，先后成立维大洋行（香港）有限公司、幸福企业有限公司，经营金融、地产建筑、船运、国内外贸易、百货等，成为香港房产大亨，被誉为“北角地王”。

抗美援朝时期，王宽诚向国家捐献一架飞机支援抗美援朝，同时率先两次认购人民胜利折实公债36 000份，成为“海外购债冠军”。1960年，王宽诚捐资100万元兴建“东恩中学”和“东恩小学”。学校以“东恩”两字命名，取毛泽东、周恩来两位伟人名字中的一字连成，寄托了他对伟人的崇敬之情。1986年，王宽诚出资1亿美元成立王宽诚教育基金会，为国家培养高科技人才。1986年12月3日，王宽诚因病在北京逝世，享年80岁。

为了褒扬王宽诚对祖国经济建设和科教事业的重大贡献，经国际小行星命名委员会批准，1998年10月，由中国科学院紫金山天文台发现的4651号小行星被正式命名为“王宽诚星”。

著名“三五牌”钟商标

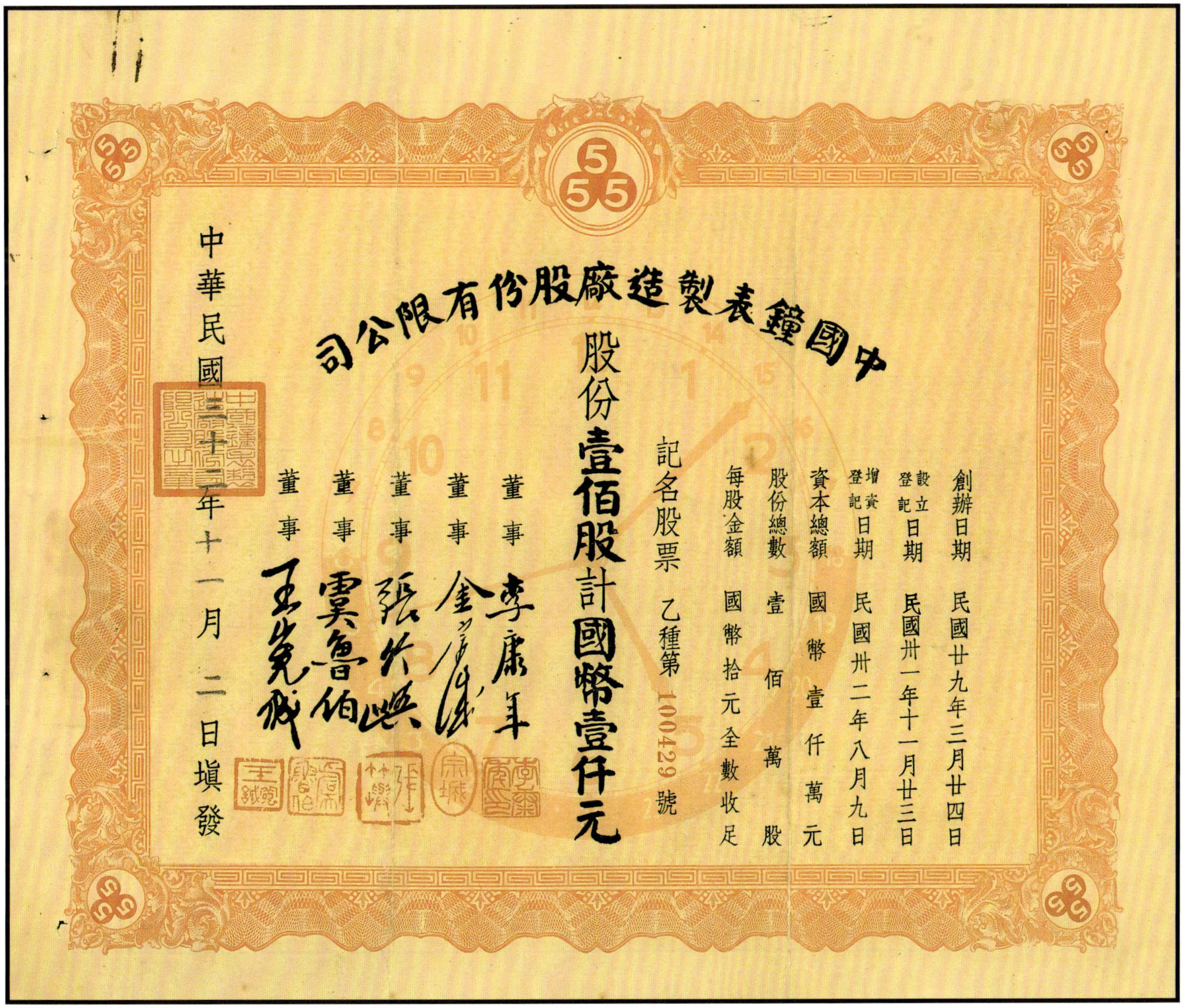

图 55 中国钟表制造厂股份有限公司股票

中国钟厂创立于 1940 年 3 月 24 日，由李康年、王宽诚、毛式唐三人发起创办，1941 年改组为股份有限公司。李康年任董事长，王宽诚任总经理，毛式唐任经理。公司地址在上海徐家汇路（今肇嘉浜路）980 号。

中国钟表制造厂股份有限公司股票（图 55）发行于 1945 年 1 月 2 日。该股票的设计很有新意：除了上框中间和四角分别有红底白字的“555” 著名商标外，底版上也有一个很大的钟面图案，分别显示 12 小时制和 24 小时制两种走时方式。它的整个票面设计都紧扣“钟表”这个主题。

40. “天 虚 我 生”

陈蝶仙

陈蝶仙 (1879 ~ 1940 年)

陈蝶仙，原名寿嵩，字昆叔，后改名栩，字栩园，号蝶仙，别署天虚我生，浙江钱塘 (今杭州) 人。近代著名实业家、"无敌"牌牙粉的创始人，著名“鸳鸯蝴蝶派”小说家、剧作家和南社诗人。

有人称陈蝶仙是实业家，他的“无敌牙粉”曾打败过小日本；有人说陈蝶仙是作家，他曾是“鸳鸯蝴蝶派”的高手；有人称陈蝶仙是报人，他曾主编过《申报》副刊《自由谈》，这样的复合型人才在我国近代史上是屈指可数的。

陈蝶仙 7 岁丧父，他从小天资聪慧，饱读诗书，曾考取晚清贡生，在浙江镇海县当过知事。1912 年他来到上海，经好友举荐，当了《申报·自由谈》的主笔。在《申报·自由谈》任职期间，他开始在《礼拜六》上发表长篇小说《孽海疑云》，从此一发而不可收，先后创作和翻译长短篇小说《满园花》、《郁金香》、《新官场现形记》、《新泪珠缘》、《福尔摩斯探案》等 120 余种。这些小说属于典型的鸳鸯蝴蝶派小说，在五四新文化运动的前夕，具有承前启后的文学意义。

1918 年秋，素有爱国热情的陈蝶仙放弃《申报·自由谈》的工作，创办了家庭工业社，生产“无敌”牌牙粉等中国自己的家庭工业用品，从此结束了他以写作为主的文墨生涯，开始投身于实业活动。陈蝶仙为“无敌”牌牙粉等设计了一个蝴蝶商标，一是因为“无敌”与上海方言“蝴蝶”谐音，他本人又号“蝶仙”；二是表达了陈蝶仙生产的牙粉产品一定能战胜日本“金刚石牌”的决心。1923 年，“无敌”牌牙粉正式向政府注册，成为我国的一个驰名商标。

1940 年 3 月 24 日，陈蝶仙因积劳成疾在上海溘然去世，终年 61 岁。陈蝶仙生有两子一女：陈小蝶、陈次蝶、陈小翠，其中大儿子陈小蝶、女儿陈小翠最负盛名。陈蝶仙的大儿子原名陈定山，因也十分喜欢蝴蝶，后来便更名为陈小蝶。后来他在杭州开了一家饭店，根据当年的电影著名女明星胡蝶和徐来的名字，取名为“蝶来饭店”，在开业那天特地请来胡蝶和徐来剪彩，一时间成为街谈巷议的热门新闻。民国初年，文坛上飞舞着两只蝴蝶：大蝶陈蝶仙，小蝶陈小蝶，他们都是“鸳鸯蝴蝶派”的主要人物，并有中国的大仲马、小仲马之称。

“无敌”牌牙粉商标

附股證存根

編號	普通股第　號之附股證第1777號
股東戶名	公記名下　戶
股銀額	普通股壹股之十分之一計國幣拾元正
備註	

中華民國　年　月　日家庭工業社股份兩合公司具

普通股第　號之附股證第　號

印鑑No.　普通股第　號之附股證第1777號

上海家庭工業社普通股附股證

股份兩合公司

今因股東　於民國廿四年股東會議決移息作本項下附有本公司普通股公記名下股本如左合給附股證以資執證

計國幣拾圓整

此項附股證每屆發息另由公司通知各憑印鑑取息如有轉讓須持此證及印鑑來社過戶凡併合十紙滿百元者得換正式普通股票壹股

家庭工業社股份兩合公司

陳栩園

無限責任股東

李新甫

中華民國　年　月　日填給

图 56　上海家庭工业社普通股附股证

上海家庭工业社创立于 1918 年 7 月，由陈栩园（即陈蝶仙，“栩园”乃蝶仙的斋名，取“栩栩化蝶”之意）出资 2 000 银元，在上海静修路三乐里自己家中，由妻子、亲属等用手工方式制作牙粉，所以取名“家庭工业社”，1941 年 8 月改组为股份有限公司，工厂设在上海徐家汇路 152 弄 18 号。

1935 年发行的上海家庭工业社股票（图 56），是一张普通股附股证，上面明确记载：当时的上海家庭工业社是股份两合公司，陈栩园、李新甫为无限责任股东；另一张是家庭工业社股份有限公司的股银收据（图 57）。这两张附股证和股银收据的四角，都分别绘有不同形态的蝴蝶，这正好与该公司著名的“无敌牌”商标相呼应。

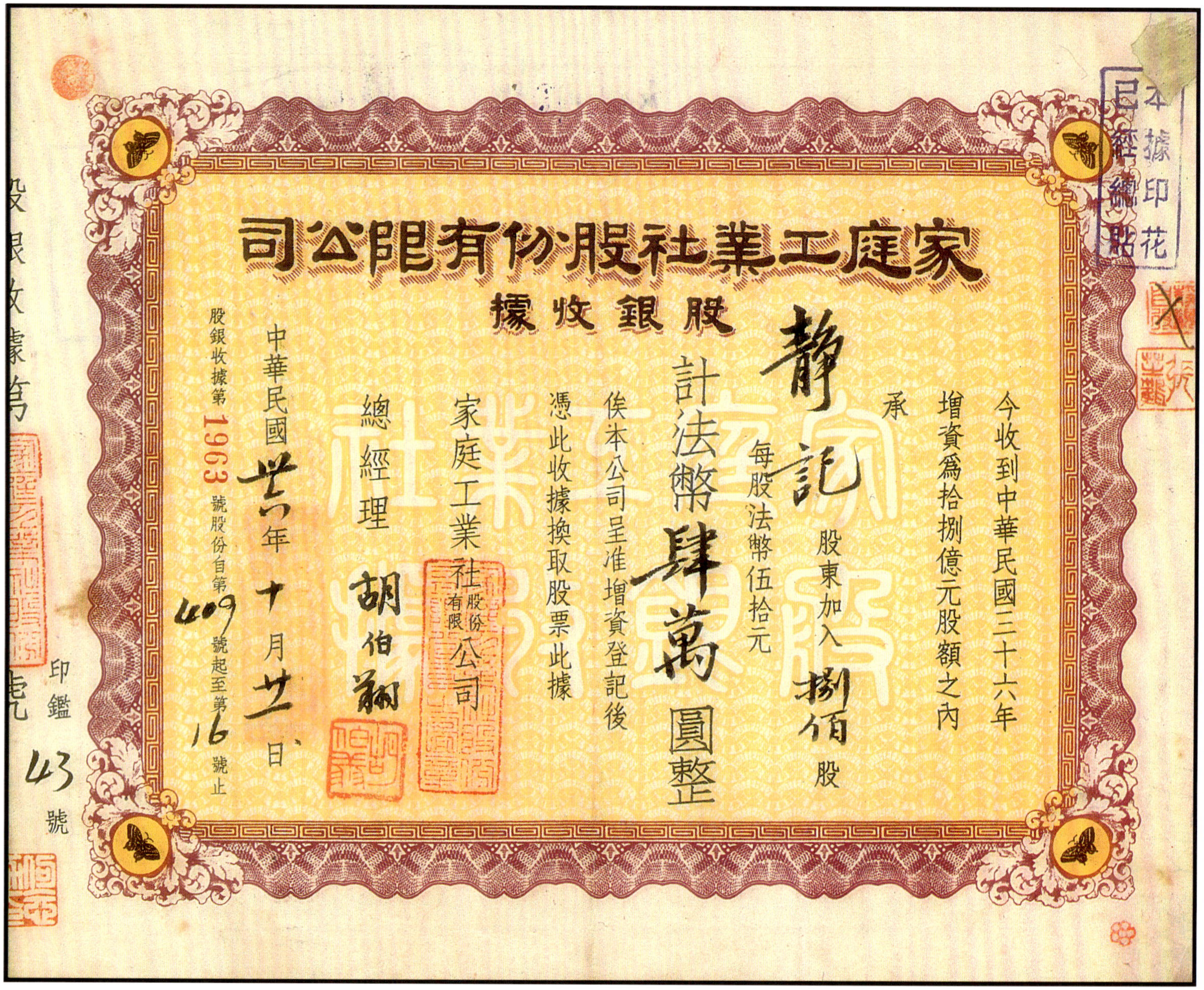
本據印花已經總貼

家庭工業社股份有限公司

股銀收據

今收到中華民國三十六年
增資爲拾捌億元股額之內
承
靜記 股東加入 捌佰 股
每股法幣伍拾元
計法幣 肆萬 圓整
俟本公司呈准增資登記後
憑此收據換取股票此據
家庭工業社股份有限公司
總經理 胡伯翔
中華民國卅六年十月廿一日
股銀收據第1963號股份自第409號起至第16號止

股銀收據第 號
印鑑 43 號

图 57 上海家庭工业社股银收据

41."纸 业 巨 商"

刘柏森

刘柏森（1869 ~ 1940 年），原名树森，字柏生，室名"愚园"，江苏武进县（今常州市）人，被誉为"纸业巨商"。

刘柏森 25 岁来到上海，先后在德商信义洋行、美商茂生洋行从事推销业务，1899 年秋末赴日本长崎、神户考察煤矿经营业务，回国后与人合资开设慎泰恒字号，经销煤炭进出口贸易。1902 年他涉足股市，设"刘柏森事务所"，获利 14 万两。1904 年刘柏森与人合资创设三星香烟公司，后又与人共同出资 100 万两，购买英商怡和轮船公司股票，自营轮船码头业务。因事业无成，损银 30 万两，只好将慎泰恒字号停业，清偿债务。1911 年刘柏森租办湖北纱、布、丝、麻四局，不料武昌起义，办厂计划告吹。

1914 年第一次世界大战爆发，刘柏森乘机租办了苏州宝通纱厂、上海宝丰纱厂和宝成纱厂，获利颇丰，遂出资 82 万银元，从四明银行赎回伦章造纸厂股票，取得大股东的地位，将伦章造纸厂改名为"宝源造纸厂"。1920 年，刘柏森又购入日商华章纸厂，将其改名为"宝源造纸厂东厂"（浦东北护塘路 313 号），原宝源造纸厂改名为"宝源造纸厂西厂"（杨树浦路 408 号）。1922 年由于欧洲经济萧条，致使上海的棉纱市场一再受挫，再加上 1923 年宝源纸厂发生火灾，造纸机和纸浆楼全部焚毁，损失惨重，刘柏森不得已将棉纺厂出售，集中精力经营纸厂。1926 年刘柏森将宝源造纸厂更名为"天章纸厂"，仍设东、西两厂，刘柏森自任天章纸厂总经理兼东厂厂长，马瑞芝任西厂厂长。1926 年，天章纸厂股份公司呈请农商部注册了"飞艇"商标。

1940 年 12 月 4 日，刘柏森患胃癌在上海寓所病逝，天章纸厂的事务就由刘柏森的三个儿子刘季涵（天章纸厂总经理）、刘本勤（天章纸厂东厂厂长）、刘在勤（天章纸厂西厂厂长）分别打理。新中国成立后，天章纸厂实行公私合营。1981 年 10 月，天章纸厂与上海记录纸厂合并，改名为"天章记录纸厂"，成为中国第一家生产仪表记录纸、电子打印纸的厂家。"天字牌"商标成为全国名牌商标。

1884 年上海机器造纸局

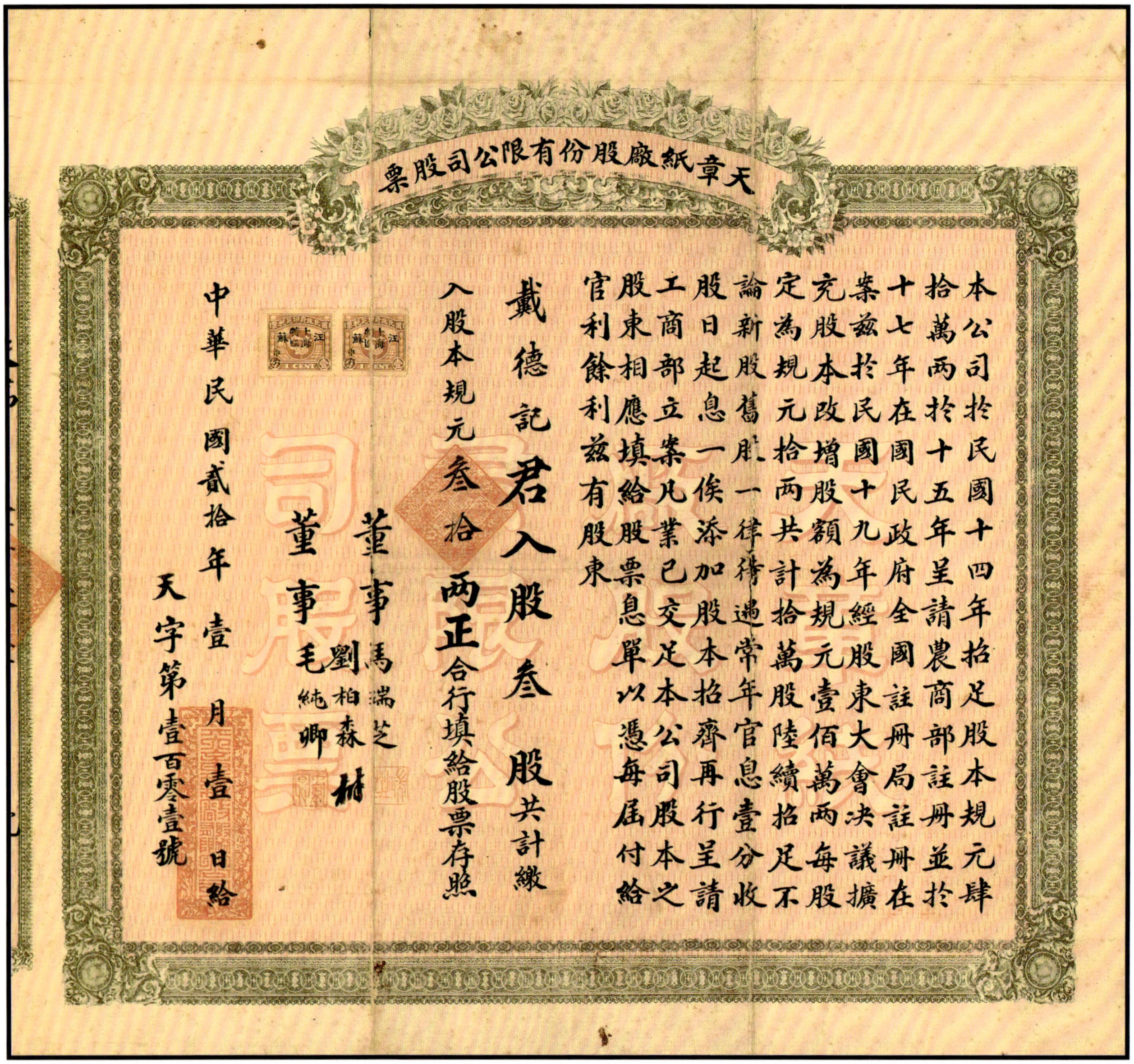

天章紙廠股份有限公司股票

本公司於民國十四年拾足股本規元肆拾萬兩於十五年呈請農商部註冊並於十七年在國民政府全國註冊局註冊在案茲於民國十九年經股東大會決議擴充股本改增股額為規元壹佰萬兩每股定為規元拾兩共計拾萬股陸續招足不論新股舊股一律待遇常年官息壹分收股日起息一俟添加股本招齊再行呈請工商部立案凡業已交足本公司股本之股東相應填給股票息單以憑每屆付給官利餘利茲有股東

戴德記君入股叁股共計繳入股本規元叁拾兩正合行填給股票存照

董事 馬瑞芝

董事 劉柏森

董事 毛純卿

中華民國貳拾年壹月壹日給

天字第壹百零壹號

图 58 天章纸厂股份有限公司股票

天章纸厂的前身是上海机器造纸局。1882 年，曹子撝、曹子俊、郑观应等筹资 15.57 万两白银，经北洋大臣李鸿章准核后，在上海杨树浦路 408 号创办了上海机器造纸局，它是中国第一家由华商开办的造纸企业。1920 年，刘柏森以 82 万两银元购得伦章造纸厂，后更名为“天章纸厂”。1925 年 11 月 16 日，天章纸厂招股规银 40 万两，更名为“天章造纸厂股份有限公司”。

天章纸厂股份有限公司股票（图 58）发行于 1931 年 1 月 1 日，马瑞芝任董事长，刘柏森任总经理，刘柏森和马瑞芝是连襟。

42.“中国的爱迪生”

胡汝鼎

胡汝鼎(1905～1985年)，字彝芬，笔名胡夷、夷园，浙江杭州人，电机工程专家，黄色信号灯发明者，被誉为“中国的爱迪生”。

红灯停、绿灯行、黄灯要注意！你知道吗？这交通灯中的黄灯，是我们中国人发明的，他的名字叫胡汝鼎，那年他才22岁。

1924年胡汝鼎考入上海复旦大学理工科，1925年8月考入美国康乃尔大学，后转至麻省理工学院；毕业后在爱迪生任董事长的通用电气公司与麻省理工学院合办的一个班内学习，是爱迪生的高徒。1930年胡汝鼎获硕士学位后回国，先后任浙江大学教授、电机工程系主任、工学院院长。1938年他与荣毅仁共同投资新丰化工厂，并任新丰电化厂经理、公用电机公司总经理。胡汝鼎通晓英、日、法、俄四种外语，是中国电机及自动化方面的专家。在上海电机行业中，他与孙鼎、武书鼎被称为“电机三鼎”。

1927年胡汝鼎在美国留学时，发明了变速电机和红绿灯转换中间的黄灯而获奖，于是，红、黄、绿三色信号灯即以一个完整的指挥信号系统，遍及世界各地交通领域。1931年，胡汝鼎在国内将异步电机改为同步电机，解决了有声电影声响的关键问题，为中国第一部有声电影作出了贡献。1946年6月，胡汝鼎与上海电机工程师学会同仁创办了《电世界》月刊。

新中国成立后，胡汝鼎设计出我国自己的计算尺（即“胡汝鼎计算尺”）、主持设计了中国第一代磁放大器等。1984年10月，胡汝鼎以八旬高龄赴美考察，带回大批珍贵资料。胡汝鼎晚年任上海电机一局副局长兼总工程师、中国自动化学会副理事长等职。1985年10月7日凌晨，胡汝鼎因心肌梗塞在上海逝世，享年80岁。

上海第一座红绿灯（1919年8月）

胡汝鼎发明的黄色信号灯

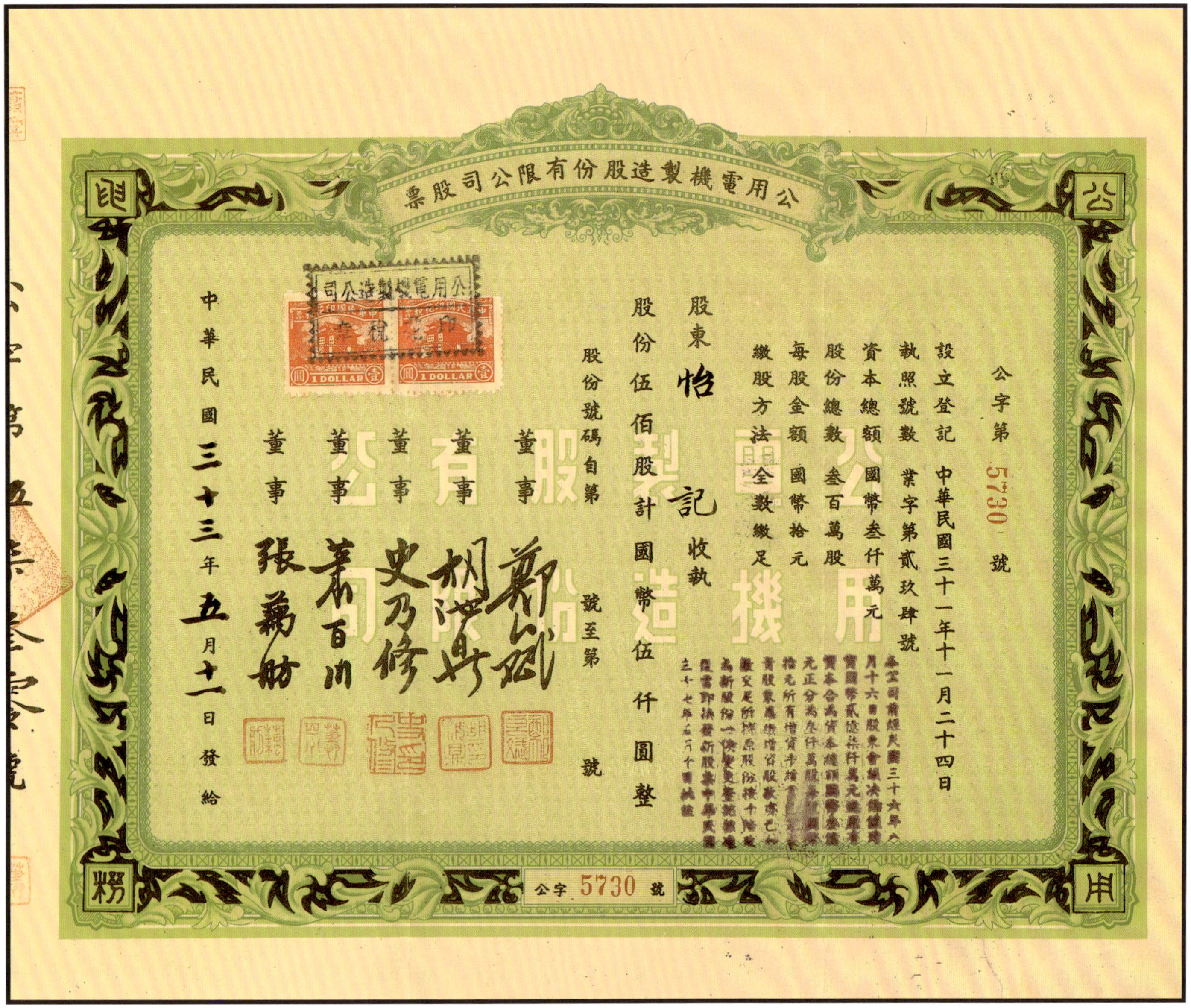

图 59 公用电机制造股份有限公司股票

公用电机制造股份有限公司（即“上海五一电机厂”）创立于 1941 年 9 月，由胡汝鼎、张藕舫和郑良斌集资盘入振华电机厂后创办，公司地址在上海武定路 565 号。

公用电机制造股份有限公司股票（图 59）发行于 1944 年 5 月 11 日，胡汝鼎任董事长兼总经理。

43.“五 金 大 王”

叶澄衷

叶澄衷（1840 ~ 1899 年）

叶澄衷，字成忠，原籍浙江慈溪，宁波庄市人，“宁波帮”的先驱和领袖，近代商人的杰出代表，被称为“五金大王”、“首善之人”。

叶澄衷 6 岁丧父，9 岁求读私塾，14 岁只身到上海谋生，曾在黄浦江上摇舢板为业。1862 年，叶澄衷在虹口开设上海第一家五金商号——顺记洋货号，经营进口五金和洋杂货；又先后在上海、华北、华中、华南一带设立新顺记、南顺记、义昌成记、天津顺记、汉口顺记等 10 多家联号或分号，经营进口五金、洋杂货、美孚火油等，成为上海滩五金业的翘楚，人称“五金大王”。叶澄衷把商业资本与产业资本结合起来，将赚来的钱不断地投向新兴行业，他的经营范围涉及五金、煤油、钢铁、食品、纺织、火柴、金融等领域。1890 年，他在上海创办了当时最大的华商火柴公司“燮昌火柴公司”，火柴产量占上海火柴总产量的 1/3 以上。在金融方面，叶澄衷经营的钱庄在鼎盛时期达 100 多家，分布于全国各地。

在宁波商帮中，一直流传着这样一句话：“学人要学叶澄衷”。叶澄衷热心社会教育事业，晚年分别在上海和镇海创办澄衷蒙学堂（上海澄衷高级中学）和叶氏义塾（镇海中兴中学），百余年来为国家培养了无数人才，前者包括胡适、竺可桢等文化名人，后者有包玉刚、邵逸夫等一批爱国巨商。此外，叶澄衷扶困济贫，乐善好施，在上海设立了“怀德堂”、“崇义会”、“广益堂”等；在家乡设立了树德堂、忠孝堂、叶氏义庄等。1899 年 11 月，叶澄衷在上海去世，终年 59 岁，当时其资产总额达 800 万银两，相当于清政府年财政收入的 1/10。

叶澄衷创办的澄衷疗养院

叶澄衷铜像

图 60　上海一新机器厂股票

上海一新机器厂由鲍午卿创建于 1917 年，公司性质为股份两合公司，总股本为规元 14 000 两，其中无限责任股份 7 000 两，有限责任股份 7 000 两。

上海一新机器厂股票（图 60）发行于 1918 年，股票上的股东叶雨庵（1855—1935 年），早年跟随族兄叶澄衷在沪经商，1899 年叶澄衷去世后，辅佐其子叶贻钊、叶贻铨等掌管叶氏企业，晚年致力于故乡公益事业。叶雨庵的长子叶庚年 1920 年离开上海进入香港大学攻读土木工程，后来创建了香港新昌集团，在香港数以万计的摩天大厦和各类工程中，至少有 500 项是香港新昌集团的杰作，诸如海洋公园、世界贸易中心、海港城、香港科技大学、喜来登酒店等标志性建筑。

44.“爱国耆绅”

费仲深

费仲深（1884 ~ 1935 年）

费仲深，名树蔚，字仲深，号韦斋，又号愿梨、左癖、迂琐，吴江同里人，吴江望族，爱国耆绅，20 世纪 30 年代苏州最有名望的文人之一。

费仲深自幼聪敏，与外甥柳亚子同桌学诗，一卷在手，过目不忘，被誉为“神童”，19 岁中秀才。清尚书湖南巡抚吴大澄奇其才，将七女儿吴本静嫁给他，与袁世凯长子袁克定结为连襟。1915 年 7 月，费仲深任北京政府肃政厅史肃政使。袁世凯僭号称帝，费仲深直言劝谏，未采纳，即拂袖而归，隐居苏州。

1918 年，苏州总商会特别会董祝大椿，拟将其经营的苏州振兴电灯公司暗地里售给日商大仓洋行，被公司职工获悉后罢工抵制。费仲深为支持公司职工争回民族主权，他不惜举债收购苏州振兴电灯公司，创办了苏州电汽厂，并出任董事长。1922 年，当吴江遇灾，费发起组织“悯农团”，并创设江丰农工银行，以微利贷资，使灾民能恢复生产自救。费仲深还在吴江兴修水利、疏浚湖港、修圣庙，纂邑志和吴江人物志。1924 年，费仲深当选为苏州总商会特别会董，并在吴江创设红十字会，自任会长。1932 年淞沪抗战爆发，他与张仲仁、刘正康等组成治安会，组织了大宗棉衣、药物、罐头食品等物资，运送至真如十九路军司令部，慰问前方将士支援抗战。

费仲深的爱国爱家之心，直接影响了他的儿女，尤其是次子费巩。在“一二·九”运动时，他积极支持学生的抗日救亡活动，多次保护中共党员及进步学生。1940 年 8 月，费巩出任浙江大学训导长，但坚决不加入国民党。1944 年，他连续撰文和演讲，要求废止国民党一党专政，终遭国民党反动派的毒手。1945 年 3 月 5 日凌晨，费巩准备到北碚复旦大学讲学，在重庆千厮门码头遭国民党特务绑架而“失踪”，后在中美合作所被秘密杀害，年仅 40 岁。1978 年 9 月 5 日，上海市政府正式追认费巩为革命烈士。在 2005 年 5 月 21 日费巩先生诞辰 100 周年之际，浙江大学举行了隆重的费巩铜像落成典礼。

费仲深之子费巩
（1905 ~ 1945 年）

浙江大学内费巩烈士铜像

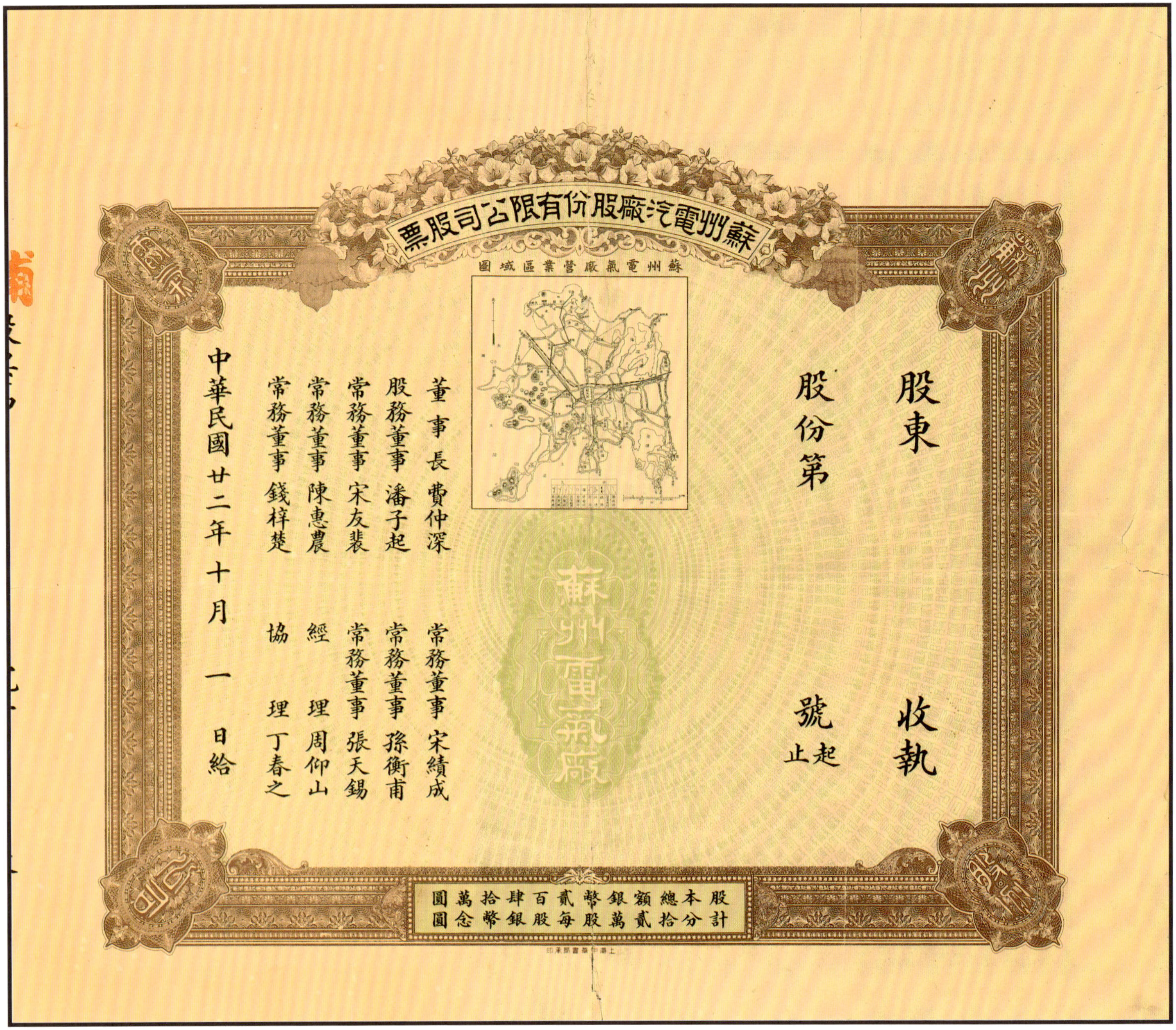

图 61 苏州电汽厂股份有限公司股票

苏州电汽厂股份有限公司股票（图 61）发行于 1933 年 10 月 1 日，股本总额银币 240 万元，董事长费仲深，经理周仰山。该股票印有一幅苏州电汽厂营业区城图。

45.“香烟大王”
戴耕莘、陈楚湘

戴耕莘（1895 ~ 1956 年）

陈楚湘（1897 ~ 1973 年）

戴耕莘和陈楚湘，都是浙江镇海人，同为中国华成烟草公司的创始人，两人均被称为“香烟大王”，他们两家后来还结为秦晋之好。

“金鼠牌”和“美丽牌”香烟，是中国早期著名的民族卷烟产品，由中国华成烟草公司于 20 世纪 20 年代推出，曾一度风靡上海滩，打破了英美烟草独霸远东市场的局面。它们的创始人就是被誉为“香烟大王”的戴耕莘和陈楚湘。

戴耕莘 7 岁时在原籍私塾读书，后到上海澄衷中学求学，16 岁时辍学，进英商怡大洋行做练习生，18 岁进入父亲的公司“利昌铁行”。父亲戴运来系著名旅沪商人，1918 年去世后，戴耕莘继承父业，出任利昌铁行总经理，时年 25 岁；而陈楚湘则出身于烟草世家，其父陈文鉴偕友人于 1919 年创办了兴业烟公司。1924 年陈楚湘继承父业，创办福和烟草公司，任总经理。1924 年 4 月，戴耕莘、陈楚湘抱着“抵御外侮，挽回利权”的实业救国思想，集资 4 万银元盘下了沈星德、沈其祥、沈经华的华成烟厂，后经增资改组，创办了华成烟草股份公司，戴耕莘被推选为董事长，陈楚湘为常务董事兼总经理，两人从此鼎力合作，公司经营蒸蒸日上。1925 年“五卅”惨案发生后，国人热心提倡国货，华成烟厂出品的“金鼠牌”香烟和“美丽牌”香烟销量大增，成为上海滩的名牌香烟。这时公司的总资产翻了近百倍，职工人数达三四千人。

1937 年 8 月 13 日抗战爆发，在汇山路的华成烟厂总厂被日军炮火焚毁，损失 500 万银元以上。1939 年戴耕莘与陈楚湘决定在公共租界另建新厂，1942 年 3 月，位于戈登路（今江宁路 631 号）的新厂正式投产。1945 年抗日战争胜利后，外国卷烟在华大量倾销，国产卷烟销路大减，加上当时国币贬值，华成烟草公司损失巨大。但由于戴耕莘、陈楚湘等人的苦心经营，以及职工们的大力支持，华成烟草公司得以度过危机。新中国成立后，上海私营工商业实行社会主义改造。公私合营后的华成烟草公司由陈楚湘担任经理。1956 年 10 月 2 日，戴耕莘在上海大华医院因患癌症去世，终年 61 岁；陈楚湘逝于 1973 年，终年 76 岁。

华成烟厂“美丽牌”香烟烟标

戴耕莘旧居
（上海利西路 24 弄 5 号）

陈楚湘旧居
（上海愚园路 395 弄 24 号）

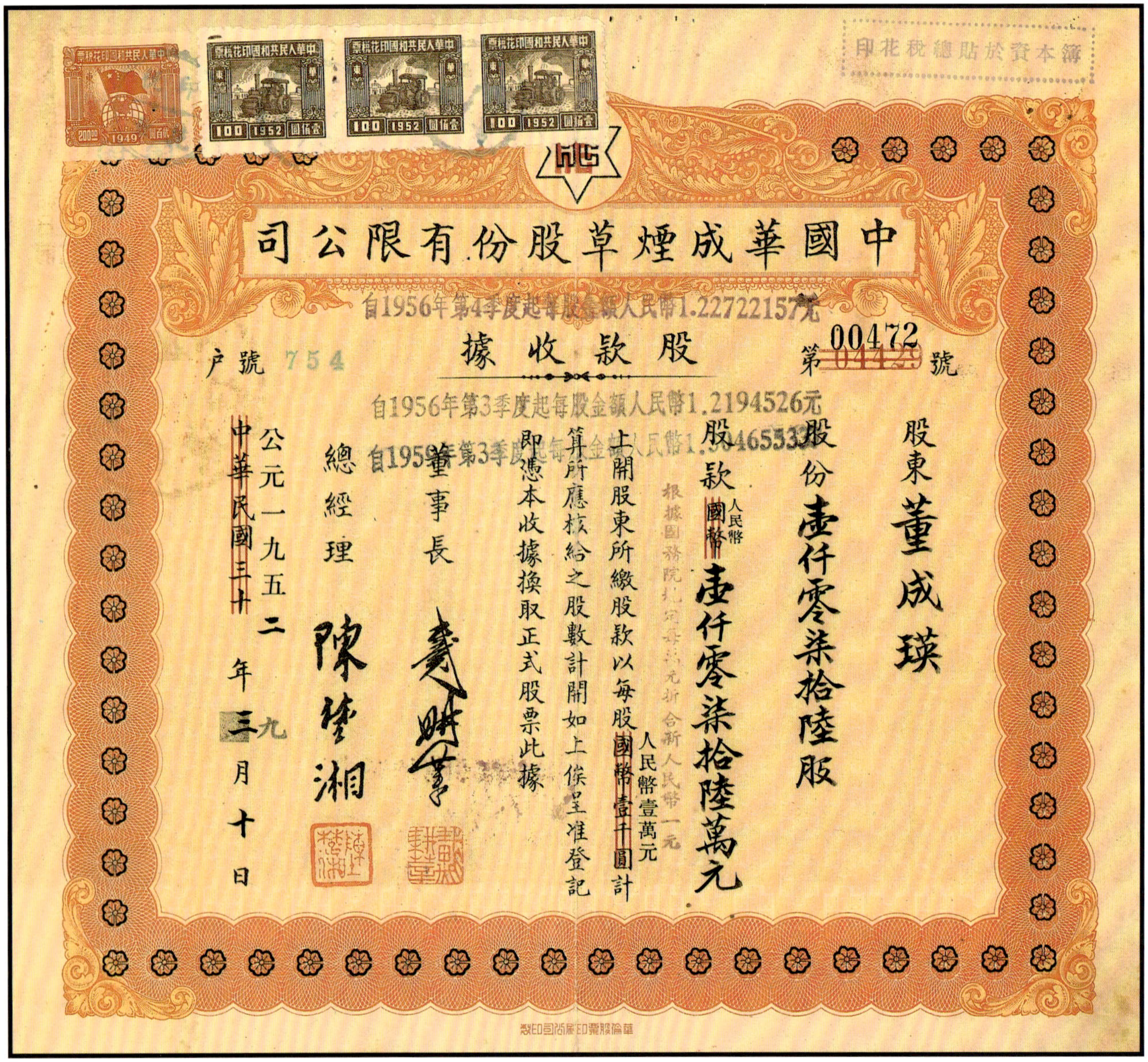

图 62 中国华成烟草股份有限公司股票

华成烟厂创立于 1917 年，由沈士诚、沈延康、虞成龙等 5 人投资 4 000 银元创建，公司因厂址在上海华成路紫微里 4 号而得名。1924 年 4 月华成烟厂改组为华成烟草股份有限公司，戴耕莘任董事长，陈楚湘任总经理。1960 年 7 月，华成烟厂转并于新建电子仪器厂（后改名上海无线电二十一厂）。

中国华成烟草股份有限公司股票（图 62）发行于 1941 年 3 月 10 日，后在 1952 年以人民币重新注册登记，票面上有董事长戴耕莘、总经理陈楚湘的签名。

46.“飞虎牌”油漆创始人

邵晋卿

邵晋卿（1878 ~ 1932 年），浙江鄞县人，中国油漆第一品牌——“飞虎牌”油漆创始人。

老上海一定记得，在 20 世纪 30 年代，上海诞生了一个享誉全国的民族工业品牌、振华造漆厂的“飞虎牌”油漆。从此，这只长着两个翅膀的“老虎”飞过长江、黄河，走进了全国千千万万个工矿企业和普通家庭。

邵晋卿早年在英商祥生船厂任职，1916 年辞去祥生船厂职务，集资白银 600 两，在上海的东大名路永成里开出了一家振华实业公司，生产双旗牌厚漆、三羊牌白铅粉，当时生产场地简陋，只有 2 名技师和 2 名工人，用原始的手工操作方法生产出了“双旗牌”厚白漆，然后肩挑产品沿街叫卖。为此他不惜重金，以月薪 400 银元和洋房一套及供应一切生活必需品为条件，聘用留美回国的戴汝楫为技师。当时戴汝楫是中国第一个研究油漆的化学专家。1920 年，邵晋卿招股集资 5 万两银，将振华实业公司改组为振华油漆股份有限公司，并且注册了中国涂料界第一个商标——“飞虎牌”商标。1922 年“飞虎”首次出口，就获得新加坡马婆联合展览会最优等奖，1926 年又获得巴拿马万国博览会金奖。

1928 年秋，一场大火使潭子湾路 582 号的厂区化为灰烬，然而 10 万银两的保险赔款，却让振华厂因祸得福，新建的钢筋混凝土厂房、先进的英国制漆设备，为“飞虎”腾飞奠定了基础。这年冬天，为庆贺“飞虎”浴火重生，振华油漆公司特请国画大师——人称“虎痴”的张大千胞兄张善籽挥毫画了一幅国画——一只栩栩如生的“飞虎”，一个充满浪漫情结、集聚着神奇力量的“飞虎牌”商标就这样诞生了。

1937 年抗日战争爆发，潭子湾路厂区被日本油脂株式会社侵占，1938 年公司在常德路 793 号建新厂；抗日战争胜利后，潭子湾路厂区被收回，称第一制造厂，常德路厂区为第二制造厂。上海解放后的 1956 年，原振华厂与大明、永利、三星、顺丰、天明、国华等油漆厂实行合并，统称为“上海振华造漆厂”。

振华造漆厂“飞虎牌”商标

振华造漆厂旧址

振華油漆股份有限公司
註册 商標
股票第 02654 號
資本總額 國幣壹仟貳佰萬圓
股份總數 壹佰貳拾萬股
每股銀數 國幣拾圓壹次收足
增資登記 民國叁拾貳年玖月貳拾叁日
登記執照 業字第柒拾貳號
徐慶雲 股東收執
貳佰股國幣貳仟圓
董事 張蘭坪
董事
董事 劉星耀
董事 楊寬臣
董事
中華民國三十三年六月一日
監發
股務
印鑑號數

图 63 上海振华油漆股份有限公司股票

上海振华造漆厂原名振华实业公司，创立于 1916 年 9 月 12 日，由邵晋卿等 8 人集资 600 两白银创建，1920 年改组为振华油漆股份有限公司，公司董事长邵晋卿。公司厂址最初在百老汇路（今东大名路）永成里，1917 年迁至狄思威路（今溧阳路）501 号，1918 年又迁至潭子湾路 582 号（今古浪路 200 号）。

上海振华油漆股份有限公司股票（图 63）发行于 1944 年 6 月 1 日，股东是“纱业大王” 徐庆云。因为这时振华造漆厂的创始人邵晋卿已经去世，所以在这张股票上已看不到邵晋卿的名字了。该股票绘有长着翅膀的“飞虎牌”注册商标，底版上是振华造漆厂的大楼图案。

47. 福州“电光刘”
刘崇伟、刘崇伦

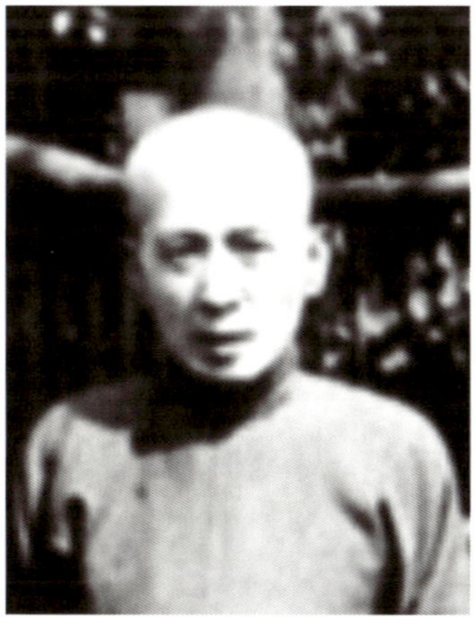

刘崇伟（1878 ~ 1958 年）

刘崇伟，字健庵；刘崇伦（1885 ~ 1937 年），字雅扶，他俩都是著名的工商企业家、福州电气公司和电话公司的创始人，被福州百姓誉为“电光刘”。

福州三坊七巷的“电光刘”，是福州赫赫有名的刘氏家族企业，曾经拥有电气公司、电话公司、铁工厂、制冰厂等20多家企业，掌控着当时整个福州城民族工商业的命脉，是福建近代经济史上的一朵奇葩。

刘氏家族的核心人物刘崇伟、刘崇伦兄弟，早年都留学日本，他们回国后首先把目光投向了电气行业。1910年，刘崇伟、刘崇伦等出资4万银元，福州望族林长民（林徽因之父）等出资8万银元，接手1909年林友庆等人开办的耀华电灯公司，创办了福建省第一家电力企业——福州电气股份有限公司，刘崇伟出任董事长兼经理。公司营业后，规模和业务不断扩大，员工从最初的110人发展到后来的740人；1912年发电容量只有300千瓦，到了1927年增至2 500千瓦。

除了福州电气公司外，刘崇伟、刘崇伦还接办了一家电话公司，定名为“福建电话股份有限公司”。1912年公司成立时，只有200余部电话，到1927年增至800部，公司电话收入也逐年增长。1920年初，刘崇伟、刘崇伦在建瓯创办了梨山煤矿股份有限公司，福州电气公司约占总股本的80%。在这一时期，电气公司还设立了许多附属企业，比较出名的有福州冰厂、福州油厂、建兴锯木厂等。

随着刘家企业的蒸蒸日上，一些封建势力、地方官僚开始垂涎刘家的财富。特务头子林寿昌在匿名信内装两颗子弹向刘崇伟勒索2万元，又派人向其住宅投掷炸弹。1937年抗战爆发后，刘崇伦惨遭军统特务绑架杀害，这对本已危机四伏的刘家企业来说，更是雪上加霜。1948年3月，由国民党资源委员会、台湾电力公司和刘家三方签订官商合办协议，名为“合办”，实际经营大权操纵在国民党资源委员会手中。刘家集团内的其他企业也是日落西山、朝不保夕，到福州解放时，仅存5家企业，刘家集团悲情谢幕。

福州电力公司旧址

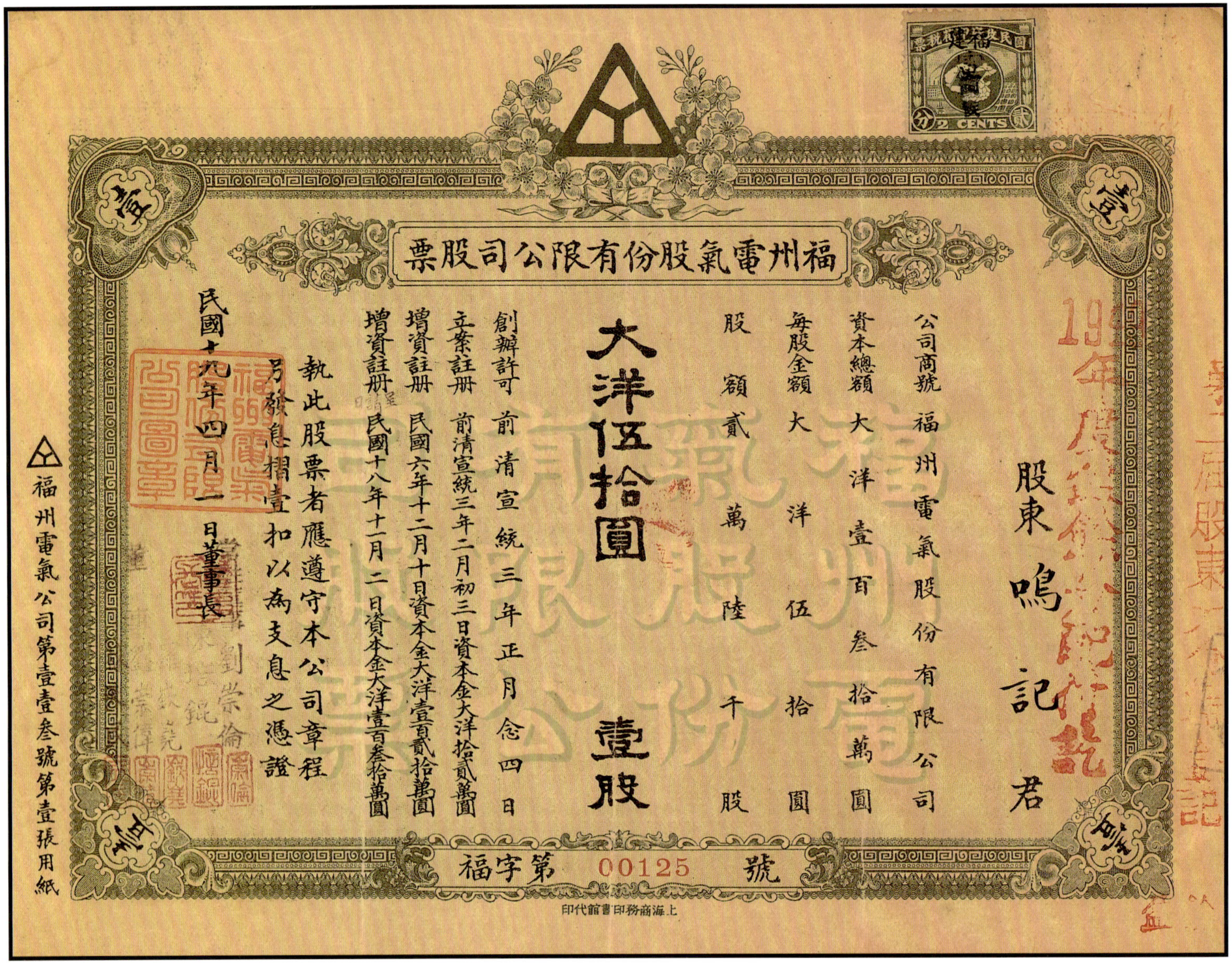

福州電氣股份有限公司股票

股東 鳴記 君

公司商號 福州電氣股份有限公司

資本總額 大洋壹百叁拾萬圓

每股金額 大洋伍拾圓

股額 貳萬陸千股

大洋伍拾圓

壹股

創辦許可 前清宣統三年正月念四日

立案註册 前清宣統三年二月初三日資本金大洋拾貳萬圓

增資註册 民國六年十二月十日資本金大洋壹百貳拾萬圓

增資註册 民國十八年十一月二日資本金大洋壹百叁拾萬圓

執此股票者應遵守本公司章程

另發息摺壹扣以為支息之憑證

民國十九年四月一日

董事長

劉崇倫

福字第 00125 號

上海商務印書館代印

福州電氣公司第壹壹叁號第壹張用紙

图 64 福州电气股份有限公司股票

福州电汽股份有限公司创办于 1910 年，注册资本 12 万大洋；1912 年，刘崇伟、刘崇伦等人收购德商禅臣洋行和官商合办的“福建电话公司”，创办了民营的“福建电话股份有限公司”。福州电气股份有限公司股票（图 64）发行于 1930 年，公司资本总额大洋 130 万银元，每股 50 银元，钤有董事长陈培锟和董事刘崇伦、刘崇伟等人的名印。

48. “著名实业家”

孙瑞璜

孙瑞璜（1900 ~ 1980 年）

孙瑞璜，又名祖铭，上海市崇明县人，著名实业家，博士笔厂创办人。

1917 年，孙瑞璜考入北洋清华学校，青年时期目睹国贫民穷的现状，主张“实业救国”。在 1919 年的五四运动中，孙瑞璜曾参加天安门游行示威。1921 年，孙获公费赴美留学，先后在纽约大学和哥伦比亚大学攻读银行学，获硕士学位。1927 年，孙瑞璜学成回国，在天津南开大学讲授会计学，次年 6 月，在南京任国民政府建设委员会总稽核，后因看不惯官场腐败而弃职。1930 年 3 月，孙瑞璜在上海邮政储金汇业总局任会计处副处长，10 月任新华银行副经理。

抗战爆发后，新华银行于重庆设总管理处，孙瑞璜仍主持上海总行业务。孙主持上海新华银行总行工作期间，该行从中型银行逐步发展成为大型银行，存款总额一度居全市银行之首。当时，上海抗日救亡运动高涨，孙瑞璜结识了郑振铎、胡愈之、许广平、雷洁琼等中共地下党员和进步人士，曾资助他们出版了 20 卷《鲁迅全集》和接办《译报》，1941 年和张宗麟、郑振铎等人组织“复社”，编辑出版了《西行漫记》和《上海周报》。1946 年后，孙瑞璜先后担任博士金笔厂、大华绸业公司、大安保险公司、中国萃众制造公司、科学化学厂董事长等。

新中国成立前夕，孙瑞璜坚持留在上海迎接解放，并以代总经理名义致电各地新华银行经理，要他们坚守岗位。1952 年，孙瑞璜担任公私合营银行上海分行经理，又相继担任了中国人民银行上海市分行储蓄处处长、副行长等职。“文化大革命”中，孙瑞璜备受迫害，粉碎“四人帮”后，孙瑞璜担任中国人民银行上海市分行顾问，当选为第七届上海市人民代表，1980 年 5 月 9 日病逝，享年 80 岁。

中国征信所办公大楼

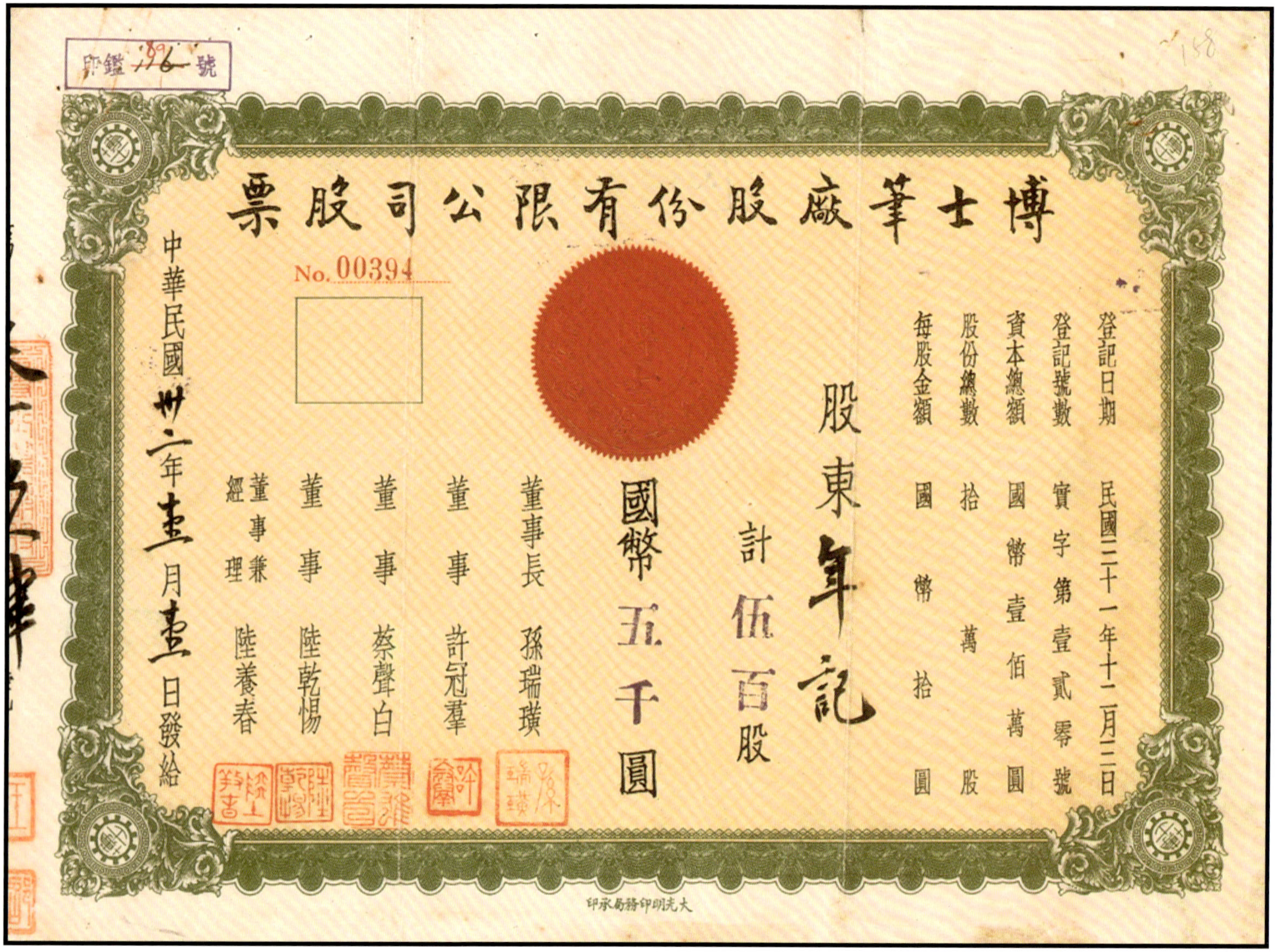
博士筆廠股份有限公司股票

No. 00394

登記日期 民國三十一年十二月二日
登記號數 實字第壹貳零號
資本總額 國幣壹佰萬圓
股份總數 拾萬股
每股金額 國幣拾圓

股東 年記

計 伍百股

國幣五千圓

董事長 孫瑞璜
董事 許冠羣
董事 蔡聲白
董事 陸乾惕
董事兼經理 陸養春

中華民國卅二年壹月壹日發給

大光明印務局承印

图 65　博士笔厂股份有限公司股票

1926 年，殷鲁深、卢寿笺合伙在上海甘世东路（今嘉善路）519 号创建了国益自来水笔厂，这是我国最早的自来水笔制造厂。1935 年国益自来水笔厂更名为博士笔厂，1942 年改组为股份有限公司。该公司出品的“博士牌”金笔被称为“博士金笔、笔中博士”。

博士笔厂股份有限公司股票（图 65）发行于 1943 年 1 月 1 日，公司董事长孙瑞璜，总经理陆养春。在“董事”栏里，我们还可以看到许冠群、蔡声白等著名实业家的名字。

金融业篇

49. “晚清著名士绅”

李平书

李平书 (1854 ~ 1927 年)

李平书，原名安曾，又名钟玨；字平书，号瑟斋，60 岁后别号且顽。上海浦东高桥人，中国近代著名社会活动家，上海民政总长、晚清著名士绅。

1946 年 10 月 26 日上午，上海各界在豫园九曲桥畔湖心亭的荷花池里，矗起了一尊古铜色的人物立像，那是上海市的一个标志性位置，上海人把最崇高的敬意献给了他——李平书。

李平书 15 岁进上海长丰春花行、同慎米行当学徒，19 岁入龙门书院，早年曾在广东任代理知县，后弃官经商，历任江南制造局提调、中国通商银行总董、华成经保火险公司总理、轮船招商局董事、上海城厢内外总工程局总董、上海民政总长等职。在上海期间，李平书始终是一个造福桑梓的创业者，诸如领导上海禁烟运动，发起上海光复起义，创办中国第一家钢铁厂、自来水厂和开辟第一条有轨电车线，创设南市上海医院、沪南神州医院和中西医学堂，创立救火联合会、浦东同乡会等。特别在市政建设方面，李平书办了许多好事、实事，如拆城墙、填城壕、迁坟墓、筑环路、建通衢，立下了汗马功劳。

李平书晚年以书画、金石自娱，著有《且顽七十岁自序》等，1916 年起正式定居昆山。1927 年 11 月 20 日，李平书溘然长逝，卒年 73 岁。

原矗立在上海老城隍庙内的李平书铜像

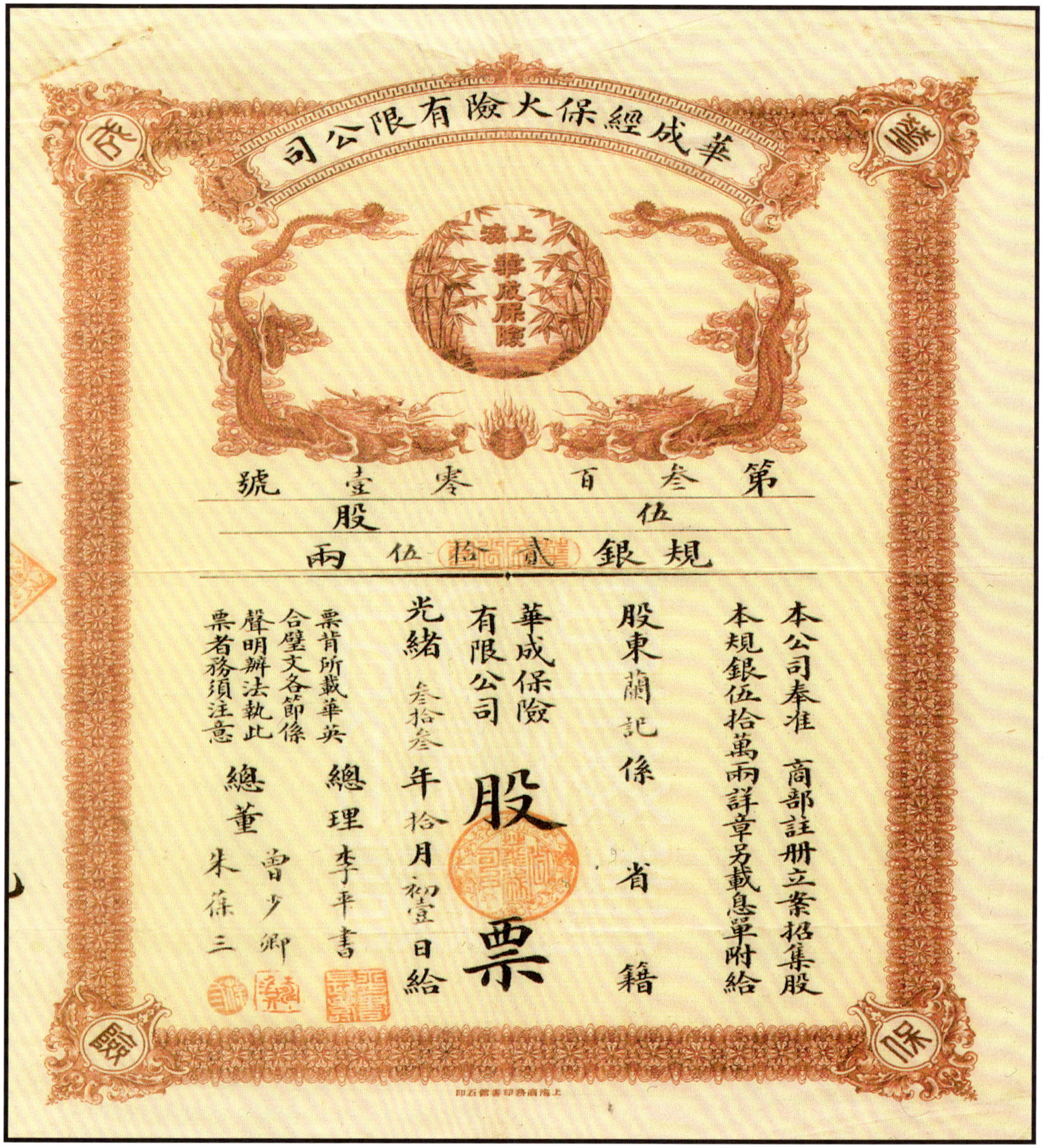
華成經保火險有限公司

上海 華成保險

第叁百零壹號

伍股

規銀貳拾伍兩

本公司奉准 商部註冊立案招集股本規銀伍拾萬兩詳章另載息單附給

股東蘭記係 省 籍

華成保險有限公司 股票

光緒叁拾叁年拾月初壹日給

總理 李平書

票背所載華英合璧文各節條聲明辦法執此票者務須注意

總董 曾少卿 朱葆三

上海商務印書館石印

图 66 华成经保火险有限公司股票（黄玉林先生藏品）

华成经保火险有限公司创立于 1906 年，由李平书、曾少卿等人创办，主要承接火险、汽车险等，公司总部设在上海。华成经保火险有限公司股票（图 66）发行于光绪三十三年（1907 年），总股本规银 50 万两，总理李平书，总董曾少卿、朱葆三。

50. “中国的摩根”

陈光甫

陈光甫（1881 ~ 1976 年）

陈光甫，原名辉祖，后易名辉德，字光甫，江苏镇江人。近代上海最著名的银行家、中国旅行业的“开山鼻祖”，被誉为“中国第一银行家”、“中国的摩根”。

陈光甫早年留学美国，获商学学士学位，1909 年学成回国，1915 年在上海创办了上海商业储蓄银行（简称“上海银行”）。

“人争近利，我图远功；人嫌细微，我宁繁琐。”陈光甫在办行宗旨中，特别注重小额储蓄存款，把存户对象主要锁定在中低层社会成员，如一般职员、教师、自由职业者、家庭主妇、个体经营者等。为了吸引储户，上海银行打出了“一元开户”的广告，还开办了活期储蓄、定期储蓄、零存整取、整存零付、定活两便、子女教育储金、养老储金、礼券储金，以及代收电灯费、电力费、自来水费、代发工资等中间业务。到解放战争后期，上海银行的存款额竟然高达 160 亿元，在全国 307 家私营银行中占居首位。陈光甫本人因此长时间荣登上海银行公会会长宝座，成为名符其实的金融界领袖。

中国大陆解放前夕，陈光甫移居香港。毛泽东曾把亲笔题名的《毛泽东选集》托人送给陈光甫，陈则将自己珍藏的一部清末胡林翼的书信册页回赠给毛泽东。1954 年陈光甫定居台北，1976 年以 95 岁的高龄与世长辞。

1931 年落成的上海商业储蓄银行新大楼（宁波路 50 号）

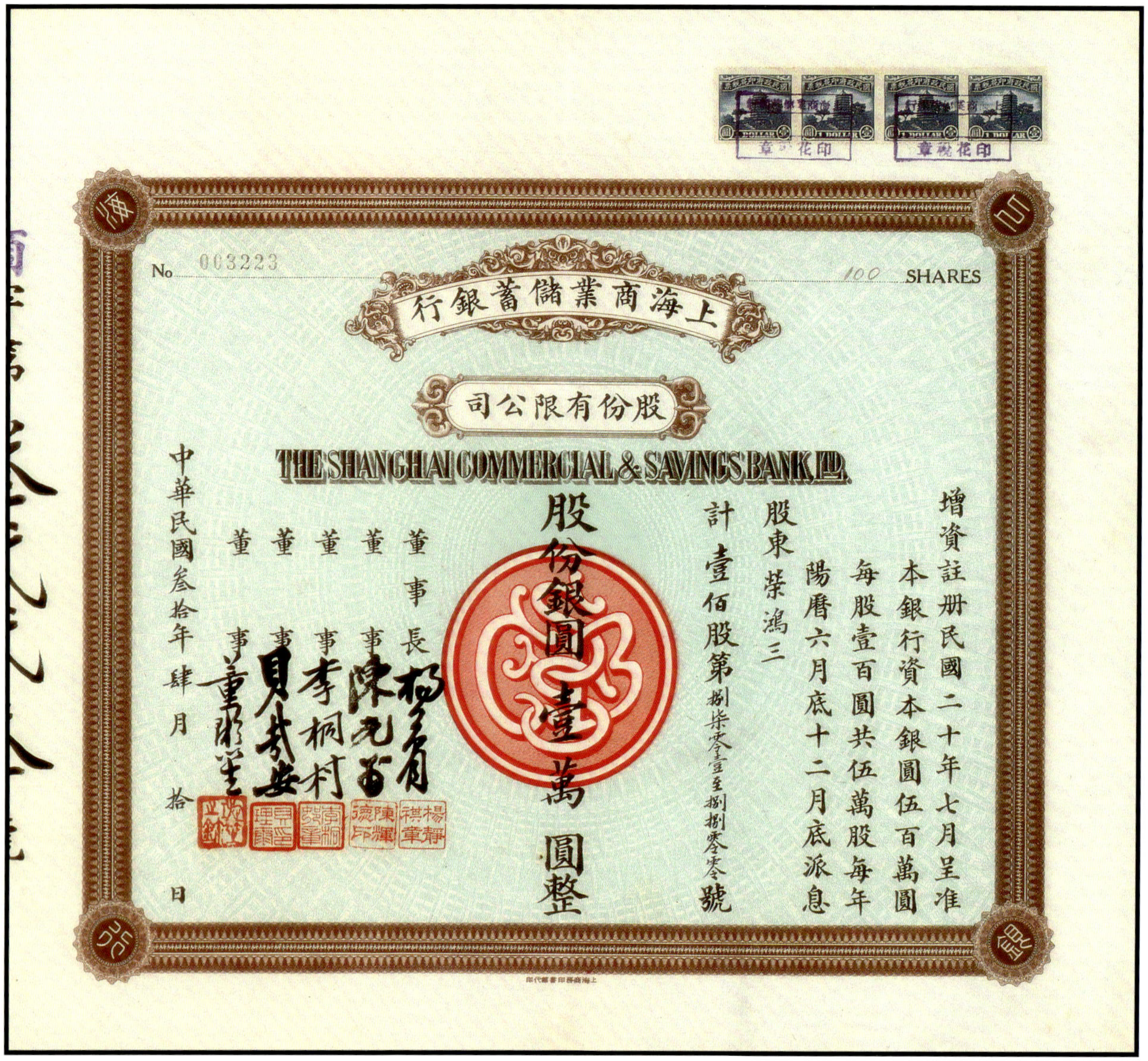

图 67 上海商业储蓄银行股票

上海商业储蓄银行创办于 1915 年 6 月，额定资本 10 万银元，是当时上海最小的银行，因此有人称之“小小银行”，行址最初在上海宁波路 9 号，1931 年迁入宁波路 50 号新大楼。在 1915 年 4 月 17 日召开的第一次股东会上，推选庄得之为董事长、陈光甫为总经理。上海商业储蓄银行的附属机构有中国旅行社、宝丰保险公司等。

上海商业储蓄银行股票（图 67）发行于 1941 年 4 月，董事长杨介眉，总经理陈光甫。上海商业储蓄银行股票的设计很有特色：中间有一个大的红色圆型图案，中心部位的 S.C.S.B 四个英文字母，呈环环相扣状，是上海商业储蓄银行的英文缩写，它象征上海商业储蓄银行的信誉、稳重，与储户的利益紧密相连。

51.“金融巨擘”

宋汉章

宋汉章，名鲁，字汉章，浙江余姚人，中国近代杰出金融家、中国银行创始人之一。

宋汉章(1872 ~ 1968 年)

宋汉章早年入上海中西书院学习，毕业后在上海电报局任职，1897 年进上海通商银行当职员，后因参与“康梁变法”流亡日本，1912 年 2 月回国后任中国银行上海分行经理。中国银行总行南迁上海后，宋汉章居“五常董”之首。1948 年 12 月 3 日，在中国发生了一起震惊中外的“江亚轮”事件，三千多名死难家属纷纷向中国保险公司提出索赔。公司人员按照原定章程，该海运意外事故不在投保范围，可以不予受理，但公司董事长宋汉章特意赶到公司，指示破格予以赔偿，当时报界称他为“大善人”。在长达半个多世纪的仕途中，宋汉章经手的金银钱币何止兆亿，但他从不搞私人投资或买卖股票、炒卖外汇等。他担任中国保险公司董事长 20 年中，从未领取过分文报酬，这在中国金融家中是绝无仅有的。

1949 年上海解放前夕，宋汉章与张元济、陈叔通等接受中共上海地下组织的留沪劝阻，约定留在上海，但后来被国民党特务挟持到香港。到达香港后，宋汉章坚决声明不去台湾，随后他就前往巴西居住在其长子宋美扬家中。1963 年 6 月，宋汉章从巴西回到香港定居，1968 年 12 月 26 日在港病逝，享年 96 岁。

上海外滩仁记路（今滇池路）中国保险公司旧址

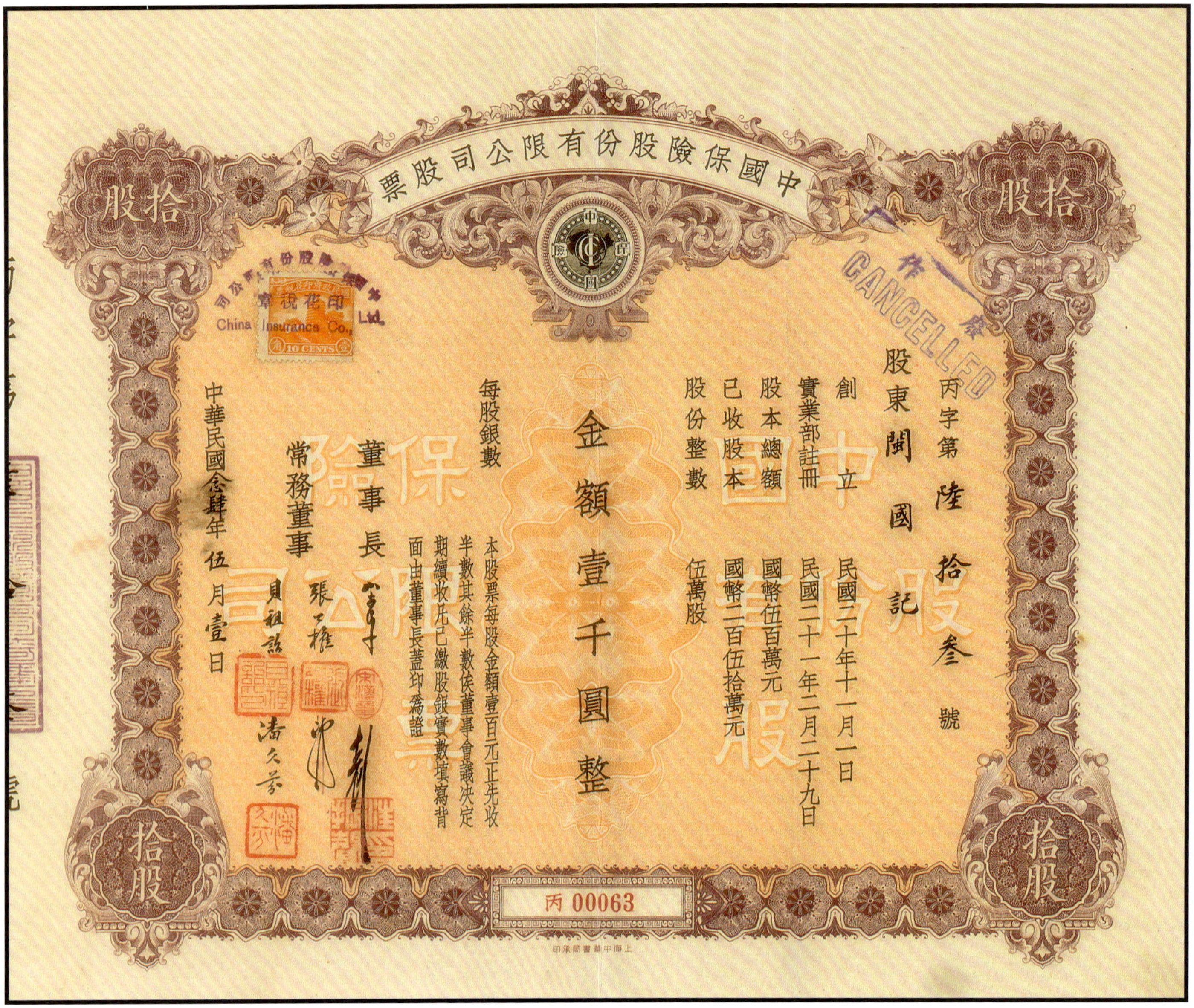

图 68　中国保险股份有限公司股票

中国保险股份有限公司成立于 1931 年 11 月 1 日，由中国银行独家投资创办，股本总额 500 万银元，总公司设在上海，最初在仁记路（今滇池路）12 号，后迁至四川路 270 号。初期公司以经营火灾险为主，后扩大到运输险、汽车险、船壳险、邮包险、奶牛险、电梯险、人寿险等。中国保险股份有限公司股票（图 68）发行于 1933 年 5 月 1 日，宋汉章任董事长。

52. “金融耆宿”

张嘉璈

张嘉璈（1889 ~ 1979 年）

张嘉璈，字公权，江苏宝山（今上海宝山）人，被誉为“中国现代银行之父”。张嘉璈是著名诗人徐志摩原配夫人张幼仪的四哥。

张嘉璈 14 岁考入上海“广方言馆”，18 岁在友人唐文治的资助下赴日留学，攻读货币银行学和政治经济学。在留学期间，张嘉璈结识了立宪维新派领袖之一梁启超，深得梁的赏识。1909 年张嘉璈回国后，先后在《国民公报》、《交通官报》担任编辑和总编辑，后经梁启超推荐，担任了中国银行上海分行副经理。从此，张嘉璈便开始了长达 22 年的中国银行的经营生涯。

1916 年 5 月 12 日，袁世凯政府的停兑令正式公布。交通银行上海分行因库存空虚，已决定停兑存款，于是挤兑狂潮涌向中国银行上海分行。张嘉璈与宋汉章紧急磋商后，决定拒绝接受北京政府的停兑令，并从各方面作了精心布置，最后使一场挤兑风波顺利平息，张嘉璈因此赢得了“不屈从北洋政府的勇士”的赞誉。此后，张嘉璈又先后被任命为铁道部长、交通部长、中央银行总裁和中央信托局理事长等职。

1917 年 5 月，张嘉璈创办了我国最早的金融专业刊物《银行周报》，该刊到 1950 年 3 月停刊，前后历时三十余年，共出版 34 卷 1635 期。

1949 年新中国成立后，张嘉璈不愿去台湾，改去澳大利亚和美国任教，并著有《关于旧中国的通货膨胀》、《关于旧中国的铁路建设》两书。张嘉璈于 1979 年在美国病逝，享年 90 岁。

中国银行旧址（上海）

图 69 中国银行股份有限公司股票

中国银行是我国第一家国家银行，它的前身为“大清户部银行”，1905 年 8 月在北京创立，1908 年 2 月改称“大清银行”；1912 年经孙中山批准，改名为官商合办的中国银行 ,1912 年 2 月 5 日，中国银行在上海汉口路 3 号（现 50 号）大清银行旧址举行成立开幕仪式。

中国银行股票分壹股、伍股、拾股、伍拾股、壹佰股等 5 种。中国银行股票（图 69）发行于 1922 年 2 月 6 日，在“常务董事”栏里，汇聚了李铭、张嘉璈、冯耿光、宋汉章、陈光甫等一批银行界元老级人物；另外，这张股票的股东是“南浔巨富”张澹如，十分难得。

53．“金融巨子”

胡笔江

胡笔江（1881 ~ 1938 年）

胡笔江，原名敏贤，后名筠，字笔江，江苏丹徒人，祖籍镇江。著名爱国金融家，被毛泽东称为“金融巨子”。

胡笔江少年时在私塾读书，17 岁在江苏泰县一家小钱庄当学徒，不久经人介绍，进交通银行北京分行任调查专员，后经梁士诒提拔，从总行稽核、北京分行副理到 1914 年任北京分行经理。1821 年胡笔江离开交通银行，与南洋富商黄奕柱集资创设中南银行。1933 年，交通银行再次改组，胡笔江继任交通银行董事长。1937 年 7 月，上海发起成立上海市各界抗敌后援会，胡笔江在上海电台发表演讲，动员广大爱国人士捐钱捐物，他自己也以身作则，从财力、物力上支持抗战。

1938 年 8 月 24 日上午 8 时 35 分，一架中国航空公司“桂林号” 民航班机从香港飞至广东珠江口上空时，突然遭到 5 架日本战斗机的追逐扫射，致“桂林号”翼部中弹起火，机上人员中除两名乘务员和一名楼姓侨胞外，其余 18 人全部罹难，这其中就有时任交通银行董事长和中南银行总经理、年仅 57 岁的胡笔江。同机遇难的还有浙江兴业银行总经理徐新六。据当时的《新闻报》报道：这次日机袭击“桂林号”，原定目标是要追杀从西欧、苏联回国的孙科，而徐新六的面貌酷似孙科，而且他登机时戴着太阳镜，所以日方密探误把徐新六当作了孙科。

噩耗传来，举国震惊。毛泽东、朱德、彭德怀都送去花圈挽联致哀，毛在挽联中称胡笔江为“金融巨子”。

交通银行行徽

建于 1908 年的上海交通银行大楼

交通银行是中国历史最悠久的国家级商业银行之一，创立于1908年（清光绪三十四年），总行设在北京，同年5月2日设立上海分行。1928年11月交通银行总行迁址上海。

交通银行股份有限公司股票（图70）发行于1936年10月1日，面值为壹股。股票上的火车头图案是交通银行的行徽。因为交通银行名字中有“交通”两字，因此设计者特意在交通工具上大展“鸿图”：除了有雄伟的建筑、高耸的电网和冒烟的工厂外，还有飞机（包括直升机）、轮船、帆船、火车、汽车、公共汽车、邮政车、货车、脚踏车、马车、手推车、黄包车等，几乎包括了海陆空的全部交通工具，而且画得极为精致，极富动感，给人以艺术的享受。

图70 交通银行股份有限公司股票

54. “面粉、棉纱大王”荣宗敬、荣德生

荣宗敬 (1873 ~ 1938 年)

荣德生 (1875 ~ 1952 年)

荣宗敬，名宗锦，字宗敬，江苏省无锡人，中国近代著名的民族资本家，被人称为“面粉大王”、“棉纱大王”；荣德生，名宗铨，字德生，江苏省无锡人，中国近代著名爱国实业家，前国家副主席荣毅仁之父。

荣宗敬、荣德生的荣氏企业，是中国民族工业发展史上一个极令人注目的家族企业，因其当时在面粉业和棉纺业雄居首位，而有“面粉大王”、“棉纱大王”之称。

荣宗敬 7 岁进私塾，14 岁到上海当学徒，后因病回乡，15 岁到钱庄习业，19 岁到上海森泰蓉钱庄做跑街。他是家中长子，胆子颇大，善于冒险，有魄力，为以后控制荣氏企业做了坚实的铺垫。在荣宗敬领导时期的荣氏企业中，他的地位是任何荣氏家族中的人不能相比的。

荣德生 9 岁入私塾，15 岁由兄推荐到上海钱庄学艺。他刻苦钻研业务，深得老板器重，18 岁时到父亲所在的厘金局任账房，为他后来经营企业做了充分的积存。荣德生在经营企业的同时，又进行灵活的改革，尤其在利用企业人才、培养人才方面作出了重要贡献。他和哥哥荣宗敬成功地运用“粉纱互补互济”的经营策略，把荣氏家族企业推向一个又一个高峰。

荣氏企业的创始人荣宗敬、荣德生从 1896 年经营钱庄开始携手创业，先后在无锡、上海、汉口、济南等地创办了保兴(后改名茂新)面粉厂、福兴面粉公司、申新纺织厂，并在上海设立茂新、福新、申新总公司。至 1931 年，荣氏兄弟共拥有面粉厂 12 家、纱厂 9 家，分别约占全国民族资本面粉总产量的 1/3，纱布总产量的 1/5。

1937 年抗日战争爆发，荣宗敬离开上海避居香港，1938 年 2 月 10 日在香港病逝，终年 65 岁；1952 年 7 月 29 日荣德生在无锡病逝，终年 77 岁。

中国机制面粉上海交易所内景

荣氏上海福新面粉公司旧址

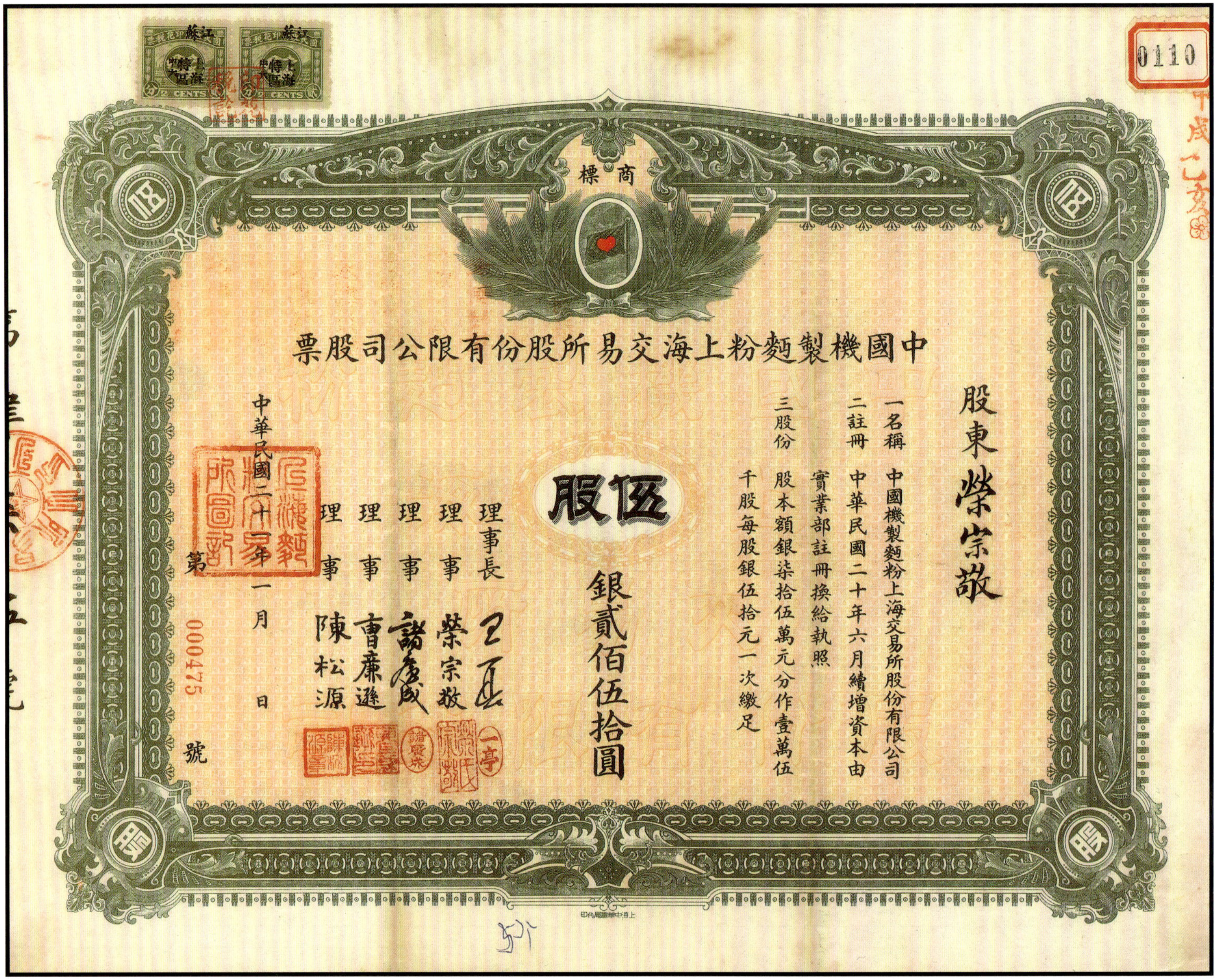
0110

中國機製麵粉上海交易所股份有限公司股票

商標

股東榮宗敬

一名稱 中國機製麵粉上海交易所股份有限公司

二註冊 中華民國二十年六月續增資本由實業部註冊換給執照

三股份 股本額銀柒拾伍萬元分作壹萬伍千股每股銀伍拾元一次繳足

伍股

銀貳佰伍拾圓

理事長 王一亭

理事 榮宗敬

理事 諸廣成

理事 曹廉遜

理事 陳松源

中華民國二十一年一月 日

第 000475 號

图 71 中国机制面粉上海交易所股份有限公司股票

中国机制面粉上海交易所成立于 1919 年 11 月，由荣宗敬、诸广成、徐文彬等人发起， 1921 年 8 月 14 日正式对外营业，所址设在上海民国路（今人民路）162 号，后迁到爱多亚路（今延安东路）上海纱布交易所楼上。理事长王一亭。中国机制面粉上海交易所股份有限公司股票（图 71）发行于 1932 年 1 月，股东荣宗敬。

上海振泰錢莊股份有限公司

第　　號

公司名稱　上海振泰錢莊股份有限公司

股本總額　國幣叁百萬圓

股數　陸萬股每股國幣伍拾圓

股東

股份　　股

國幣　　圓整

董事長　榮德生

董事　史久茂

傅廷緒

金少筠

張笠漁

中華民國　年　月　日發給

图 72　上海振泰钱庄股份有限公司股票

上海振泰钱庄创立于1916年，1942年12月改组为股份有限公司，股本总额为国币300万元。上海振泰钱庄股份有限公司股票（图72）未实用过，董事长荣德生。

55.“棉纱大王”

穆藕初

穆藕初（1876 ~ 1943 年）

穆藕初，名湘玥，字藕初，上海浦东人，中国近代著名实业家，被毛泽东誉为“新兴商人派”的代表人物，还被后人称为“棉纱大王”、“中国现代企业管理的先驱”。

穆藕初毕生崇尚实业振兴的理念，探索西学、兴办纱厂、资助教育、扶持昆曲，重庆《新华日报》曾称“穆先生一生奋斗的历史，正是中国民族工业的一部活的历史”。

穆藕初6岁入私塾，14岁进棉花行当学徒，34岁留学美国，攻读植棉、纺织和企业管理，1914年获农学硕士学位回国。穆藕初是中国近代第一位改革企业管理体制的企业家，他最早向国人引入了美国的科学管理制度——“泰罗制”，并在他创办的德大、厚生两纱厂中施行，取得极大成效。穆藕初还长期担任上海华商纱布交易所的理事长，伴随它经历了风风雨雨17年。

穆藕初是中国职业教育的奠基人、拓荒者。1917年他发起成立中华职业教育社，任社董会主席；1920年向北京大学（校长蔡元培）捐白银5万两，作为选拔学生赴欧美留学的奖学金；1932年又创办了私立位育小学、位育中学。穆藕初热心弘扬中国传统文化，他出资5万银元创办了苏州昆曲传习所，招收了60余名学员，使这些学员成为著名的“传”字辈昆剧艺术家。

1943年9月19日，穆藕初在重庆张家花园72号寓所病逝，享年67岁。1948年4月5日（清明节），穆藕初灵柩安葬于苏州吴县藏书镇。吴湖帆为墓碑题词：“上海穆藕初先生之墓”。

上海华商纱布交易所旧址

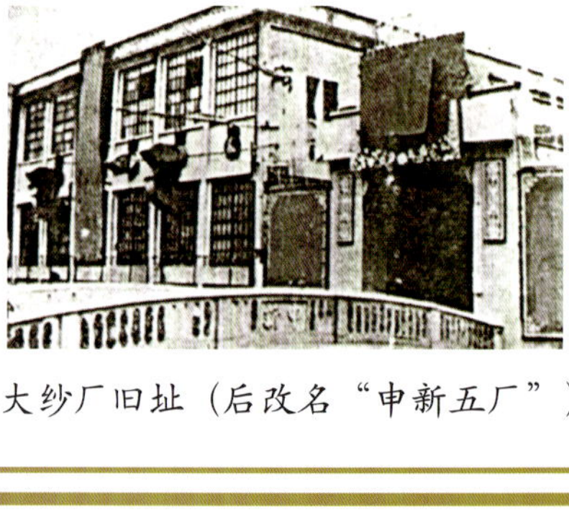

德大纱厂旧址（后改名“申新五厂”）

图 73 上海华商纱布交易所股票

上海华商纱布交易所成立于 1921 年 7 月 1 日，由纱业巨子吴麟书、荣宗敬等人发起创建，最初租房于爱多亚路（今延安东路）9 号，后在爱多亚路 260 号（今上海自然博物馆）新建大厦，理事长穆藕初（后由闻兰亭继任）。

上海华商纱布交易所股份有限公司股票（图 73）发行于 1935 年 8 月 28 日，股票的面值有 5 股、10 股、50 股、100 股等 4 种。在上海六大交易所股票中，华商纱布交易所股票的设计是比较出挑的：底版上印有淡淡的公司外景图案，四面边框用棉花的枝叶缠绕，其中三面标明机制棉纱、棉布、棉花字样，上面中间是“纱布”两字，形似棉桃，字体好像是石鼓文的变体。

56. “一代枭雄”

袁世凯

袁世凯（1859 ~ 1916 年）

袁世凯，字慰亭（又作慰庭），号容庵，河南项城人，中国近代史上著名的政治人物，被称为“一代枭雄”。

袁世凯于清末投身行伍。1911 年辛亥革命后成立中华民国，袁世凯就任中华民国临时大总统。1915 年袁世凯下令解散国会，废除《中华民国临时约法》，于 1916 年元旦正式登基称帝，改国号“中华帝国”，年号“洪宪”。袁世凯的倒行逆施，激起全国各阶层人士的义愤，世人称他为“乱世之奸雄、窃国之大盗”。蔡锷、唐继尧等在云南宣布起义，发动护国战争，讨伐袁世凯。在全国人民的一片反帝制声浪中，袁世凯被迫于 1916 年 3 月 22 日宣布取消帝制，恢复“中华民国”年号，6 月 6 日在郁愤中病死，终年 57 岁。

为了巩固政局、发展经济，袁世凯于 1914 年 3 月 8 日设立币制局，正式铸造袁世凯头像银币，俗称“袁大头”。“袁大头”由天津造币厂首先开铸，其后南京、广东、武昌、甘肃等地的造币分厂陆续铸造。1915 年 1 月“袁大头 " 银元正式流通。“袁大头”由于铸地多、铸量大，出现了许多版别，但它的标准重量都为七钱二分，以今天的计量方法是 26.697 克，成色 89.1%，含纯银 23.493 克。“袁大头”银元是我国近千种近代银币中流传最广、影响最大的银元品种。它促进了银元的统一，为“废两改元”准备了条件，是我国近代货币史上划时代的成就。

袁世凯头像银币，俗称“袁大头”

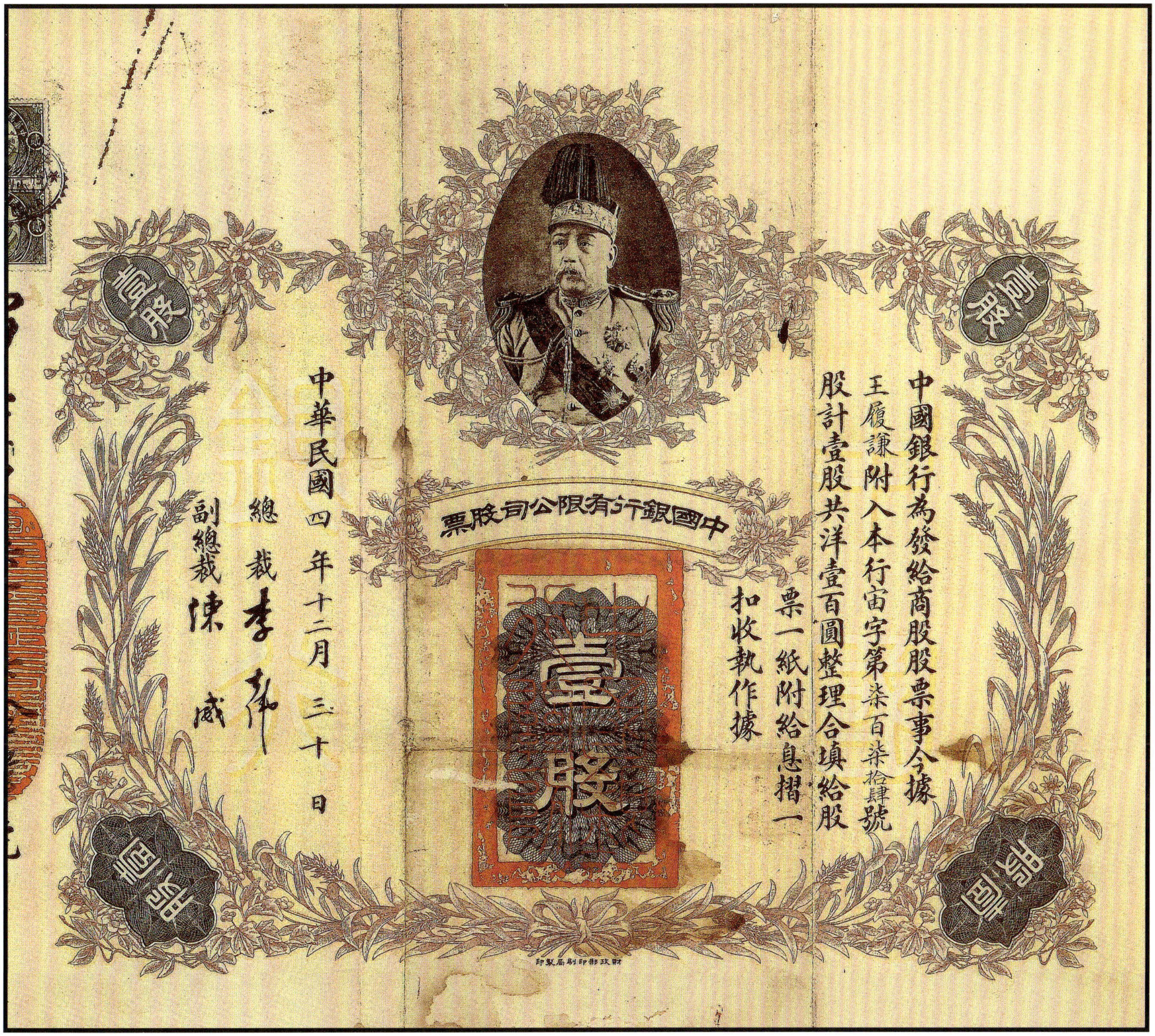

图 74 中国银行有限公司股票（泓盛 2011 春季拍卖会《中国纸币》图录）

中国银行的前身是“大清户部银行”，创立于 1905 年，1912 年 1 月 24 日由孙中山批准，改名为“中国银行股份有限公司”。中国银行第一次发行的股票即为图 74 所示的“袁世凯戎装像”，乃首度面世的流通实物，是见证中国银行百年沧桑的珍贵文物。

57. “国民党金融之父”

宋子文

宋子文（1894 ~ 1971 年）

宋子文，祖籍广东文昌（今属海南省），出生在上海。民国时期的政治家、外交家、金融家，与蒋介石、孔祥熙和陈立夫、陈果夫合称“四大家族”。

宋子文早年就读于上海圣约翰大学，后去美国哈佛大学、哥伦比亚大学攻读经济学，先后获经济学硕士、博士学位；1917 年回国后先后在汉冶萍公司和湖北汉阳公司会计处任秘书、科长等职；1923 年 10 月抵达广州，孙中山任命他为大元帅府英文秘书。宋子文从此走上政坛之路。

宋子文是旧中国政治、经济、外交舞台上的一位风云人物。他先后出任广州、武汉和南京国民政府的财政部长和中央银行行长（总裁），担任过外交部长、行政院院长等职，亲历了南京国民政府诸多重大事件，如代表蒋介石参加西安事变谈判、以见证人的身份在孙中山的两份遗嘱上签名等。在经济领域，宋子文曾实施“废两改元”经济改革，创立或投资数十家金融、工交、商业等企业，并在其中担任要职。

根据胡佛研究所首次向外界公布的“四大家族”秘密档案记载：1943 年 5 月 21 日在华盛顿举行的太平洋会议上，中方代表、时任外交部长的宋子文曾对英方代表丘吉尔说：“西藏可不是什么独立的国家，中国和英国间所签订的全部条约中，都承认中国对西藏拥有主权。”

1949 年 1 月 24 日，宋子文携妻子张乐怡逃亡香港，5 月 16 日又赴巴黎“疗养”，6 月 9 日抵达纽约，后在曼哈顿公园大街 1133 号的一幢豪华公寓里定居下来。1971 年 4 月 26 日，宋子文在美国旧金山一次朋友聚会上，因一小块食物堵住气管而猝然去世，享年 77 岁。

已修葺一新的重庆宋子文公馆

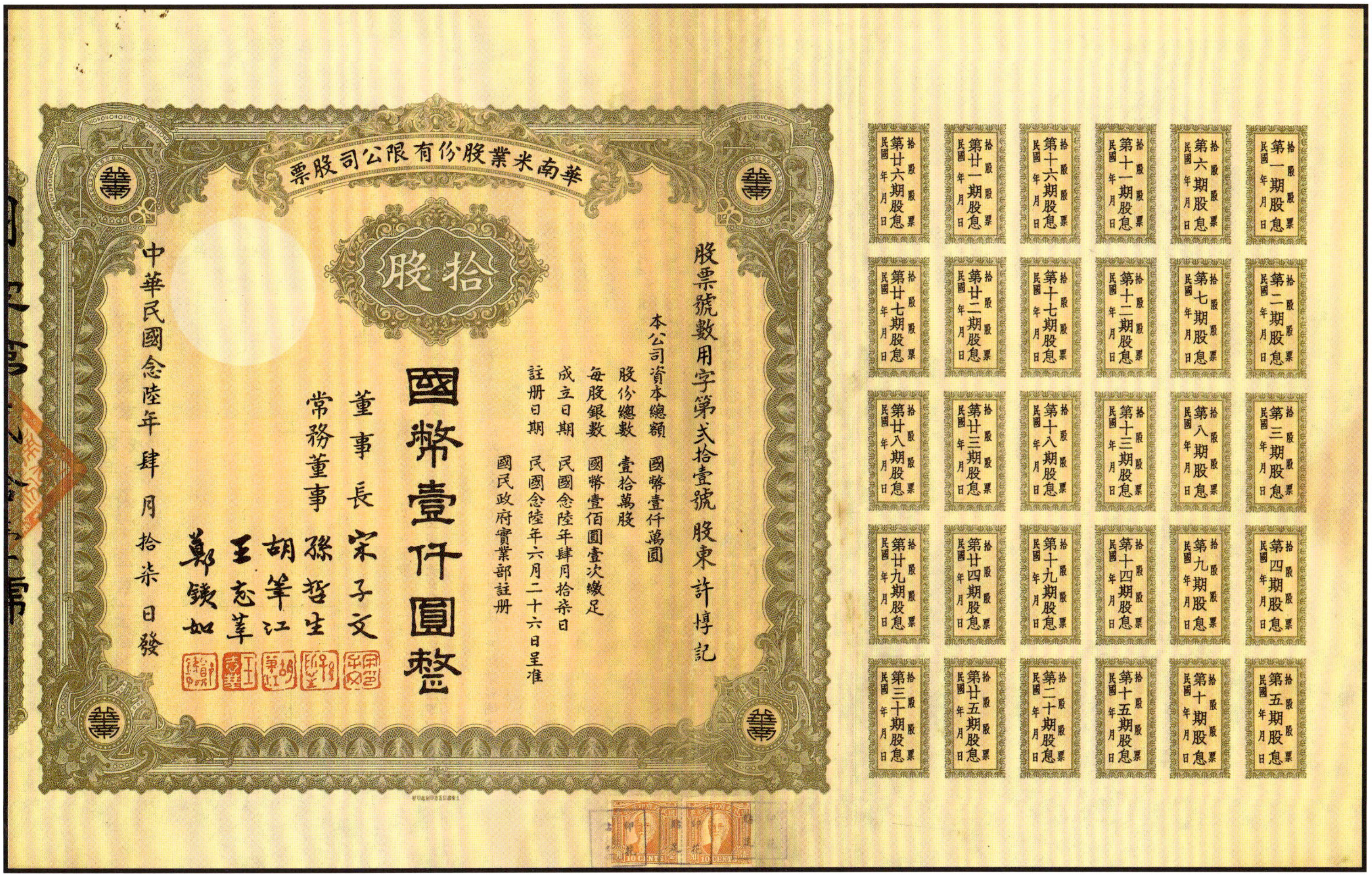

图 75 华南米业股份有限公司股票

华南米业公司创立于 1937 年 4 月 17 日，6 月 26 日登记注册。这是一家从事华中、华南大米生产、运输、销售和洋米进口的垄断性企业。宋子文亲自担任董事长，常务董事有孙哲生（即孙科，孙中山之子）和银行界的大亨胡笔江、王志幸、郑铁如等。

华南米业股份有限公司股票（图 75）与该公司成立之日同时发行，股票面额有壹股、伍股、拾股、壹佰股、伍百股、壹千股等 6 种。华南米业股票是目前发现的唯一一张由宋子文担任董事长的股票，故有一定的史料和收藏价值。

图 76　交通银行股份有限公司股票

交通银行的三位创始人是陈璧、叶恭绰和梁士诒。交通银行股份有限公司股票（图 76）发行于 1936 年 10 月 1 日，面值拾股。“董事”一栏里出现了宋子文的名字。

58.“皇亲国戚”

孔祥熙

孔祥熙（1880 ~ 1967 年）

孔祥熙，字庸之，号子渊，英文名字 H.H.Kong，后来被人戏称为“哈哈孔”，山西太谷人，为孔子 75 代裔孙。中国官僚资产阶级的典型代表之一，国民党“四大家族”代表之一。

孔祥熙早年留学美国，毕业于耶鲁大学研究生院；辛亥革命后，曾任山西都督阎锡山的顾问；“二次革命”失败后赴日本，任中华留日基督教青年会总干事，参加革命党活动。1914 年 9 月，孔祥熙与“宋氏三姐妹”中的宋霭龄结婚，1915 年回故乡办学、经商，后到上海与陆费逵合办中华书局，与陈光甫、庄得之创办上海商业储蓄银行，并从事房地产生意。1924 年孔祥熙赴广州任广东革命政府财政厅厅长，1927 年任武汉国民政府实业部部长，1927 年 4 月投靠蒋介石，并促成蒋（介石）宋（美龄）联姻，从此官运亨通，历任国民党政府实业部长、财政部长、行政院长，中央银行、中国银行总裁等职。孔祥熙主管财政达 11 年之久，对币制改革、支撑抗战财政有过一定的贡献，但后因以权谋私、贪污腐败，一再受到舆论的指责，1944 年 11 月被迫去职，从此离开政坛。

1948 年孔祥熙赴美国定居，1967 年 8 月 16 日因突发心脏病在纽约去世，享年 88 岁。

中国国货银行旧址（今南京市中山大道 635 号）

孔祥熙上海旧居

图 77 中国国货银行股份有限公司股票

中国国货银行是国民政府定都南京后新成立的一家官商合办银行，资本总额 2 000 万银元，官股占 2/5，商股占 3/5。1929 年 11 月 1 日召开创立会，选举孔祥熙为董事长，宋子良为总经理，随即于同月 15 日正式开业。总行设在上海，在南京、汉口、广州、重庆、香港等地设立分行。中国国货银行与四明银行、中国实业银行、中国通商银行合称“小四行”。业务上受“大四行”（中央银行、中国银行、交通银行和中国农民银行）官僚资本银行控制。

中国国货银行股份有限公司股票（图 77）发行于 1930 年 4 月 23 日，总股本 500 万银元，董事长孔庸之（即孔祥熙），常务董事钱新之、唐寿民、陈 行、陈光甫，总经理朱成章。

59.“上海闻人”

傅筱庵

傅筱庵（1872 ~ 1940年）

傅筱庵，名宗耀，字筱庵，浙江镇海县人，著名银行家、企业家，曾任汪精卫伪政权上海特别市市长。

1872年12月30日，在风景秀丽的海滨小镇——镇海小港李家村，一个男婴诞生了，他的父亲希望儿子能光宗耀祖，故取名“宗耀”，他就是后来成为“上海滩闻人”的傅筱庵。

1892年，21岁的傅筱庵离开家乡，只身来到上海，在浦东英商耶松船厂（一说祥生）做工。他为人机灵，因此很快被洋大班潘特斯看中，当上了写字间的“仆欧”，同时与严信厚、盛宣怀拉上关系。1909年，傅筱庵经人介绍进了轮船招商局所属的华兴保险公司，担任经理之职，成了盛宣怀的得力助手和亲信。

1911年10月10日，革命党人在武昌首先发动起义。为了挽救垂死的命运，清政府把盛宣怀当作替罪羊，旨令将其“即行革职，永不叙用”。盛宣怀得悉后，惊恐万分，匆忙把上海的产业委托给傅筱庵代管，随后率全家逃往青岛德租界避难。1916年盛宣怀病死上海，傅筱庵使用蚕食方法，把盛家部分财产攫为己有，因而积累了成千上万的财产。到了20世纪30年代，傅筱庵已在上海的各大银行、企业、商会担任大大小小几十个职务，其中包括中国通商银行董事长、轮船招商局董事、上海华兴水火保险公司董事长、汉冶萍煤铁矿公司董事长以及上海总商会会长、美国钞票公司买办、英商耶松船厂董事、中国建设银公司监察人等职，成为上海工商界的一个显赫人物。

抗日战争爆发后，傅筱庵充当汉奸，公开投靠日本人。1938年3月28日，在日本人的支持下，傅筱庵出任伪上海特别市市长。傅筱庵公开叛国后，蒋介石极为震怒，命令戴笠对其实施制裁。戴笠与手下反复研究和筛查，一个叫朱升源的人（傅筱庵的亲信）进入了军统的视线。军统对朱许诺，事成之后，马上安排他离开上海，并给予优厚奖金，保证他后半生衣食无忧。1940年10月11日凌晨，傅筱庵在参加了一个日本人举办的宴会后回到施高塔路（今山阴路）祥德路26弄2号官邸二楼卧室时，朱升源抄起一柄早已准备好的菜刀，对着傅筱庵的脖子狠狠地砍了下去，傅顿时鲜血飞溅，连哼都没哼一声，被杀死在床上。这样，傅筱庵结束了他复杂而可悲的一生，时年68岁。

中国通商银行是中国人自办的第一家银行，盛宣怀奏准清廷，于清光绪二十二年（1896年）十月初八日创立，光绪二十三年（1897年）正月集资上海规银500万两，其中招商局和电报局分别投资80万两和20万两。通商银行总行设在上海，地址在中山东一路6号。通商银行刚成立时的体制是洋大班、华大班并存。第一任洋大班为英国人美德仑，第二任为马歇尔；第一任华大班为上海北市钱业会馆的创始人陈笙郊，第二任为承裕钱庄经理谢纶辉。到1919年，中国通商银行的主要权力落到了该行董事傅筱庵手中。1935年端午节前夕，傅筱庵黯然下台，脱离了中国通商银行。

中国通商银行旧址

金融业篇

名人股票

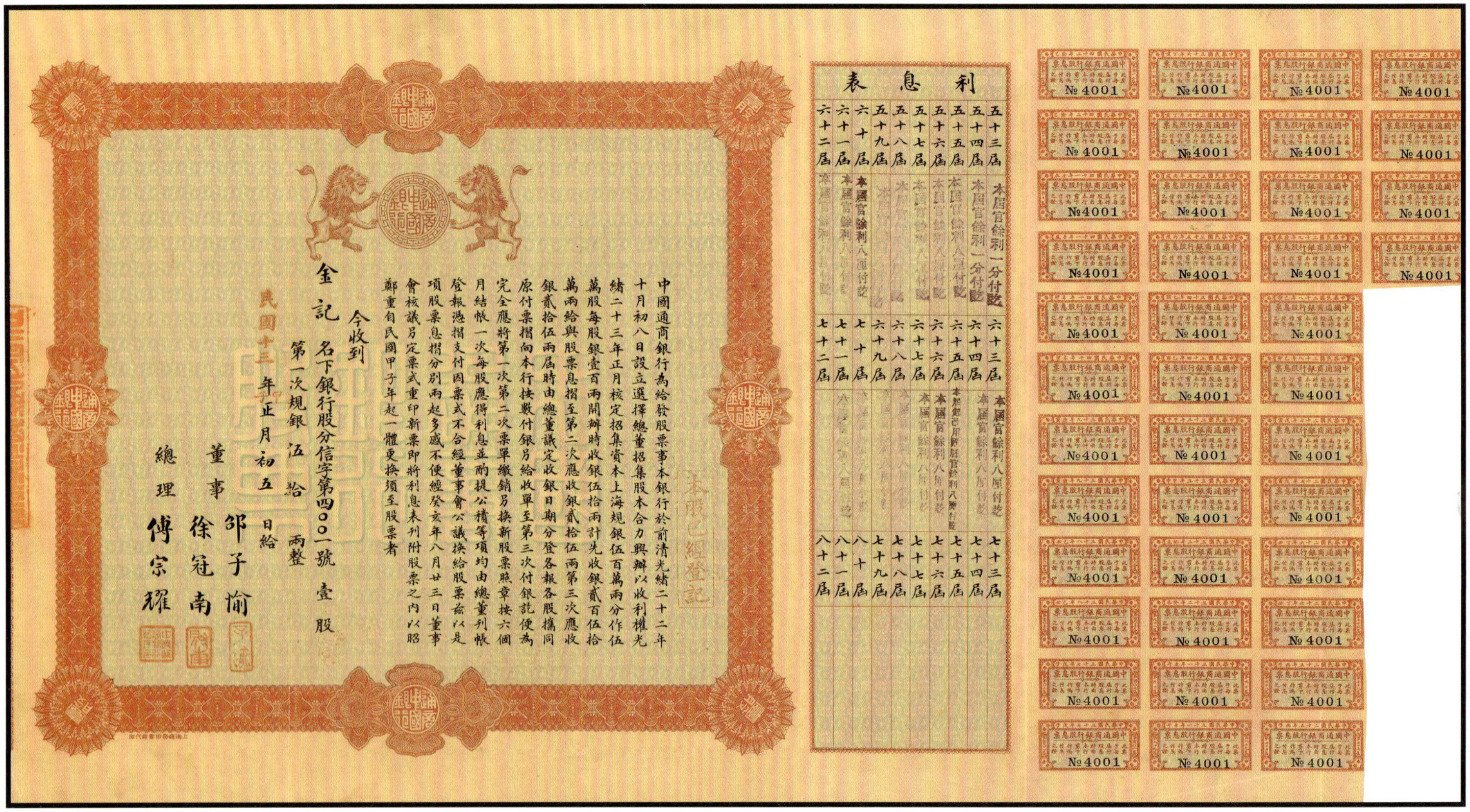
中國通商銀行為給發股票事本銀行於前清光緒二十二年十月初八日設立選擇總董招集股本合力興辦以收利權光緒二十三年正月核定招集資本上海規銀伍百萬兩分作伍萬股每股銀壹百兩開辦時收銀伍拾兩計先收銀貳百伍拾萬兩給與股票息摺至第二次應收銀貳拾伍兩第三次應收銀貳拾伍兩屆時由總董議定收銀日期分登各報各股攜同原付票摺向本行按數付銀另給收單至第三次付銀訖便為完全應將第一次第二次票單繳銷另換新股票照章按六個月結帳一次每股應得利息並酌提公積等項均由總董刊帳登報憑摺支付因票式不合經董事會公議換給股票並以是項股票息摺分别兩起多感不便經癸亥年八月廿三日董事會核議另定票式重印新票即將利息表刊附股票之内以昭鄭重自民國甲子年起一體更換須至股票者

今收到

金記 名下銀行股分信字第四〇〇一號 壹 股

第一次規銀 伍 拾 兩整

民國十三年正月初五日給

董事 邵子愉

徐冠南

總理 傅宗耀

本股已經登記

利息表

图 78 中国通商银行股票

中国通商银行股票现存世上有几种版本，最早的发行于农历壬子年（1912 年，即民国元年），而图 78 中国通商银行股票发行于民国十三年（1924 年）正月初五，总理傅宗耀（即傅筱庵），董事邵子愉、徐冠南。徐冠南是乌镇人，“富遂甲一乡而轻财好施”，上海的乌镇路和乌镇路桥，就是因徐冠南的捐银赠地而命名的。

值得一提的是，这张中国通商银行股票附有 40 枚中国通商银行股息票（已用去部分）和长达 19 年（第 53 届 ~ 71 届）的股东领息记录，这在现存的中国通商银行股票中是绝无仅有的，极具史料价值。还值得注意的是，这张中国通商银行股票的背面（图 79）全部是英文，股票正反两面设计成中英文对照，这是为适应通商银行成立之初，洋大班、华大班并存的管理体制而特意设计的。

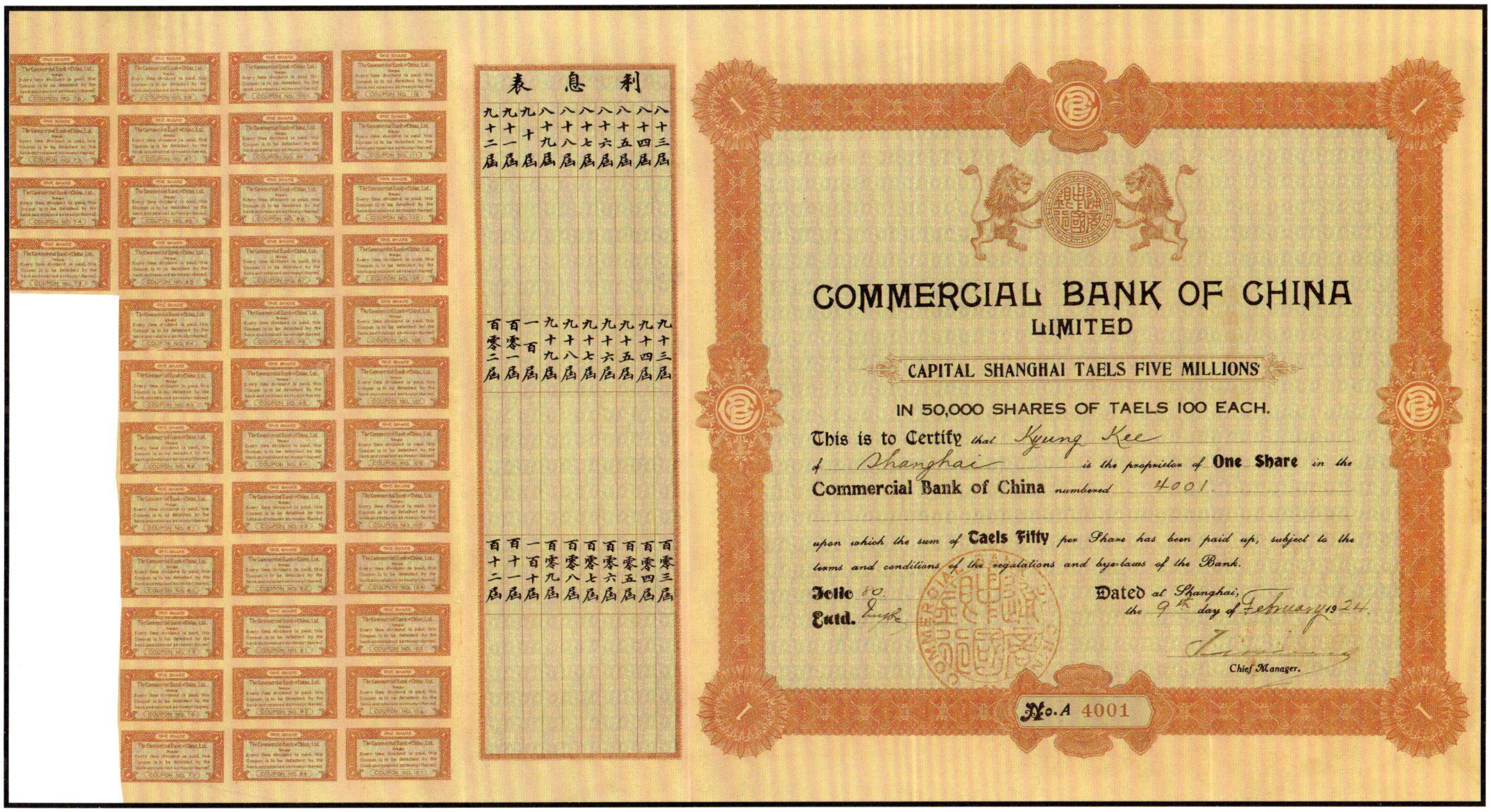

图 79 中国通商银行股票（反面）

60. “国民党教父”

陈果夫

陈果夫（1892 ~ 1951 年）

陈果夫，原名祖焘、字果夫，浙江吴兴（今湖州）人，为辛亥革命领袖之一陈其美之侄。中国官僚资产阶级的典型代表之一，被称为“国民党教父”，与蒋介石、孔祥熙、宋子文和陈立夫合称为“四大家族”。

在中国近代史上，陈立夫、陈果夫这对兄弟曾是国民党的重臣、CC 系的创始人和掌门人，是不可忽略的重要政治人物，当时社会上一直有“蒋家天下陈家党，孔宋两家管钱钞”之说。由于蒋介石与他们的叔叔陈其美有患难之交，因此对陈的两侄陈立夫、陈果夫备加关照，使陈氏兄弟两人能平步青云，仕途亨通。

1907 年陈果夫入浙江陆军小学堂，1911 年入南京陆军第四中学，同年加入同盟会。辛亥革命爆发后，陈果夫赴武汉参加革命军，后随陈其美参加讨袁斗争。他曾几度出任国民党中央组织部部长，长期掌管国民党党务；与其弟陈立夫组织“中央俱乐部”，把中央组织部调查科扩充为一个庞大的特务系统（简称“中统”），从事反对共产党、迫害进步人士的活动。

陈果夫利用政治特权发展官僚资本，先后担任中国农民银行董事长、中央合作金库理事长、土地开发公司理事长、中央财务委员会主任委员等职。1949 年陈果夫随蒋介石逃到台湾，1951 年 8 月 25 日病逝于台北，终年 59 岁。

上海武康路 107 弄 2 号陈果夫旧居

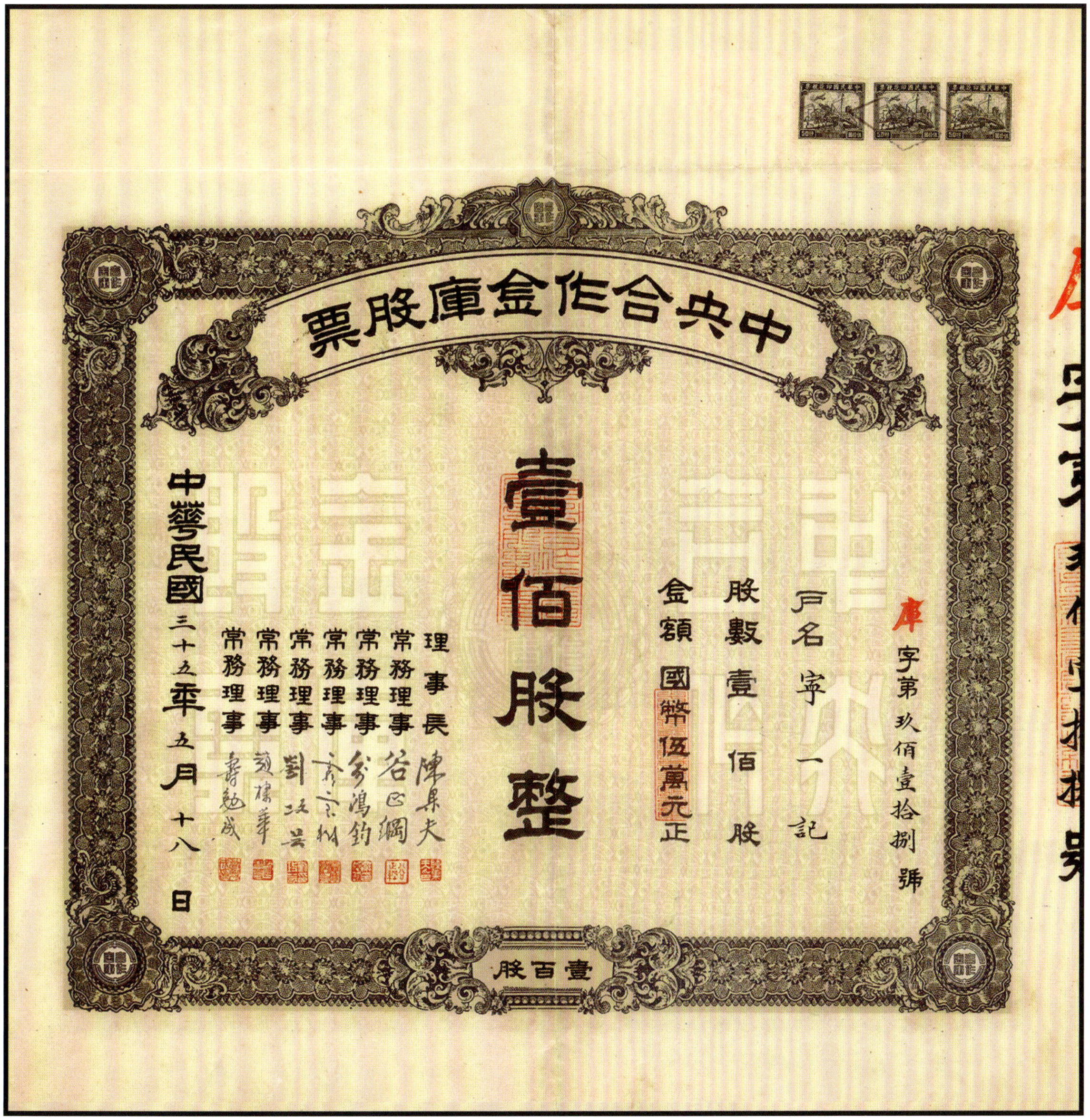

图 80　中央合作金库股票

1936 年，国民党实业部公布了《合作金库规程》，规定各地合作社可以建立金库组织，专门管理社员股金。随着全国合作社的发展，社员股金的日益增多，陈果夫建议尽快成立中央合作金库，统一管理散处在各地合作金库里的股金。1945 年 10 月国民政府采纳了陈果夫的提案，决定设立中央合作金库。1945 年 12 月 7 日，中央合作金库正式在南京创立。

中央合作金库股票（图 80）发行于 1946 年 5 月 18 日，理事长是陈果夫，常务理事谷正纲、俞鸿钧、霍宝树、刘攻芸、赵棣华，总经理寿勉成。鉴于中央合作金库的特殊地位，股票上的这些常务理事都是国民党内声名显赫的高层人士。

61. “民国奇人”

张静江

张静江（1877 ~ 1950 年）

张静江，谱名增澄，又名人杰，字静江，号印光，浙江湖州南浔人，国民党“四大元老”之一。

张静江是一个传奇式的人物，孙中山称他为“中华第一奇人”，蒋介石称他为“革命导师”，毛泽东称他是“有经济眼光的人”。

张静江的祖父张颂贤、父亲张宝善，张家系南浔巨富“四象”之一。张静江青年时作为商务随员被清廷派往德国巴黎，在那里成功开办通运公司，成立世界社，创办《新世纪》周刊。1906 年春，张静江在回国途中，在船上巧遇孙中山，从此忠实跟随孙中山，倾家荡产资助孙中山。根据现在的不完全统计，张静江在辛亥革命前后的捐款达到了 110 万两白银。孙中山对张静江的仗义疏财一直铭记于心。张静江不仅率先参加了同盟会，而且还冒着杀头的危险，将自己在巴黎、纽约、东京等地设立的分公司，发展为同盟会的“隐蔽据点”。

孙中山逝世后，张静江把希望寄托在蒋介石身上，积极扶持蒋介石上台。蒋介石大权在握后，曾让张静江担任国民党中央政治会议主席、代理国民政府主席等职。但由于张静江与蒋介石在如何秉承孙中山先生“联俄、联共、扶助农工”三大政策上意见相左，张静江最终还是被蒋介石轰出了国民党中央，贬为浙江省主席。在主政浙江期间，张静江有一件极具轰动效应的政绩，即成功举办了中国有史以来最大的一次博览会——西湖博览会。

1937 年抗日战争爆发，张静江携全家先避居汉口，1938 年经香港转赴瑞士养病，翌年又经法国巴黎到美国纽约定居。1950 年 9 月 3 日，张静江因心力衰竭病逝于美国纽约，享年 73 岁，灵柩安葬在纽约郊外的 Ferncliff Cemetery 公墓。

位于湖州市南浔镇的张静江故居

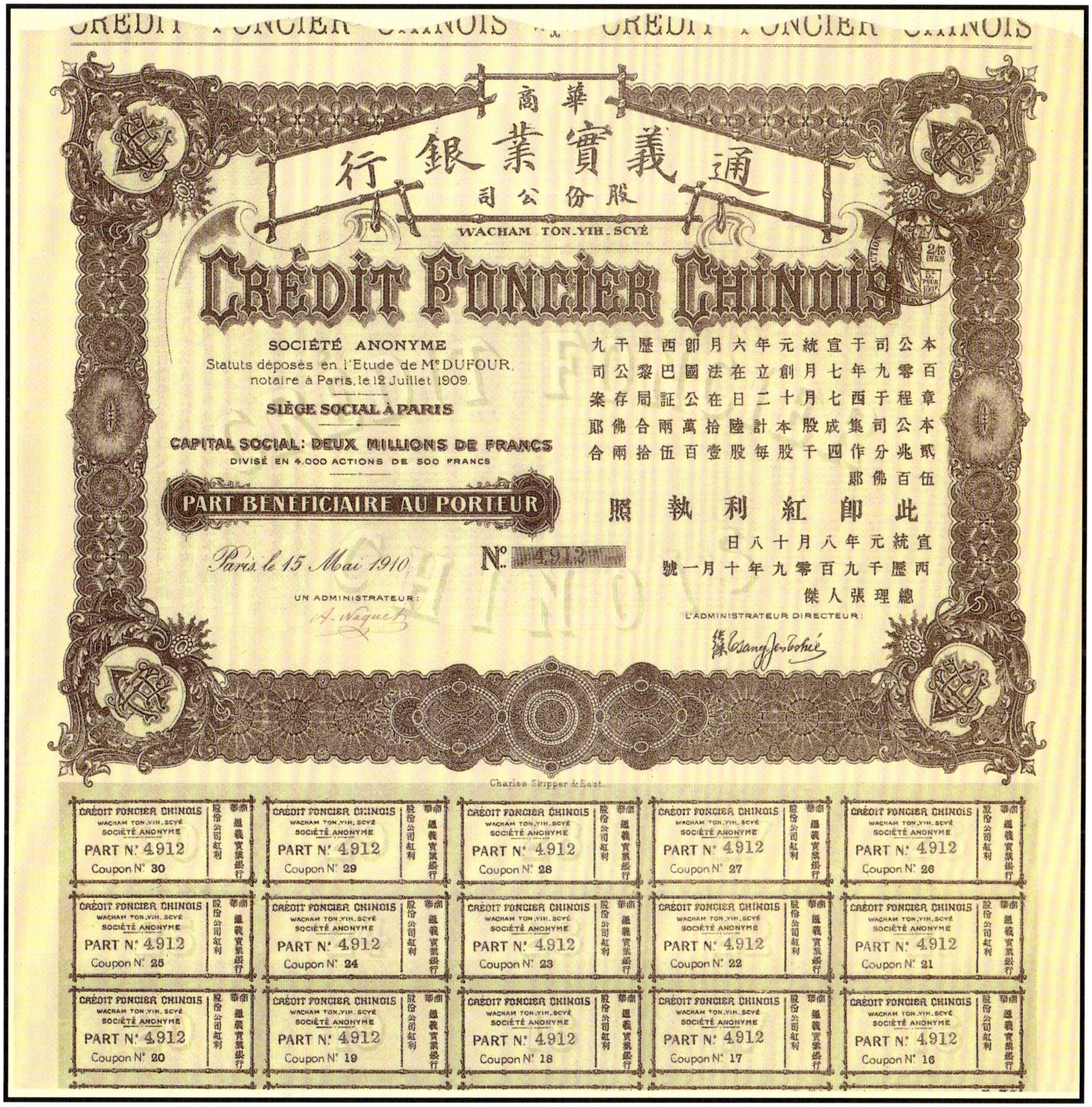

图 81 通义实业银行股票（《百年中国证券典藏》图录）

华商通义实业银行是张静江（又名张人杰）为资助孙中山先生的革命活动，联合吴稚晖、李石曾等人在法国发起组织的股份制银行，创立于 1909 年 7 月 12 日。按计划，该行采用中法合股方式，中国股东占 75%，法国股东占 25%。通义实业银行中的“通”，表示以“通运公司”起家，又含“四通八达”之意；“义”，表示此事为革命义举，是为支持孙中山所领导的仁义之师设立的。然而，由于种种原因，通义银行最终“胎死腹中”。

华商通义实业银行股份公司股票（图 81）发行日期为宣统元年八月十八日，即公元 1909 年 10 月 1 日，左侧为法文，右侧为华文。总理张人杰（张静江），上面有他的中英文签字。

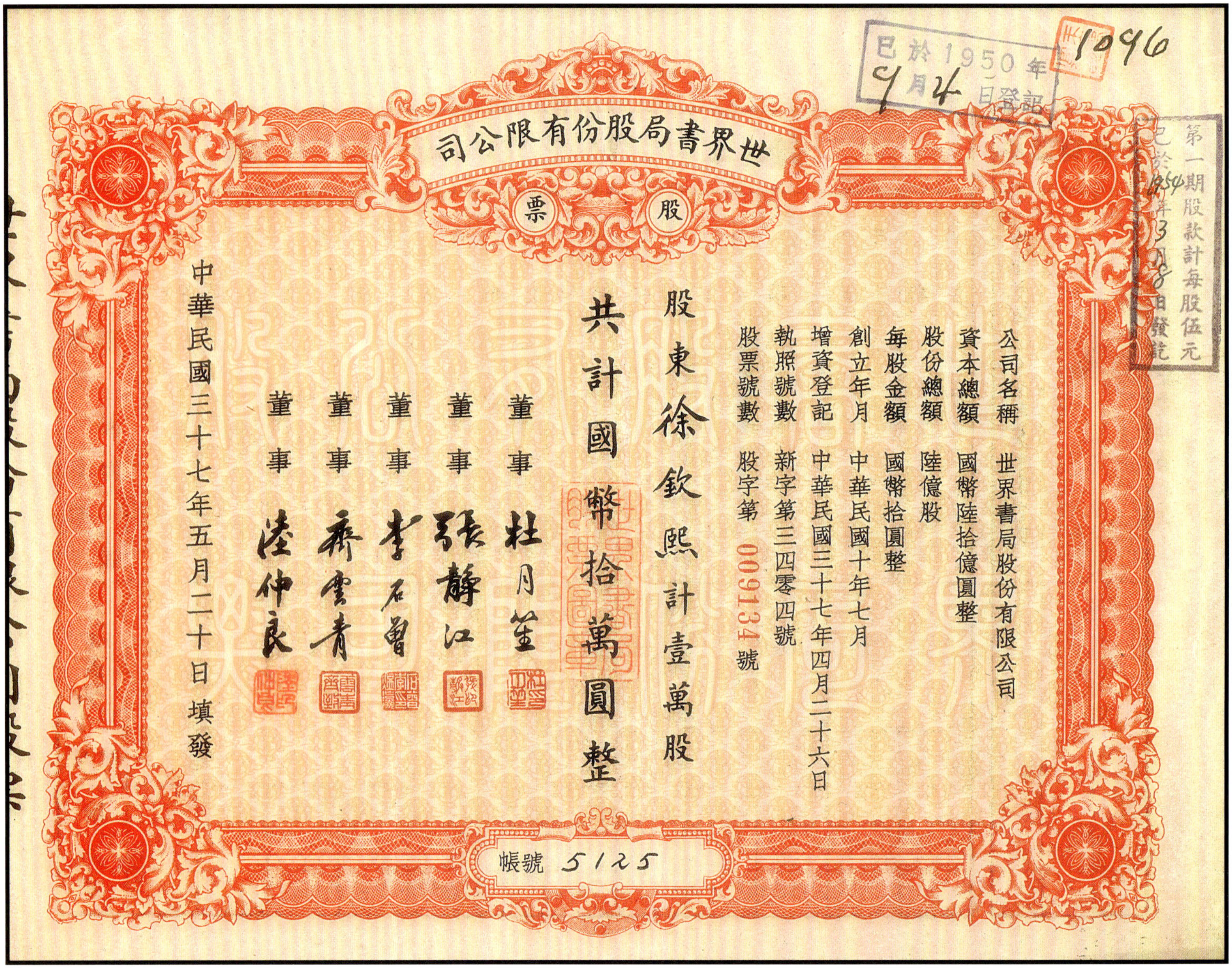

世界書局股份有限公司
股票

公司名稱 世界書局股份有限公司
資本總額 國幣陸拾億圓整
股份總額 陸億股
每股金額 國幣拾圓整
創立年月 中華民國十年七月
增資登記 中華民國三十七年四月二十六日
執照號數 新字第三四零四號
股票號數 股字第009134號

股東徐欽熙計壹萬股
共計國幣拾萬圓整

董事 杜月笙
董事 張靜江
董事 李石曾
董事 齊雲青
董事 陸仲良

中華民國三十七年五月二十日填發

帳號 5125

已於1950年4月24日登記

1096

第一期股款計每股伍元已於1954年3月8日發訖

图 82 世界书局股份有限公司股票

世界书局股份有限公司股票（图 82）发行于 1948 年 5 月 20 日，上面有“张静江”的名字和印鉴。

62．“近代慈善之父”

熊希龄

熊希龄（1870 ~ 1937 年）

熊希龄，字秉三，别号明志阁主人、双清居士，佛号妙通，湖南凤凰县镇竿镇（今沱江镇）人。民国第一任内阁总理，被称为“近代慈善之父”。

毛泽东同志曾评价熊希龄：“一个人为人民做好事，人民是不会忘记他的，熊希龄是做过许多好事的。”周恩来总理也曾评价他：“熊希龄是袁世凯时代第一流人才。”

熊希龄出生在湖南湘西凤凰县一个三代从军的军人家庭，幼时天资聪明，勤奋好学，少年时就初露锋芒，被誉为“神童”。清光绪年间他先中举人，后中进士，授翰林院庶吉士。1897 年熊希龄与谭嗣同、梁启超等组织南学会，创办《湘报》，积极支持变法维新运动。辛亥革命后，熊希龄拥戴共和，为进步党负责人之一，后“戊戌政变”发生，六君子罹难，他也被指为康、梁党徒，受到“革职、永不叙用、交地方官严加管束”的处分，当时才 28 岁。

辛亥革命发生后，熊希龄以其资历声望，出任北洋内阁总理兼财政总长，延聘张謇、梁启超、汪大燮等人才入阁，时称“第一流内阁”，力图改变晚清紊乱的局面。然而袁世凯为了实现当皇帝的美梦，玩弄权术，迫使熊希龄内阁组建不到 6 个月即宣告解散。组阁的失败，使熊希龄看透了官场的尔虞我诈，他决心远离政治旋涡，另寻救国途径。

在熊希龄的慈善生涯中，尤以 1917 年的顺直救灾最为著名。在此次赈灾活动中，熊希龄向全国发出“为天津灾民请赈电”，并将家中旧衣改缝一百套捐给灾民，十几天内，社会各界捐助的旧衣旧裤达 133 000 多套，赈款达 200 万元。他还联合梁启超、范源濂、汪大燮等人发起“水灾游艺助赈会”，“征集物品、出售彩票，以所得票资尽数充赈”。“九一八”事变爆发后，熊希龄发布抗战宣言，组织“中华民国国难救济会”，同时设立医院，救护受伤官兵；设立公墓，安葬阵亡军民。淞沪会战时，熊希龄在 3 个月内共设临时医院 4 所、难民收容所 8 所，救出伤兵 6 000 余人，收容难民 15 万多人。

1932 年 10 月，熊希龄又将自己积攒多年的全部家产，悉数捐充儿童福利事业，组成“熊朱义助儿童幸福基金社”，负责开办了北平昭慧第一幼稚园、天津昭慧第二幼稚园、香山昭慧第三幼稚园、芷江彝公图书馆、长沙南郊彝公小学校、芷江双陵第一小学校等 12 项慈善教育项目。

上海沦陷后，熊希龄辗转来到香港，于 1937 年 12 月 5 日因脑溢血猝发在港去世，享年 67 岁。

熊希龄故居（湖南凤凰古城内）

图 83 中国实业银行股票

中国实业银行成立于 1919 年 4 月 26 日，总行行址设在天津法租界大法国路（今解放北路）。1920 年中国实业银行特准发行钞票。1931 年 4 月中国实业银行将总行迁往上海。中国实业银行股票（图 83）发行于 1919 年 3 月 2 日，总董熊希龄，协董钱能训，总理周学熙，协理李士伟，他们都是民国初期大名鼎鼎的人物。

63.“海上闻人”

杜月笙

杜月笙（1888 ~ 1951 年）

杜月笙，原名月生，后改名镛，号月笙，江苏川沙人（今属上海市浦东新区），近代上海青帮中最著名的人物，与黄金荣、张啸林并称“上海三大亨”。

杜月笙是 20 世纪上半叶上海滩上最富有传奇性的一个人物，在上海“三大亨”中，素有“黄金荣贪财，张啸林善打，杜月笙会做人”的说法。他从一个小瘪三混进十里洋场，成为上海最大的黑帮帮主；但他又未泯灭良心，热爱祖国，坚决与日寇、汉奸作斗争。

杜月笙 14 岁到上海十六铺鸿元盛水果行当学徒，整天与流氓、歹徒为伍，又嗜赌成性，不久被开除；后到潘源盛水果店当店员，拜青帮陈世昌为老头子。1925 年 7 月，杜月笙成立“三鑫公司”，垄断法租界的鸦片贩运。

1929 年，杜月笙创办中汇银行，涉足上海金融业。1932 年，杜月笙开始组织恒社，社名取自“如月之恒”的典故，名义上是民间社团，实际上是帮会组织，借此广收门徒，向社会各方面伸展势力。1937 年 8 月 13 日，日寇全面进攻上海，上海守军奋起抗战。身为红十字会副会长的杜月笙，组织“上海市救护委员会”，成立多支救护队，创立 24 所临时救护医院，征集救护汽车 98 辆，并特约 16 所公、私医院收容受伤军民。据资料统计，杜月笙所领导的救护医疗机构，共救护了抗日受伤军民 44 398 人。1937 年上海沦陷后，杜月笙拒绝日本人的拉拢，于当年 11 月迁居香港。

杜月笙还致力于向工商、金融、交通、文化、教育、新闻等行业发展自己的势力，在许多上市公司的股票中都可以看到他的名字，如中国通商银行股票、世界书局股票、申报馆股票、江南铁路股票等。据不完全统计，杜月笙在抗战前兼任了 30 多家金融工商企业的董事长和理事长；抗战胜利后，杜月笙从重庆回到上海，又担任了 75 家金融、工商企业的董事长和理事长。

1949 年 4 月 27 日夜晚，上海解放前夕，黯然神伤的杜月笙携妻妾、子女、随从数十人逃往香港。1951 年 8 月 16 日下午，63 岁的杜月笙咽下了最后一口气。他的骨灰葬在台湾，而他的遗愿是葬在故乡上海浦东高桥。

杜月笙和著名京剧演员孟小冬的结婚照（1950 年摄于香港）

股票號數 225

中滙銀行股票

股東 周友雲

公司名稱 中滙銀行股份有限公司

資本總額 國幣壹億肆仟萬圓

每股金額 國幣壹佰圓繳足

設立登記 中華民國十八年十月十一日

股份壹仟股計國幣拾萬圓

董事長 杜月笙

常務董事 錢永銘

常務董事 吴啟鼎

常務董事 浦拯東

常務董事 徐懋棠

中華民國三十七年六月十五日

股份號數 903601—904600

印花票貼於資本簿上

印鑑號數 83

图 84 中汇银行股票（喻建忠先生藏品）

1929 年初，杜月笙与金廷荪、李应生等人发起创办中汇银行，地址设在爱多亚路 (今延安东路)97 号。1934 年，中汇银行耗资 156 万银元，在爱多亚路上新建了一幢大厦，命名为“中汇大楼”。上海解放后，整个大楼归上海博物馆使用。中汇银行股票 (图 84) 发行于 1948 年 6 月 15 日，杜月笙任董事长。

图 85　中国通商银行股票（喻建忠先生藏品）

中国通商银行创办于 1897 年，是中国人开办的第一家银行，创办者是清朝洋务大臣盛宣怀。中国通商银行总行设在上海，地址在中山东一路 6 号。中国通商银行与四明商业储蓄银行、中国实业银行、中国国货银行合称为“小四行”。中国通商银行股份有限公司股票（图 85）发行于 1937 年 5 月 1 日，董事长杜镛（即杜月笙）。

图 86 上海市轮渡股份有限公司股票

上海黄浦江上第一班轮渡始于 1911 年 1 月 5 日。1947 年 2 月 15 日，官商合办的上海市轮渡股份有限公司正式成立，杜月笙任董事长。1949 年 12 月 28 日，上海市军事管制委员会正式宣布接管上海市轮渡公司。上海市轮渡股份有限公司股票（图 86）发行于 1947 年，上面有董事长杜月笙的签名手迹和私章。股票上方正中为一艘正在行驶的轮船图案，在轮船下方印着“上海市轮渡股份有限公司”字样，摸上去有很明显的凹凸感。股票的左上角贴着中华民国印花税票，图案是轮船、火车、飞机，上面盖的税章呈水波状。

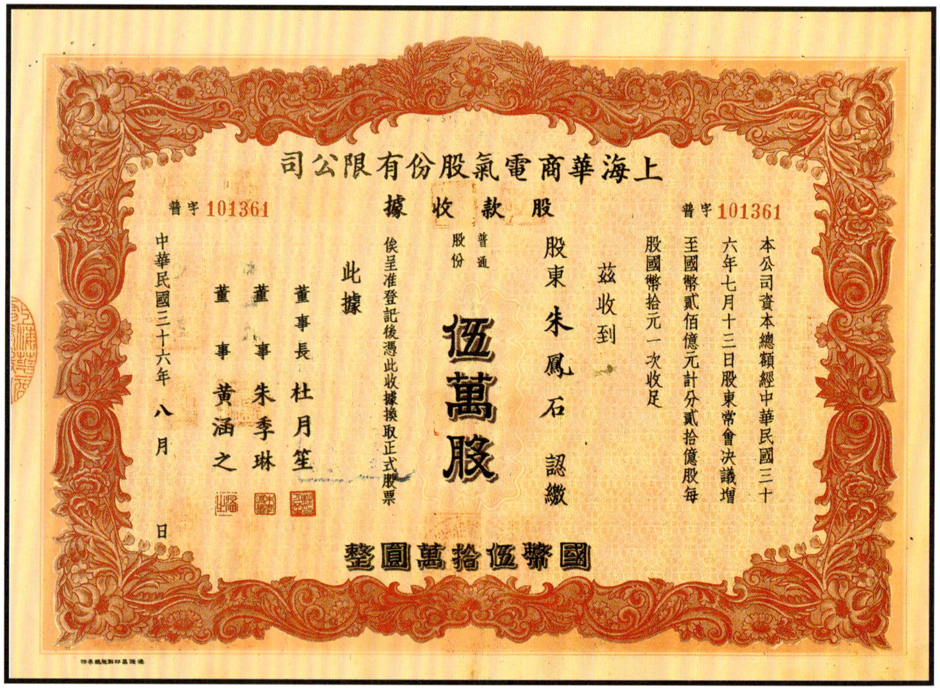

图 87 上海华商电气股份有限公司

64. “寿险大王”

吕岳泉

吕岳泉（1877 ~ 1953 年）

吕岳泉，江苏南汇（今上海浦东）人，著名的爱国实业家，中国人寿保险业的“鼻祖”，被誉为“中国寿险大王”。

吕岳泉是一个船工的儿子，12 岁时被带到上海一个英国人家里当童佣，由此熟习英文，后入英商永年人寿保险公司任职，1905 年任南京分公司经理。当时的南京正是卧虎藏龙之地，受革命党人的感召，吕岳泉参加了同盟会。1912 年，他毅然辞去在永年人寿保险公司的职务来到上海，在原江浙联军总司令徐绍桢的支持下，约请朱葆三、桑铁珊等政界、商界名流，集资规银 20 万两，发起创立了华安合群保寿公司。公司总部设在上海，由徐绍桢任董事长（后由杜月笙继任），吕岳泉任总稽查（1923 年起继任总经理）。吕岳泉从一个贫苦出身的佣人，一跃而成为一颗颇受人注目的中国人寿保险业的新星。

1948 年冬，吕岳泉离开上海前往香港。当时，他是在一种极为矛盾的心情之下离开上海的：一方面他对国民党政府充满了悲观失望；另一方面又对中国共产党的政策心存疑虑。后来他得知人民政府对保险事业十分重视，曾作落叶归根之想，无奈年事已高，他只能嘱咐留在上海公司的九个儿子，即维屏、维藩、维翰、维垣、维城等，积极参加公私合营社会主义改造。1953 年 11 月 8 日，吕岳泉因病在香港跑马地寓所去世，终年 76 岁。按照老人归葬上海的遗嘱，1957 年春，吕岳泉的灵柩迁葬于上海万国公墓。

1912 年华安合群保寿公司在华安大厦内开业

图 88 中国华安合群保寿股份有限公司股票（刘传道先生藏品）

中国华安合群保寿公司是中国第一家由华人创办的人寿保险公司，成立于 1912 年 6 月 1 日，同年 7 月 1 日开业。“华安”名称的含义是“合众人之力、保中华平安”。1922 年中国华安合群保寿公司投资白银 10 万两，购进静安寺路 104 号（今南京西路 140 号）的地皮建造公司大楼，取名“华安大厦”，1926 年 5 月落成。1939 年香港商人租用华安大厦三至七层开饭店，取名“金门饭店”，1958 年改名“华侨饭店”，现又恢复“金门饭店”的老招牌。

中国华安合群保寿股份有限公司股票（图 88）发行于 1932 年 1 月 1 日，“董事”一栏里有吕岳泉的名字和印章。

大滬地產置業股份有限公司

股票

大字第 01896 號

資本總額 國幣叁仟萬圓整

股份總數 叁佰萬股

每股金額 國幣拾圓一次繳足

核准登記 民國三十三年四月十四日

執照號數 實字第壹貳零肆號

股東 陸元記

股份伍佰股計國幣伍仟圓整

董事長 呂岳泉

常務董事 金鴻翔

常務董事

常務董事

常務董事

中華民國三十四年二月一日給

文華美術印刷公司承印

图 89 大沪地产置业股份有限公司股票

大沪地产置业股份有限公司股票（图 89）上的董事长是吕岳泉，“常务董事”中还有金鸿翔（“鸿翔”时装公司老板）、孙照明（“协大祥”棉布店老板）等。

65.“金子大王”

王伯元

王伯元（1893 ~ 1977 年）

王伯元，本名怀忠，字伯元，浙江慈溪人，生于江苏吴县（今苏州），著名银行家、实业家，人称“金子大王”。

王伯元是旧上海黄金业的著名人士，他以金业起家，后转而从事银行业，与上海钱业领袖秦润卿共同主持垦业银行达 20 年之久，使垦业银行成为上海著名的商业银行之一。

王伯元是苏州恒孚银楼经理王清芬的长子，1907 年来到上海，在正丰永金号当学徒，3 年满师后，被留用跑外勤。在学徒期间，王伯元已加入上海金业公会。1916 年，23 岁的王伯元应上海“涵恒金号”资方徐伯熊的邀请，任该金号经理，1918 年改任“天昌祥金号”副经理，1921 年自创“裕发永金号”并任经理。王伯元因在标金买卖中判断行情准确，故被称为“金子大王”。

1922 年起，王伯元先后投资钱庄、银行、银公司、保险公司、工业和房地产业。1929 年，王伯元与秦润卿等接办天津中国垦业银行，并把总行由天津迁到上海，起初设在宁波路兴仁里，后于 1931 年购进北京路江西路转角的一块地基，兴建了一座八层大楼，1933 年 10 月初落成迁入。抗日战争爆发后，王伯元先后担任了通和银行、国泰银行、中和银行、上海丝绸银行、天一保险公司董事长等职。1948 年冬天，王伯元随长子一同前往台湾，后又迁居香港。1954 年，他到美国纽约和在联合国任职的长子同住。1977 年 11 月 8 日，王伯元以 84 岁高龄在美国寓所谢世。

图 90 华隆保险股份有限公司股票

华隆保险公司是汪伪时期的一家华资保险公司，创办于 1942 年，主要经营财产损失险，总公司设在上海，董事长王伯元，1945 年 10 月 29 日停业清理。华隆保险股份有限公司股票（图 90）发行于 1944 年 7 月 1 日。

66. “川帮银行大亨”

杨粲三

杨粲三（1887 ~ 1962 年）

杨粲三，名培英，号粲三，四川省江北县（今重庆市江北区）人，著名银行家，被称为“川帮银行首脑”。

杨粲三出生在一个商业世家，从小饱受经商的熏陶，被看成是“杨氏家族资本的化身”。1908 年，杨粲三奉父亲杨文光之召，从上海赶回重庆，接掌“聚兴成商号”的帅印，这时杨粲三只有 22 岁。上任伊始，他做的第一件事就是将“聚兴成”改为“聚兴诚”。他对父亲说：商号要人聚财兴，重在一个“诚”字。

1913 年前后，杨粲三在经营商业的同时，注意扩大票号业务，先后揽办了重庆铜元局的业务，取得了代收川北盐税的特权，每年承汇总额逾 900 万两，远远超过商业利润，于是由杨氏家族财团集资创办的四川第一家民营银行——聚兴诚银行，于 1915 年 3 月 16 日在重庆开业。

1932 年至 1946 年，杨粲三先后投资工矿、公用、交通、保险等企业共计 30 多个，如民生公司、四川水泥公司、川康毛纺厂，四川、重庆的电灯公司、自来水公司，兴华保险公司等。

重庆解放后的 1951 年 11 月 1 日，聚兴诚银行率先实行公私合营，杨粲三被任命为公私合营银行联合总管理处董事会副董事长，并担任四川省政协常委、重庆市工商联常委。1962 年 3 月 21 日，杨粲三因心脏病医治无效，在重庆市第三人民医院去世，享年 76 岁。

1915 年开业的重庆聚兴诚银行全景

聚興誠銀行股份有限公司股票

股東朱友方

本公司呈奉

財政
經濟部核准註册發給執照在案

每股壹百元計拾萬股

拾股

董事 楊粲三 劉航琛 董庚伯 何北衡 龔農瞻

中華民國三十二年三月二十日

誠字股票第000151號

注意：此項股票悉依本行章程辦理

拾股

興業印書館承印

图 91　聚兴诚银行股份有限公司股票

聚兴诚银行创立于 1915 年 3 月 16 日，行址在重庆市渝中区解放东路 112 号。创始人杨文光任事务委员会主席，他的三子杨希仲任总经理，五子杨粲三任协理。1924 年 11 月杨希仲在汉口自杀身亡，由其弟杨粲三接任总经理。

以日本三井银行为模式创办的聚兴诚银行，是重庆最早的商业银行，也是中国近代史上最有影响力的民营商业银行之一。它创立时是股份两合公司，1937 年 7 月 1 日改制为股份有限公司。聚兴诚银行股份有限公司股票（图 91）发行于 1943 年 3 月 20 日，杨粲三任董事长。

67. “天府金融大亨”

康心如

康心如（1890 ~ 1969 年）

康心如，字宝恕，四川绵阳人。四川美丰银行创始人，被称为“天府金融大亨”。

康心如的原籍在陕西省城固县，祖辈为清朝官吏，其父由陕入川做官，倾向维新变法，支持兄弟四人都前往日本留学。康心如在康家兄弟中排行老二，他和长兄康心孚以优异学习成绩，考入日本著名高等学府——早稻田大学，攻读政治经济专科。留日期间，康心如受孙中山先生民主革命思想的影响，参加了同盟会。回国后，康心如往来于北京、上海之间，参与反袁世凯斗争。

1919 年康心如依附四川军阀刘湘的政治势力开始经商，先任四川美丰银行协理，1926 年升任经理。在重庆银行界，康心如是以“处世温和，善结人缘”著称的。在业务经营上，他以“信用”为银行之生命，曾以“一诺值千金”作为“行训”。除经营银行外，康心如还投资民生轮船公司、四川水泥厂、重庆电力公司、重庆自来水公司等企业。

抗战期间，康心如以无党派人士身份，被蒋介石指定为重庆市临时参议会议长。同时，他对当时驻重庆的中共代表团、八路军办事处也提供过不少资助。周恩来与康家兄弟都有来往。康心如的女儿康岱莎是共产党员，跟周恩来一起从延安回到重庆，周恩来特意安排她留在重庆做她父亲的“统战”工作。

重庆解放后，康心如先后担任重庆市政协常委，重庆市民建、市工商联副主席，全国工商联执委等职。1969 年 11 月 16 日，仍戴着“右派”帽子的康心如在北京病逝，享年 79 岁。

四川美丰银行旧址

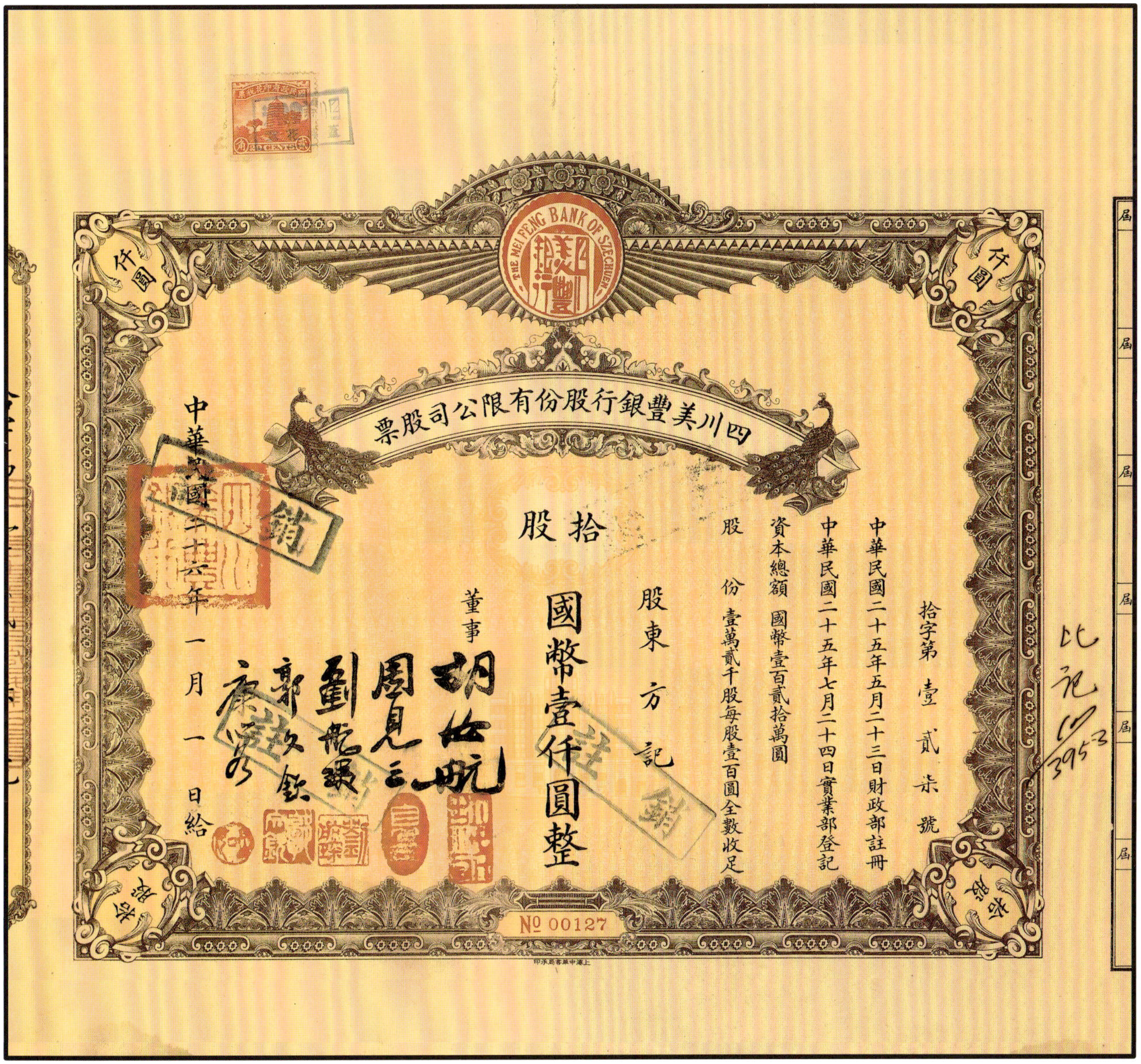

图 92 四川美丰银行股份有限公司股票

我国近代史上曾出现过三家中外合资美丰银行，分别为上海美丰银行、四川美丰银行和福建美丰银行，它们彼此之间存在渊源关系，并且都发行过以中国银元为本位货币的银行兑换券。四川美丰银行是近代中国西部地区第一家中外合资银行，成立于 1921 年 6 月 6 日， 1922 年 2 月向美国康纳克省注册，同年 4 月 10 日正式开业，总资本额为 250 万银元，美股占 52%，华股占 48%。总行设在重庆新街口，总经理为雷文财团的董事长雷文，经理为美方的赫尔德，邓芝如、康心如任协理。

四川美丰银行股份有限公司股票(图 92)发行于 1939 年 3 月 12 日，1938 年 4 月 13 日向财政部注册，同年 8 月 6 日在经济部登记，董事长胡汝航，总经理康心如。

68. “金融大亨”

钱永铭

钱永铭（1885 ~ 1958 年）

钱永铭，字新之，晚号北监老人，原籍浙江吴兴县（今湖州市），生于上海，清末民初著名银行家。

1897 年钱永铭考入上海育才学堂（上海南洋中学的前身）读书，1902 年入天津北洋大学学习财政经济学，1903 年后得官费赴日本留学，入神户高等商业学校学习财经及银行学，1909 年学成回国。1910 年钱永铭任教于南京高等商业学校，1917 年在上海参与发起中华职业教育社，同年经张謇介绍，任交通银行上海分行副经理，1919 年升任交通银行上海分行经理，1920 年又出任上海银行公会会长。

1925 年钱永铭离开交通银行转任盐业、金城、中南、大陆四行储蓄会副主任和四行联合准备库主任。南京国民政府成立后，钱永铭为财政部次长，1928 年出任浙江省省府委员兼财政厅厅长，1929 年出任中兴煤矿总经理。他还利用该矿原有的运煤轮船，建立了中兴轮船公司，并出任董事长。

抗战全面爆发后，钱永铭参与组织上海市各界抗敌后援会。1938 年 8 月因交通银行董事长胡笔江遭日机袭击坠机身亡，钱永铭遂接任交通银行董事长之职。1942 年 3 月，钱永铭与杜月笙在重庆设立“中华实业信托公司”，任常务董事。抗战胜利后，交通银行总行从重庆迁回上海，钱永铭仍任董事长。

钱永铭曾先后任闸北水电公司、中国盐业公司、金城银行、上海新闻报董事长等职。1949 年钱永铭去香港，1958 年 6 月 19 日病逝于台北，享年 73 岁。

闸北水电公司旧照

中華實業信託股份有限公司

壹百股

中 字第 伍拾壹 號

公司名稱 中華實業信託股份有限公司

設立登記 中華民國三十一年七月二十一日 經濟部執照設字第八二四號

股本 國幣伍佰萬圓

股份 五萬股每股壹佰元一次繳足

股東 慶記

國幣壹萬圓整

董事長 杜月笙

常務董事 錢新之

常務董事 劉航琛

常務董事

常務董事

中華民國三十二年五月十八日

图 93 中华实业信托股份有限公司股票（喻建忠先生藏品）

1942 年 3 月，钱永铭与杜月笙在重庆创立“中华实业信托公司”，此后杜的金融方面活动大多由钱帮忙谋划，钱也以杜为靠山。中华实业信托股份有限公司股票（图 93）发行于 1943 年 5 月 18 日，董事长杜月笙，钱永铭任常务董事。

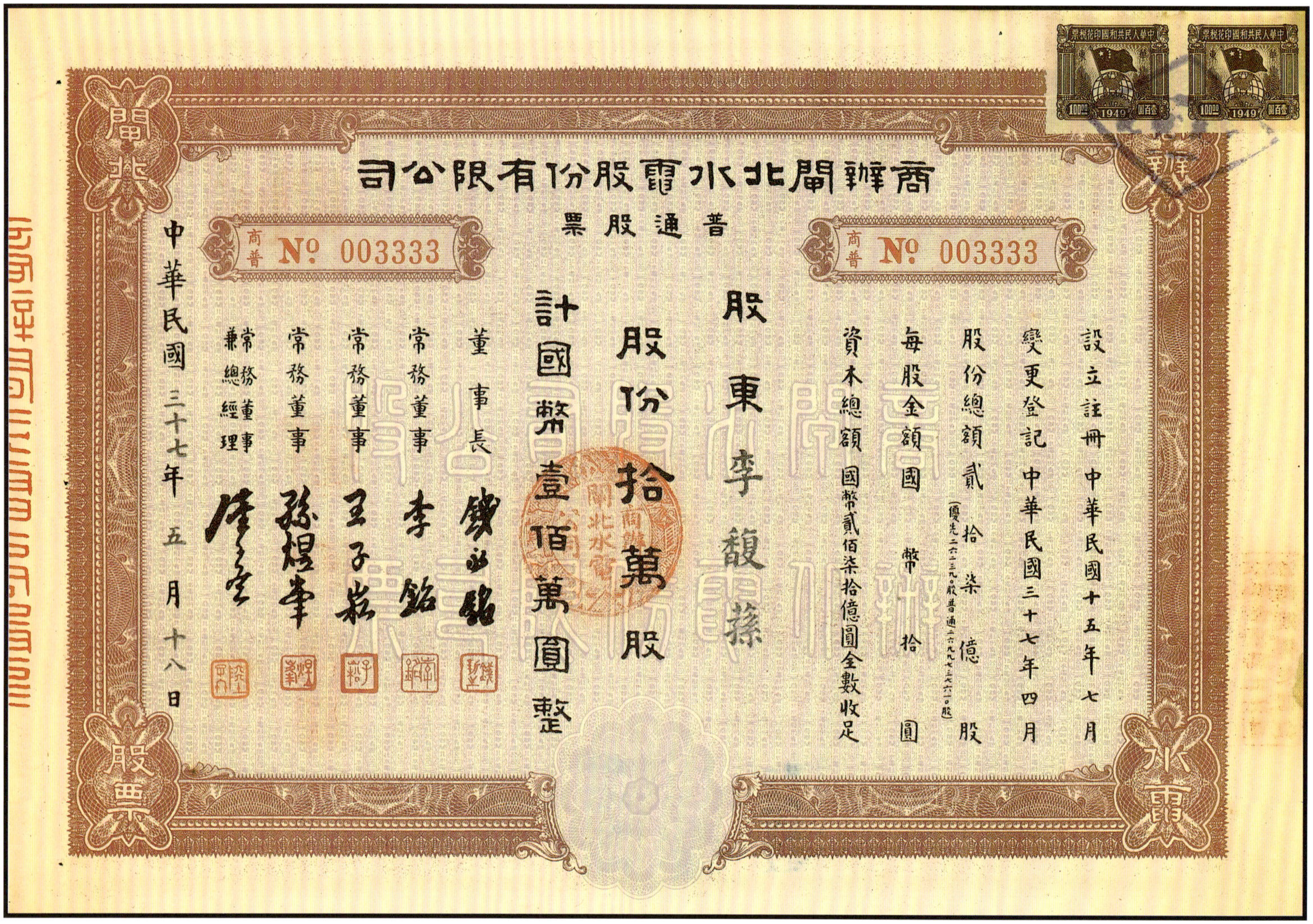

图 94 商办闸北水电股份有限公司股票（编号 3333）

商办闸北水电股份有限公司成立于 1924 年 8 月，是当时中国最大的民族电力企业。它的前身是闸北水电公司，创建于 1910 年，由李平书、陆伯鸿等人发起创办。在上海虹口区有一条马路叫“水电路”，它的路名即出自闸北水电公司。闸北水电股份有限公司股票（图 94）发行于 1948 年，分为优先股和普通股两种。董事长钱永铭，副董事长李铭（即李馥荪），股东也是李铭。

69.“上海名人”

王晓籁

王晓籁（1886 ~ 1967 年）

王晓籁，字孝赉，别号得天，后改号晓来，浙江嵊县人，被称为“上海名人”。

在杭州西湖的西山路、仁寿路口的环碧桥畔，有一座中西合璧的花园别墅，取名“环碧湖舍”，他的主人就是20世纪30年代的“上海闻人”王晓籁。王晓籁才20岁出头，放着一县首富的公子哥儿不做，却天天和王金发、徐锡麟、秋瑾一群年轻人习骑习拳、舞刀弄枪，既是同乡又是同志。到1907年，他干脆加入了“同盟会”，把自己献身给了革命。后来革命暂告失败，徐锡麟被挖了心，秋瑾被砍了头，王晓籁只好亡命沪上。好在家里有钱，岳父是浙江近代著名的实业家，他力助女婿经商。王晓籁先后担任过上海租界纳税华人会主席、全国商会联合会理事长、中国航空协会总会理事长、上海总商会会长和中一信托公司、通易信托公司、江海银行、东南汽车公司董事长等职。

可敬的是，王晓籁身为实业家，却参加了上海第三次工人武装起义。抗日战争时期，王晓籁坚决主张抗日，因此曾几次遭汉奸傅筱庵的暗杀。解放前夕，他拒绝赴台而避居香港。1950年初才返回上海，得到了毛泽东、周恩来等党和国家领导人的亲切接见，后来还被选为上海市人民代表和政协委员。1967年6月15日，王晓籁在上海去世，终年81岁。

王晓籁的花园别墅“环碧湖舍”

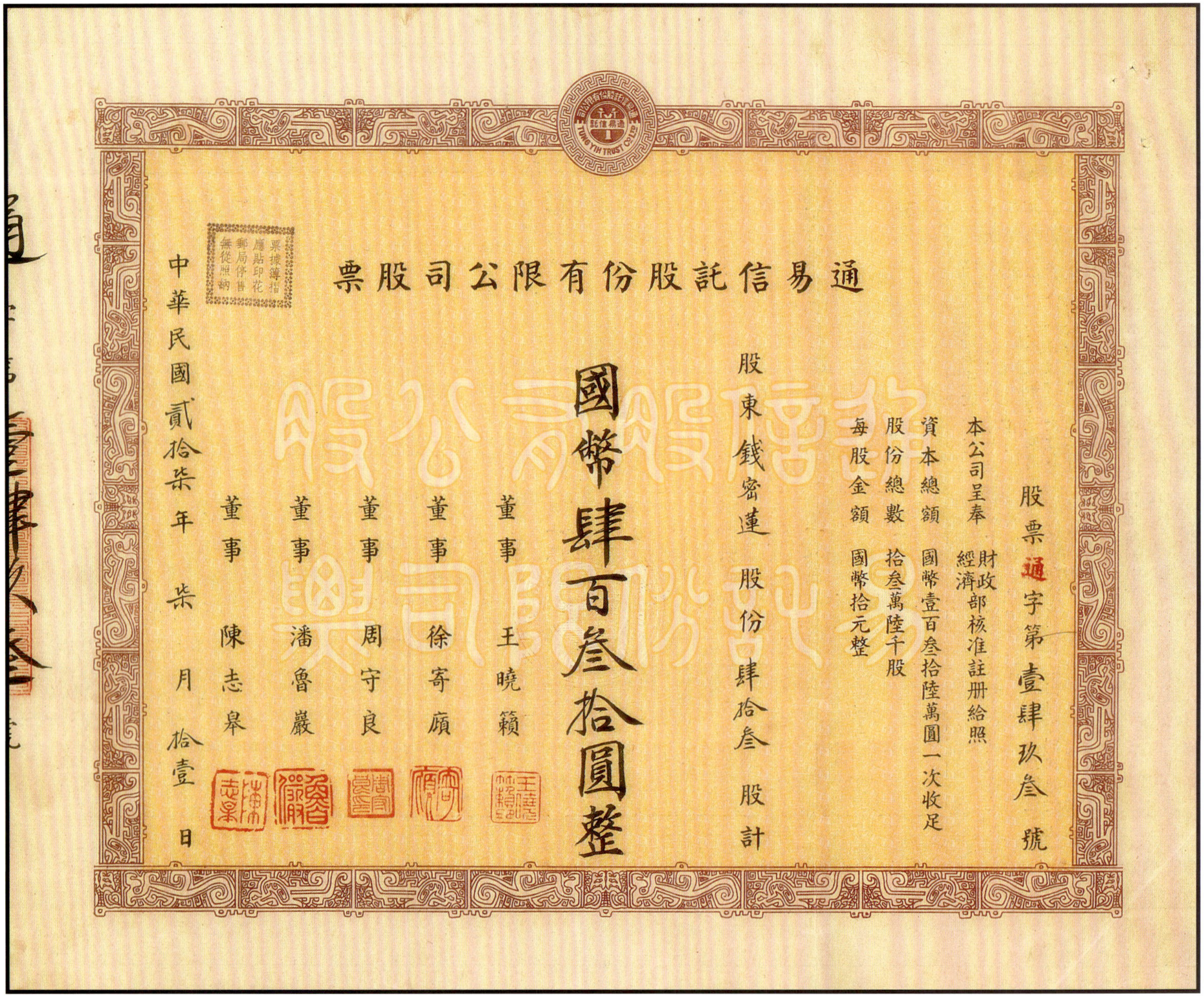

通易信託股份有限公司股票

股票通字第壹肆玖叁號

本公司呈奉 財政 經濟部核准註冊給照

資本總額 國幣壹百叁拾陸萬圓一次收足

股份總數 拾叁萬陸千股

每股金額 國幣拾元整

股東錢密蓮 股份肆拾叁 股計

國幣肆百叁拾圓整

董事 王曉籟

董事 徐寄廎

董事 周守良

董事 潘魯巖

董事 陳志皋

票據簿摺應貼印花郵局停售無從照納

中華民國貳拾柒年柒月拾壹日

图 95 通易信托股份有限公司股票

通易信托公司为中国近代信托业的“鼻祖”，创设于 1921 年 7 月，1928 年 6 月改组为股份有限公司。公司地址在上海北京路 384 号。

通易信托股份有限公司股票（图 95）发行于 1938 年，上面的董事长是王晓籁。这张股票用表示吉祥如意的“如意”图案连成四周边框，上面的公司圆形标志图案里，上下是中英文公司名称，中间是英文缩写 TYT 和中文通易信托。

70.“银行大亨”

唐寿民

唐寿民（1892 ~ 1974 年）

唐寿民，江苏镇江人，江苏银行、国华银行、上海商业储蓄银行、交通银行创始人之一，著名民族企业家。

唐寿民曾是旧中国一位很著名的银行家，因为他在抗战时期“失足落水”出任伪职，抗战胜利后因此被捕入狱，从此便消失在人们的视线之中，今天恐怕已经很少有人知道他了。

唐寿民与同时代著名的银行家张嘉璈、陈光甫等人不同，他不仅未出洋留过学，就连普通的新式学校也未进过，仅在小时候读过几年私塾。唐寿民 14 岁时经其父亲托人介绍，进入芜湖一家钱庄学生意，不久那钱庄倒闭了，他就在南京、常州、上海间独自闯荡，办事员、出纳员、会计、司库、总簿记都干过，凡是银行的各个环节他都熟悉。到 20 世纪 30 年代上半期，他已成为一个很风光的银行家，先后担任过上海商业储蓄银行副总经理、上海造币厂厂长、中央造币厂厂长、中央银行常务理事、国华银行总经理、交通银行上海分行总经理、大通煤矿公司董事长等等，不仅成为江浙财团中的一位重要人物，而且在国民政府中也占有相当的地位。

1942 年 4 月，在日本军部和汪伪政府的软硬兼施下，唐寿民最终答应出任新复业的“交通银行”董事长和汪伪全国商业统制会理事长。抗战胜利后，上海高等法院以“汉奸罪”判处唐寿民无期徒刑，最终被减为 8 年。1948 年底，唐寿民被特赦出狱，实际蹲了三年半的大牢。这时的唐寿民早已心灰意冷，他对家人说：“我跟着国民党这么多年，最后还被他们判了 8 年，如果不是他们打了败仗，也不会把我放出来，我再也不跟他们跑了。”

上海解放后，唐寿民的生活倒也安稳，可是随着“镇反”、“三反”、“五反”，他的日子又不好过了。1953 年，上海市人民法院重新起诉唐寿民，判处他有期徒刑 10 年，不过这次他没有入狱，先是缓刑，后被改为管制。此时的唐寿民已经年过花甲，对于当年的“失足落水”深感悔恨，平日里深居简出。1974 年，唐寿民在上海病逝，走完了他跌宕起伏的一生。

华商大通煤矿股份有限公司矿场

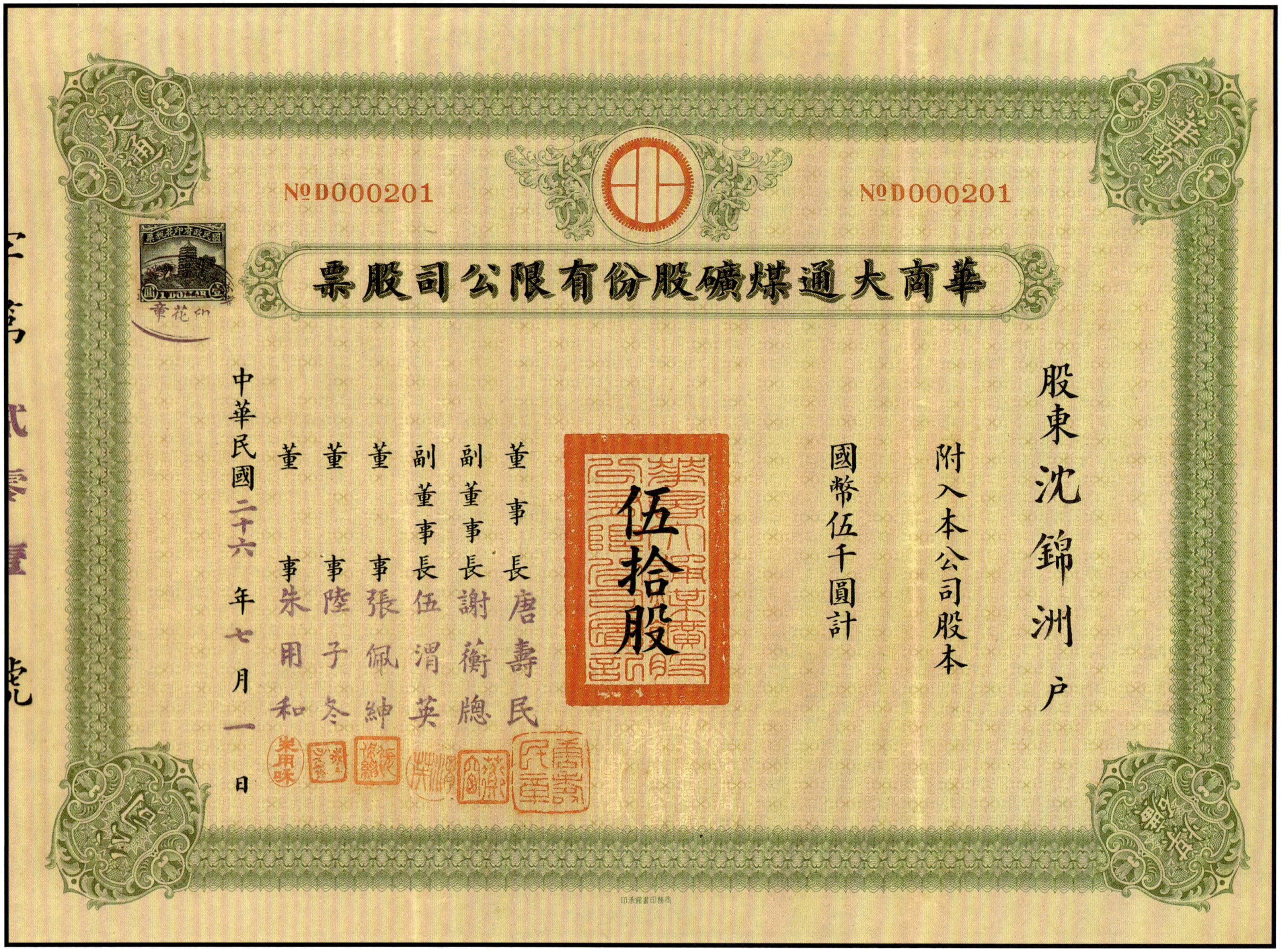

图 96　华商大通煤矿股份有限公司股票

清宣统二年（1910 年），安徽人段阴鹤、牛维梁投资漕平银 5 000 两，合办大通煤矿公司。1923 年 5 月 10 日，大通煤矿公司与保记银公司合并成立“大通煤矿保记矿务实业有限公司”，1929 年 9 月 27 日改组成立“华商大通煤矿股份有限公司”，公司总部从蚌埠迁至上海。1947 年 12 月 10 日，由宋子文、张静江等人控制的淮南矿路股份有限公司合并了大通煤矿，华商大通煤矿股份有限公司的历史使命宣告结束。

华商大通煤矿股份有限公司股票（图 96）发行于 1937 年 7 月 1 日，票面 50 股，董事长唐寿民，由商务印书馆承印，股票背面印有华商大通煤矿矿区图。

商业篇

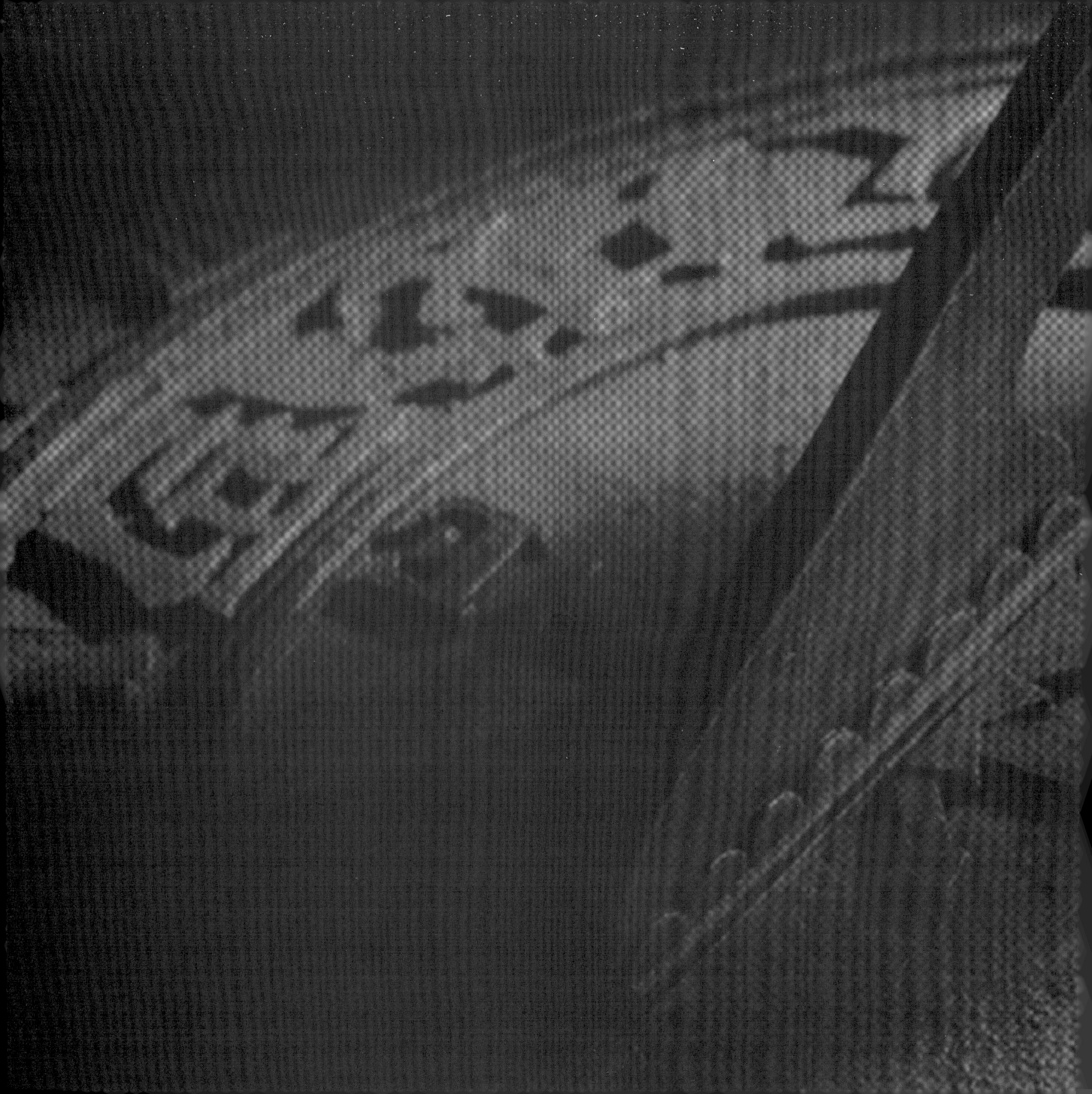

71. “中国百货之父”

马应彪

马应彪（1864 ~ 1944 年）

马应彪，广东香山（今中山县）人，先施公司创办人，堪称我国民族百货业的先驱，被誉为“中国百货之父”、“香港商父”。

马应彪早年家庭贫苦，为了生计去澳洲谋生，后来受孙中山先生的影响，抱着“实业救国”之心回国。1900 年，马应彪约友人蔡兴、郭标、马祖容等集资在香港创设先施百货公司，它是我国近代由华商创办的第一家百货公司。随后，马应彪于 1914 年在广州开设先施公司；1917 年在上海开设先施公司。从 1919 年 1 月 16 日起，港、沪、粤三地先施公司实行统一，以香港为总行，沪、粤两地为分行，马应彪任董事长兼总监督。1936 年，马应彪辞去总监督之职退休养老，但仍挂名誉总监督的头衔。1944 年 7 月 15 日，马应彪病逝于香港，享年 80 岁。

先施公司的巨大成功，离不开马应彪创导的新式经营理念。这位在中国第一个吃百货“螃蟹”的人，对中国商场之旧习有诸多改革：首倡“不二价”。当时的中国商店，顾客讨价还价习以为常。马应彪极力提倡明码表价，划一不二。此种做法打破了中国传统经商之窠臼，取得顾客的高度信誉。统办环球货。首次引入“环球百货”的概念，用琳琅满目的商品吸引顾客眼球，留住顾客脚步。启用女店员。公司开业时贴出招聘女店员启事，可当时女性受“三从四德”的影响，不愿抛头露面，结果无人应聘。马应彪的妻子霍庆棠挺身而出，做起了第一个女售货员，开了百货业风气之先。

上海先施公司大楼旧址

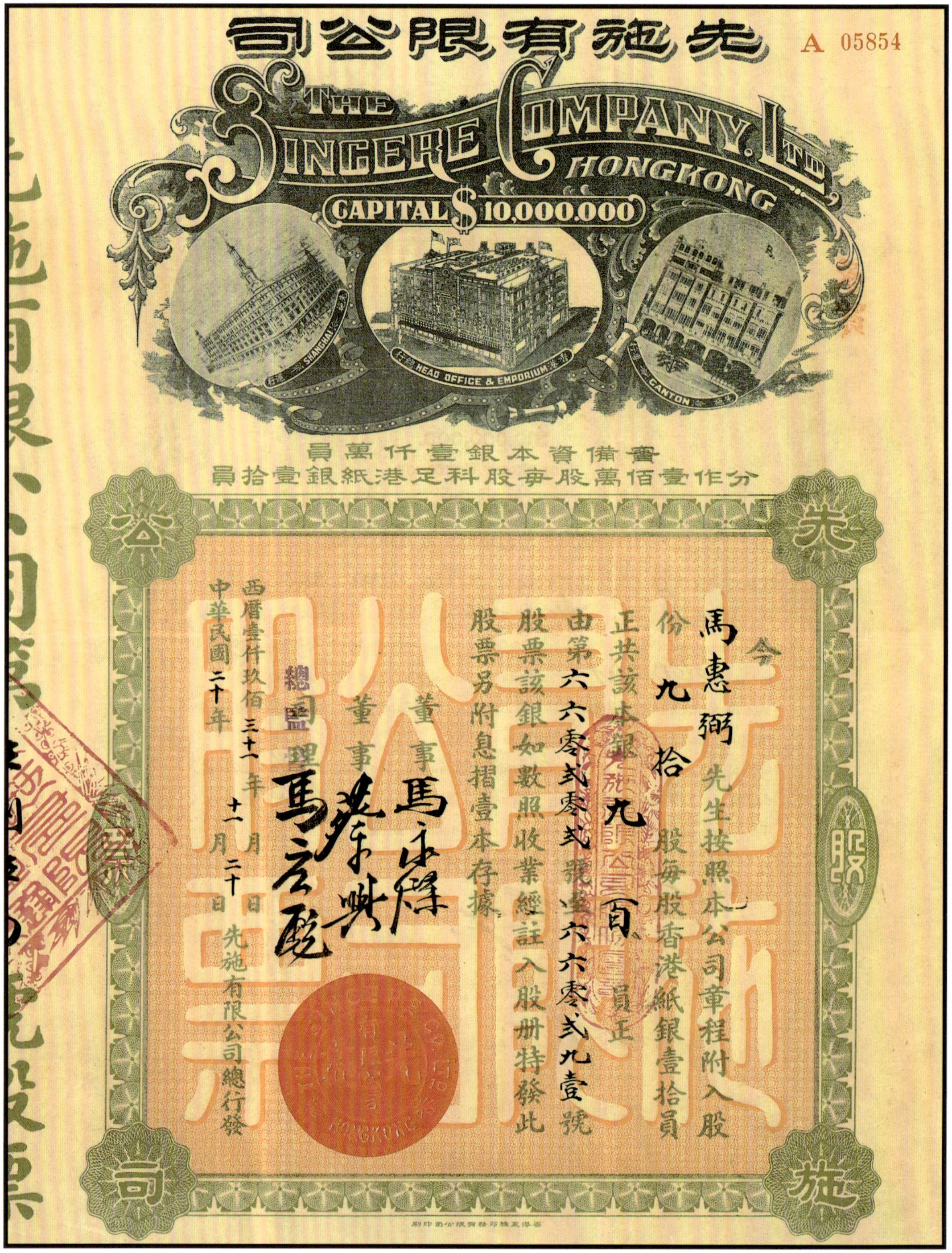

图 97　先施有限公司股票

上海先施公司是上海第一家大型百货公司。公司大楼由德和洋行设计，1917 年建成。大楼转角处立面有一个三层塔楼，是南京路商业街景观标志之一。

先施有限公司股票 (图 97) 发行于 1931 年 11 月 20 日，由先施公司总行发行，票面上方的三幢建筑分别是香港先施总行、先施沪行和先施粤行。总监理马应彪。

72. “广东实业家”

李煜堂

李煜堂（1851 ~ 1936 年）

李煜堂，名文奎，字煜堂，广东台山人。广东实业家，时人以“保险大王”称之。

李煜堂 17 岁随父兄出洋经商，时刻留心西方经营之道，后返回香港，创办“金利源”、“水利源”两药材行；甲午战争后，先后兴办广州电力公司、河南机器磨面公司和泰生源出入口货行等。1902 年起李煜堂经营保险业，时人以“保险大王”称之。

1905 年，李煜堂与儿子李自重、女婿冯自由一起加入同盟会，入会仪式由孙中山亲自主持。孙先生于 1899 年在香港创办《中国日报》，宣传革命，受到保皇党人士的控告，涉讼多年，李煜堂于是拨款承购，支持该报经费达 6 年之久，使《中国日报》不致停刊，直到辛亥革命成功。辛亥革命前，李煜堂把“金利源”药材店作为革命活动的秘密联络点；辛亥革命后，李煜堂被推举为财政部长，专心于开发实业和保险业，先后创立了联益、康年、联泰、羊城、联保等 5 家保险公司，还创立了香港广东银行、上海新新百货公司、汉口穗丰纺织公司、哈尔滨置业公司等，并多次捐助广东教育慈善事业，如创办岭南大学等。

1936 年 1 月 1 日，李煜堂在香港病逝，享年 85 岁。民国政府以李煜堂“振兴实业，赞助革命，输财济饷，筹策匡时”予以褒扬。

新新公司大楼旧照

上海新新有限公司于1923年由李煜堂、李星衢、刘锡基等人发起成立，并向海外华侨集资招股，以每股20银元，集资上海通用银300万元，在上海英界南京路中段兴建新新公司大楼。1926年11月20日新新公司开业，同年12月经农商部核准，新新公司注册为“新新股份有限公司”，资本为320万银元，共16万股，并成立由12人组成的董事局，选举陈雪佳为董事长，李煜堂为总理，刘锡基为经理。1927年3月18日新新公司新开一家广播电台，使公司的知名度大大提高。新新公司还先后开设了新新大旅馆、新新大酒楼、新新弹子楼、新新游艺场、新新跳舞厅等。1951年新新股份有限公司改名“上海第一食品公司”，1992年改制为“上海市第一食品股份有限公司”。

新新股份有限公司股票(图98)发行于1926年12月25日，票面上有董事长陈雪佳、董事刘锡基、总理李煜堂的签名和印章。此股票为竖式设计，票幅特大，画面精美，上面的新新公司建筑图案、行人、有轨电车、汽车等历历在目；图案下面是新新公司的标记，由大小两个S组成，是“新新”的缩写字母。

图98 新新股份有限公司股票

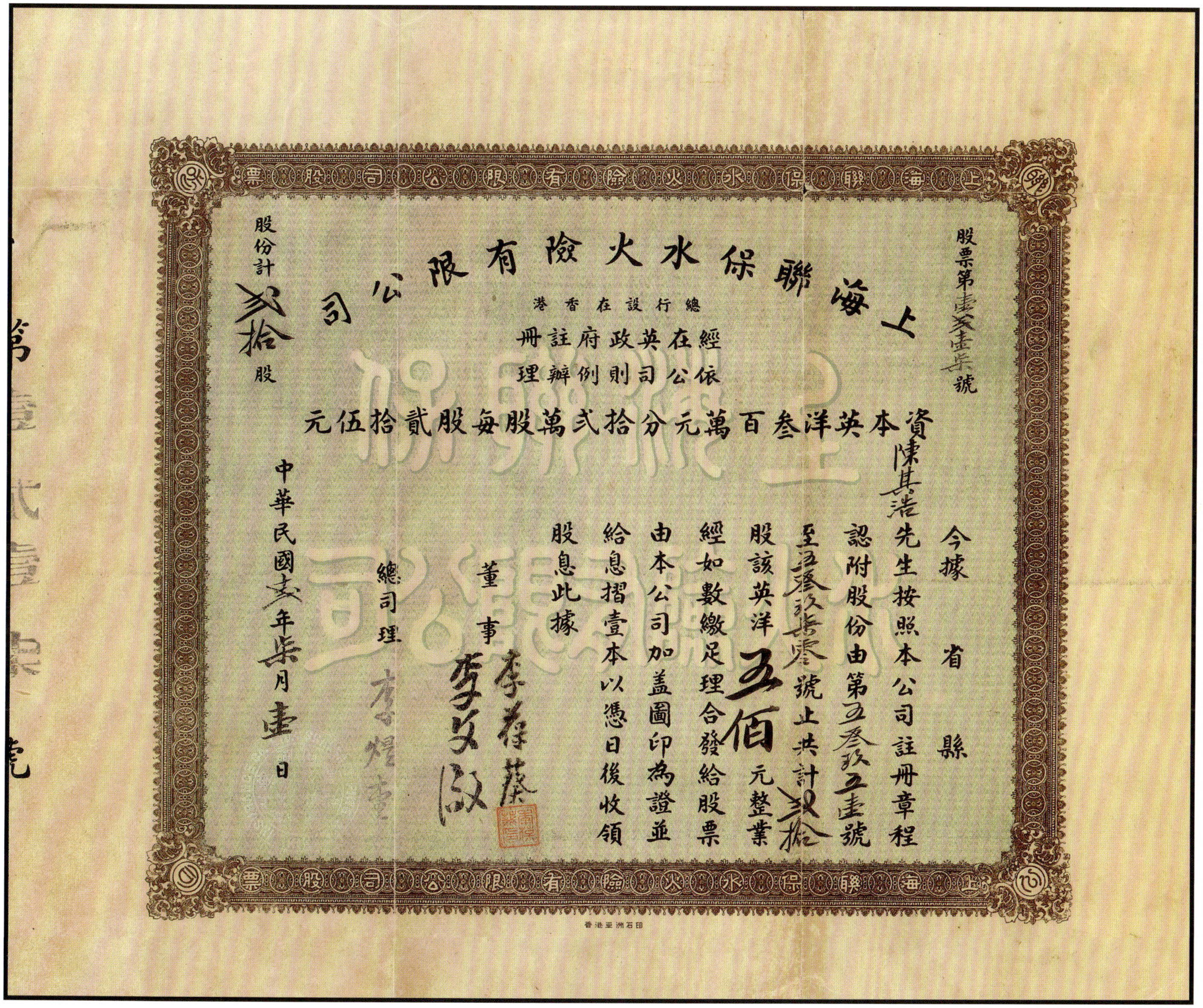
上海聯保水火險有限公司
總行設在香港
經在英政府註冊
依公司則例辦理
資本英洋叁百萬元分拾式萬股每股貳拾伍元
股票第壹叁壹柒號
今據　省　縣
陳其浩先生按照本公司註冊章程
認附股份由第五叁玖五壹號
至五叁玖柒零號止共計貳拾
股該英洋五佰元整業
經如數繳足理合發給股票
由本公司加蓋圖印為證並
給息摺壹本以憑日後收領
股息此據
董事　李葆葵
總司理　李煜堂
中華民國十二年柒月壹日
股份計貳拾股

图 99　上海联保水火险有限公司股票

上海联保水火险公司创立于 1915 年 1 月，总公司设在香港，上海分公司地址在江西路 353 号。1927 年总公司迁至上海，公司业务重点也随之转到了上海。上海联保水火险有限公司股票（图 99）发行于 1923 年 7 月 1 日，董事长李葆葵（曾任香港华商总会会长），总司理李煜堂。1936 年李煜堂病逝后，总司理一职由他的长子李自重继任。

73.“百货大王”

郭乐

郭乐（1874 ~ 1956 年）

郭乐，字鸾辉，号景崇，广东香山县人（今中山市），永安资本集团的创始人，著名华侨工商实业家，被人们誉为“百货大王”。

上海永安百货公司和上海永安纺织公司，是以郭乐为首的郭乐家族的华侨资本创建的。永安公司经营环球百货，其规模居当时上海四大百货公司（永安、先施、新新、大新）之首；永安纺织公司则由郭乐的侄子、我国著名的纺织专家郭棣活主持，这伯侄两人是郭乐家族的代表人物。

1892 年郭乐 18 岁时，孑然一身去澳大利亚谋生，做过佣工、小贩和店员。1897 年他在悉尼开设永安果栏（店），开始兴办企业。从 1907 年开始，郭乐将经营中心逐渐移往国内，在香港创设永安百货公司；1913 年在上海筹建上海永安百货公司，以经营环球百货为主，兼营旅馆、酒楼、茶室、舞厅、游乐场等。从 1920 年开始，郭乐、郭顺兄弟投资纺织业，创立了永安纺织股份有限公司，这是第一家由华侨资本创立的近代棉纺织企业。1922 年上海永安纱厂建成，以后又陆续建成了永安二厂、三厂、四厂等，资本高达 3 600 多万银元，成为上海仅次于申新纺织公司的第二大纺织集团。“九一八”事变后，郭乐所办的企业逐渐走下坡路，后来财产多为日军劫夺。郭乐遂于 1939 年离沪赴美国定居，1956 年 10 月病逝于美国，享年 82 岁。

上海永安百货公司旧貌

上海永安纺织公司旧貌

图 100 上海永安有限公司股票

上海永安公司由旅居澳洲的华侨郭乐、郭泉兄弟集资 250 万银元创办，1918 年 9 月 5 日正式开业，地址在上海南京东路 635 号。1969 年 9 月永安公司更名为“上海市第十百货商店”，1988 年 1 月 8 日又更名为“上海华联商厦”。2005 年 4 月 28 日“华联商厦”翻牌为“永安公司”。上海永安有限公司股票（图 100）发行于 1943 年 11 月 1 日，“董事”里有郭乐、郭顺、郭琳爽的签印。

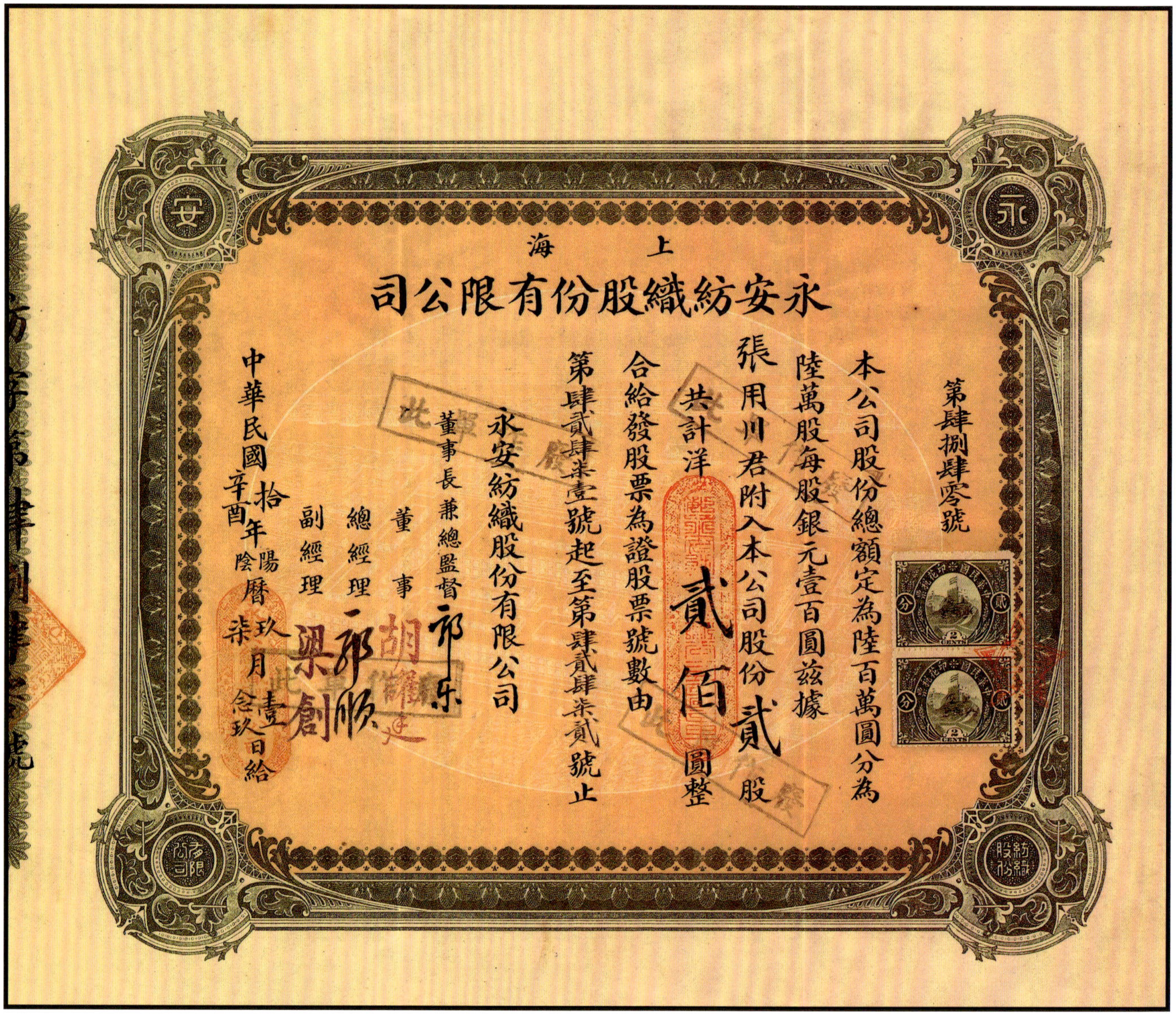

上海

永安紡織股份有限公司

第肆捌肆零號

本公司股份總額定為陸百萬圓分為陸萬股每股銀元壹百圓茲據張用川君附入本公司股份貳股共計洋貳佰圓整合給發股票為證股票號數由第肆貳肆柒壹號起至第肆貳肆柒貳號止

永安紡織股份有限公司

董事長兼總監督 郭乐

董事 胡

總經理 郭順

副經理 梁創

中華民國拾年辛酉 陽曆玖月壹日 陰曆柒月念玖日給

图 101 永安纺织股份有限公司股票

由郭乐、郭顺兄弟等人发起的永安纺织股份有限公司成立于 1922 年 6 月，“永纱”创业 15 年，发展成为具有 5 家纺织厂和 1 家印染厂的纺、织、印、染全能企业公司。上海永安纺织股份有限公司股票（图 101）发行于 1921 年 9 月 1 日，郭乐任董事长兼总监督，郭顺任总经理。

74. “百货业巨子”

蔡昌

蔡昌（1877 ~ 1953 年）

蔡昌，字均泰，广东珠海人。大新公司创始人，被称为“百货业巨子”。

蔡昌出生于贫苦农民家庭，在兄弟四人中排行老三，只读过 3 年私塾，14 岁（1891 年）随兄蔡兴到澳洲，在雪梨（今悉尼）开了一间小商店，经营水果、百货。1899 年蔡兴携带历年积蓄归国，与同乡马应彪等集资，于翌年初在香港开设先施公司。不久，蔡昌亦回国在先施公司任职。1910 年，蔡昌立意集股创办大型环球百货公司，便与哥哥蔡兴商量，蔡兴非常赞赏他这种创业的志气，并鼎力支持。于是蔡昌兄弟俩往返港穗两地，向华侨及商界游说。1912 年，蔡昌集资 400 万港元，在香港德辅道中开设了香港大新百货有限公司，由蔡昌任经理；1918 年又在广州西堤创办大新公司，即著名的南方大厦；1936 年，蔡昌集资 600 万港元，在上海南京东路、西藏路口建造了上海大新公司。自此，商界巨子蔡昌及其大新公司驰名于海内外。

大新公司中的“大新”，由英文“The Sun”音译而来，寓意为“旭日东升，大展新猷”。半个多世纪以前的上海人和广州人，都熟悉“旭日出云”的图案。这就是大新百货公司的商标。在这个商标之下，大新公司的资本总额跃居中国百货业之首。广州市为纪念蔡昌、蔡兴弟兄对广州经济文化的发展所作的贡献，特将大新公司附近的一条街道命名为“昌兴街”。1947 年蔡昌携全家定居香港，1953 年夏在香港病逝，享年 76 岁。

原上海大新公司旧影

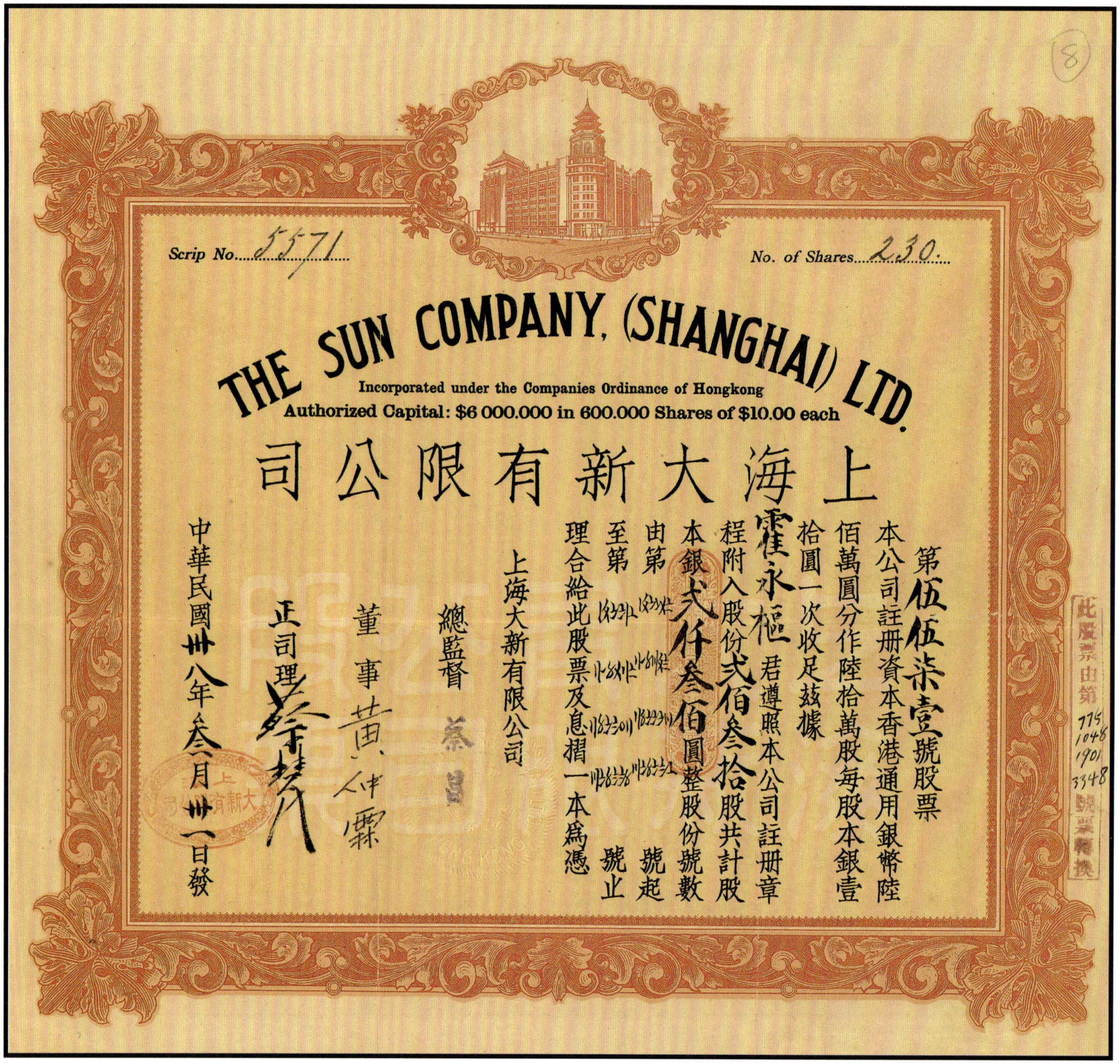

图 102 上海大新股份有限公司股票

上海大新有限公司由澳洲华侨蔡昌发起创办，1936 年 1 月 15 日在今南京东路 830 号开业。它是上海南京路四大百货公司中创建最晚、规模最大、设备最新的一家百货公司。1953 年大新公司改名为“上海市第一百货商店”。

上海大新有限公司股票（图 102）发行于 1949 年 3 月 31 日，总监督蔡昌，正司理（总经理）蔡慧民（即蔡昌的弟弟）。这张股票的设计为中西式结合、中英文对照，票面的上方是大新公司 10 层大厦的平面图，雄伟漂亮，立体感强。

75.“烟草大王”
简照南、简玉阶

简照南（1870 ~ 1923年）

简玉阶（1875 ~ 1957年）

简照南，原名耀东，字肇章，号照南，广东南海人；简玉阶，简照南之弟。简照南、简玉阶兄弟共同创办了南洋兄弟烟草公司，成为我国近代最著名的民族烟草企业，兄弟两人因此一并被誉为“烟草大王”。

南洋兄弟烟草公司创始于香港，崛起于上海，是中国近代由华侨资本创办的最大一家卷烟企业，成为当时唯一可以与英美烟草公司相抗衡的民族卷烟企业。

1905年，简氏兄弟目睹当时的中国香烟市场被英美烟草公司霸占，每年赚取的利润达七八千万到八九千万元，决心兴办自己的民族烟厂，为国争光。1906年，简氏兄弟在香港租了一间平房式的旧货仓作为厂房，创办了“南洋烟草公司”，生产“飞马”、“双喜”、“白鸽”等牌子香烟。简氏兄弟又提出“不吸美国烟”、“中国人吸中国烟”的口号，受到国内民众和广大华侨的广泛响应。到1915年，经过10年的惨淡经营，南洋烟草公司已发展到一家拥有24架卷烟机、12架切烟机及各种附属机器、1 200多名工人的大型卷烟企业。

正当事业的鼎盛时期，简照南因积劳成疾，不幸于1922年10月在上海去世，年仅52岁。简照南病逝后，由简玉阶继任总经理，独擎南洋兄弟烟草公司这面民族大旗。第一次世界大战后，英美烟公司利用中外企业在纳税上的不平等，使南洋烟草公司在市场竞争中处于不利地位，到抗战前夕，南洋烟草公司面临奄奄一息的境地。1936年，简玉阶把部分公司股份以低价卖给了宋子文，转向其他方面发展。新中国成立后，简玉阶被选为中国人民政治协商会议中15名工商代表之一，随后被任命为国务院财经委员会委员、中南军政委员会委员、广东省政府委员，后又被选为全国人民代表大会代表，直至1957年10月9日去世，享年80岁。

南洋兄弟烟草公司大楼旧影

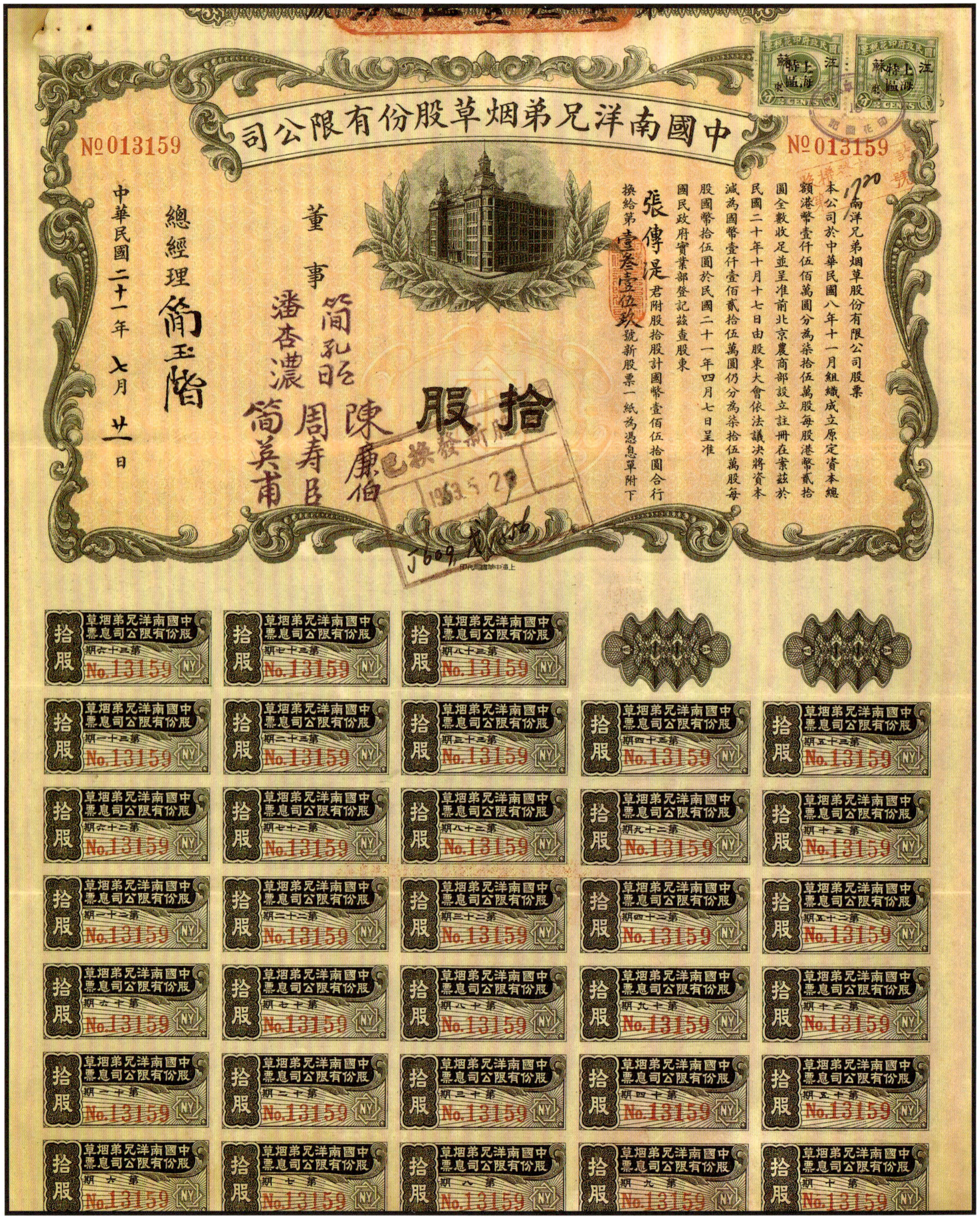

南洋烟草公司创办于1905年，1909年更名为“广东南洋兄弟烟草公司”，1915年在北洋政府农商部注册，简照南任总经理，简玉阶任副总经理。1918年3月，南洋兄弟烟草公司由无限公司改为股份有限公司，同时决定公司总管理处和总公司从香港迁至上海，地址设在上海爱多亚路（今延安东路）183号。总公司由简照南任总司理，简玉阶任协理。

中国南洋兄弟烟草股份有限公司股票（图103）发行于1932年7月21日，上面有总经理简玉阶的亲笔签名手迹，还附有33张息票（已用去5张）。

图103 中国南洋兄弟烟草股份有限公司股票

76.“食品大王”

冼冠生

冼冠生（1887 ~ 1952 年）

冼冠生，原名炳成，后名冠生，广东佛山人，近代中国食品工业的开拓者，著名“冠生园”品牌的创始人，被誉为“食品大王”。

冼冠生 15 岁那年，因父亲去世，生活所迫，随一个远亲到上海闯荡世界。他先在上海南市九亩地新舞台戏院门口设摊，自制自销陈皮梅、牛肉干等小食品，后与新舞台职工薛寿龄合伙在大境路开设食品店，沿用已倒闭的香港“冠生园”食品店的店名，冼炳成也由此改名“冼冠生”。

冼冠生书读得虽不多，但做广告却很有一套。1934 年的中秋节前夕，上海大世界游乐场举办了一场别开生面的冠生园月饼展销会。开幕那天，冼冠生请来红极一时的影星胡蝶。胡蝶手搭特制的宝塔形大月饼拍了一张照，旁边请著名书法家题了“唯中国有此明星，唯冠生园有此月饼”的广告语，精印成宣传画，贴满了上海的大街小巷。第二年，冼冠生又推出冠生园“水上赏月”活动，向轮渡公司包租了一条游览船，舱内各剧种名角争艳斗奇，彩船游弋在黄浦江上，外滩行人纷纷驻足观望。

1937 年，正当冠生园顺利发展之际，8 月 13 日淞沪会战拉开了战幕。冠生园装了满满五卡车的食品，上前线慰劳抗日将士。然而 3 个月后，上海沦陷，冠生园漕河泾农场变成日寇的军营和养马场，冠生园的许多门店都遭到日军的洗劫，生产饼干糖果的工厂也被焚掠。上海租界沦为“孤岛”后，经济上出现了畸形的繁荣。冼冠生决定抓住这一有利时机，重振旗鼓。他在公共租界和法租界开设生产工场和销售门店，将冠生园的特色产品陈皮梅、饼干、月饼、糖果、罐头食品等全部恢复生产。到抗日战争胜利，上海冠生园除在上海开设了 37 家工厂、商店、农场外，还在全国各地创办了几十家冠生园。这时，冠生园的事业发展到了顶峰。

1952 年，冼冠生经过“三反五反”运动洗礼后，正雄心勃勃地要把冠生园建成新中国最大的食品企业时，却因遭横加指责，要其交代“五毒”罪行，冼冠生不甘受辱，1952 年 4 月 21 日，被人非法关押达 45 小时后，跳楼自杀身亡，卒年 65 岁。

冠生园上海南京东路总公司旧址

“冠生园”商标

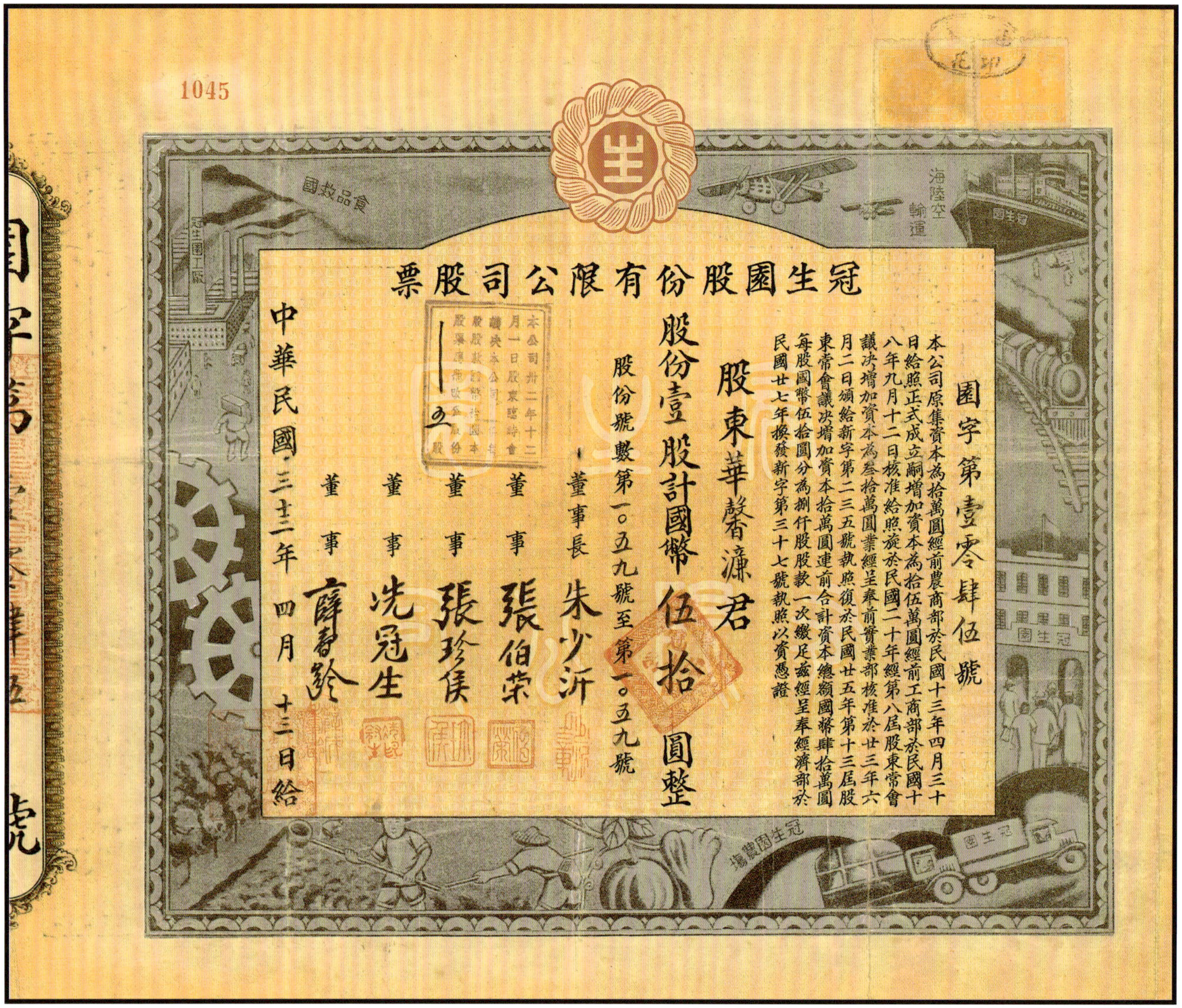

图 104　冠生园股份有限公司股票

“冠生园”是我国著名的糖果食品的商标，绵延至今已近 100 年。冠生园创立于 1918 年，由冼冠生、薛寿龄、郑正秋等 5 人合伙经营，后改组为股份有限公司，在上海南市局门路开设工厂。冠生园总店于 1928 年迁至南京东路 445 号～457 号，并陆续在南京西路、金陵东路、老西门、小东门开设多家门市部、分店。1931 年，公司在上海的漕河泾购地四十余亩，新建四层楼厂房一幢，配置新式的进口食品机械设备，大量生产各类食品。至此，冠生园发展成为以经营糖果、糕点为主，以饼干、罐头食品为辅，工商联营的大型食品企业，与泰康食品厂、泰丰食品厂形成鼎足之势。

冠生园股份有限公司股票（图 104）是 1944 年 4 月 13 日发行的，票面设计极为漂亮，特别是它采用了凹凸工艺印刷，使股票的立体感很强，同时也增强了股票的防伪功能。这张股票可称得上是民国时期发行的最为漂亮的珍稀股票之一。目前股藏市场上常见的都是冠生园股票的股款收据（图 107）。

股款收據

品 01538　　品 01538

冠生園食品股份有限公司

本公司於中華民國三十六年六月七日經股東會通過決定增加資本國幣拾玖億玖仟貳佰萬元連原有資本捌佰萬元合成資本總額國幣貳拾億元整分作貳億股每股國幣拾元

股東　李月娥

股份　壹萬　股整

國幣　拾萬　圓整

董事長　冼冠生

常務董事　孫雪泥

(一) 俟本公司變更登記核准後憑本股款收據掉換股票

(二) 此據如有遺失或毀滅依本公司章程辦理

(三) 本收據於一年內掉換股票在未掉換股票前其效力與股票相同

中華民國三十六年六月廿五日發給

图 105　冠生园食品股份有限公司股款收据

77.“糖果饼干大王”

马玉山、马宝山

马玉山（1878 ~ 1929 年）

马玉山，字宝洪，广东香山（今中山）人；马宝山（生卒年月不详），广东香山人。马玉山、马宝山兄弟为南洋著名华侨实业家，被誉为“糖果饼干大王”。

马玉山童年时就随叔父到南洋谋生，经多年经营成为拥有大片蔗田和几家糖厂的华侨巨商。辛亥革命前，他曾多次捐款资助革命。1916 年马玉山在香港注册成立“马玉山饼干糖果有限公司”。1919 年 10 月 18 日，马玉山在上海南京路 37 号开设的上海马玉山糖果饼干公司开业，孙中山题赠“脍炙人口”匾额一块以示庆贺，并且亲自出席了当天的开幕仪式。

1921 年 12 月，马玉山邀请上海巨商严直方、劳敬修等人成立“中华国民制糖股份有限公司”。1925 年夏，马玉山因无力应付国民糖厂的巨额亏损，只得宣布破产。马宝山为了帮助兄长东山再起，便将自己在穗、港的部分资金抽调到上海，于 1933 年 9 月成立了“马宝山糖果饼干公司”，1934 年 1 月 27 日改组为股份公司，公司地址在东熙华德路（今东长治路）288 号，厂址在上海新加坡路（今余姚路）14 号，注册“马头牌”商标。

1929 年 10 月，马玉山去广西平南集资途中不幸病逝，年仅 51 岁。因马玉山支援辛亥革命和兴办实业有功，后来南洋华侨集资在上海杨树浦修筑了一条马路，把它命名为“马玉山路”，1954 年改名双阳路（今隆昌路）。

1921 年 12 月 23 日上海《民国日报》广告

香港馬玉山糖果餅乾有限公司股票

第壹貳肆零號股票
許玖三先生遵照
本公司集股章程每股
本銀貳拾五圓合共交
来股本香港通用紙幣
銀壹佰伍拾圓正
共應沾股陸份係
由第零肆玖壹肆伍號
至第零肆玖壹伍零號
業經一次收足特發此
股票另息摺一本為據

董事
董事
協理

民國十年十二月廿八號
香港馬玉山有限公司發

图 106　香港马玉山糖果饼干有限公司股票

香港马玉山糖果饼干有限公司股票（图 106）发行于 1921 年 12 月 28 日，“董事”一栏中的冯筠隆，早年在南洋曾与马玉山一起创业，后来两人结为儿女亲家。

中華國民製糖股份有限公司股票

乙種

B003774 伍股 B003774

股東 許鈞記

公司商號 中華國民製糖股份有限公司

設立註冊 中華民國十年十二月廿九日

資本總額 上海通用銀元壹仟萬元

股份總數 貳拾萬股

每股銀數 每股上海通用銀元伍拾元分期繳納已繳股銀實數填寫背面由總理或協理蓋印為證

上海通用銀圓貳佰伍拾圓

董事 李伯行

董事 勞敬修

董事兼總理 馬玉山

董事兼協理 嚴直方

中華民國十一年六月一日給

股份號數 自第壹零陸零肆叁號 至第壹零陸零肆柒號

本公司股票不得轉售於非本國人

上海商務印書館代印

图 107 中华国民制糖股份有限公司股票

中华国民制糖股份有限公司股票（图 107）发行于 1922 年 6 月 1 日，总理马玉山。该股票分甲、乙、丙、丁等 4 种。

图 108 上海马宝山糖果饼干股份有限公司股票

上海马宝山糖果饼干股份有限公司股票（图 108）发行于 1942 年 12 月 28 日，马宝山任总经理，马汉文（马玉山之子）任副经理。"董事"中有上海知名粤商劳敬修，著名买办郑伯昭的内弟、烟业巨头黄以聪等。这张股票的顶边中央是"马头牌"注册商标，票面四角是"马头商标"四个篆体大字。

78.“摄影大师”

郎静山

郎静山（1892～1995年）

郎静山，浙江兰溪人，中国摄影界的先驱、20世纪中国最有影响的摄影艺术家之一、中国最早的新闻摄影记者之一。

郎静山12岁（1904年）进入英国人创办的工部局育才学堂读书，在该校国画老师李靖兰的指导下，正式开始学习摄影技术，从此与摄影结下了不解之缘。

1912～1926年，郎静山先后进入上海《申报》和《时报》当摄影记者，成为中国最早的新闻摄影记者之一。1927年冬，郎静山与胡伯翔、陈万里、张珍候等摄影同好，发起成立了“中华摄影学社”（简称“华社”），这是我国早期较有影响的摄影团体之一。1930年，郎静山在上海松江女子中学开设摄影课，开创了我国摄影教育之先河。1931年，郎静山在影友的鼓励下，在上海开设了“静山摄影室”，专门从事人像和广告拍摄。同年，郎静山的一幅作品《柳丝下的摇船女》被选入日本国际摄影沙龙，这是郎氏摄影作品开始入选国际影展的里程碑标志。

郎静山拥有世界各国数十个最高摄影头衔，先后被英国皇家摄影学会、美国摄影学会接纳为高级会员。郎静山曾任上海摄影学会会长，1995年还当选世界华人摄影学会名誉会长。1991年到1992年，郎静山曾两次回大陆寻根问祖，到过上海、浙江兰溪和北京，还在北京故宫举办了“郎静山百龄百幅摄影作品展”。1995年4月13日，摄影大师郎静山在台北台大医院病逝，享年105岁。

郎静山的中国第一张人体摄影作品

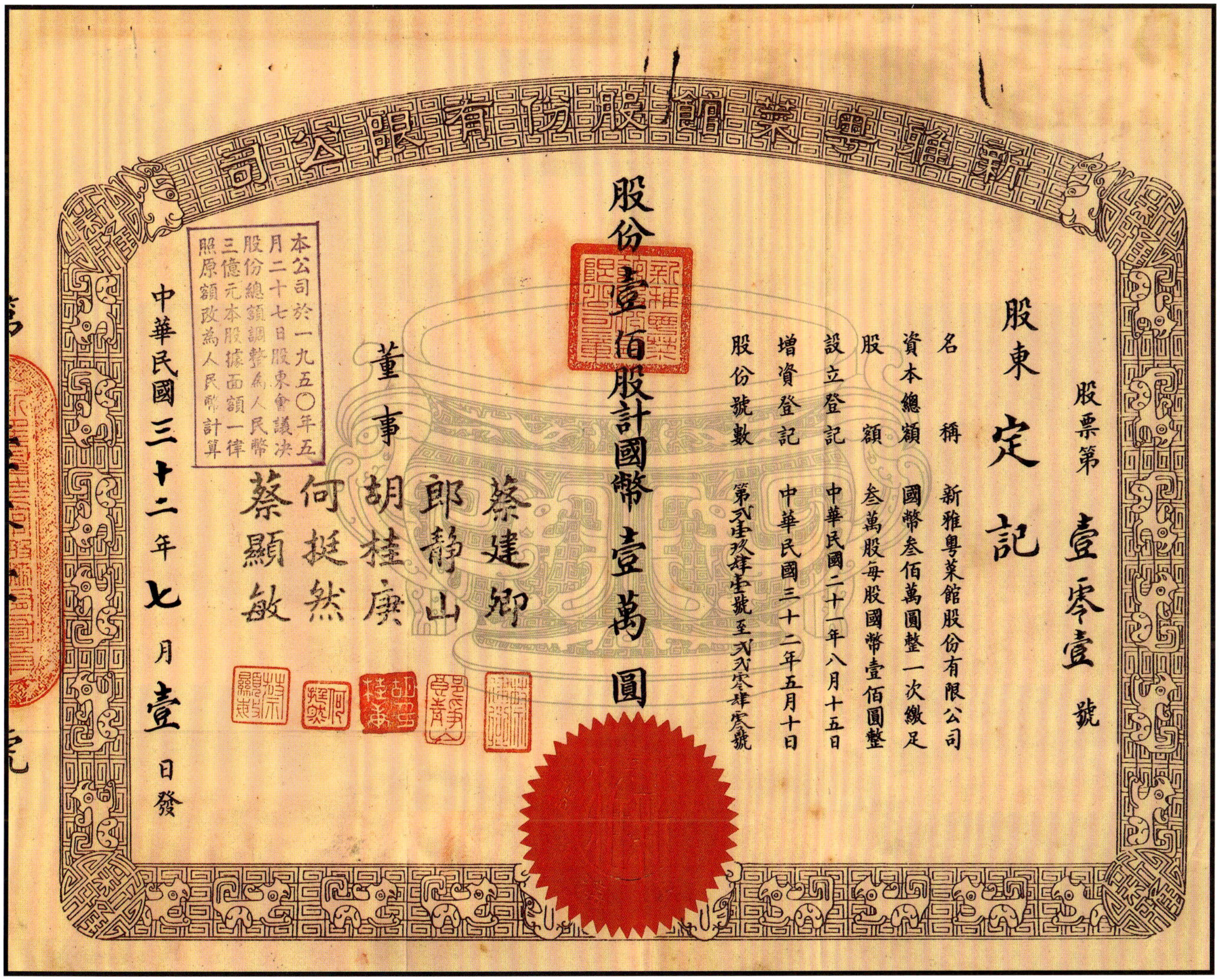
新雅粵菜館股份有限公司
股票第壹零壹號
股東名稱 定記
名稱 新雅粵菜館股份有限公司
資本總額 國幣叁佰萬圓整一次繳足
股額 叁萬股每股國幣壹佰圓整
設立登記 中華民國二十一年八月十五日
增資登記 中華民國三十二年五月十日
股份號數 第弍壹玖肆壹號至弍弍零肆零號
股份壹佰股計國幣壹萬圓
董事 蔡建卿 郎靜山 胡桂庚 何挺然 蔡顯敏
本公司於一九五〇年五月二十七日股東會議決股份總額調整為人民幣三億元本股據面額一律照原額改為人民幣計算
中華民國三十二年七月壹日發

图 109 新雅粤菜馆股份有限公司股票

新雅粤菜馆的前身是“新雅茶室”，由广东南海人蔡建卿创设于 1926 年 8 月，地址在上海虹口区四川北路 534 号（虬江路口），茶室因设备新颖、环境幽雅，故取名“新雅茶室”。文化界人士如林徽因、邵洵美、戴望舒、郎静山等经常相约到该茶室聚会，成为沪上最早的“文艺沙龙”。1932 年 8 月 15 日，蔡建卿集资 15 万银元，创立了新雅粤菜馆股份有限公司，同年 8 月 18 日，位于南京东路 719 号的“新雅粤菜馆”正式开门迎客。它是上海第一家装有冷气设备的中国餐馆。新雅粤菜馆楼上的一个餐厅曾辟为“静山茶庄”，成为上海摄影家们聚会的场所。

新雅粤菜馆股份有限公司股票（图 109）发行于 1943 年 7 月 1 日，董事长是蔡建卿。当时著名的摄影大师郎静山也入股新雅，并任该公司董事。董事中还有胡桂庚、何挺然和蔡显敏。胡桂庚是虎标万金油的上海经理，后来担任过新雅粤菜馆股份有限公司的董事长；何挺然是中国影剧界的元老，曾投资经营过北京大戏院（后改名丽都、贵州大戏院）、南京大戏院（后改名上海音乐厅）、大上海电影院、美琪大戏院、香港明星电影院等；蔡显敏是蔡建卿的长子。

79. “旅馆业鼻祖”

徐孟园

徐孟园（1871 ~ 1953 年）

徐孟园，江苏无锡人，被称为“上海旅馆业鼻祖”。

老上海的旅馆业特别兴盛。在民国初年，上海的新式大旅馆只有大东、东亚、远东和一品香等 4 家。到了 20 个世纪二三十年代，大旅馆的开设迅速发展起来，许多著名的旅馆，如中央、大中华、东方、大上海、南京、大沪、百乐门、扬子等相继出现。

徐孟园 1900 年来到上海，以做漆匠、鞋帮谋生，1910 年在福建路开设“吉升客栈”，1912 年 7 月在湖北路 227 号（九江路口）开设一家旅社，以他名字中的“孟园”，命名为“孟渊旅社”。孟渊旅社设备高档，还供应中、西客菜，是当时市内首屈一指的高级中型旅社，由此吸引了一些达官要人慕名光顾。

后来徐孟园在苏州、无锡两地创办中国饭店和新世界饭店，1926 年又与人合资创办了设备豪华的东方饭店，饭店内设有书场、沪剧场、弹子房、中西餐厅，在全市享有盛名。徐孟园在同业中颇有声望，曾被推举为上海市旅社业同业公会理事长。

1953 年，徐孟园因病去世，享年 82 岁。

民国时期的东方饭店（今“上海市工人文化宫”）

图 110 上海东方饭店股份有限公司股票

东方饭店是旧上海著名的大饭店之一，它座落在上海西藏中路、广东路、北海路交叉的三角形地块（今西藏中路 120 号），由著名建筑师乌鲁恩设计，兴建于 1926 年，建成于 1929 年，1930 年正式开始营业。东方饭店的地皮在 1917 年出版的上海地图上标的名称叫永定坊，是新沙逊洋行的产业。东方饭店老板因为看好这块地皮，不嫌它地价租金高，而且承诺租期满后房屋归新沙逊洋行。东方饭店大楼共有 7 层，每层有客房约 60 间。东方饭店附设东方广播电台，播出沪剧、评弹等节目；还开设当时上海最大、设备最先进的东方书场，有座位 400 个，开创了上海饭店业的先河。1950 年 9 月 30 日，东方饭店改名为“上海市工人文化宫”。

上海东方饭店股份有限公司股票（图 110）发行于 1947 年，董事长徐孟园。股票上面印着的建筑图案就是东方饭店，从中可以看出它当时的雄姿。

80.“茶叶大王”

唐季珊

唐季珊(1896 ~? 年)

唐季珊，广东香山人，茶业翘楚，被誉为“茶叶大王”。

提起唐季珊，老上海人马上会将他与20世纪30年代的电影明星阮玲玉联系起来。1935年3月7日晚，阮玲玉、唐季珊参加了在上海扬子饭店举办的联华电影公司聚会；3月8日下午6时38分，“一代巨星”阮玲玉在位于上海新闸路沁园村的寓所内吞服大量安眠药后自杀身亡。25岁的阮玲玉把这25年人生的最后几个小时留在扬子饭店，陪她的情人、上海滩“茶叶大王”唐季珊在这家饭店的舞池里，跳完了属于他们的最后的一舞……

唐季珊早年被父亲唐翘卿送往英国留学，在英留学期间考察了中国茶叶在英、美的销售情况，决定回国后从事茶叶出口生意。1916年唐季珊回国后，即以其父亲唐翘卿的名义，邀集亲属集资10万银元，创立了“华茶公司”，这是中国第一家由华商经营的茶叶出口公司，在近代华茶营销的历史上具有相当的影响力。1923年华茶公司改组为股份有限公司，资本10万银元，唐氏家族占80%，唐季珊任总经理。

1925年“五卅”惨案发生后，上海码头工人举行罢工，抵制给外国商人装船，洋行茶叶运不出去，前后历时3个月。华茶公司则抓住机遇，利用苏州河的木船，将茶叶驳到长江口，再装上大轮船出口，当年出口即达8万箱（约合2 500吨）。为了扩大对茶叶的销售，唐季珊曾带领电影明星张织云一起去美国，以“中国茶叶皇帝”和“中国茶叶皇后”为广告，在美国报刊上进行宣传，一时引起轰动。1926年7月14日为美国独立150周年纪念日，美国在费城举办世界博览会，当年由华茶公司选送的茶品参展，曾获该届博览会甲等大奖。

有资料说，唐季珊后来与曾留学美国的王右家结婚。1949年后，他们夫妇到了台湾，唐仍经营他的华荣茶叶公司，由于茶叶生意不佳，竟倾家荡产，流落街头，靠在马路边摆茶叶摊维持生计，据说后来贫病交加，凄然离世，令人不胜唏嘘。

扬子饭店外观
（上海汉口路740号）

“一代巨星”阮玲玉

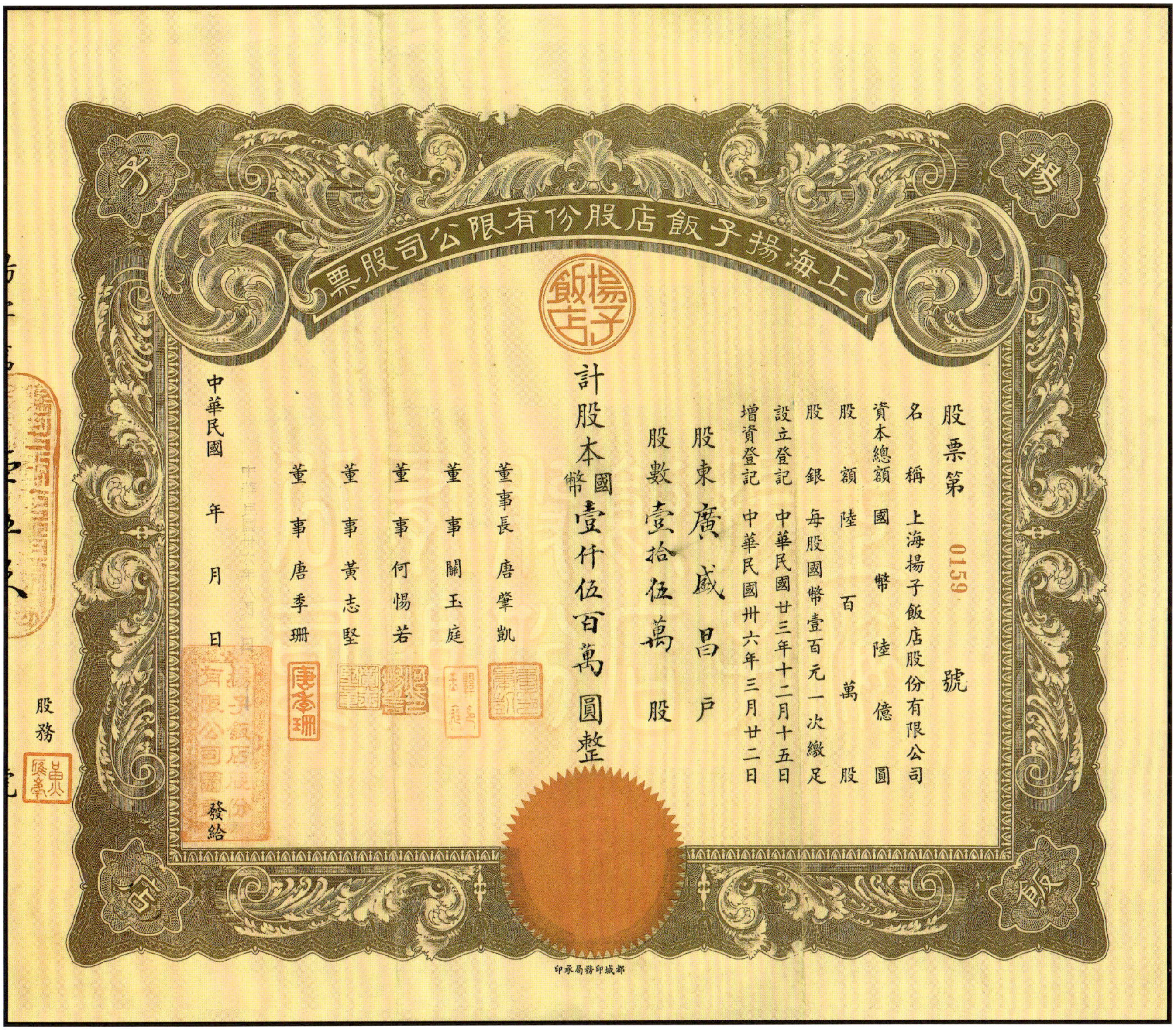
上海揚子飯店股份有限公司股票

股票第 0159 號

名稱 上海揚子飯店股份有限公司

資本總額 國幣陸億圓

股額 陸百萬股

股銀 每股國幣壹百元一次繳足

設立登記 中華民國廿三年十二月十五日

增資登記 中華民國卅六年三月廿二日

股東 廣盛昌 戶

股數 壹拾伍萬 股

計股本國幣壹仟伍百萬圓整

董事長 唐肇凱

董事 關玉庭

董事 何惕若

董事 黃志堅

董事 唐季珊

中華民國 年 月 日 發給

股務

都城印務局承印

图 111 上海扬子饭店股份有限公司股票

1932 年 6 月，由华商出资成立的扬子饭店股份有限公司向当时在沪的美国教会蓝理公会总布道会妇女协会租地，决定在上海的三马路（即今天的汉口路）、云南路口，建造一家华资背景的高级酒店，于是重金聘请当年刚刚从法国留学归来的华人建筑师李蟠操刀设计，终于在 1934 年 12 月 15 日正式开门营业。扬子饭店的“隔壁邻居”是始建于 1887 年的沐恩堂（原名慕尔堂）。朝闻黄浦江雄壮的汽笛，夜听沐恩堂圣洁的钟声，扬子饭店曾在 20 世纪 30 年代获得“远东第三大饭店”的美誉。上海扬子饭店股份有限公司股票（图 111）发行于 1947 年 8 月 1 日，总经理是唐季珊。

股票金字第117號

南京金城酒家股份有限公司

股票

股東 閻奚林

執照號數 實字第一七四九號

資本總額 國幣貳佰萬圓

股份總額 肆仟股

每股金額 國幣伍佰圓

繳款方法 一次繳足

捌拾股計國幣肆萬圓整

股份號數 由第3025號至第3104號

董事 唐季珊 閻奚林

中華民國 年 月 日發給

監發 股務 經手

1002

图 112 南京金城酒家股份有限公司股票

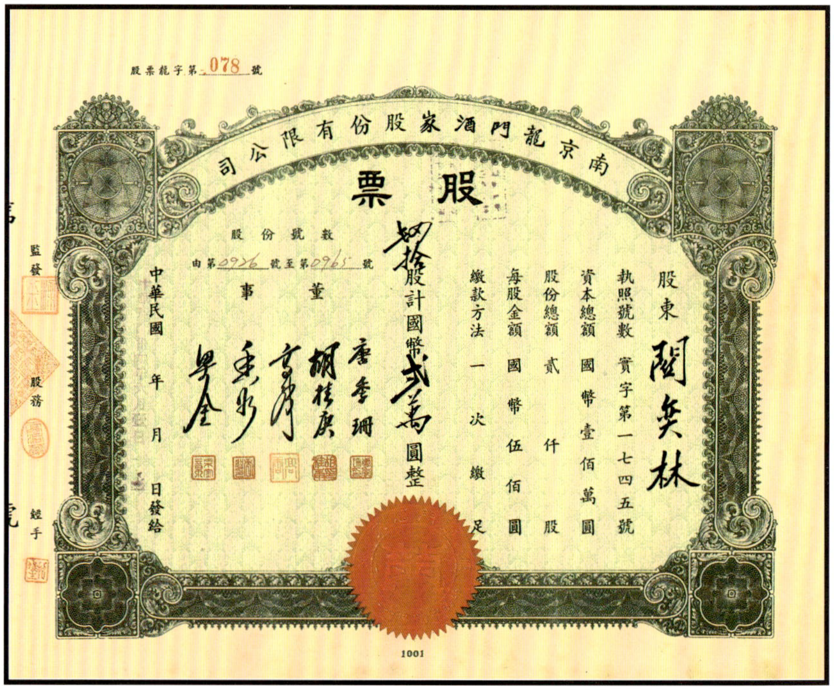
股票龍字第078號

南京龍門酒家股份有限公司

股票

股東 閻奚林

執照號數 實字第一七四五號

資本總額 國幣壹佰萬圓

股份總額 貳仟股

每股金額 國幣伍佰圓

繳款方法 一次繳足

捌拾股計國幣貳萬圓整

股份號數 由第0926號至第0965號

董事 唐季珊

中華民國 年 月 日發給

監發 股務 經手

1001

图 113 南京龙门酒家股份有限公司股票

唐季珊还在南京开设了金城酒家和龙门酒家。南京金城酒家股票、龙门酒家股票（图 112、113）上的总经理也是唐季珊。

81.“药业巨子”

许晓初

许晓初（1900—1998 年）

许晓初，字孝雏，安徽寿县人，被称为“药业巨子”。

1922 年许晓初毕业于复旦大学经济系，随即在苏州萃英中学和省立第二农校任教，1927 年经人介绍进入上海中法药房，由外销员、营业主任逐步升到襄理、协理、总经理，最后还成了中法药房创办人黄楚九的乘龙快婿。1931 年初黄楚九去世后，由许晓初接任董事长兼总经理。抗日战争期间，许晓初继续扩大投资，1939 年 4 月创办中法油脂化学制造厂，1940 年秋与袁鹤松等人创办中法血清菌苗厂，1942 年秋开设中国保安玻璃医学仪器厂。在 1945 年前，许晓初总计拥有各类企业 42 家，曾身兼 16 个公司的董事长、14 个企业的总经理。

许晓初还创办了上海戏剧学校。这是一所培养京剧演员的走读制学校，成立于 1939 年 10 月 8 日，校址在马浪路（今马当路）27 号。许晓初为名誉校长，1945 年停办，虽然仅存在短短 6 年，却培养了顾正秋、张正芳、张正娟、关正明、汪正华、孙正阳等京剧界著名的“正”字辈演员。

1949 年 2 月 26 日，许晓初乘中兴轮离开上海前往台湾，1950 年在台北衡阳路 32 号开设了“上海联合药房”，它与上海中法药房一脉相承，被誉为“台湾品牌最持久、货色最齐全的西药房”。许晓初在台湾工商界颇负盛名，曾任台湾新药公会主席、理事长，台湾制药公会联合会理事长等职。1998 年 1 月 22 日，许晓初因病去世，享年 98 岁。

中法大药房旧址

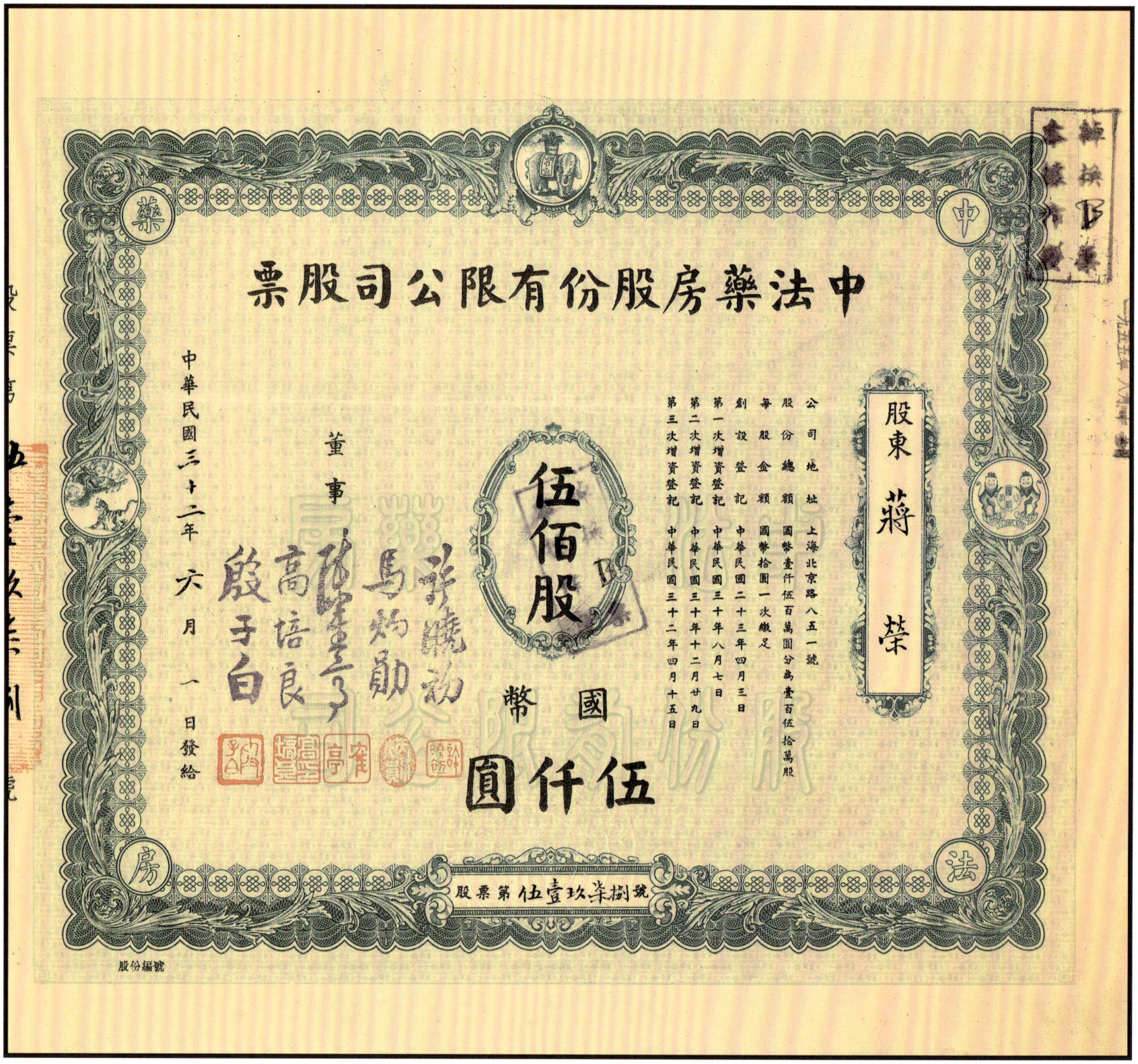

图 114 中法药房股份有限公司股票

中法药房由黄楚九创办于光绪十六年（1890 年），1915 年改组为股份有限公司，总店开设在上海北京东路 851 号，附设的化学制药厂在上海中正西路（今延安西路）1119 号。中法药房股份有限公司股票（图 114）发行于 1943 年 6 月，董事长许晓初。该股票设计精美，三面边框中间的小圆里绘有商标图，分别是大象（象牌）、龙虎（龙虎人丹）和罗威公司的双狮。

图 115 永祥印书馆股份有限公司股票

永祥印书馆创办于1899年，只比商务印书馆晚2年，由陈永泰独资创办，1942年改为股份有限公司，董事长许晓初。1956年公私合营后，永祥印书馆受并三江、福兴、新时代等15家小厂，组成上海人民印刷十三厂，后改名上海塑料彩印厂。永祥印书馆股份有限公司股票（图115）发行于1947年9月30日，该印书馆的出版标记为圆形构图，上有公司的英文名，下有中文名“永祥印书馆股份有限公司”，中间图案是一艘航船头顶白云在大海中航行，海鸥展翅飞翔，一翼“飞”出圆形，含有“永翔”之意。

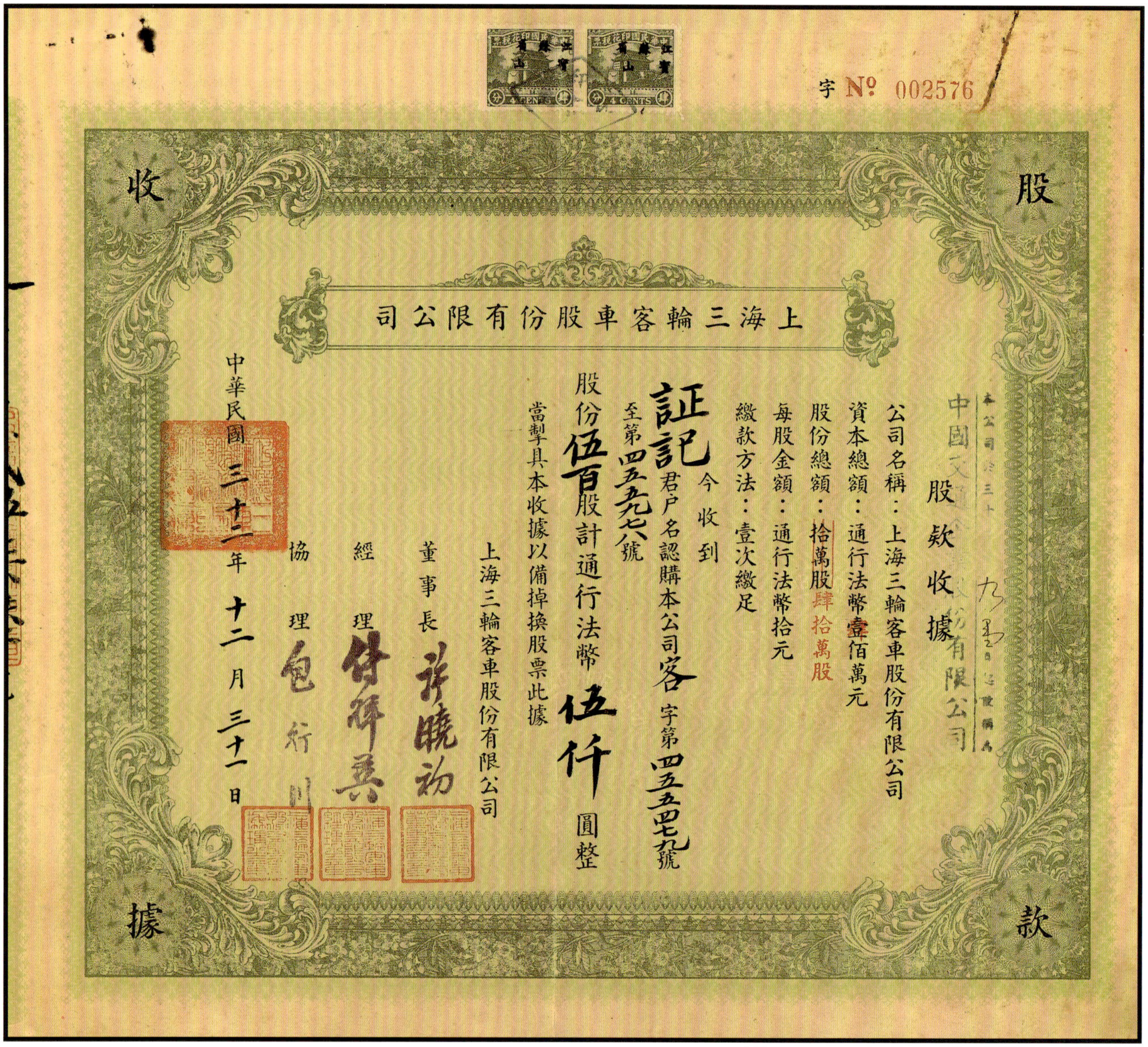

图 116 上海三轮客车股份有限公司股票

上海三轮客车股份有限公司股票（图 116）发行于 1943 年 12 月 31 日，董事长许晓初。

82.“猪鬃大王”

古耕虞

古耕虞（1905 ~ 2000 年）

古耕虞，四川重庆人，知名的爱国实业家、全国工商联名誉副主席，被誉为中国的“猪鬃大王”。

古耕虞，我国著名的“猪鬃大王”，他从 20 世纪 20 年代中期开始创业，在解放前的几年时间里他的猪鬃出口量已占全国的 85% 以上，几乎垄断了国内外的猪鬃市场。

古耕虞出生于重庆山货业世家，早年就读于上海圣约翰大学英文专业，这为他日后发展国际贸易业务创造了条件。1926 年，古耕虞继承父业，当上了重庆“古青记”山货行的少掌柜，仅两年时间，便“拥有重庆山货业天下之半”。重庆的鬃商最多时有几十家，而到 1935 年前后，除古耕虞的古青记外，只剩下鼎瑞、祥记、和祥三家。1937 年，古耕虞便将这三家商号并入古青记，在重庆成立了四川畜产公司，开始从事猪鬃的出口贸易。“虎牌”猪鬃是它的驰名商标。

猪鬃是我国传统的重要出口物资，当时美国是中国最大的猪鬃销售市场。据不完全统计，全美国有四五百家制刷厂，所用猪鬃几乎全部从中国进口，而当时四川畜产公司的猪鬃出口量，要占到全国猪鬃出口量的 80% 以上，“虎牌”猪鬃享誉世界，古耕虞因此被誉为中国的“猪鬃大王”。

1948 年，古耕虞在香港设立四川畜产公司香港分公司，至此，香港取代上海，成为中国猪鬃出口最重要的集散中心。新中国成立后，古耕虞历任公私合营四川畜产公司经理、中国畜产进出口公司经理、中国土产畜产进出口总公司经理、外贸部顾问等职务。2000 年 4 月 29 日古耕虞在北京逝世，享年 95 岁。

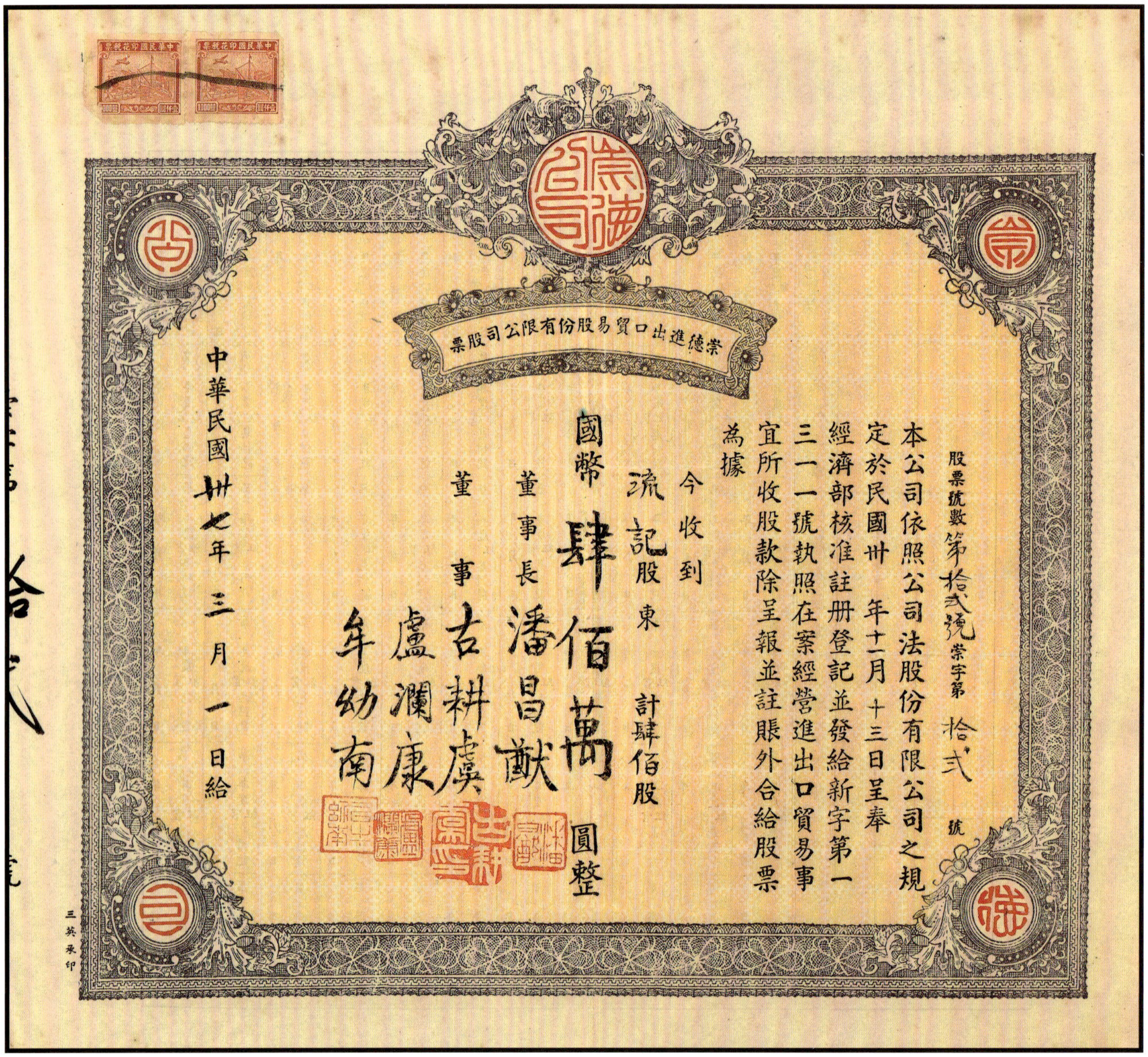

崇德進出口貿易股份有限公司股票

股票號數 第拾貳號 崇字第 拾弍 號

本公司依照公司法股份有限公司之規定於民國卅 年十一月十三日呈奉經濟部核准註冊登記並發給新字第一三一一號執照在案經營進出口貿易事宜所收股款除呈報並註賬外合給股票為據

今收到 流記股東 國幣肆佰萬圓整 計肆佰股

董事長 潘昌猷

董事 古耕虞

盧瀾康

年幼南

中華民國卅七年三月一日給

三英承印

图 117 崇德进出口贸易股份有限公司股票

崇德进出口贸易股份有限公司股票（图 117）发行于 1948 年 3 月 1 日。公司董事长潘昌猷，总经理古耕虞。

83.“哈尔滨商魂”

武百祥

武百祥（1879～1966年）

武百祥，名作善，字百祥，河北乐亭县人，著名爱国实业家，哈尔滨商业巨子，哈尔滨同记商场的创始人，被誉为“哈尔滨商魂”。

武百祥出生在一个贫苦的农民家庭，13岁时就随舅父跋山涉水闯关东，在长春市“万发德”商号当学徒。18岁时，他用有限的资金，摆地摊，当小货郎。24岁时，他来到哈尔滨与同乡赵禅唐合伙开“仝记”杂货铺，后改为“同记”。起名“同记”，是取“同心同德”之意。1913年，武百祥在“同记”店铺的后面，办起了同记工厂。1921年10月，武百祥与赵禅唐、李明远、徐信之合伙开设了“大罗新”环球百货店。1927年，武百祥又与赵禅唐、李明远等人出资10万银元，创建了哈尔滨最大的“同记”商场，设鞋帽、针织、西服、皮箱等8个部，招店员200多名，资本额达175万余两，名列全市商号之首。1929年，武百祥又盘进了益丰源商店，更名为“大同百货商店”。至此，同记商场、大罗新环球百货店、大同百货店三足鼎立，控制了哈尔滨的整个百货业。

武百祥是一位爱国工商业者，在日伪统治期间，曾多次掩护抗日志士化险为夷；在解放战争中，他的铁工厂曾为解放军赶制了二百门迫击炮；在抗美援朝战争中，他又带头捐献了一架飞机。武百祥事业成功之后，不忘家乡父老，于1928年与好友赵禅唐共同投资10万现洋，在原籍乐亭县何新庄创建了一所当时乐亭县占地面积最大、办学条件最好的初、高中两级学校，名为“百善学校”。这是以武百祥的名和字各取一字而命名的。

新中国成立后，武百祥积极拥护党的工商业政策，带头走公私合营的道路。1955年开始，他先后被选为全国政协委员、全国工商联执行委员、黑龙江省政协副主席等。在1957年的“反右”运动中，他被错划为“右派”分子。“文革”开始后，武百祥遭到“四人帮”及其同伙的残酷迫害，于1966年9月5日服毒自杀，含冤离开人世，终年88岁。1979年2月9日，哈尔滨市委举行追悼会，为武百祥平反昭雪。

1927年开业的同记商场旧址

武百祥、赵禅唐创办的“百善学校”

图 118 同记商场株式会社株券

同记商场是“中华老字号”企业，1927 年 8 月 27 日正式开业，1937 年 7 月 1 日改组为“同记商场股份有限公司”，代表人是赵禅唐，但实际控制人是大股东武百祥。同记商场株式会社株券（图 118）的资本总额为 100 万银元，董事长赵禅唐，常务董事李明远，武百祥任总监理。

84.“皂药双料王”

项松茂

项松茂（1880 ~ 1932 年）

项松茂，名世澄，别号渭川，浙江宁波鄞县人，爱国实业家，中国新药业先驱，被誉为“药品和肥皂双料大王”。

项松茂幼读私塾，14 岁到苏州当学徒，20 岁任上海中英药房司账（会计），后复命赴汉口开办分店，任中英药房汉口分店经理。1911 年，在上海五洲药房老板黄楚九的力邀下，项松茂受聘担任了五洲药房经理。1922 年，项松茂以 12.5 万两白银盘进德商在徐家汇开设的固本肥皂厂，改名为“五洲固本皂药厂”，首创亚林臭药水、东吴药棉、甘油、牛痘苗、人造自来血等国产新药，成为中国西药业的先驱。

由于五洲厂生产的固本肥皂价廉物美，广受消费者欢迎，引起外商特别是英商祥茂洋行的妒恨。祥茂洋行出高价欲收买五洲厂全部厂产和商标拥有权，遭到项松茂一口拒绝。祥茂洋行随即挑起价格战，将祥茂肥皂大幅跌价倾销。项松茂亦针锋相对，毅然削价销售五洲厂肥皂，并将“人造自来血”等药品的利润来弥补固本肥皂的亏损。1925 年，上海爆发了“五卅”运动，人民群众奋起抵制洋货，提倡国货，固本肥皂销路大增，而祥茂肥皂则无人问津，固本肥皂终于战胜了祥茂肥皂。

“九一八”事变爆发后，项松茂参与发起了黑吉辽三省抗敌大捐款，代表五洲厂和其他 5 家药房登报声明“不进日货”，并将厂内全体职工组织起来，成立了义勇军第一营，还聘请军事教官每天进行军事训练。1932 年淞沪抗战爆发，1 月 29 日上午日军闯入五洲药房第二支店搜查，把 11 名店员押上卡车。项松茂闻讯后马上前往营救，结果被日军宪兵队羁押，然后被绑架到江湾日本海军陆战队司令部。面对日军的威逼利诱，项松茂始终坚贞不屈。1 月 31 日清晨，项松茂被日军残暴杀害，时年 52 岁。

项松茂牺牲后，五洲固本皂药厂董事会推举项松茂的长子项绳武为总经理。项绳武不负众望，在父亲创下的基业上，又接连开办出三个制药厂。1936 年，项绳武完成了父亲的一个夙愿，在五洲大药房总店原址——福州路河南路口，建造了当时远东最大的一座药业大楼——十层的五洲药业大厦，将父亲的商业理念和精神发扬光大。

五洲制药厂员工在旧厂房前的合影

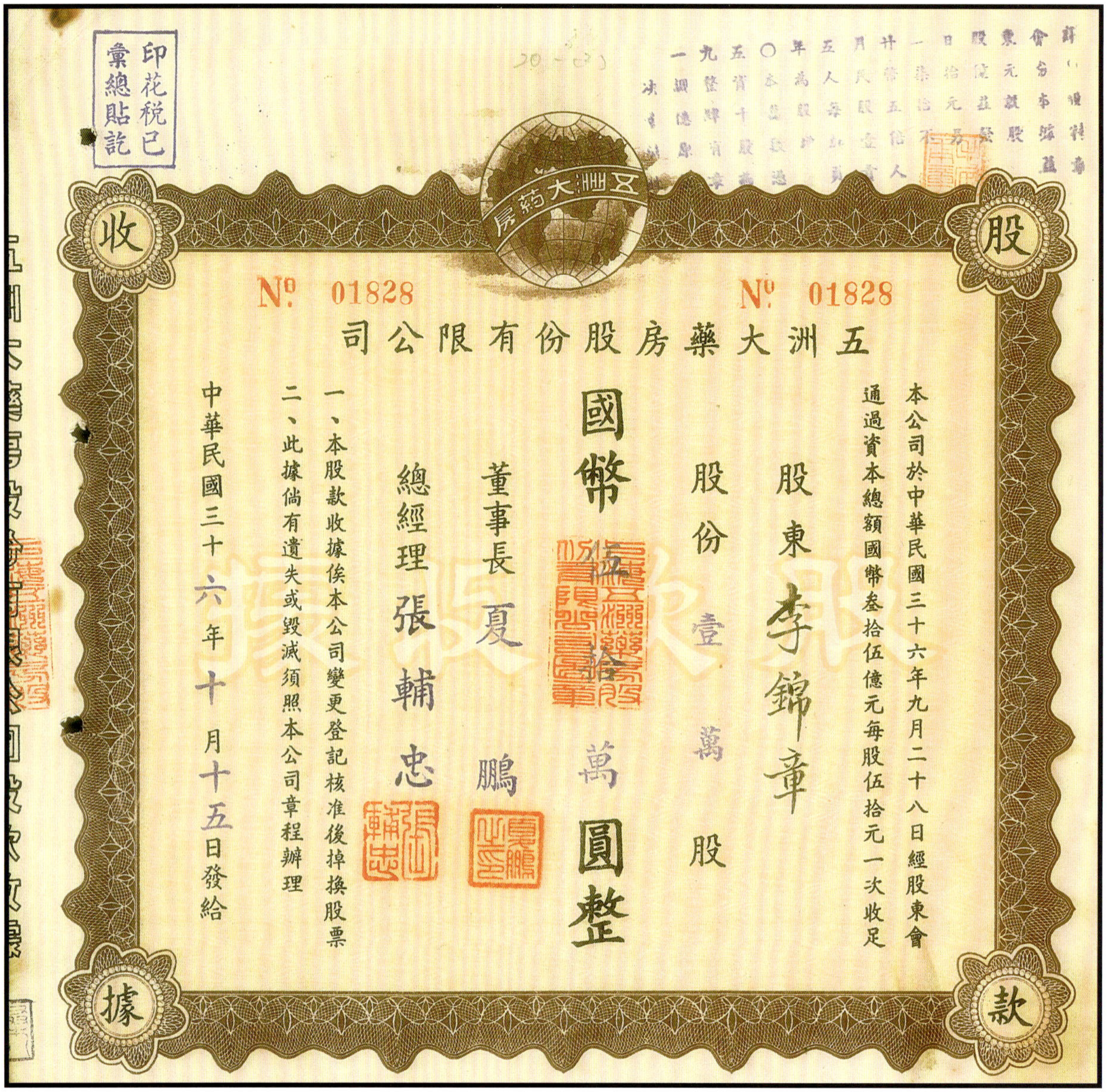
印花稅已彙總貼訖

股 收 款 據

No. 01828　No. 01828

五洲大藥房股份有限公司

本公司於中華民國三十六年九月二十八日經股東會通過資本總額國幣叁拾伍億元每股伍拾元一次收足

股東 李錦章

股份 壹萬股

國幣伍拾萬圓整

董事長 夏鵬

總經理 張輔忠

一、本股款收據俟本公司變更登記核准後掉換股票

二、此據倘有遺失或毀滅須照本公司章程辦理

中華民國三十六年十月十五日發給

图 119　五洲大药房股份有限公司股票

上海五洲大药房开设于 1907 年，由夏粹芳、黄楚九、谢瑞卿等合伙创办，店址在福州路广西路口，1915 年改组为股份有限公司。1916 年 6 月黄楚九脱离五洲公司，由项松茂独自经营。1960 年五洲公司被并入上海制皂厂。

五洲大药房股份有限公司股票（图 119）发行于 1947 年 10 月 15 日，票面上方的“五洲大药房”五字和象征地球的背景图形，是五洲公司的注册商标，寓意“五洲”的产品畅销全球。因原总经理项松茂、项绳武父子已先后去世，此时已由夏鹏（夏粹芳之子）任董事长。

85. “纸 业 大 王”

徐大统

徐大统（1909 ~ 1982 年）

徐大统，宁波庄市堰头村人，民国时期上海著名企业家，有“造纸大王”之称。他的女儿范徐丽泰，曾任香港立法会主席。

徐大统出身书香门第，小时求读于私塾，后转至宁波庄市崇正学堂，毕业后求业于一家钱庄当职员，3 年后自己创办大统纸号，生意发达后扩建纸号，改名“统益纸号”，自任总经理。为了解决纸张来源，徐大统投资脑威鲍利葛造纸厂，由此闻名于沪埠纸业界，被推选为上海市纸业公会理事，后成为理事长，被誉为沪上“纸业巨子”。徐大统发迹后，热心于家乡公益事业，曾为家乡创办一所小学，捐建一条村路和一座水泥钢筋结构的“大统桥”，还为家乡的三乡公益堂捐巨资。1948 年携全家迁居香港，涉足银行业，与人合作创办银行，曾是大新银行的最大股东，曾捐资支持大陆教育事业。

北有“全聚德”，南有“燕云楼”。燕云楼的前身是一家粤菜馆，创始于 1928 年，原名“味雅”，由王定源创办，最初设在上海的四马路（现福州路 431 号），1941 年迁至大马路（即南京路）755 号。不久，王定源又邀请徐大统等合伙经营，改名“南华酒家”，于 1941 年 10 月 10 日开张营业，徐大统任董事长，王定源任总经理。1948 年 6 月 9 日，南华酒家又更名为“南华燕云楼”重新开业。开业当天，著名演员童芷苓、李万春到场剪彩祝贺。“南华燕云楼”中的“燕云”两字，由旧上海《铁报》社社长陈蝶衣取自燕山（位于河北北侧）、云洲（唐代洲名，现大同一带）地名之首。那刚劲有力、秀逸飘洒的“燕云楼”三个金色大字，则是已故中国科学院院长郭沫若的墨迹。1967 年“南华燕云楼”曾改名“北京饭店”，1979 年又定名为“燕云楼”，2006 年被商务部认定为首批中华老字号企业。

徐大统的女儿范徐丽泰，曾连任三届香港立法会主席。据传在 20 世纪 40 年代，当时的美国好莱坞女明星丽泰·海华丝（Rita Hayworth）风靡上海滩，徐大统即与家人商议，以“丽泰”为爱女起名。

“燕云楼”招牌（郭沫若墨迹）

图 120 南华酒家股份有限公司股票

南华酒家股份有限公司股票（图 120）发行于 1944 年 1 月 1 日，由上海北成都路美术印书馆代印，董事长徐大统、总经理王定源。该股票的股东是陆高谊，他既是出版家又是企业家，曾任世界书局总经理，是近代中国出版界的翘楚。

86. “新亚系掌门人”
许冠群

许冠群（1899 ~ 1972 年），又名许超，江苏武进人，著名新亚企业集团“掌门人”。

1918 年许冠群来到上海，在三新纱厂任会计员，业余时间到外国人开办的上海商科大学读书。他见当时日货“野猪牌”蚊香在中国城乡很畅销，遂与朋友集资 600 元，在上海成都南路宝裕坊开了一家“新农除虫菊公司”，开始生产国产蚊香，1924 年改产花露水等化妆品。1926 年 5 月，许冠群与同乡赵汝调、屠焕生凑了 1 000 元银洋，在新农除虫菊公司原址创办“新亚化学制药公司”，生产十滴水、花露水、牙膏、牙粉以及化妆品等，后来人们常说新亚厂是靠“三水”（十滴水、花露水、蒸馏水）起家的。

1927 年，许冠群说服顾厚甫、顾健甫兄弟向新亚制药厂投资，股本增至 3 000 银元，并改组为股份有限公司，厂址迁至白克路（今凤阳路）24 号，后又迁至淮安路 735 号和新闸路 1095 号（总公司在新闸路 1044 号）。在抗战前夕，许冠群曾雄心勃勃地着手筹建东亚第一流制药厂。1936 年，准备在林肯路（今天山路）购地 50 亩建厂，并偕同赵汝调东渡日本考察东京、大阪的药厂、研究所，回国后，于 1937 年 6 月，专聘设计师，设计以日本武田药厂为蓝本的新亚新厂，后因抗战爆发搁浅。许冠群于 1942 年成立一个投资公司，实际是专门发行股票从事投机为主的企业——新亚建业股份有限公司，同时继续对总公司进行增资。此后在几年时间里，新亚投资的企业包括药厂在内，最多时有 35 家，职工逾 1 000 人，资本总额在中储券 10 亿元以上，其中有股票上市的 8 家，涉及金融地产业、化工制药食品业、棉毛纺织印染业、印刷造纸业等，形成了一个庞大的新亚企业集团。

新中国成立后，在爱国民主人士章士钊的启发下，许冠群于 1950 年 9 月从香港回到上海，当时任公司董事长的吴蕴初将董事长一职让给了许冠群。许冠群还在杭州创办了一家华侨饭店，动员侨胞在国内投资；并在沪杭两地捐款办学，培养人才。1951 年，许冠群任浙江省政协委员和杭州市人民代表。1972 年 5 月 7 日，许冠群因病在上海逝世，享年 73 岁。

“新亚牌”商标是中华民族制药工业著名商标之一，已具有近 90 年的悠久历史。第一次使用“新亚牌”商标的产品是新亚药厂 1926 年生产的“人寿水”。根据创始人许冠群的注释，“新亚牌”商标的设计理念：用五角红星，星内“亚”字，取其名“新亚”两字的谐音；红星图案内白色“亚”字中间，又显现一个红“十”字，与国际通用的医药卫生的含义亦联系起来了。

“新亚牌”商标

新亚药厂化学间旧影

图 121　新亚化学制药股份有限公司股票

新亚药厂创立于 1926 年 5 月，由许冠群、赵汝调、屠焕生等人合资创建，1927 年 10 月改组为股份有限公司。新亚药厂与信谊药厂同称上海西药业两大“巨擘”。

新亚化学制药股份有限公司股票（图 121）发行于 1944 年 6 月 30 日。“董事”栏里的董事长许广澄，系许冠群之父，曾任常州汇丰钱庄经理；顾毓琦，曾任同德医学院院长、上海北站医院院长，是江泽民上交大时的老师顾毓琇之兄；许冠群，时任“新亚公司”总经理；赵汝调，中国近代化学制药业的开拓者、新亚药厂创办人之一，当时任“新亚公司”厂长；顾克民，曾任上海市制药工业同业公会理事长，后任“新亚公司”总经理。

图 122　香港新亚化学制药股份有限公司股票

1937 年 12 月，许冠群赴香港设立新亚华南贸易总处，1938 年 10 月撤销，另筹集港币 10 万元，与其弟许冠英成立香港新亚化学制药股份有限公司，作为联系上海与大后方的纽带，并向外订购药械，成为新亚进入南洋市场的跳板。

公用事业篇

87．“状元实业家”

张 謇

张謇（1853 ~ 1926 年）

张謇，字季直，号啬庵，江苏通州（今南通）人。清末状元，中国近代著名实业家、教育家、慈善家、社会活动家。

毛泽东同志在谈到中国工业发展时曾说过，有四个人不能忘记：讲轻工业，不能忘记张謇；讲重工业，不能忘了张之洞；讲化学工业，不能忘记范旭东；讲交通运输业，不能忘记卢作孚。

张謇在两江总督张之洞的支持下，在南通开始了“实业救国”的实践。1895 年，张謇创办了南通第一个近代工厂“大生纱厂”（后改名大生一厂），以后又在崇明外沙（今启东）创办了大生二厂、在海门创办了大生三厂，并围垦沿海荒滩，建成了纱厂的原棉基地——通海垦牧公司。随着资本的不断积累，张謇又相继创办了盐业、榨油、面粉、冶铁、轮船等几十家企业，使南通成为我国早期的民族资本主义工业基地之一。

与此同时，张謇把经营实业的部分盈利，投入文化教育实业，在南通兴办了一系列文化教育事业，如我国第一所师范学校——通州师范学校、农业学校、商业学校、吴淞商船专科学校、江苏省立水产学校（今上海海洋大学前身）等 370 多所学校。1905 年，张謇在通州建立了国内第一所博物馆——南通博物苑。

1926 年 7 月 17 日张謇因病在南通逝世，享年 73 岁。他的陪葬品是：一顶礼帽、一副眼镜、一把折扇，还有一对金属的小盒子，分别装着一粒牙齿，一束胎发。张謇纪念馆位于江苏海门市常乐镇状元街东首，是一所灵秀的江南园林式建筑。园内珍藏的上千件珍贵图片和事物，从各个不同侧面反映了张謇先生艰苦创业、实业救国的一生。1988 年张謇纪念馆被列为市级文物保护单位，2002 年被江苏省委宣传部命名为“江苏省爱国主义教育基地”。

张謇创办的大生纱厂

张謇纪念馆（江苏海门市常乐镇状元街）

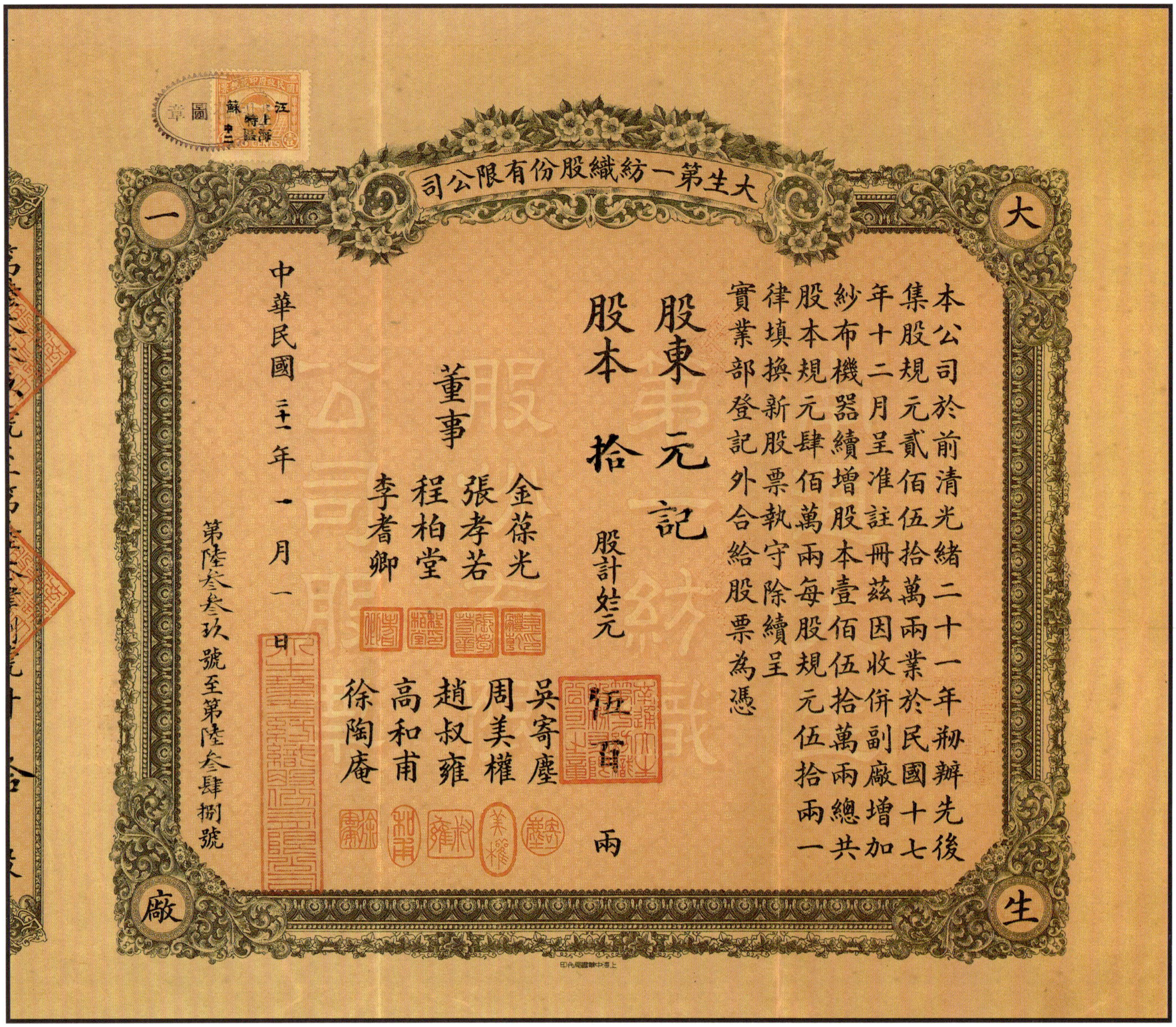
大生第一紡織股份有限公司

大 生 一 廠

本公司於前清光緒二十一年剏辦先後集股規元貳佰伍拾萬兩業於民國十七年十二月呈准註冊茲因收併副廠增加紗布機器續增股本壹佰伍拾萬兩總共股本規元肆佰萬兩每股規元伍拾兩一律填換新股票執守除續呈實業部登記外合給股票為憑

股東 元記

股本 拾 股計姞元 伍百 兩

董事 金篠光 張孝若 程柏堂 李耆卿 吳寄塵 周美權 趙叔雍 高和甫 徐陶庵

中華民國二十一年一月一日

第陸叁叁玖號至第陸叁肆捌號

图 123　大生第一纺织股份有限公司股票

大生第一纺织股份有限公司由张謇创办于光绪二十一年（1895 年），先后集股规银 250 万两。大生第一纺织股份有限公司股票（图 123）发行于 1932 年 1 月 1 日，因为这时张謇已经谢世，所以在股票的“董事”栏里已没有张謇的名字，而是出现了张謇之子张孝若的名字。张孝若成为父亲张謇所创实业的主要接班人，先后任大生纱厂董事长、大达轮船公司总经理、淮南盐垦公司常务董事长、南通师范学校校长等。1935 年 10 月 18 日张孝若突遭仆人暗杀，惨死于上海寓所，年仅 38 岁。

88.“实业清官”

王清穆

王清穆 (1860 ~ 1941 年)

王清穆，字丹揆，号希林、晚号农隐老人，江苏崇明人（今属上海市）。江浙耆绅，我国近代史上著名的清官和实业家。

王清穆 1877 年考中秀才，1883 年考中举人，1885 年得进士，钦赐翰林，先后在户部、外务部、商部任职，官至三品。1904 年，王清穆奉命南巡，以钦差大臣身份考察东南 7 省商务，他积极支持华侨广东侨商张煜南等设立潮汕铁路公司，兴建了我国第一条商办的潮汕铁路，后又支持旅美华侨陈宜禧兴建第二条商办的新宁铁路。1905 年江苏省商办铁路公司成立，开始筹建苏省铁路（又称沪杭甬铁路），王清穆应聘总理。

1904 年，上海南洋公学（交通大学前身）改隶商部，商部委派王清穆在沪先行接收。他在任职期间，设立了交通大学历史上第一个专科——“商务专科”。他还应著名教育家马相伯的邀请，参与复旦公学（复旦大学前身）的筹建工作，被聘为复旦公学 28 位校董之一。

1919 年，王清穆任太湖水利工程局督办，他到职后，轻车简从，赴宜兴、常州、镇江等重灾区考察，写成《太湖流域治水防灾策》等 20 多篇文章，为以后整治太湖水系留下了很有价值的资料。

王清穆热爱自己的家乡故土。1907 年，王清穆与他人集资创办了崇明第一个轮船公司“朝阳轮船公司”；1919 年，王清穆积极支持杜少如创办了崇明第一家纱厂“大通纱厂”；1930 年 6 月，王清穆与杜少如等集资 20 万银元，创建了崇明第一家银行“大同商业银行”。

王清穆一生为官清廉，1906 年他奉命查办修筑京汉、京榆铁路贪污案，主持者先以赠送苏州留园贿赂王清穆，继而赂予 30 万两银元，王清穆都严词拒绝。他常说：“节俭从小处着手，廉洁从小处着眼；小不占，才能养成大不贪。”

1941 年 6 月 17 日，王清穆因患鼻癌医治无效在上海逝世，享年 81 岁。他在临终前，仍昂首睽目注视，一面举起右手指向大地，连呼“国！国！国！”三声后，始瞑目长逝，表达了他无限的爱国情怀。

1909 年的杭州闸口火车站

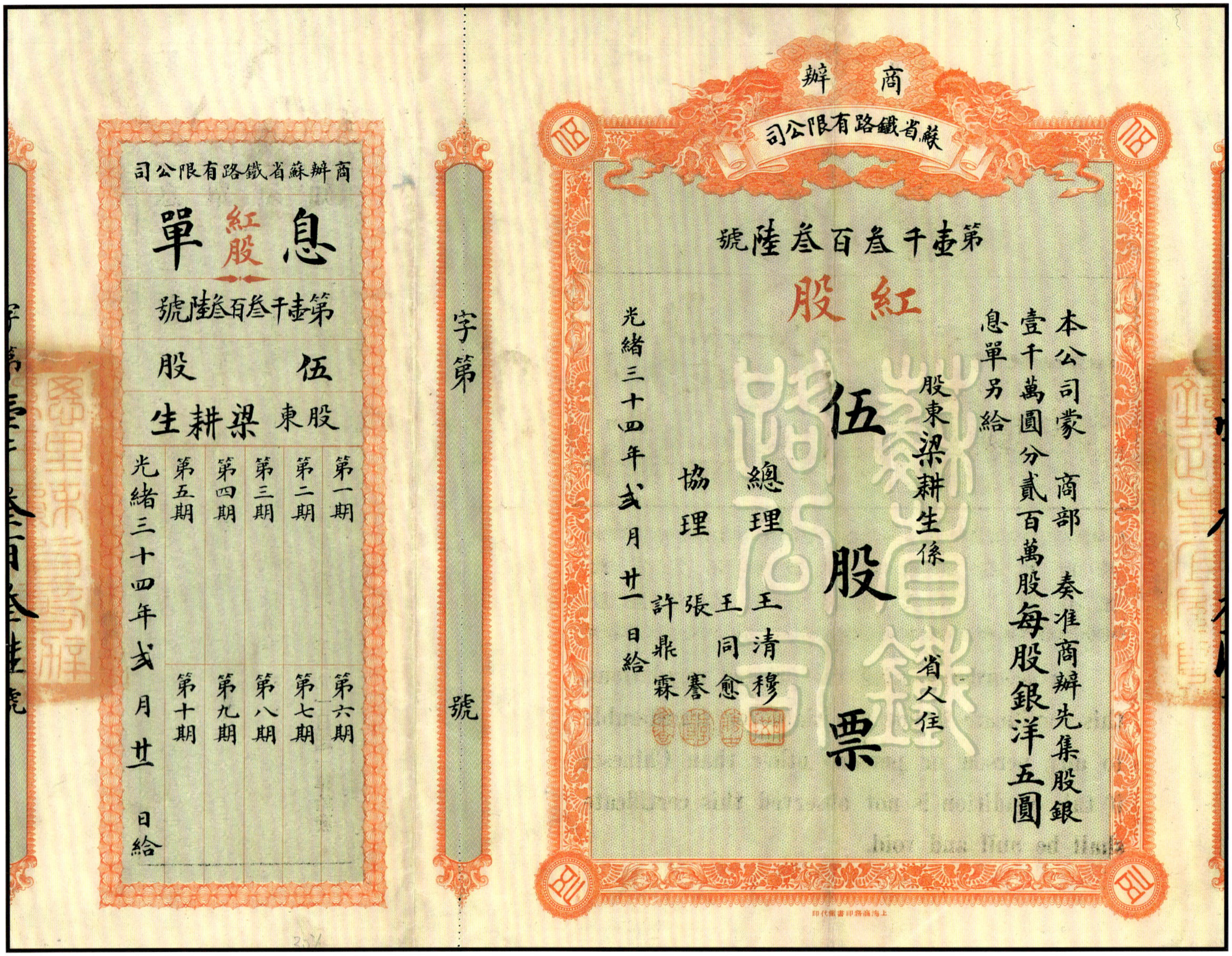

图 124 商办苏省铁路有限公司股票

商办苏省铁路有限公司创立于 1905 年，由王清穆、张謇等人发起创办。苏省即江苏省，当时的上海隶属于江苏省。苏省铁路又称沪杭甬铁路，全程 357.03 公里，其中沪杭段自 1906 年 10 月开工，1909 年 8 月正式投入营运，全线长 186.2 公里，设上海南站、莘庄、松江、嘉兴、闸口等 24 个车站。杭甬段先修宁波至曹娥江段，1910 年 2 月开工，1914 年 1 月竣工，剩余线路至 1937 年 11 月修通。

商办苏省铁路有限公司股票（图 124）发行于光绪三十四年（1908 年）2 月 21 日，总理王清穆，协理张謇、王同愈、许鼎霖。该股票承袭清朝股票中的碑式设计风格，并揉合了西洋的设计元素：它的正面全部为文字，并配以象征东方民族强盛、腾飞之意的“双龙戏珠”图案；它的反面画有一辆精致的火车图案，车厢上有“苏省铁路公司第壹号”字样。

89. “北洋实业导师”

周学熙

周学熙（1866 ~ 1947 年）

周学熙，字缉之，号止庵，安徽至德（今安徽东至）人。中国近代实业家，开滦矿务局、启新洋灰公司、华新纺织公司、耀华玻璃公司的创始人，被誉为“北洋实业导师”、“华北工业之父”。

周学熙是继盛宣怀之后，声名最响、成就最大的官商。他出身于官宦世家，父亲周馥早年追随李鸿章，官至两广总督，是一个著名的洋务派大臣。周氏实业庞大，是民国初期规模最大的实业集团之一，周学熙与江南的张謇并称为“南张北周”。

周学熙 30 岁时就当上了开平矿务局的总办，一方面是因为他精于商略，另一方面则因周家与官府的渊源。周学熙与当时正冉冉升起的政治新星、山东巡抚袁世凯意气相投，袁世凯的一个儿子与周学熙的妹妹结婚，于是亲上加亲，结成官商同盟。从此以后，周学熙以天津为基地，创建了一个在其后几十年中享誉海内外的“周氏企业集团”，投资领域包括燃料、建材、纺织、五金、交电、机械、金融等行业，形成了以启新、滦矿、华新三公司为核心的庞大资本集团，总资本高达 4 000 多万银元。

1912 ~ 1914 年间，周学熙两度出任北洋政府财政总长，后因袁世凯洪宪称帝，周学熙“坚不附和”，遂于 1927 年以年高为由引退，晚年以闭门念佛、读经、赋诗自遣，1947 年 9 月 26 日卒于北平寓所，享年 81 岁。

京城首座水厂——东直门水厂（1910 年）

京师自来水股份有限公司是中国人开办的第一家自来水公司。清末时北京城屡遭大火、瘟疫，紫禁城也频发火事。光绪三十四年（1908年）3月18日，农工商部几位大臣给慈禧和光绪上奏折，指出生产自来水的重要性。同年4月，慈禧太后批准了农工商部的奏折，谕允成立官督商办的京师自来水股份有限公司，任命周学熙为公司总理。周学熙上任后，选定京城东北部的孙河（今温榆河）作为水源地，并决定在孙河镇和东直门各建一座水厂。周学熙采用招商集股的方式，筹集了整个工程所需费用大约300万银元。宣统二年二月初十（1910年3月20日），东直门自来水厂正式向北京城区供水。京师自来水有限公司股票（图125、126）发行于光绪三十四年（1908年），总理周学熙，协理孙多森。

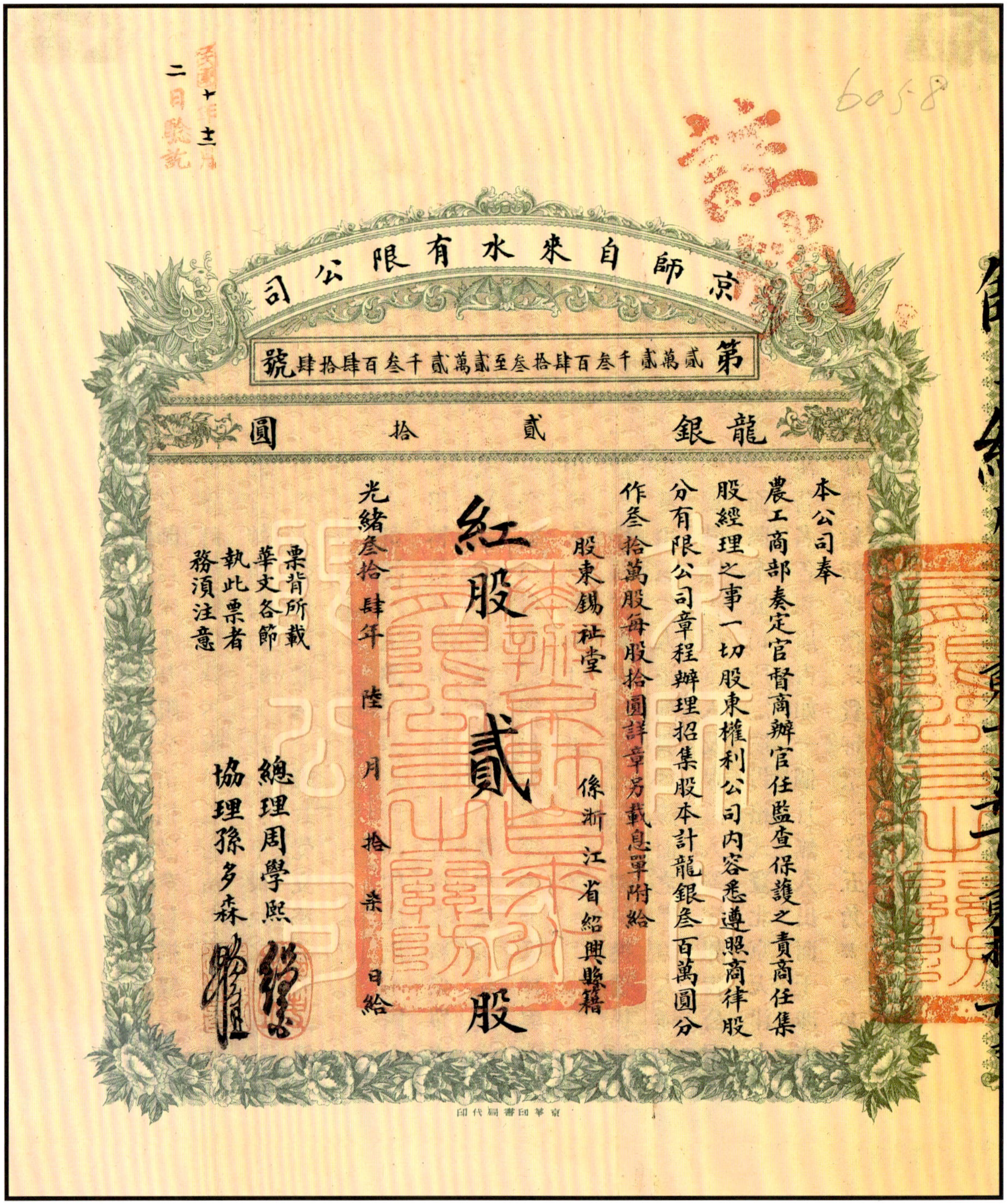
京師自來水有限公司
第貳萬貳千叁百肆拾叁至貳萬貳千叁百肆拾肆號
龍銀貳拾圓
本公司奉
農工商部奏定官督商辦官任監查保護之責商任集
股經理之事一切股東權利公司內容悉遵照商律股
分有限公司章程辦理招集股本計龍銀叁百萬圓分
作叁拾萬股每股拾圓詳章另載息單附給
股東錫祉堂 係浙江省紹興縣籍
紅股 貳 股
光緒叁拾肆年 陸 月 拾 柒 日給
票背所載
華文各節
執此票者
務須注意
總理周學熙
協理孫多森
京華印書局代印

图125 京师自来水有限公司股票

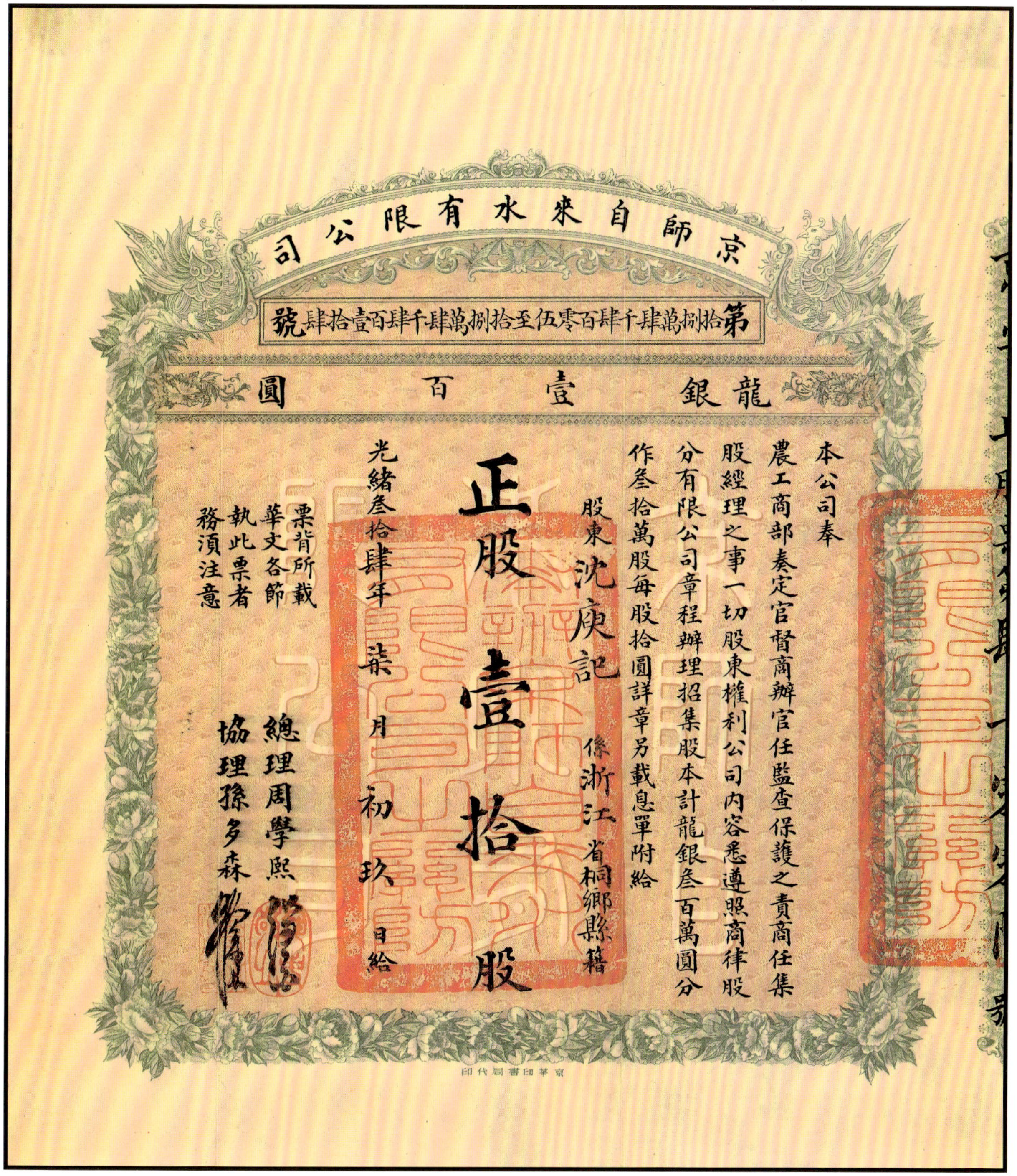

京師自來水有限公司

第拾捌萬肆千肆百零伍至拾捌萬肆千肆百壹拾肆號

龍銀壹百圓

本公司奉
農工商部奏定官督商辦官任監查保護之責商任集
股經理之事一切股東權利公司內容悉遵照商律股
分有限公司章程辦理招集股本計龍銀叁百萬圓分
作叁拾萬股每股拾圓詳章另載息單附給
股東沈庚記 係浙江省桐鄉縣籍

正股壹拾股

光緒叁拾肆年柒月初玖日給

票背所載
華文各節
執此票者
務須注意

總理周學熙
協理孫多森

京華印書局代印

图 126 京师自来水有限公司股票

90. “航运巨头”

虞洽卿

虞洽卿（1867 ~ 1945 年）

虞洽卿，名和德，字洽卿，浙江镇海人，“宁波帮”领袖人物之一，被称为“航运巨头”、“上海超级大亨”。现上海的西藏中路解放前曾被命名为 “虞洽卿路”。

上海南京西路 1081 弄 22 号的一幢独立式花园住宅，现在是著名的梅龙镇酒家，原宅主就是虞洽卿。

1881 年，14 岁的虞洽卿随祖叔来到上海当学徒，从 1895 年起，先后任德商鲁麟洋行、华俄道胜银行、荷兰银行买办。1903 年他发起组织四明银行，1908 年创办宁绍轮船公司，1920 年与人合伙创办上海证券物品交易所，1923 年当选为上海总商会会长。虞洽卿在辛亥革命时期积极支持孙中山的革命活动，二次革命时反对袁世凯称帝。抗战时期，他坚持抗日爱国，不当汉奸。1945 年 4 月 26 日，虞洽卿因患急性淋巴腺炎在重庆去世，享年 78 岁。

虞洽卿的一生创办了很多实业，但是他的主业毫无疑问是航运业。到了 1936 年，虞洽卿已拥有“宁绍”、“鸿安”、“三北”、“宁兴”等多家轮船公司，有 500 吨级以上轮船 33 艘，而且从航运业扩展到码头、堆栈业、修船和造船业、保险业等，成为当时我国规模最大的私人资本航运集团，虞洽卿也因此成为中国的“航运巨头”。

当年在沪甬线上航行的“宁绍轮”

1920 年上海证券物品交易所开业时盛况

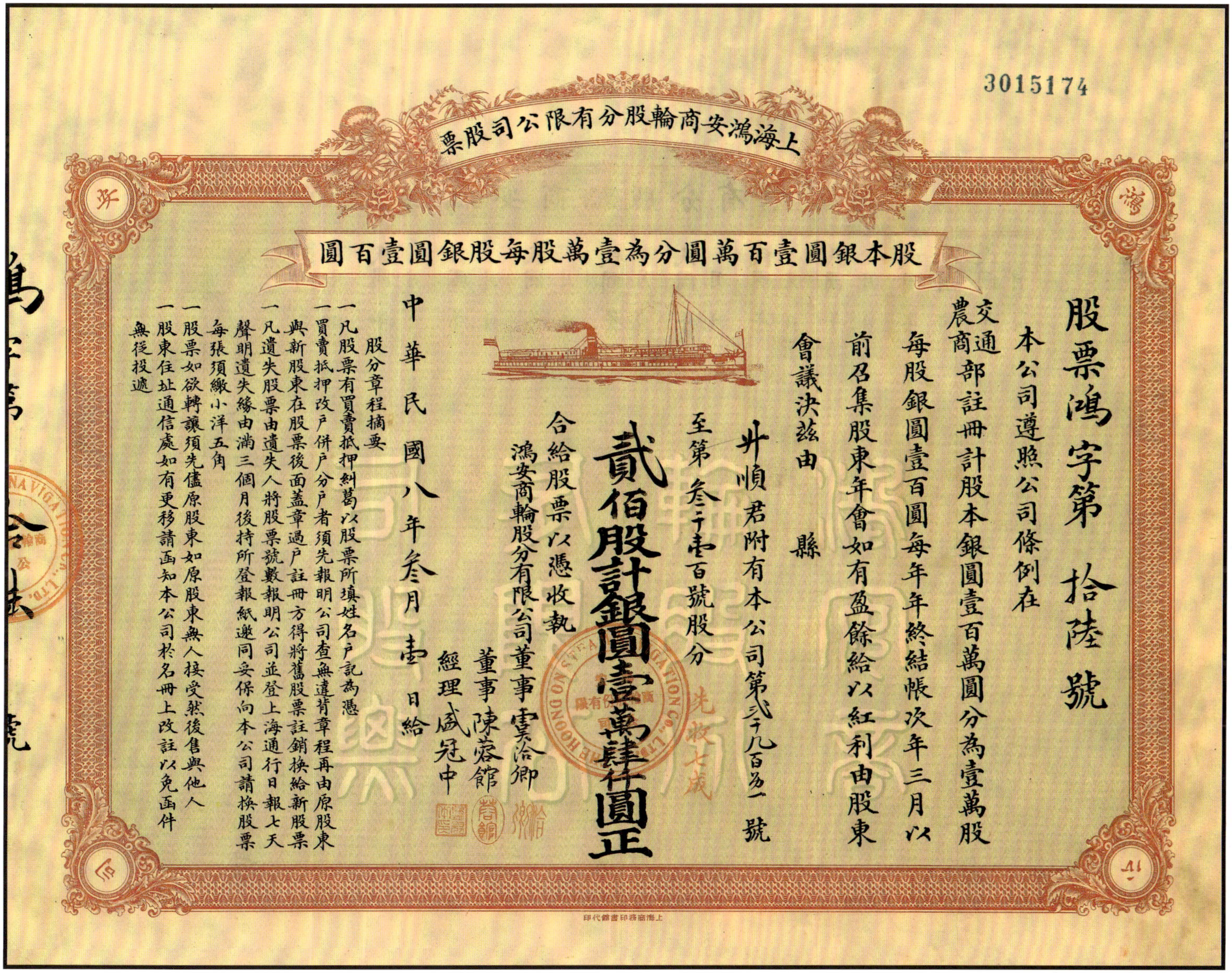
3015174
上海鸿安商輪股分有限公司股票
股本銀圓壹百萬圓分為壹萬股每股銀圓壹百圓
股票鴻字第拾陸號
本公司遵照公司條例在
交通 農商部註冊計股本銀圓壹百萬圓分為壹萬股
每股銀圓壹百圓每年年終結帳次年三月以
前召集股東年會如有盈餘給以紅利由股東
會議決茲由　縣
合給股票以憑收執
鴻安商輪股分有限公司董事
董事虞洽卿
董事陳蓉館
經理盛冠中
中華民國八年叁月壹日給
股分章程摘要

3015158

股票第卅六頁

鴻升碼頭堆棧股分有限公司股票

本公司定資本洋四拾萬圓分作四百股每股計洋壹千圓官息不計給以紅利茲由　縣股東鴻安公司附有伍拾股計洋伍萬圓合給鴻字第六百六十壹至七百十號股票一紙須至股票者

中華民國八年三月三十日鴻升碼頭堆棧股分有限公司

董事　虞洽卿

經理　盛冠中

图 128　鸿升码头堆栈股份有限公司股票

鸿升码头堆栈股份有限公司股票（图128）发行于1919年3月30日，董事虞洽卿，经理盛冠中，股东是鸿安公司，持有鸿升公司股票50股，占总股本的1/8。

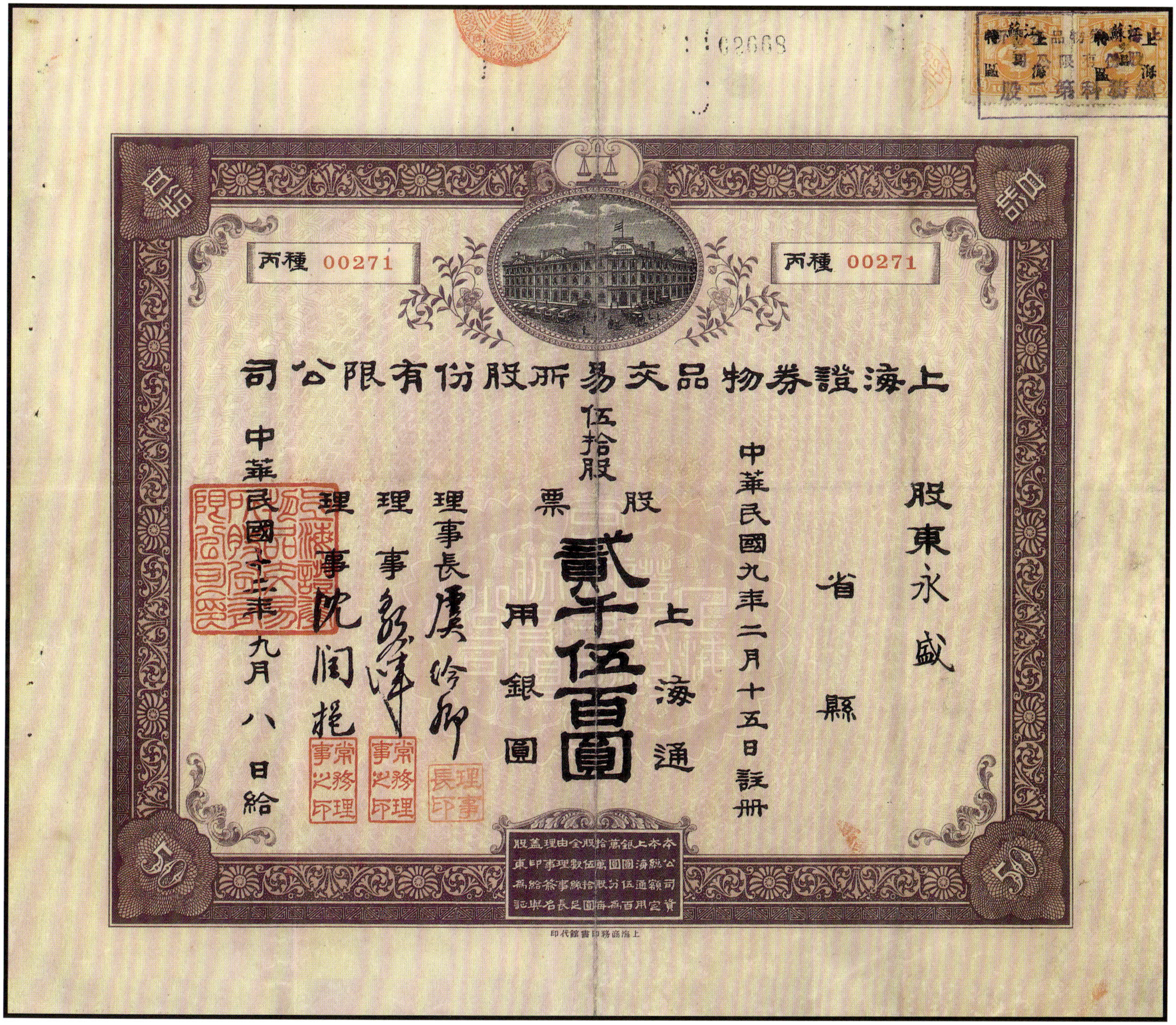

图 129　上海证券物品交易所股份有限公司股票

上海证券物品交易所股份有限公司成立于 1920 年 2 月 1 日，同年 7 月 1 日上海证券物品交易所开业，这是我国第一家由华商开办的综合性交易所。上海证券物品交易所股份有限公司股票（图 129）发行于 1923 年 9 月 8 日，理事长虞洽卿。

91. “中国实业大王”

刘鸿生

刘鸿生（1888～1956年）

刘鸿生，名克定，浙江定海人，著名爱国民族工商业实业家，享有“火柴大王”、“煤炭大王”、“水泥大王”等称誉。

刘鸿生是我国历史上享誉海内外的工商界旗帜性人物，他一生致力于民族工业振兴，成为集工业、商业、运输业、金融业于一体的“中国实业大王”。

刘鸿生早年在上海圣约翰大学肄业，曾做过教员、翻译、推销员等工作，清末为开平矿务局上海办事处买办。第一次世界大战期间，刘鸿生以经营开滦煤炭起家，被称为“煤炭大王”。此后，刘鸿生将其资本投入火柴、水泥、毛纺织等行业，1920年起陆续创办了上海水泥厂、上海章华毛绒纺织公司、大中华火柴公司等，还投资码头、搪瓷、航运、金融及保险等行业，到1931年投资额已达740余万银元，被称为“火柴大王”和“毛纺业大王”。抗战时期，刘鸿生在香港、重庆和兰州投资创办中国火柴原料股份有限公司、中国毛纺织公司、西北毛纺公司等。抗战胜利后，刘鸿生任国民政府行政院善后救济总署执行长兼上海分署署长、轮船招商局理事长等职。

1949年上海解放前夕，刘鸿生曾一度跑到香港。同年10月，中华人民共和国成立后，他回到上海，历任上海市人民政府委员、华东军政委员会委员、全国政协委员、全国人民代表大会代表、全国工商联常务委员等职。1956年10月1日，刘鸿生因心脏病在上海与世长辞，终年68岁。他在生前告诫家人：“定息可以分取，但不要多取，每人至多拿几万元，拿多了对你们没有好处，其余的全部捐献给国家，这是我对中国共产党一点微小的表示，也是我最后的嘱咐。”

原公私合营鸿生火柴厂

轮船招商局旧照

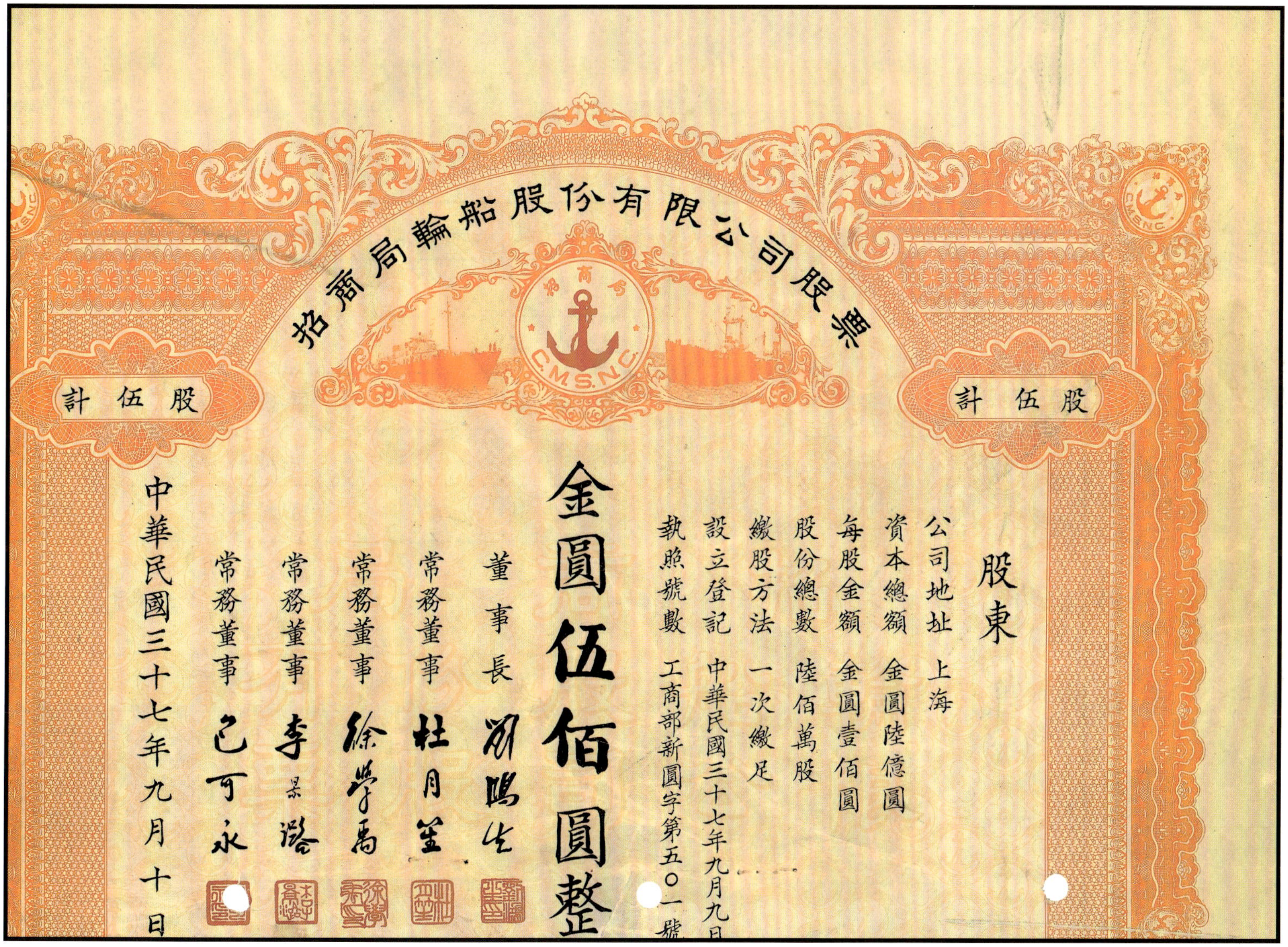

图 130 招商局轮船股份有限公司股票

轮船招商局于同治十一年（1872 年）公开向社会发行了中国第一张股票，比我国发行的第一套邮票还早了 6 年。近十几年来，一些股票收藏者曾苦苦寻觅这张中国最早发行的股票，但至今仍丝毫不见她的踪影。招商局轮船股份有限公司股票（图 130）发行于 1948 年 9 月 1 日，董事长刘鸿生，总经理徐学禹。它虽然与清朝发行的轮船招商局股票不能同日而语，但也是招商局百年多历史的一件不可多得的珍贵史料。

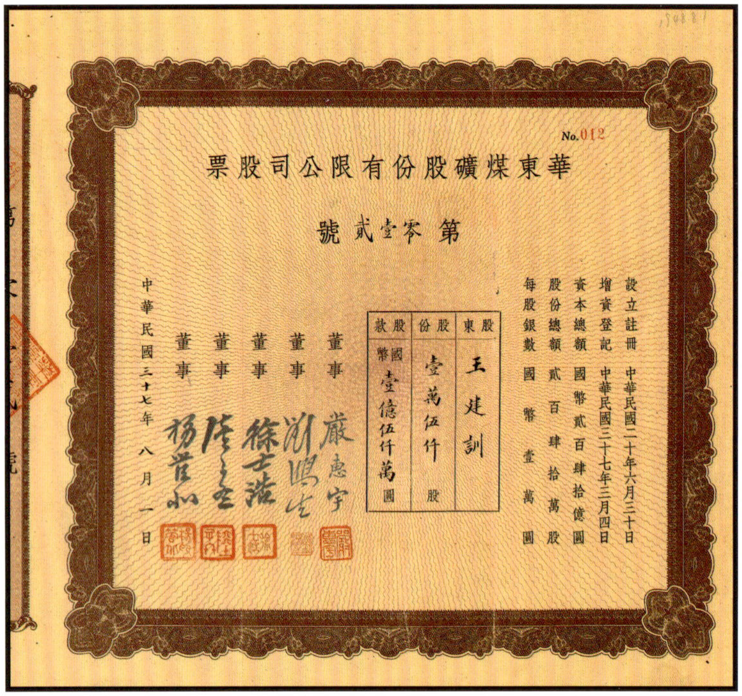

No.012

華東煤礦股份有限公司股票

第零壹貳號

設立註冊 中華民國二十年六月三十日
增資登記 中華民國三十七年三月四日
資本總額 國幣貳百肆拾億圓
股份總額 貳百肆拾萬股
每股銀數 國幣壹萬圓

股東	股份	股款
王建訓	壹萬伍仟股	國幣壹億伍仟萬圓

董事 嚴惠宇
董事 劉鴻生
董事
董事
董事

中華民國三十七年八月一日

图 131 华东煤矿股份有限公司股票

◀ 第一次世界大战结束的 1918 年，刘鸿生已成为富甲一方的“煤炭大王”。1930 年，为了完全摆脱外国资本的控制，他辞去开滦公司买办职务，买下徐州贾伍煤矿的全部股权，成立了由他控股的“华东煤矿股份公司”。华东煤矿股份有限公司股票（图 131）发行于 1948 年 8 月 1 日，“董事”一栏里有刘鸿生本人手迹的签名和印章。

大中华火柴股份公司创立于 1931 年 2 月 25 日，由上海荧昌火柴厂、苏州鸿生火柴厂和中华火柴厂合并而成，地址在上海四川路 33 号。董事长乐振葆，总经理刘鸿生。大中华火柴股份有限公司股票（图 132）发行于 1944 年 12 月 30 日，股票上的总经理是刘念义。刘念义是刘鸿生的次子，1941 年起继承父业，担任大中华火柴股份公司总经理等职，后来在“文化大革命”中遭迫害致死。他的弟弟就是全国工商联原副主席、香港上海实业公司原董事长刘念智（已故）。

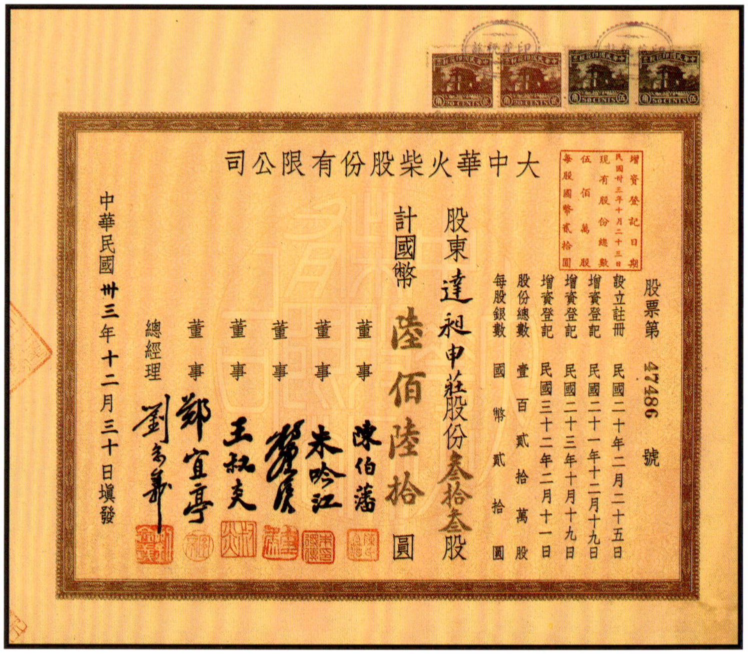

大中華火柴股份有限公司

股票第 47486 號

設立註冊 民國二十年二月二十五日
增資登記 民國二十一年十二月十九日
增資登記 民國二十三年十月十九日
增資登記 民國三十二年二月十一日
股份總數 壹百貳拾萬股
每股銀數 國幣貳拾圓

增資登記日期 民國卅三年十月二十五日
現有股份總數 伍佰萬股
每股國幣貳拾圓

股東 達昶中莊 股份叁拾叁股
計國幣陸佰陸拾圓

董事 陳伯藩
董事 朱吟江
董事
董事
董事
總經理 劉念義

中華民國卅三年十二月三十日填發

图 132 大中华火柴股份有限公司股票

92.“中国铁路之父”

詹天佑

詹天佑（1861 ~ 1919 年）

詹天佑，号眷诚，字达朝，广东南海人，原籍安徽婺源（今属江西省）。中国民族铁路事业的开拓者，中华工程师学会的创始人，杰出的爱国知识分子，有“中华铁路第一人”、“中国铁路之父”、“中国近代工程之父”之称。

喜欢集邮的朋友大概都知道中国著名漫画家詹同的大名，第一轮生肖邮票中的鼠票就是由他设计的，而他的祖父就是我国著名的铁路工程专家詹天佑。

1872 年，詹天佑随中国第一批留学幼童飘洋过海赴美，1878 年以优异成绩中学毕业，考取了耶鲁大学土木工程系学习铁道工程学；1881 年又以全班第一名的优异成绩，获学士学位回国。1894 年，詹天佑被选为英国土木工程师协会会员，这是中国工程师被选入该会的第一人。

詹天佑从 19 世纪 80 年代起，就投身于中国的铁路建设事业，曾主持过京张、川汉、粤汉等早期铁路的建设，他的一生足迹踏遍长城内外、大江南北。如 1905 年詹天佑主持修建了京张铁路（北京—张家口），这是第一条完全由中国人自行勘测、设计、施工的干线铁路。这条铁路历时 4 年，于 1909 年建成，比原计划提前两年，而总费用只有外国承包商索价的 1/5，当时被外国工程师视为奇迹。

詹天佑晚年编写出版了《京张铁路工程纪要》、《京张铁路标准图》等工程技术书籍，以及《华英工程词汇》这部我国最早的土木工程辞典。1919 年 2 月，詹天佑冒着严寒，抱病远赴海参崴、哈尔滨参加远东铁路会议，与列强力争，维护国家路权，耗尽心力；4 月返回汉口后，终因积劳成疾，于 24 日在汉口逝世，享年 59 岁。

商办广东粤汉铁路公司旧貌

1936 年 9 月 1 日粤汉铁路发车仪式

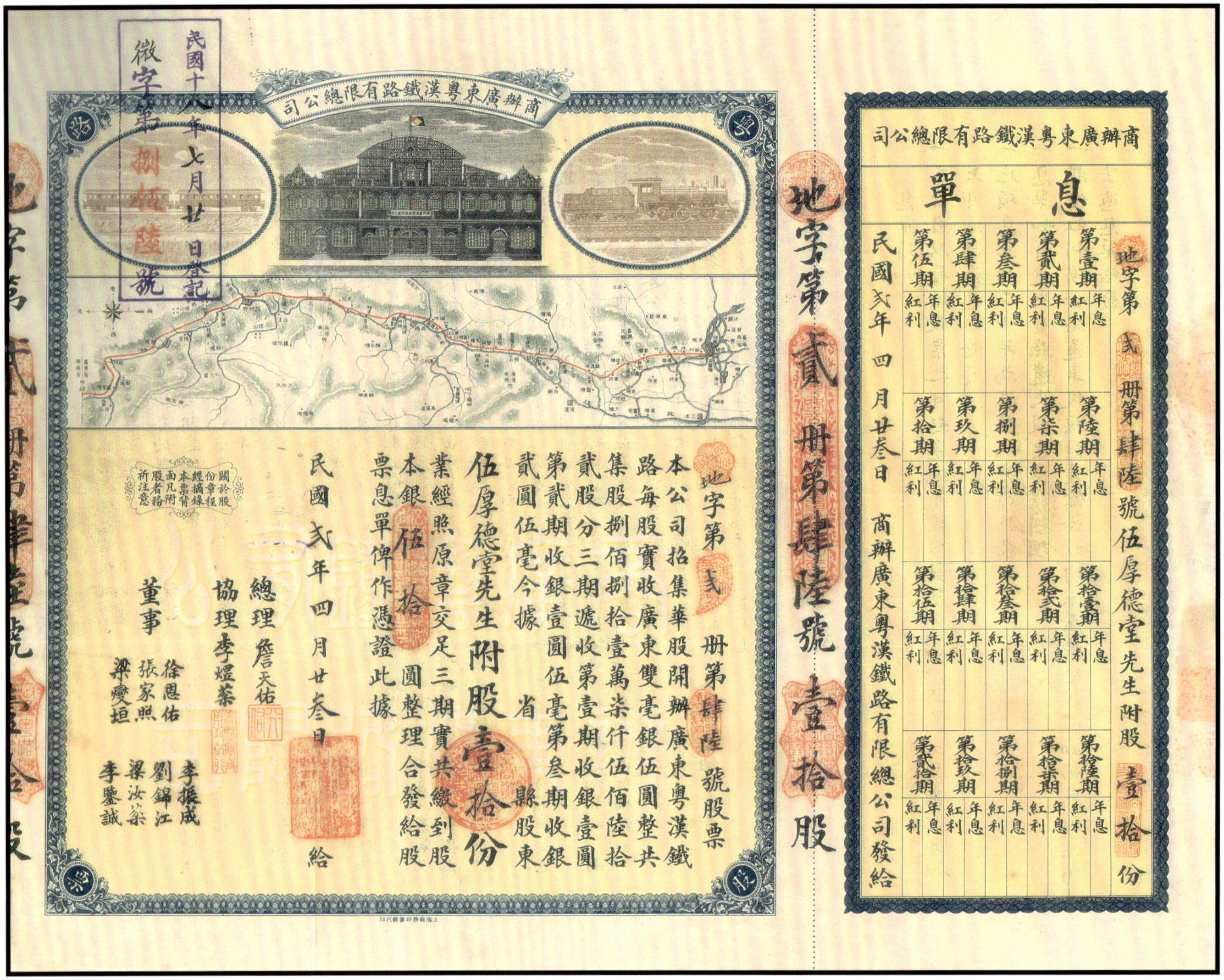

商辦廣東粵漢鐵路有限總公司

地字第貳冊第肆陸號股票

本公司招集華股開辦廣東粵漢鐵路每股實收廣東雙毫銀伍圓整共集股捌佰捌拾壹萬柒仟伍佰陸拾貳股分三期遞收第壹期收銀壹圓伍毫第貳期收銀壹圓伍毫第叁期收銀貳圓伍毫今據　省　縣股東伍厚德堂先生附股壹拾份業經照原章交足三期實共繳到股本銀伍拾圓整理合發給股票息單俾作憑證此據

關於股份章程總摘錄本票背面凡附股者務祈注意

民國弍年四月廿叁日　給

總理　詹天佑

協理　李煜棻

董事　徐恩佑　張家照　梁慶垣　李振成　劉錦江　梁汝棻　李鑒誠

民國十八年七月廿日登記　微字第捌伍陸號

地字第貳冊第肆陸號壹拾股

商辦廣東粵漢鐵路有限總公司

息單

地字第弍冊第肆陸號伍厚德堂先生附股壹拾份

第壹期 年息 紅利	第貳期 年息 紅利	第叁期 年息 紅利	第肆期 年息 紅利	第伍期 年息 紅利
第陸期 年息 紅利	第柒期 年息 紅利	第捌期 年息 紅利	第玖期 年息 紅利	第拾期 年息 紅利
第拾壹期 年息 紅利	第拾貳期 年息 紅利	第拾叁期 年息 紅利	第拾肆期 年息 紅利	第拾伍期 年息 紅利
第拾陸期 年息 紅利	第拾柒期 年息 紅利	第拾捌期 年息 紅利	第拾玖期 年息 紅利	第貳拾期 年息 紅利

民國弍年四月廿叁日　商辦廣東粵漢鐵路有限總公司發給

图 133　商办广东粤汉铁路有限总公司股票

粤汉铁路全长 1 096 公里，北起武昌南至广州，是跨越鄂湘粤三省，连接珠江、长江地区交通的大动脉。1896 年，清政府设立南北铁路总公司，派盛宣怀为第一任铁路督办大臣。粤汉铁路于 1901 年 12 月正式动工，1936 年 6 月全线通车，前后历时 36 年。1906 年 5 月商办广东粤汉铁路总公司成立。

商办广东粤汉铁路有限总公司股票（图 133）发行于 1913 年 4 月 23 日，共集股 882 万股，每股实收“广东双毫银伍圆整”，共分三期募集。该股票在发行章程中言明“不收外国人股份”、“不得将股票转售及抵押给外国人”，足见当年华商的拳拳爱国之心。该股票上方印有广东粤汉铁路总公司大楼、粤汉铁路在广东境内的地形及线路图以及机车等图案，还有公司总理詹天佑、协理李煜棻等人的签名和印章。

93."中国留法第一人"

李煜瀛

李煜瀛(1881 ~ 1973 年)

李煜瀛，名煜瀛，字石僧，号扩武，笔名真民，河北高阳人。国民党四大元老之一，中国教育家，故宫博物院创建人之一，国际著名的社会活动家，被称为"中国留法第一人"。

在当今的中国，已经很少有人知道李煜瀛了。李煜瀛是他原来的名字，后来一般都称他李石曾。李煜瀛 3 岁时随父亲李鸿藻入宫觐见慈裕太后，慈裕抚摸他的头顶说："此子将来定成大器。"1900 年，八国联军攻入北京，圆明园的大火烧醒了中国。少年李煜瀛看到清朝官员的腐败，感到要奋发图强，势必要向西方学习先进技术，于是在他 21 岁的时候，就随同清驻法钦差大臣孙宝琦来到法国，成为中国近代史上留法第一人。

1915 年，李煜瀛等人在巴黎发起成立"留法勤工俭学会"，参加留法勤工俭学的先后有蔡元培、周恩来、邓小平、陈毅、聂荣臻、钱三强、严济慈、潘玉良、林风眠等人。据不完全统计，从 1915 ~ 1920 年的 5 年里，有 1 700 多名有志青年踏上了法兰西的国土求学。

1906 年 8 月，李煜瀛由张静江介绍加入了同盟会。他一生创办中外 60 多项事业，如中法大学、中国农工银行、中法工商银行、上海及日内瓦中国国际图书馆等，但其终生无一私产。李煜瀛大半生奔波于欧中之间，先后任北京大学教授、中法大学董事长、北平大学及北平师范大学校长、北平研究院院长、故宫博物院第一任院长等。1925 年 10 月 10 日，故宫博物院宣告成立。在成立的前几天，时任故宫博物院理事长的李煜瀛用大抓笔半跪着书写了"故宫博物院"5 个气势磅礴的大字。中华人民共和国成立后，李煜瀛赴瑞士，1956 年定居台北，1973 年 9 月 30 日在台北病逝，享年 92 岁。

1913 年中国留法俭学会第三班学生留影(第三排右三为李煜瀛)

图 134 商办江南铁路股份有限公司股票

江南铁路（南京至安徽孙家埠）正式兴建于 1932 年，由江南铁路股份有限公司筹资建设，到 1935 年 5 月，南京尧化门至安徽孙家埠全长 197.05 公里干线通车。

商办江南铁路股份有限公司股票（图 134）发行于 1935 年 6 月 1 日。董事长李煜瀛，“常务董事”有宋子文、张公权、张啸林、陈光甫、钱永铭、杜月笙、张静江等大名人。票面上有一座火车头图案，画得十分精细，右下角盖有“商办江南铁路股份有限公司”的钢印，底版上还有防伪图案。

94.“中国船王”

卢作孚

卢作孚（1893 ~ 1952 年）

卢作孚，原名魁先，别名卢思，重庆市合川人。著名的爱国实业家、教育家、社会活动家，中国航运业先驱，被誉为“中国船王”，也被毛泽东称为“中国不能忘记的四个实业家”之一。

华人“船王”包玉刚曾经说过：“如果卢作孚还健在，就不会有我今日的包玉刚。”由此可见，卢作孚在近现代中国航运史上的地位。

卢作孚出生在一个小商贩家庭，因受孙中山革命思想的影响，17 岁时就加入了同盟会，投身于辛亥革命。卢作孚最初的理想是“教育救国 ”，他当过中学老师，还担任过泸州永宁公署教育科长，但在军阀混战的年代里，教育救国的理想无异于“对牛弹琴”。1925 年，卢作孚在合川募集资金创办民生实业股份有限公司，1926 年在上海建造了第一艘 70 吨的小客轮“民生”号，航行于嘉陵江重庆至合川航线，从此开始了“实业救国”的征途。

1937 年 7 月 7 日，日本帝国主义开始全面侵略中国。卢作孚从南京电告民生公司全体员工：民生公司应该首先动员起来参加抗战。1937 年 8 月 13 日，日寇陆、海军大举进攻上海。卢作孚调集民生公司在长江中下游的轮船，昼夜不停地将上海、苏州、无锡、常州等地的 500 余家工厂的人员、物资运往长江中上游。1938 年，日军开始向武汉进攻，身为国民政府交通部次长、水陆运输委员会主任的卢作孚，立即调集船舶，帮助上万人员及 10 万吨物资从武汉安全撤退。这次惊心动魄的宜昌大撤退，被中外人士誉为“中国实业史的敦刻尔克”。

新中国成立后，卢作孚突破种种阻挠，先后将民本、民丰、民俗、渠江、怒江、绥远、绥定、宁远、怀远以及 9 艘“门”字轮驶回广州。1950 年 6 月 10 日，卢作孚在中共的缜密部署下秘密离港回国，后被补选为全国政协委员，并且继续担任民生公司总经理。

1952 年 2 月 8 日晚，卢作孚在重庆民国路 20 号家中服用过量安眠药后，不幸遽离人世，时年 59 岁。当毛主席和周总理知道卢作孚去世的消息时，都感到十分惋惜，毛主席曾说：“作孚先生是一位人才，真可惜啊！”“如果卢作孚先生还在，他所要担负的责任总比民生公司大得多啊！”四川人民为纪念他，在重庆合川市区修建了卢作孚广场，并在广场上为他立了花岗岩雕像。

民生公司第一艘轮船“民生轮”

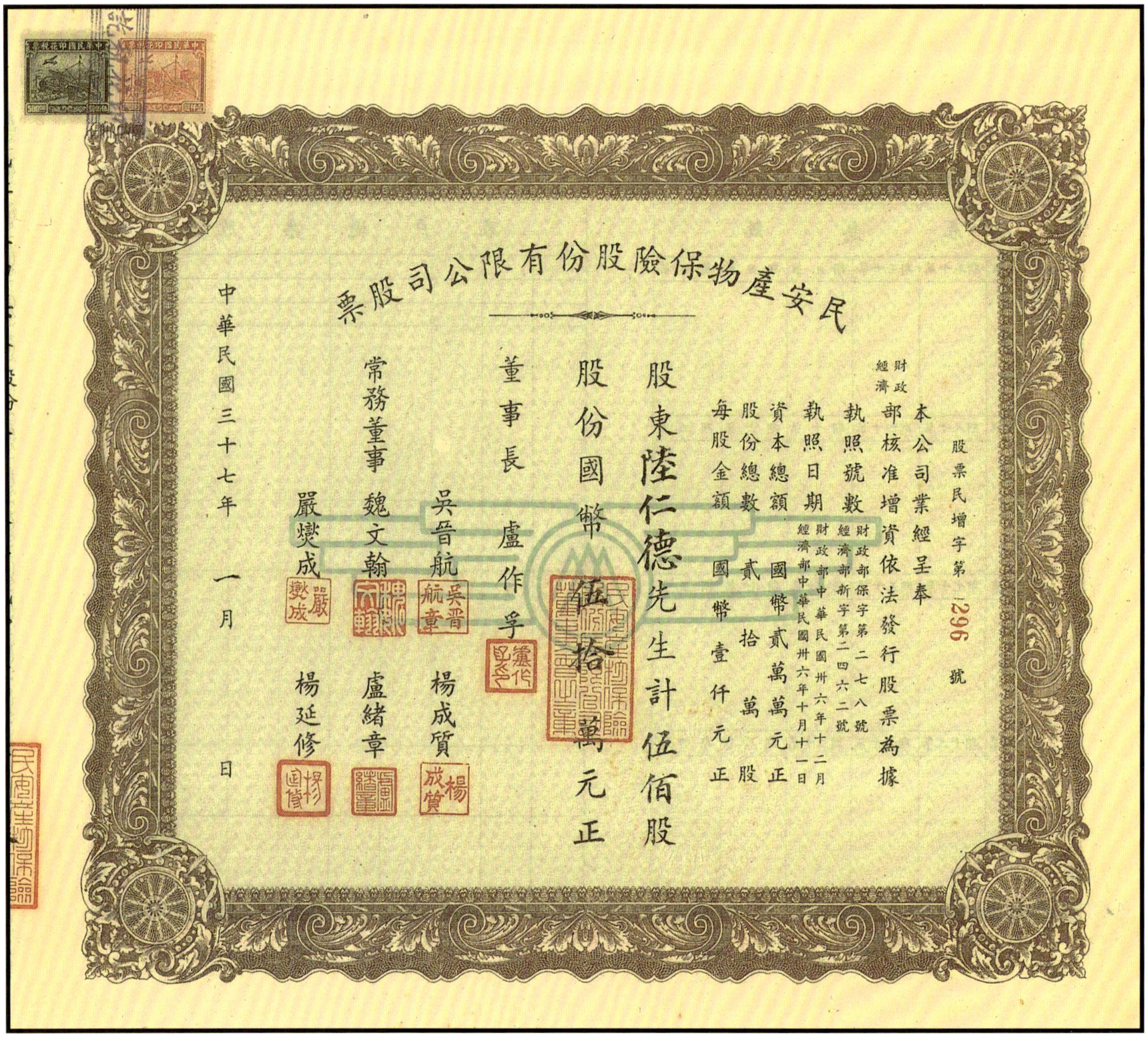

民安產物保險股份有限公司股票

股票民增字第296號

本公司業經呈奉財政經濟部核准增資依法發行股票為據

執照號數　財政部新保字第二七八號　經濟部新字第二四六二號

執照日期　財政部中華民國卅六年十二月　經濟部中華民國卅六年十月十一日

資本總額　國幣貳萬萬元正

股份總數　貳拾萬股

每股金額　國幣壹仟元正

股東陸仁德先生計伍佰股

股份國幣伍拾萬元正

董事長　盧作孚

常務董事　吳晉航　魏文翰　嚴爕成　楊成質　盧緒章　楊延修

中華民國三十七年一月　日

图 135　民安产物保险股份有限公司股票（《百年中国证券典藏》图录）

卢作孚创办的民生公司是中国近代最有影响的民营企业集团之一。民安产物保险股份有限公司股票（图 135）发行于 1948 年 1 月，董事长卢作孚。

95.“出租汽车大王”

周祥生

周祥生（1895 ~ 1974 年）

周祥生，原名锡杖，又名锡祥，后改名祥生，浙江定海周家塘人，被誉为“上海出租汽车大王”。

周祥生 13 岁那年只身来上海谋生，先在一家餐馆里打杂，3 年后到外国人开的礼查饭店（今浦江饭店）做 BOY，他整天与洋人打交道，学会了一口洋泾浜英语，不仅获得饭店老板和客人的好感，而且省吃俭用积攒了一点钱。

这时周祥生想自立门户，他向英商中央汽车公司贷款，买了一辆日产“黑龙牌”旧蓬车，开始自己做起了出租车生意。周祥生以滚雪球的方式，分期贷款购进汽车，到 1929 年，祥生车行已经拥有 20 辆车和两处分行，在华商汽车出租行业中脱颖而出。1932 年元旦，周祥生正式组建了“祥生出租汽车股份有限公司”。

当时祥生汽车公司的叫车电话是 :40251 和 40253，周祥生意识到“祥生”的电话号码必须更富有创意，经过一番冥思苦想，周祥生终于想到了一个绝妙的电话号码：40000。周祥生打通当时美商上海电话公司的关节，不惜花重金请客送礼，最后终于获得了这个号码，并且打出了“四万万同胞请打四万号电话”的广告词。祥生汽车的业务很快超过了美商的“银色”和“云飞”汽车公司，成为近代上海最大的一家出租汽车公司，周祥生也被誉为“上海出租汽车大王”。

1937 年后，周祥生遭到董事会的弹劾，愤然辞去总经理职务，与祥生公司脱离了关系，携家眷回家乡休养。虽然 1942 年底周祥生又重返上海开设了祥生饭店、祥生广播电台、祥生建业公司等，但已无法再现昔日的辉煌。“文革”中周祥生受到严重冲击，于 1974 年 2 月 12 日在上海去世，终年 79 岁。

1919 年的祥生汽车公司

40000 祥生出租车

祥　生　股　票

華商祥生汽車股份有限公司

本公司業於民國　年　月
日呈奉實業部核准登記
額定股本國幣拾五萬圓整分
為壹千五百股每股計國幣壹
百圓整壹次繳足今據
君繳來國幣　圓
計　股合給
股票存證
中華民國二十　年　月　日

董事長

董事

董事

董事

董事

華商祥生汽車股份有限公司

股份號數第　號股票祥字第　號

图 136　祥生出租汽车股份有限公司股票（吕传有先生藏品）

今强生出租公司的前身就是祥生出租汽车公司，1932 年元旦正式开张营业，公司总部设在上海北京东路 800 号，它是上海第一家由中国人创办的出租汽车公司。

华商祥生出租汽车股份有限公司股票（图 136）发行于 1930 年，是一张未实用过的股票，董事栏里的名字都空缺，目前仅发现一枚。

96. “建筑精英”

吕彦直

吕彦直（1894 ~ 1929 年）

吕彦直，字仲宜，别号古愚，山东省东平县人，我国近代杰出的青年建筑师，南京中山陵和广州中山纪念堂、纪念碑的设计师和建筑师，与梁思成、杨廷宝合称“近代建筑三宗师”。

吕彦直出生于天津，1913 年考取庚子赔款公派赴美国留学，1918 年以优异成绩毕业于康奈尔大学建筑系，并获得建筑学学士学位。1918 ~ 1921 年他担任美国建筑师墨菲的助手，于 1920 年回国，创立了“彦记建筑事务所”，曾担负北京燕京大学和南京金陵大学的建筑工程设计，初显其才华。

1925 年 3 月 12 日，孙中山在北京逝世。是年 5 月，总理丧事筹备委员会向海内外征集中山陵墓设计图案。当时吕彦直还是一个没有什么名气的青年建筑师，但他对自己的才学满怀信心，毅然报名与众多的国内外知名建筑师展开竞争，终于一举夺魁，被聘为南京中山陵墓的建筑工程师。在中山陵墓的工程进入高潮之际，吕彦直又承担了广州中山纪念堂和中山纪念碑的建筑设计。就在中山纪念堂工程临近尾声时，吕彦直却因积劳成疾，于 1929 年 3 月 18 日患癌症在上海逝世，年仅 35 岁。

鉴于吕彦直对建造孙中山陵墓的杰出贡献，南京国民政府曾颁发褒奖令，并为他立了一块纪念碑，上半部为吕彦直半身遗像，由捷克著名雕刻家高祺制作；下半部刻有大书法家于佑任的题词：“吕彦直建筑师建筑陵宫积劳病故，特此纪念。”

孙中山先生陵墓（1925 年）

吕彦直设计的越秀山中山纪念碑

图 137 真裕地产股份有限公司股票

真裕地产公司创立于 1922 年，由黄檀甫、吕彦直等人发起，地址在上海南京东路 66 号，1944 年 2 月改组为股份有限公司，董事长梁冠榴。

真裕地产股份有限公司股票（图 137）发行于 1944 年 12 月 1 日，该股票的设计极有特色：画面雍容华贵、精美隽永，各位常务董事的签名也独具风格。股票的底版图案为南京中山陵，这是由已故建筑师吕彦直设计的。在常务董事的印章下面，有一行淡淡的很容易被疏漏的小字："纪念本公司已故建筑师吕彦直君图案。"另外在票面的右下角，还有一行不为人察觉的小字："李锦沛建筑师"，这都是由常务董事黄檀甫为纪念他的挚友吕彦直、李锦沛而特意手写的。李锦沛、黄檀甫都是彦记建筑事务所的建筑师，在吕彦直逝世后，中山陵的剩余工程就由李锦沛、黄檀甫主持完成。因此，这张真裕地产股票是一张真正意义上的中山陵纪念股票，它将与世界遗产南京中山陵及伟人中山先生一起共存于世。

97. “麒派创始人”

周信芳

周信芳 (1895 ~ 1975 年)

周信芳，名士楚，字信芳，艺名麒麟童，浙江慈城人，一代京剧艺术大师，海派京剧的杰出代表，“麒派”创始人。

周信芳 6 岁随父亲旅居杭州，从陈长兴练功学戏，7 岁登台演《铁莲花》中的定生，艺名“七龄童”，1907 年改为“麒麟童”，此后一直沿用此名。1915 年至 1926 年间，周信芳先后在上海丹桂第一台、大新舞台、天蟾舞台演出，排演了连台本戏《汉刘邦》、《天雨花》、《封神榜》等。

周信芳 1927 年参加南国社，与田汉、徐悲鸿、徐志摩、郁达夫等进步文化人士交往颇多。抗日战争爆发后，周信芳由天津返回上海积极投身救亡活动，他包下卡尔登大戏院连续演出了《明末遗恨》、《香妃恨》、《徽钦二帝》、《文素臣》等京剧。因《徽钦二帝》剧中抨击了妥协苟安、投降卖国的汉奸，立即被日伪当局勒令停演。1943 年周信芳被选为上海伶界联合会会长，先后发起参加了“反对艺员登记”、“抗捐抗税”、“反内战签名”等爱国民主运动。

新中国成立后，周信芳先后任上海市文化局戏曲改进处处长、华东戏曲研究院院长、上海京剧院院长等职，并且参与编演新戏，移植昆曲《十五贯》，创演了《海瑞上疏》等新剧目。1975 年 3 月 8 日，我国杰出的京剧表演艺术家周信芳含冤而死，终年 80 岁。

周信芳剧照

上海长乐路 788 号周信芳故居

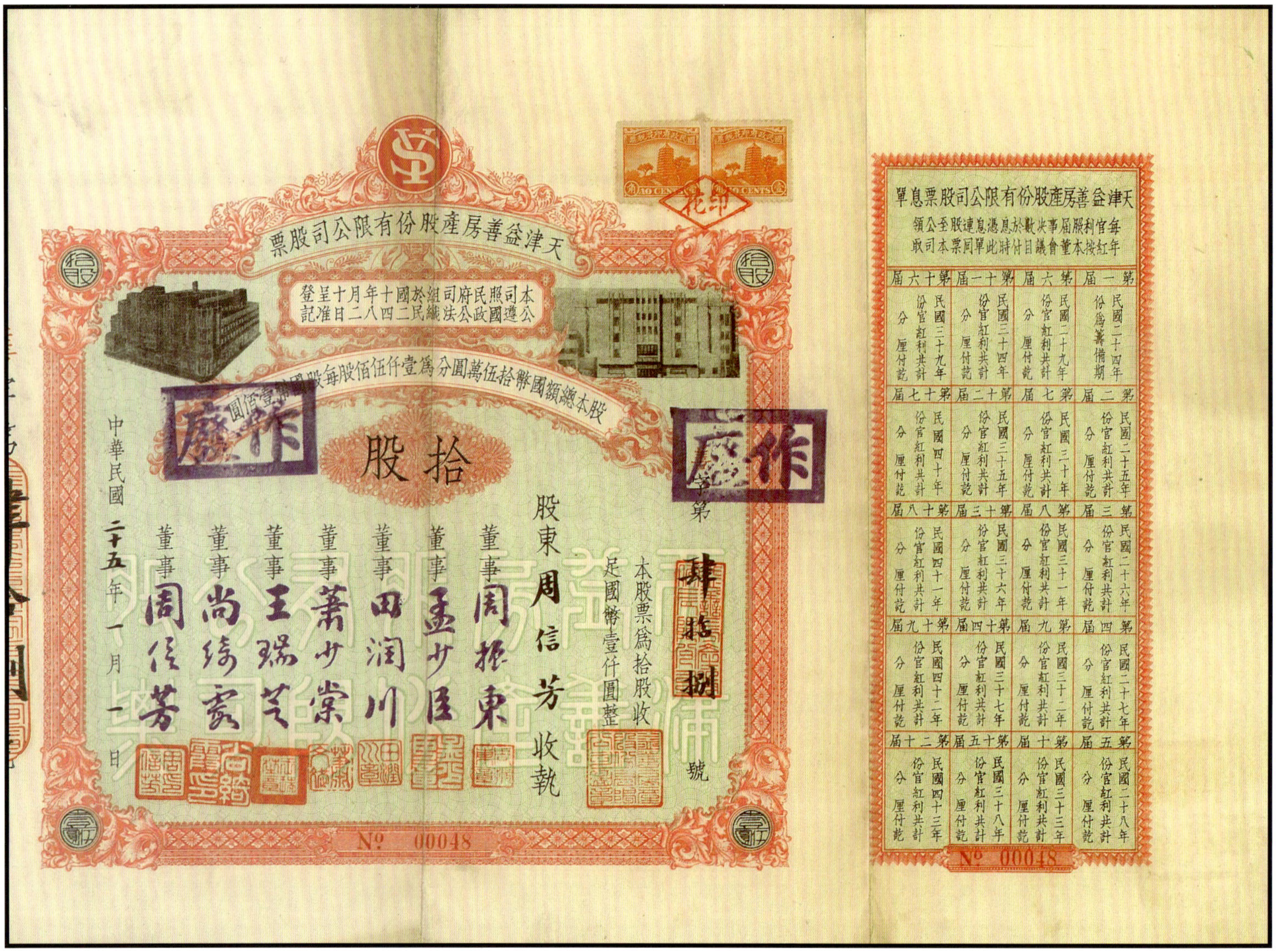

图 138　天津益善房产股份有限公司股票（喻建忠先生藏品）

天津中国大戏院是全国第一座现代化戏院，被誉为“戏曲艺术的圣殿”。为了筹措中国大戏院的建设资金，由周信芳提议、孟少臣牵头，联合商家名流，向社会公开发售天津益善房产股份有限公司股票，马连良、周信芳、尚小云等京剧名家均参股，共筹得资金 50 余万元。中国大戏院于 1934 年奠基，1936 年 8 月竣工，同年 9 月 19 日正式落成开幕。

天津益善房产股份有限公司股票（图 138）发行于 1936 年 1 月 1 日，董事长周振东，总经理孟少臣。股票上的股东和董事都是周信芳，还印上了天津中国大戏院的外景图。

98.“中国伟大华侨”

陈宜禧

陈宜禧（1844 ~ 1929 年）

陈宜禧，字畅庭，广东新宁（今台山）人。中国铁路先驱、新宁铁路创办人，著名爱国华侨，孙中山先生赞誉他是“中国伟大华侨”。

作为中国第一侨乡，台山有着光荣的历史；追忆历史，人们首先会想到一个伟大的台山人——陈宜禧。

陈宜禧 16 岁赴美国谋生，先在一个美国铁路工程师手下当杂工，后赴西雅图和华盛顿经营劳工生意。1865 年，20 岁出头的陈宜禧参与修筑太平洋铁路，从杂工、技术工，直至升到工程师。1888 年，陈宜禧在西雅图开了一家广德公司，自任总经理，包工承建北太平洋铁路工程。陈宜禧先后在美国从事铁路建设达 40 年之久，这为他日后回国兴筑铁路创造了条件。

台山的华侨大多在美国，过去曾有“美国华侨半台山”之说。陈宜禧在华侨中享有极高的威信。1885 年至 1886 年，西雅图先后发生九起排华事件，不少华侨的住宅被烧毁，人被驱逐甚至被打死。陈宜禧聘请了著名律师起诉西雅图当局，终于使华侨获得了 27 万美元的赔偿款，而他自己却垫付了近万元的律师费。

1904 年，陈宜禧放弃在美国的舒适生活，在花甲之年毅然回国筹建新宁铁路。为了解决资金问题，陈宜禧变卖了自己在西雅图一座价值 7 万多美元的洋房，作为第一笔股金，他还做通了许多华侨的工作，共筹得股银 425 万元，于 1906 年成立了新宁铁路公司，陈宜禧被推选为总经理。1906 年，新宁铁路破土动工，1920 年全部竣工，历时 14 年。1927 年 2 月，广东省政府以武力强行接管新宁铁路，撤销了陈宜禧的职务。1929 年 6 月 25 日，陈宜禧心力交瘁，终于在自己的寓所去世，终年 85 岁。

1920 年 3 月 20 日新宁铁路通车之时，新宁铁路公司特为陈宜禧铸造了一尊铜像，立于台城车站前，后来铜像在“文革”中被毁；1984 年 9 月，新宁县人民政府在台城花坛中央又重铸了一座陈宜禧全身铜像。

新宁铁路线路图

陈宜禧纪念铜像

当年新宁铁路通车时的老照片

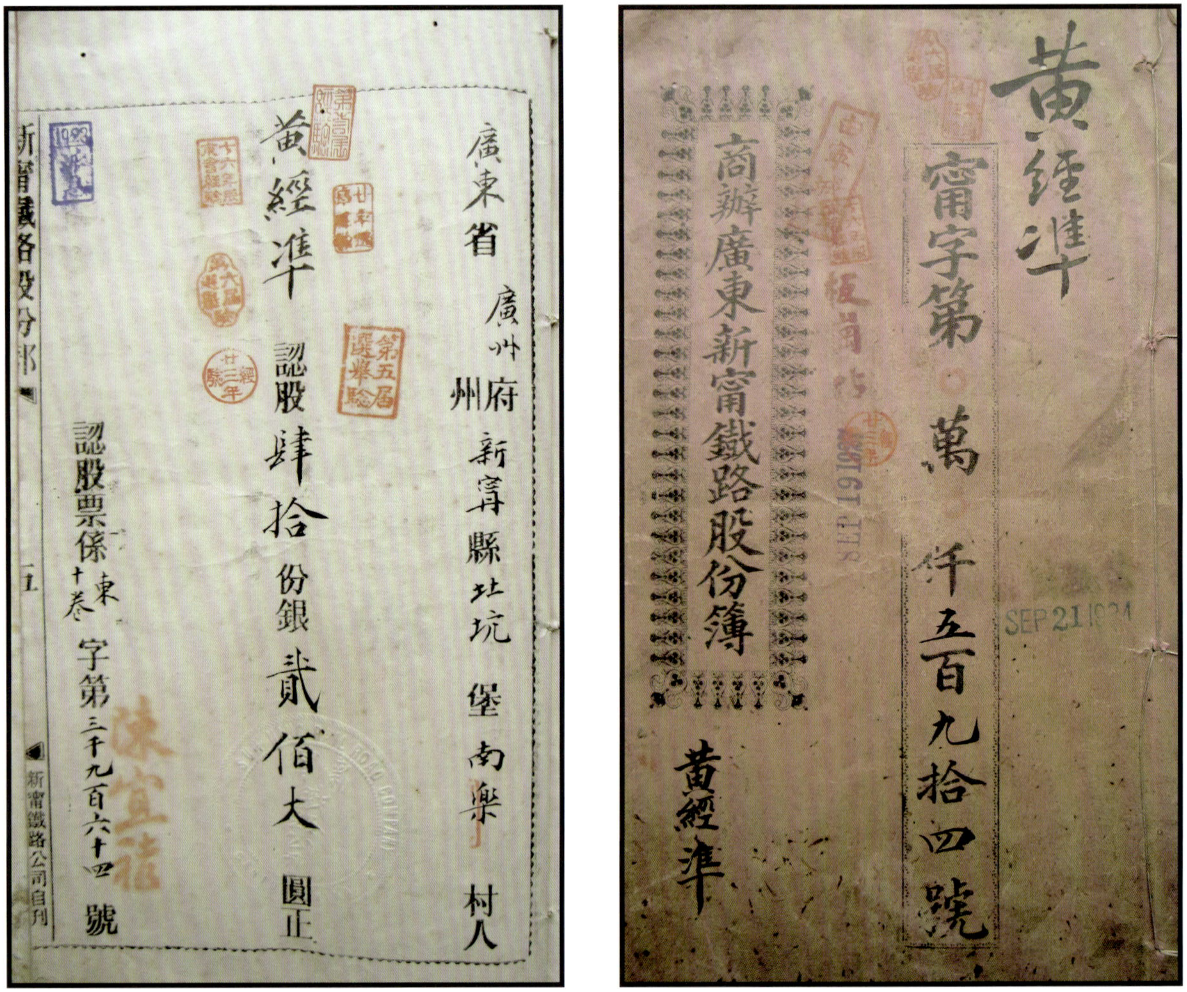

图 139 商办广东新宁铁路股份簿

新宁铁路，又名宁阳铁路，位于广东省新宁（今台山）和新会境内，全长 133 公里，共设 36 个车站，途中有涵洞 236 座、桥梁 215 座。此铁路是继潮汕铁路之后中国第二条商办铁路，也是中国第一条“不收洋股、不借洋款、不用洋工”建成的商办铁路。

《商办广东新宁铁路股份簿》（图 139）发行于宣统元年（1909 年），股份簿与它的息折全部采用线装本式，本内印有皇太后、皇帝批奏文书，这在大清股票中是独一无二的。该股份簿的末页盖有一枚“新宁铁路公司”钢印和总经理陈宜禧的朱红签名。

文化娱乐业篇

99. “中华民国国父”

孙中山

孙中山（1866 ~ 1925 年）

孙中山，原名孙文，字德明，号逸仙，中国民主革命的先行者，被尊称为“中华民国国父”。

孙中山从青年时代起，就以炙热的爱国激情投身革命。1894 年 11 月 24 日，孙中山在檀香山建立兴中会，提出了“驱逐鞑虏，恢复中国，创立合众政府”的主张。1905 年 8 月中国第一个资产阶级民主革命政党——“中国同盟会”在东京成立，孙中山被一致推举为总理。在同盟会机关报《民报》的发刊词里，孙中山首次提出了“民族、民权、民生”三民主义的政治纲领。他多次发动武装起义，终于在辛亥革命时期，领导人民推翻清王朝，结束了在中国延续两千多年的封建帝制。

受俄国十月革命胜利的鼓舞和启发，孙中山先生在中国共产党的帮助下，把旧三民主义发展为新三民主义，实行联俄、联共、扶助农工的“三大政策”。

在中国处于内忧外患、贫困落后境地之时，孙中山第一个喊出了“振兴中华”的响亮口号。他明确提出“建设是革命的唯一目的”，并在《建国方略》等著作中擘画了建设现代工业、交通和农业的蓝图。他坚决反对一切分裂祖国的行为，指出“能够统一，全国人民便享福。不能统一，便要受害”。

1925 年 3 月 12 日 9 时 30 分，孙中山先生因病在北京协和医院逝世，享年 59 岁。弥留之际，他提到国事的遗言是：“和平……奋斗……救中国！”。1925 年 4 月 2 日起，孙中山灵柩停放于北京西山碧云寺内石塔中，1929 年 6 月 1 日永久迁葬于南京紫金山中山陵。

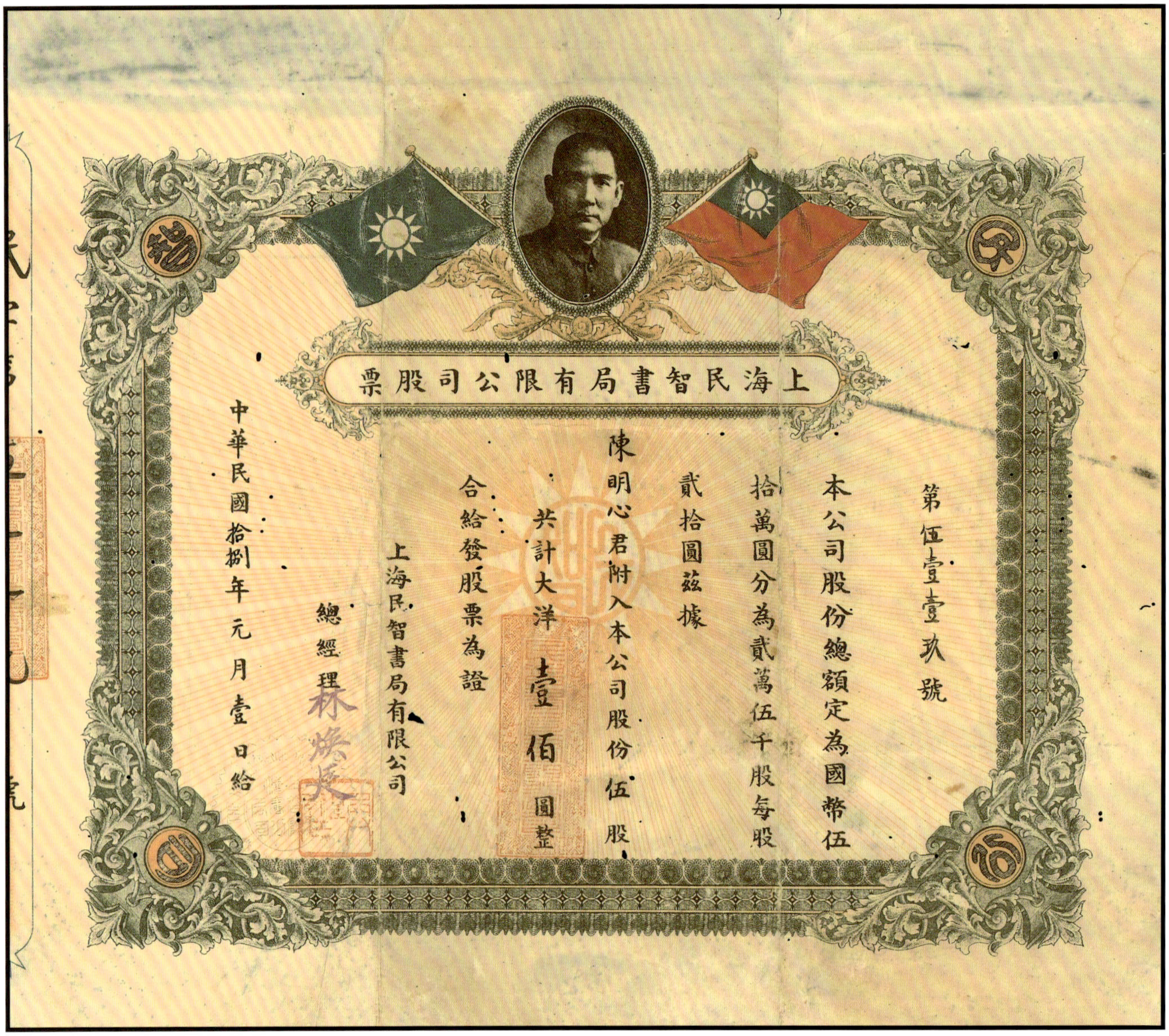

图 140　上海民智书局有限公司股票

上海民智书局由孙中山先生在 1918 年倡议创办，1921 年初正式成立，总店设在上海河南路 90 至 91 号（商务印书馆斜对面）。上海民智书局先由林焕廷主持，后由刘庐隐、杨幼炯主持，1936 年下半年清理歇业。上海民智书局是一家主要出版发行革命党人书刊的书局，孙中山的一些重要著作都是由民智书局率先出版的，如孙中山的《民权主义》、《三民主义》、《建国方略》等。

上海民智书局有限公司股票（图 140）发行于 1929 年 1 月 1 日。该股票在书局类股票中很有特色：上面有一幅孙中山先生的标准头像，左右两边分别是国民党党旗和中华民国国旗，这就印证了这张股票与孙中山以及由他领导的国民党的关系。

上海古玩書畫金石珠玉市場股票
股份有限公司
本市場集合資本國幣五萬元整分作壹萬股每股國幣五元茲有
股東 石維礼 君認購
股份計 壹 份
計國幣銀圓 伍 圓整
業經收足合給股票為憑
常務董事 徐耀先 馬少芝 王季生 馬長生 羅子嘉
總經理王漢良
副經理戴有山
艾步卿
會計主任金從仁
副主任鮑新珍
中華民國十九年一月二十日給

图 141　上海古玩书画金石珠玉市场股票

在老股票中有孙中山头像的大概有 5 种，上海古玩书画金石珠玉市场股票（图 141）是其中之一。

100. “文 化 巨 匠”

梁启超

梁启超（1873 – 1929 年）

梁启超，字卓如、任甫，号任公，别署饮冰室主人等，广东新会人。中国近代史上著名的政治家、思想家、教育家、史学家和文学家，戊戌变法（百日维新）领袖之一，中国著名建筑师梁思成之父。

梁启超的一生，经历了晚清与民国两个时期，他的业绩，包括了政治和学术两个方面，是中国近代百科全书式的“文化巨匠”。

梁启超自幼聪颖好学，才思敏捷，4 岁便开始学习中国古代典籍，有“神童”之称，12 岁考中秀才，17 岁考中举人。1890 年师从康有为，求学于万木草堂，接受维新变法思想，先后倡导、发动“公车上书”，通过强学会、《时务报》等积极宣传维新变法理论，参与和领导了“戊戌变法”运动，成为资产阶级维新派的领袖之一。戊戌政变后，梁启超东渡日本，创办《清议报》、《新民丛报》，广泛宣传了西方资产阶级的政治思想和社会学说。辛亥革命后，梁启超回国，先后入阁任司法总长、币制局总裁和财政总长，特别是组织策划了反对袁世凯称帝的“护国战争”，发挥了“一支笔强于十万雄兵”的巨大作用。

梁启超被公认为是一位能在退出政治舞台后仍能在学术研究上取得巨大成就的少有人物。他在哲学、文学、史学、经学、法学、伦理学、宗教学等领域均有建树，以史学研究成绩最显著。1918 年，梁启超感愤于军阀的黑暗统治，离开政界，转而专注于学术和教育事业，组织共学社、讲学社，受聘南开大学，担任京师图书馆、北京图书馆馆长，主持清华大学国学研究院，与王国维、赵元任、陈寅恪等合称为“清华四导师”。梁启超一生著述宏富，达 1 400 万字，结集为《饮冰室合集》，赢得“舆论界之骄子、天纵之文豪”的称誉。

1929 年 1 月 19 日，梁启超在北京协和医院溘然长逝，终年 56 岁。

书店云集的上海棋盘街（今河南中路）

图 142　上海广智书局有限公司股票

梁启超认为挽救国家民族危机的关键是“伸民权，广民智”，于是他于 1898 年在上海创办了“广智书局”（即“广民智”的缩称），1901 年面向港澳同胞、北美和大洋洲华侨发行股票，首期募集股本 10 万银元，梁启超以提供文稿作为“干股”，占有 1/3 的股份。广智书局由梁启超总负责，冯镜如任总经理，何澄一任总编辑。书局的地点设在上海棋盘街中市，在北京琉璃厂设分局。1925 年广智书局盘给了世界书局和广益书局。

上海广智书局是中国最早介绍马克思主义经济学著作的出版社，如在 1903 年由广智书局出版的《近世社会主义》一书中，就介绍了马克思的生平以及马克思、恩格斯的《共产主义宣言》、《资本论》、《政治经济学批判》、《哲学的贫困》等。康有为、梁启超的主要文集也是由广智书局出版的，如梁启超主持的《新民丛报》、康有为主编的《不忍》月刊，梁启超的《饮冰室文集》、《戊戌政变记》等。广智书局还出版不少翻译书籍和各类文史专著，以及小说、教学参考书等。

上海广智书局有限公司股票（图 142）发行于 1902 年，票面设计采用边框和四角的西洋式风格，股票正反两面都有中英文对照，它是目前发现的最早的上海股票之一，迄今大约已有 110 年的历史；它也是清朝股票中较有特色的一张文化类股票，这为见证和研究百年上海的文化出版史和股票发展史提供了难得的实物史料。

101. “出版耆宿”

张元济

张元济（1867 ~ 1959 年）

张元济，字筱斋，号菊生，浙江海盐人。著名爱国人士、中国近现代出版事业的奠基人，一代出版大家，商务印书馆的“掌门人”，被誉为“中国出版第一人”。

谈到商务印书馆，谈到中国近现代出版业，不能不谈到张元济。张元济是唯一一个见过光绪、孙中山、袁世凯、蒋介石、毛泽东等“中国五位第一号人物”的人。

张元济出生于名门望族，书香世家。1892 年他参加科举考试中了进士，后在总理事务衙门任章京。青年时期，他是个维新派人物，曾参加康有为等人发起的“戊戌变法”，“戊戌变法”失败后来到上海，任南洋公学（现交通大学）译书院长，后任总理（校长）。1901 年张元济在上海与蔡元培等创办《外交报》，1902 年应夏瑞芳之聘，加入商务印书馆，先后任编译所长、经理、监理、董事长等职，大量出版介绍国外先进学术思想和文学的书籍，同时亲自参加《辞源》、《中国人名大辞典》等的编纂，还编辑出版了《东方杂志》、《小说月报》等著名刊物。张元济主持创设商务编译所资料室“涵芬楼”，1926 年扩建为“东方图书馆”，其收藏的古籍、方志及各种图书之丰富，均居当时私立图书馆之首。

新中国成立后，张元济任第一届全国政协委员，第一、二届全国人大代表，华东行政委员会委员，上海市文史研究馆馆长等职，1959 年 8 月 14 日病逝于上海，享年 92 岁。

商务印书馆旧址

原东方图书馆全景

商務印書館股份有限公司

股票

務字第 02716 號

本公司於前清光緒二十三年創設三十二年集資壹百萬圓分為壹萬股呈請商部註册嗣經七次變更資本現計股額國幣壹百億圓每股拾圓共計壹拾億股於民國三十七年三月三十一日呈准經濟部登記給照

[illegible]日股東會議決股份總額調整為人民幣二百億元分作二十億股本票原為伍萬股應改為拾萬股計人民幣壹百萬元特此蓋戳為憑

股東 湯國楨

股份 伍萬 股

計國幣 伍拾萬 圓

董事 張元濟

董事 李宣龔

董事 朱經農

中華民國三十七年五月二十四日

图 143 商务印书馆股份有限公司股票

商务印书馆是中国近代历史上最悠久的出版机构，1896 年由鲍咸昌与其兄鲍咸恩、妹夫夏瑞芳等人创建，1905 年改组为股份有限公司，董事长张元济，总经理夏瑞芳。原址设在上海江西路德昌里，印刷厂在宝山路 499 弄 584 号，发行所在河南中路 211 号（科技书店现址）。

商务印书馆股份有限公司股票（图 143）发行于 1948 年 5 月，董事长张元济，总经理朱经农。该股票有水印防伪暗记。

102.“出版巨擘”

陆费逵

陆费逵（1886 ~ 1941 年）

陆费逵，复姓陆费，名逵，字伯鸿，号少沧，笔名有飞、冥飞、白等。原籍浙江桐乡，母亲为李鸿章侄女。中国近代著名教育家、出版家，中华书局创办人。

1912 年 1 月 1 日，在中华民国宣告成立的同一天，中华书局在上海诞生了。对于中国近代出版业来说，中华书局和商务印书馆犹如两颗耀眼的明星，共同谱写了中国近代文化宝库的乐章。

中华书局的创办人陆费逵，1903 年在湖北武昌参加革命团体——日知会，并负责起草《日知会章程》，被选为该会评议员；1904 年与友人集资开设“新学界书店”，发售革命书刊；1905 年应聘主编《楚报》，积极从事革命宣传工作，后遭通缉逃亡上海，先后在上海昌明公司、文明书局、商务印书馆任职。辛亥革命的成功，大大激发了陆费逵施展抱负的热情，他遂于 1912 年 1 月 1 日与商务印书馆同人沈知方、戴克敦等，在上海创建了中华书局。

在陆费逵的带领下，中华书局除主持编辑多种教科书外，还创办了《大中华》、《中华教育界》、《中华实业界》、《新中华》、《中华英文周报》、《小朋友》等杂志，并编纂、印行了《中华大字典》、《辞海》、《四部备要》、《古今图书集成》等著名辞书和古籍，总计 2.5 万种以上，使中华书局成为集编辑、出版、印刷、发行于一体、当时国内最大的两家出版社之一。

陆费逵服务于出版业 38 年，任中华书局局长、总经理 30 年，并长期担任上海市书业同业公会主席，其一生对传播科学文化知识、促进文化和教育近代化发挥了积极作用，是我国近代教育界、出版界的“巨擘”。

1937 年 11 月，陆费逵离开上海，主持香港分局工作。1941 年 7 月 9 日，陆费逵因突患脑溢血，在九龙寓所辞世，享年 55 岁。

1916 年落成的中华书局原址

中华书局的出版标记

图 144 中华书局股份有限公司股票

中华书局成立于 1912 年 1 月 1 日，由陆费逵、戴克敦、陈寅、沈颐、沈继方等 5 人在上海创办，1913 年 6 月改组为股份公司，1916 年 6 月在上海四马路棋盘街转角（今河南中路福州路口）开设总店，与商务印书馆毗邻。上海澳门路 477 号原是中华书局总厂旧址，因在我国近代出版史上具有重要意义，为此，上海市人民政府 1999 年 9 月 23 日颁发“优秀历史建筑”铜牌。

中华书局股份有限公司股票（图 144）发行于 1938 年 7 月，董事会由陆费逵、舒新成、高时显、吴有伦、李叔明等人组成。该股票为当时少见的凹版印刷，十分精美漂亮。票面中央是中华书局的出版标记：由两枝对称而有动感的稻穗和一本封面印有篆体“中华”的精装图书组成，这两个 “中华” 篆体字，据说是人称“武进唐才子”的唐驼手迹；票面的两边分别有一幢气势宏伟的厂房，这是 1916 年中华书局在静安寺路 192 号（今南京西路铜仁路口）建成的印刷总厂新房，占地 43 亩，规模居当时上海各印刷厂之首。

103."才气宏阔出版家"

沈知方

沈知方(1882 ~ 1939年)

沈知方,原名芝芳,浙江绍兴人。世界书局创始人、书业奇才、著名出版家。

在中国近代出版史上,我们应该记住沈知方这个人,因为他创办了世界书局这个中国近代出版史上第三大书局,对中国的文化发展作出了重要贡献。

沈知方幼年依靠父亲摆书摊谋生,14岁在绍兴奎照楼书店当学徒,满师后,为上海会文堂书局职员,不久到上海商务印书馆工作,任发行所所长,得到商务总经理夏瑞芳的赏识。1914年夏瑞芳被害,沈知方被迫辞职,与陆费逵等合力创设中华书局,任副经理。1917年,因与股东陈协恭意见不一,沈知方离开中华书局,自筹资金创办广文书局;1921年又创办世界书局,自任总经理。1921年7月,世界书局扩充业务,改组为股份公司,成为仅次于商务印书馆、中华书局的第三家大书局。

1935年以后,李石曾任世界书局董事长,陆高谊继任经理,沈知方退任"董事"一职。1937年8月日军占领上海后,强占上海世界书局设在虹口大连湾路的总厂为军营,遭沈知方拒绝后,日伪于1938年11月在世界书局发行所制造了定时炸弹爆炸事件,导致书局职员一死一伤。1939年,沈知方病重之时立下遗嘱:"近遭国难,不为利诱,不为威胁",命其后人不得与日伪妥协。同年9月11日,沈知方病逝上海,终年57岁。

世界书局总发行所旧址

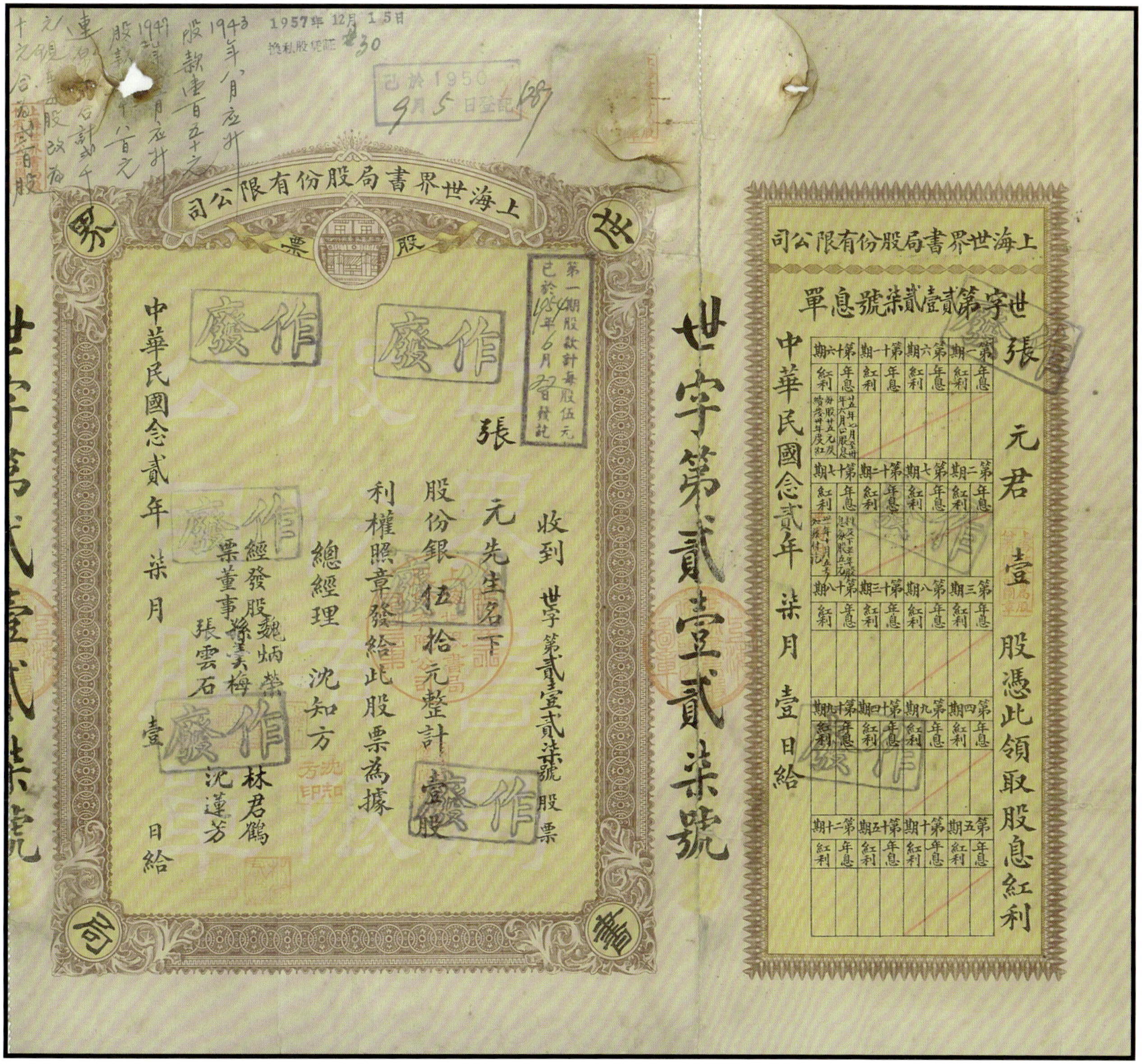

图 145 上海世界书局股份有限公司股票

世界书局由沈知方独资创办于 1917 年，1921 年 7 月改组为股份有限公司，总发行所设在上海公共租界福州路 320 号（山东路口怀远里口），1932 年迁入福州路 390 号。世界书局印刷所初设闸北虬江路，1925 年失火后，在公共租界东区大连湾路建造总厂。世界书局先后出版各类出版物达 5 580 种，形成与商务印书馆、中华书局三足鼎立的局面。世界书局的出版标记是一个圆形地球，喻示“世界”，地球四周环绕云彩，正中竖写着“世界”两字。上海世界书局股份有限公司股票（图 145）发行于 1933 年 7 月 1 日，总经理沈知方。

104.“和 平 老 人”

邵力子

邵力子（1882 ~ 1967 年）

邵力子，初名景奎，学名闻泰，字仲辉，笔名力子，浙江绍兴人。近代政治家、教育家，著名爱国人士，有“和平老人”之称。

邵力子的一生，经历了清朝、民国和中华人民共和国三个时代。

邵力子 21 岁考中举人，后求学于上海震旦公学、复旦公学和南洋公学，1908 年在日本参加了同盟会，后加入孙中山领导的国民党，又参加了 1919 年的五四运动，先后参与创办《神州日报》、《民呼日报》、《民吁日报》、《民立报》和国民党最早的报纸《民国日报》。

1920 年 5 月，邵力子加入上海共产主义小组，1921 年加入中国共产党，1925 年任黄埔军校秘书长兼政治部副主任，1926 年退出中国共产党，后任国民党甘肃省政府主席，国民党中宣部部长。抗日战争爆发后，邵力子任国际反侵略同盟中国分会副主席、国民外交学会会长、中苏文化协会副主席和国民党政府驻苏大使等职。1949 年邵力子为国民党政府和平谈判代表团成员，后脱离国民党政府，留在北平，出席中国人民政治协商会议第一届全体会议。新中国成立后，邵力子历任中央人民政府政务委员，第一至第三届全国人大常委，第一至第四届全国政协常委。1967 年 12 月 25 日，邵力子在北京寓所逝世，享年 85 岁。

中国青年出版社征订单（1956 年）

中國青年出版社股份有限公司

股票第 0574 號

股東中華人民共和國財政部(交通銀行代管户)

股份貳叁肆玖股

每股金額壹萬圓

共計人民幣貳仟叁佰肆拾玖萬圓

常務董事 胡耀邦

常務董事 邵力子

常務董事 劉導生

一九五五年十二月三十一日

图 146 中国青年出版社股票

1926 年 8 月 1 日，开明书店在上海宝山路章锡琛的家门口正式挂牌，创办人是章锡琛、章锡珊兄弟，主持编辑工作的主要是夏丏尊、叶圣陶。书店名称的由来有不同的说法，绍兴鲁迅纪念馆的史料记载为鲁迅取的名，店招为鲁迅的弟子、著名报人孙伏园所书。开明书店以青少年读物为主，刊物有《中学生》、《开明少年》等，也出版了许多新文学作品。1928 年开明书店改制为股份有限公司，最初的资本仅 5 000 银元，邵力子是入股最早的股东之一，曾经担任过开明书店的董事长。

1953 年，邵力子作为开明书店的首席私方代表与青年出版社达成合并协议，成立了公私合营中国青年出版社。在中国青年出版社股票上（图 146），我们可以看到董事长胡耀邦、常务董事邵力子的名字。

105."南浔巨富"

张澹如

张澹如（1882～？年）

张澹如，原名张鉴，字以行，浙江南浔人，张静江三弟，南浔巨富，金融界著名人士、中国围棋馆创始人之一。

1907年张澹如参与创办浙江兴业银行，长期担任该银行的董事，同时又是该银行的大股东。1920年张澹如参与发起创立上海证券物品交易所，任理事，并在汉口开设"易记"汉号，经营棉花业，又与宁波盛丕华在汉口开设武埠地产公司，拥有地产1 000多亩。20世纪30年代前后，张澹如在上海、武汉等地又投资贸易、银行、信托等企业，曾任华中营业公司、大中华公司、开元电气厂董事长，浙江兴业银行、华安银行、上海绸业银行、东南信托公司、上海信托公司的董事。张澹如还资助盛丕华等工商界人士组织爱国团体——"中社"，并把上海威海卫路上的静安别墅作为"中社"会所；1939年资助盛丕华在延安路"大世界"旁开设红棉酒家，使红棉酒家成为上海民族工商业者"星期五聚餐会"的会所。张澹如在房地产界也始终是个活跃分子，在上海的富民路、南京西路、四川北路上都有大批房产。

张澹如还是我国围棋馆创始人之一，当时有"北段南张"之称，"北段"即段琪瑞，"南张"即张澹如。1919年4月上海中华图书集成公司印行出版了由张澹如、谢侠逊合编的《象棋围棋新谱》一书。1926年日本棋院曾授予张澹如"三段棋手"段位。张澹如经常在上海私宅接待国内外围棋高手，如日本广濑平治郎、铃木为次郎、濑越宪作、加藤道平等来沪访问，都由他承担所有费用。20世纪30年代张澹如创立了上海围棋研究会，自费聘请国内高手担任指导。一代棋圣吴清源在他的自传里曾记载了他加入日本籍后，第一次回中国时受到张澹如热情接待的情形。

浙江兴业银行总行旧址

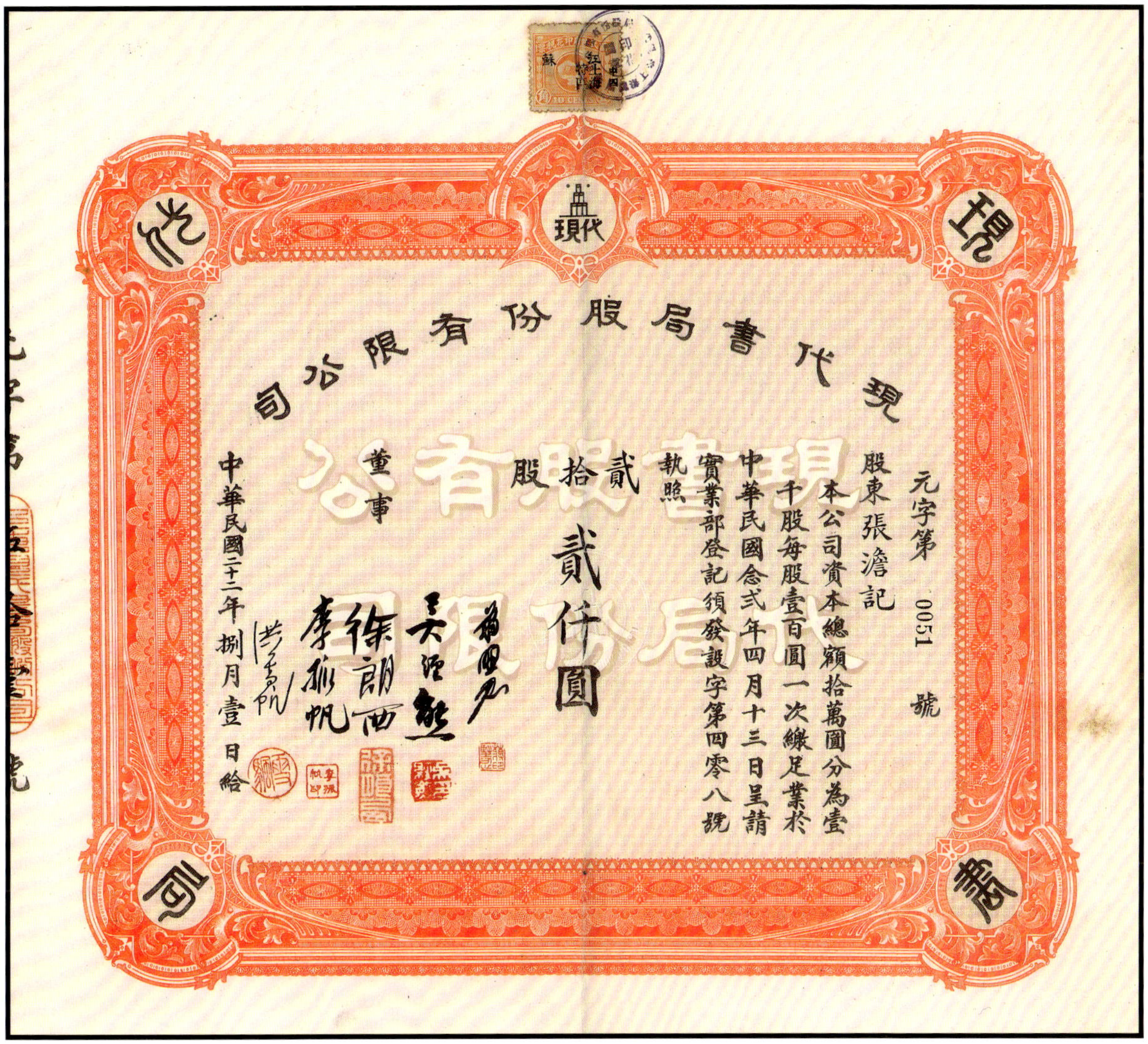

图 147 现代书局股份有限公司股票

现代书局（曾名“今代书局”）创立于 1927 年，由洪雪帆、张静庐创办。现代书局起先设在上海海宁路，后迁至福州路（山东路 171 号的商报报馆二楼，发行所设在福州路 286 ~ 290 号）。1931 年现代书局改组为股份有限公司，洪雪帆任总经理，张静庐任经理。1935 年现代书局关闭，它从创办到关闭，前后不到 10 年。

现代书局股份有限公司股票（图 147）发行于 1933 年 8 月 1 日，它的股东是张澹如。现代书局的出版标记别出心裁，我们从这张股票上的标记图案上可以看到：它的构图是一个竖的长方形，以黑色为主，白文图案，构图用了 6 本书，像叠罗汉似的，以 3、2、1 的次序向上叠加，最下层是美术体“现代”两字。读者一眼望去，似书，也似一幢高楼，那是用书叠起来的“高楼”，喻意非常明确，内涵也很丰富。更为奇妙的是，在最上层书的两旁，有两个小白点，似人的双眼，颇具“脸谱”的意趣。四周用白线勾框，构图极为完整，设计者的匠心与巧思可见一斑。

图 148　通易银行股份有限公司股票

通易银行 1921 年创立于上海，由张澹如创办，并任董事长。通易银行股份有限公司股票（图 148）发行于 1921 年 6 月 14 日，股票上的“董事”张鑑，就是张澹如。通易银行股票的设计风格在众多老股票中可以说是独树一帜：整幅画面呈内圆外方构图，而边框四角的四个小圆是外圆内方，这些设计都与古钱币的形状有关，这正与银行股票的内涵相契合。此外，股票上有通易银行股份有限公司的英文名称，四角由通易银行的英文缩写“S、T、B”巧妙地构成四个小圆。

106. “海上巨贾”

王一亭

王一亭（1867 ~ 1938 年）

王一亭，名震，字一亭，号白龙山人，浙江吴兴（今湖州）人，近代上海名流、画坛名宿，被称为“海上奇人”。

王一亭在中国现代史上，不仅是一位海派书画家的领军人物，同时在经营工商金融、创办慈善机构、组织赈灾救济、佛学弘法研究、现代艺术教育等领域都有独特贡献。

王一亭出生于上海，13 岁时经人介绍在上海慎余钱庄当学徒，业余时间在广方言馆学外语，1907 年被聘为日本日清汽船株式会社驻沪买办。辛亥革命和“二次革命”时期，王一亭拥护和资助革命，先后出任上海军政府农工商务总长、华商电气公司董事、中华商业储蓄银行董事、大达内河轮船公司董事，以及湖州电灯公司、华商电气公司、立大面粉厂、申大面粉厂董事长等职。1909 年至 1911 年，王一亭三次连任上海商务总会议董，1912 年当选上海总商会协理。1916 年、1918 年两次连任上海总商会会董，后任中央救灾准备金保管委员会委员长。

王一亭信奉佛教，担任过中国佛教会常务委员、佛学书局董事长、世界佛教居士林林长等职。晚年，他致力于各种慈善事业，与他人共办华洋义赈会、孤儿院、残疾院、中国救济妇孺会、同仁辅元堂、普善山庄等，被尊为“王菩萨”。作为一个在书画艺术上造诣极深的大家，王一亭与吴昌硕并誉为“海上双璧”。1937 年淞沪抗战后，王一亭归隐上海南汇周浦镇，1938 年 11 月 13 日病故于上海寓所，享年 71 岁。

上海佛学书局旧址

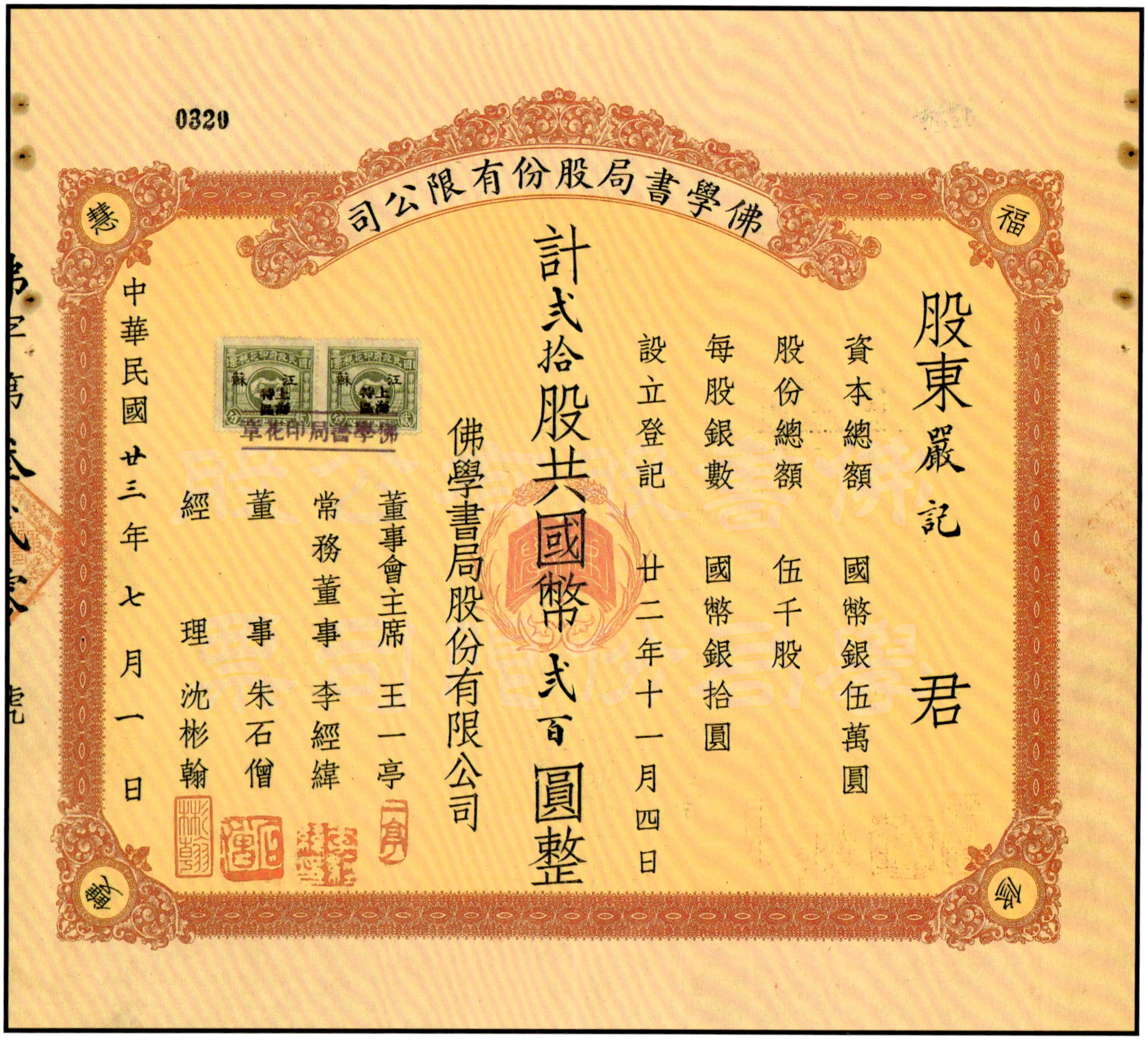

图 149 佛学书局股份有限公司股票

上海佛学书局创立于 1929 年 9 月（一说 1930 年 1 月），发起人有王一亭、范古农、李经纬等，初时地址在上海闸北宝山路上，后迁至胶州路 11 弄 20 号、愚园路 154 号。上海佛学书局被誉为近代中国佛学出版业的“无冕之王”。

佛学书局股份有限公司股票（图 149）发行于 1934 年 7 月 1 日，股份总额 5 000 股，董事会主席王一亭，常务董事李经纬，总经理沈彬翰。票面设计以黄色为主色调，中间是佛学书局的出版标记，四角分别有“福、慧、雙、修”四字，原指“福德与智慧都达到至善的境地”。佛学书局主要面向佛教徒发行股票，这在近代佛教史、股票史上绝无仅有。由于入股者均为佛教徒，他们在取得股息后，就以这笔钱回购佛学书局出版的书籍，这亦可称作“实物股息”。

107.“藏 书 王”

刘翰怡

刘翰怡（1882 ~ 1963 年）

刘翰怡，字贞一，号翰怡，别署求恕居士，晚年自称“嘉业老人”，浙江吴兴县（今湖州市）南浔镇人，南浔首富刘镛的孙子，著名嘉业堂藏书楼主人，近代著名的藏书家、刻书家，被称为“民国私人藏书第一人”，鲁迅先生曾戏称他为“傻公子”。

刘氏家族系南浔镇上名门望族。刘翰怡的祖父刘镛，系南浔“四象”之首，生父为刘锦藻，刘翰怡就是在这样一个既拥有万贯家财，又充满传统文化气息的家庭中成长起来的。他作为刘镛的孙子、刘锦藻的长子，1899 年刘镛死后，刘翰怡以长子长孙的身份，继承祖业，一夜之间跻身江浙巨富的行列，为他今后从事藏书、刻书活动提供了坚实的物质基础。当时，西式的公共图书馆已成大势，旧式的私人藏书楼均已颓败，所藏旧籍大量抛售，这又给刘翰怡收藏古籍创造了千载难逢的机会。

1920 年 11 月至 1924 年 12 月，刘翰怡在家乡南浔小莲庄旁置地 20 余亩，耗银 30 万两，建造了嘉业堂这一中国最后的旧式私人藏书楼。取名“嘉业”，源自紫禁城里“皇帝”溥仪所赐的匾额“钦若嘉业”。嘉业堂是明清两朝唯一由皇帝题写匾额的藏书楼。刘翰怡有志于藏书始于 1910 年，当时他只有 28 岁。据不完全统计，当时的卢氏抱经楼、丁日昌持静斋、缪荃孙艺风堂、丁氏八千卷楼等这些闻名天下的私人藏书楼，均是嘉业堂藏书的主要来源。从 1925 年至 1932 年，嘉业堂共收藏各类古籍 12 000 部、18 万册，共计 60 万卷，一时大有海涵百家之势。刘翰怡由此被誉为“民国私人藏书第一人”，并被鲁迅戏称为“傻公子”。

刘翰怡不但以搜集古籍闻名遐迩，而且以雕版印书蜚声海外。他既是著名的藏书家，又是卓有成就的刻书家。自 1913 年至 1933 年的 20 年间，刘翰怡先后刊刻了《嘉业堂丛书》、《吴兴丛书》、《求恕斋丛书》、《嘉业堂金石丛书》以及《章氏遗书》、《旧五代史》、《景宋四史》等单行本，数量之巨，为近代所仅见。

刘翰怡曾于 1911 年携全家定居上海，1951 年在他 70 岁时，又从上海返回嘉业藏书楼，将嘉业藏书楼及其所藏书籍 113 978 册、碑帖 2 528 通、自印书 27 537 册、印书雕版 39 559 片全部捐献给了浙江图书馆。富贵一生，清贫一生。1963 年，刘翰怡在上海病逝，走完了他那传奇般的 81 年人生之路。

1910 年刘翰怡（左三）的家庭合影

湖州南浔嘉业堂藏书楼

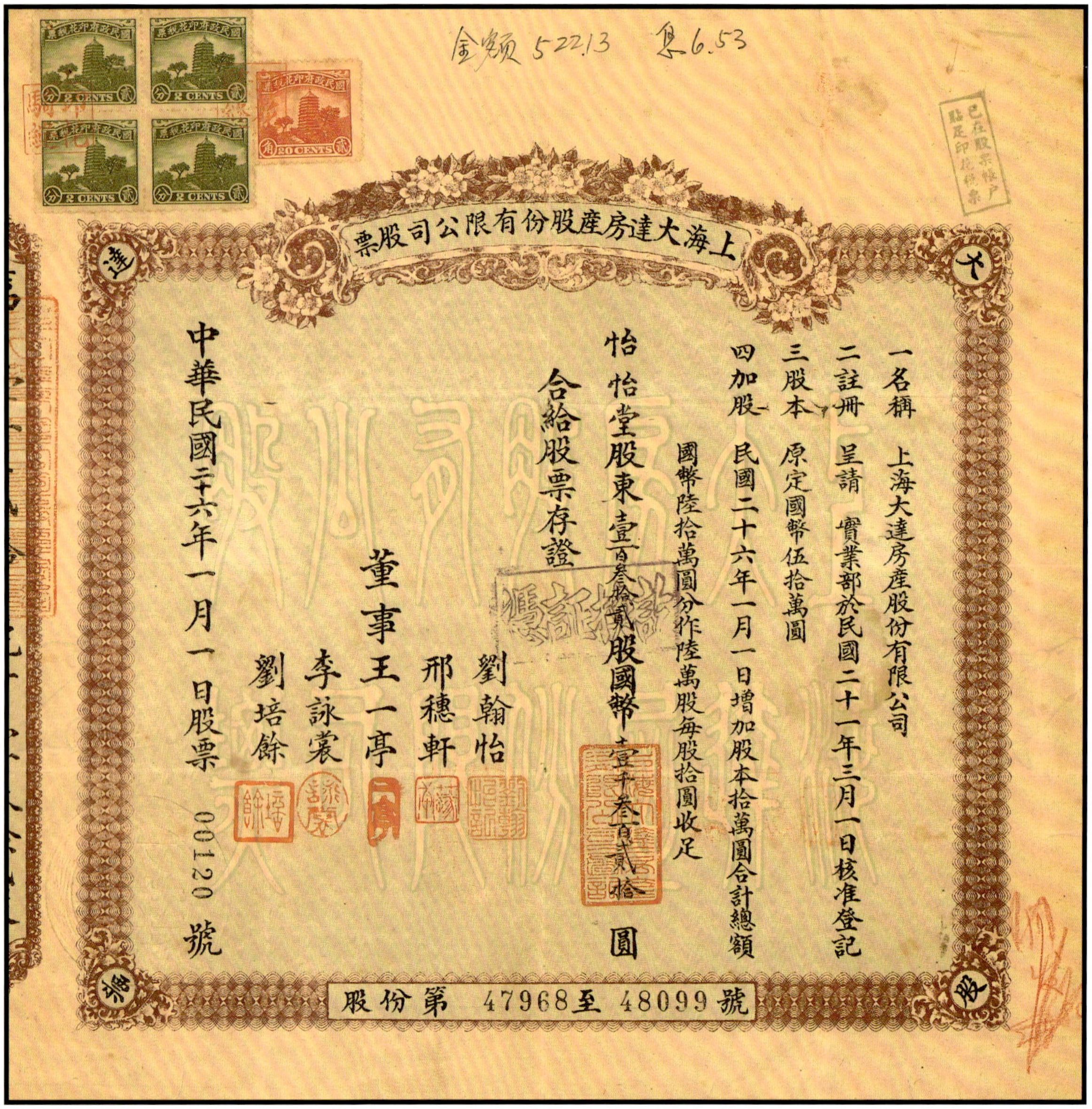

图 150　上海大达房产股份有限公司股票

光绪三十一年（1905 年），张謇、李厚裕等购得上海十六铺以南沿江土地成立大达轮步公司，除航运及码头外，还经营仓库、堆栈和房屋出租业务。大达房产股份有限公司创建于 1932 年， 1937 年发行股票上市。

上海大达房产股份有限公司股票（图 150）发行于 1937 年 1 月 1 日，刘翰怡列“董事”一栏之首。甚为难得的是，该股票的股东也是刘翰怡（怡怡堂）。

108. “儿童读物出版家”

张一渠

张一渠（1895 ~ 1958 年），笔名徐晋，浙江余姚人，中国第一家儿童书局的创始人。

现代儿童文学是在五四文学革命的大潮中催生的。在郭沫若、茅盾、叶圣陶等一批文化精英的推动下，儿童文学在 20 世纪 20 年代的古老中国，掀起了一次创作、译介的高潮。

1928 年张一渠来到上海，在上海总商会主编《商情月报》；1929 年，受泰东图书局之聘任经理。张一渠一生致力于儿童读物的出版，1930 年 2 月，他与石芝坤集资创办儿童书局；次年，辞去泰东图书局经理职务，专营儿童书局，出版陈鹤琴、陶行知等教育家的论著以及儿童、教育图书 1 000 多种，还出版《儿童杂志》等 6 种期刊。抗战爆发后，儿童书局陷入困境；抗战胜利后，张一渠重振儿童书局，并应正中书局经理蒋志澄之聘，兼任该局协理；同时应申报社之聘，主编《申报》教育栏。1949 年张一渠携家眷去广州，不久移居香港。1958 年 9 月张一渠在香港去世，享年 63 岁。

图 151 儿童书局图书文具股份有限公司股票（500 股）

儿童书局由张一渠、石芝坤于 1930 年 2 月合资创办，资本为 3 000 银元，总局地址最初设在上海浙江路同春坊，次年迁至广东路西段，正式设立门市部，资金增至 3 万银元，并改组为股份有限公司，由石芝坤任董事长，张一渠任经理；后又迁至福州路 424 号，由潘公展任董事长，并先后在广州、汕头、汉口、长沙、重庆、成都、昆明等地设立分局。1944 年儿童书局改组为“儿童书局图书文具股份有限公司”。1950 年改组为公私合营新儿童书店，后并入少年儿童出版社。

图 152　儿童书局图书文具股份有限公司股票（100 股）

109. “画报鼻祖”

伍联德

伍联德（1900 ~ 1972 年）

伍联德，字星联，广东新宁（今台山）人，著名出版家，良友图书公司和《良友》画报的创始人，被人誉为“画报鼻祖”。

伍联德早年由伯父带到广州岭南大学求学。20 岁刚刚出头的他，对美术颇感兴趣，还在念预科时，便与同班学友陈炳洪合译了《新绘学》一书，投寄上海商务印书馆出版，从此对出版事业产生极大的兴趣。后来伍联德放弃到美国留学的机会，经岭南大学校长钟荣光的推荐，进入了上海商务印书馆工作。伍联德的广东籍同乡、时任商务印书馆编译所所长的王云五，安排他主编《儿童教育画》丛刊。在此期间，伍联德还为商务印书馆出版的《儿童世界》写美术字，深受小读者的欢迎。后来伍联德为商务印书馆设计的著名商标，一直沿用到 1949 年。

1925 年 7 月，伍联德脱离商务印书馆，邀了当年的同学余汉生办起了良友印刷所。7 个月后，也就是 1926 年 2 月 15 日，一本新型画报诞生了，这就是著名的《良友》画报。它是中国乃至世界上第一本大型综合性画报，比同类型的美国《生活》杂志足足早了 10 年。伍联德、周瘦鹃、梁得所、马国亮、张沅恒先后任《良友》画报主编。《良友》画报的发行量高峰时达 4 万余份，在全国销量排名中仅次于《生活》周刊位列第二；当年凡是有华侨的地方，都有《良友》画报，故有“良友遍天下”之说。

1945 年 10 月《良友》画报停刊。1954 年伍联德在香港以“海外版”的名义，重新出版《良友》画报，直至 1968 年，因伍联德健康原因，《良友》画报不得不再度停刊。1972 年伍联德在香港病逝，终年 72 岁。1984 年，伍联德的长子伍福强继承父业，在香港恢复良友公司和《良友》画报。

《良友》画报创刊号

伍联德创办的良友印刷厂旧址

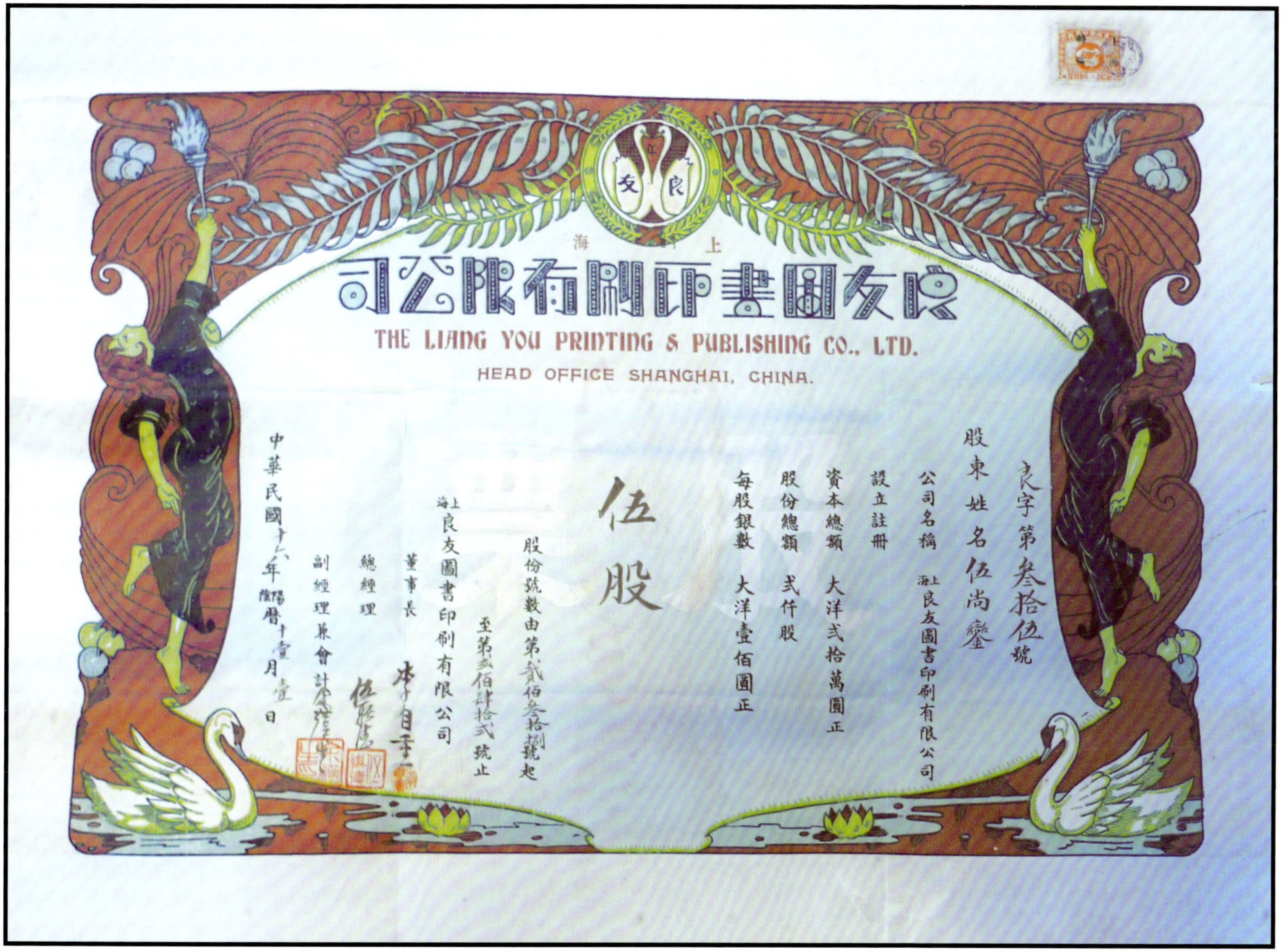

图 153　良友图书印刷有限公司股票（吴非先生藏品）

良友图书印刷公司创立于 1925 年 6 月，创办人和总经理都是伍联德，地址在上海北四川路 851 号（今四川北路 861 ～ 865 号）。大约过了十多年，良友图书公司的几个主要人物发生阋墙之争，于是在 1938 年 12 月 16 日，伍联德辞职，良友图书印刷公司宣布破产，由袁仰安、陈炳洪、赵家璧、李祖永等人重组良友公司，改名为“良友复兴图书印刷股份有限公司”，《良友》画报从 1939 年 2 月 1 日起在上海复刊。

上海良友图书印刷有限公司股票（图 153）发行于 1927 年 11 月 1 日，资本总额大洋 20 万元，股份总额 2 000 股，董事长李自重、总经理伍联德。这张股票的上方有一个相对而视的“双鹅”图案，这就是人们较为熟悉的良友图书印刷公司的徽标，它是由“良友”公司创始人伍联德设计的。《良友》画报封面上两个漂亮大方的美术字“良友”，也出自伍联德之手，并一直沿用至今，被誉为“金不换”。

110.“编辑出版家”

赵家璧

赵家璧（1908 ~ 1997 年）

赵家璧，笔名筱延，江苏松江（现属上海市）人，著名编辑出版家、作家、翻译家，被称为“中国新文化运动后，真正有创造性的第一代编辑”。

“书比人长寿”这句蕴涵睿智的话,可以说是毕生与书打交道的编辑家、出版家赵家璧奉行了一生的至理名言。

1932 年赵家璧从光华大学英国文学系毕业后，进良友图书印刷公司任编辑、主任，其间结识鲁迅、郑伯奇等左翼作家，陆续主编《一角丛书》、《良友文学丛书》等。当时良友公司经理伍联德非常信任他，放手让他去开辟画报之外的文学出版领域。1936 年，当时还不满 30 岁的赵家璧，在鲁迅、茅盾、郁达夫、阿英、郑振铎、郑伯奇等这些文化名人的帮助下，编辑出版了煌煌十大卷《中国新文学大系》，迎来了他事业上的一个高峰，从此与出版结下了不解之缘。

1937 年起，赵家璧在上海《大美晚报》社担任《大美画报》主编；1943 年在桂林重建“良友”，续出《良友文学丛书》，后将公司迁往重庆。1947 年赵家璧离开“良友”，经好友马国亮介绍，进入《前线日报》，同时开始在家里创办“晨光出版公司”，自任经理兼总编辑。晨光公司得到了老舍和巴金的全力支持，出版了包括《四世同堂》、《围城》等名著在内的《晨光文学丛书》和《晨光世界文学丛书》。

1954 年，赵家璧调任上海人民美术出版社副总编辑，编辑出版了《苏联画库》40 种，《新中国画库》60 种；1960 年，调任上海文艺出版社副总编辑，并当选上海市人民代表，历任中国出版工作者协会第二届副主席，中国作协上海分会顾问，上海市政协常委，上海市编辑学会顾问等职。1997 年 3 月 12 日赵家璧在上海逝世，享年 89 岁。

赵家璧主编的《中国新文学大系》

良友復興圖書印刷股份有限公司

普通股票

股票 友 字第 叁拾 號

國民政府經濟部核准登記 中華民國廿九年二月 日

登記執照設字第二一五號

本公司

股份總數貳仟股

每股金額國幣貳拾元

優先股額國幣肆仟玖百捌拾元

普通股額國幣叁萬伍仟另貳拾元

資本總額國幣肆萬元

股東 戴行驊

股份 伍拾 股（股份號數自第一二九一號至一三四〇號）

計國幣 壹仟 圓整

董事長 袁仰安

董事 陳炳洪

董事

董事

董事 趙家璧

董事

董事

中華民國 念玖 年 柒 月 壹 日填發

图 154 良友复兴图书印刷股份有限公司股票

1937 年 8 月 13 日，良友公司遭日军炮火猛烈袭击损毁严重，经理余汉生遂向法院宣告上海良友图书印刷公司破产。以赵家璧为首的“良友”老职工不甘心公司就此倒闭，遂用职工会的名义，向法院受盘良友图书印刷公司的全部资产，并且招募新股东，收回香港《良友画报》出版权，公司改称“良友复兴图书印刷公司”，于 1938 年 12 月 31 日开业（地址在四川路 33 号企业大楼五楼），并于 1939 年 2 月 1 日在上海复刊了《良友画报》。良友复兴图书印刷股份有限公司股票（图 154）发行于 1940 年 7 月 1 日，董事长袁仰安，总经理陈炳洪，总编辑赵家璧。

111. “一代报王”

史量才

史量才（1880 ~ 1934年）

史量才，原名史家修，原籍江苏江宁，后移居江苏松江（今上海市）。杰出的爱国主义者，中国新闻事业的奠基人，《申报》掌门人，被誉为“中国报业泰斗”、“一代报王”。

过去有人说过这样的话：谈中国报业必谈《申报》，谈《申报》必谈史量才。《申报》是旧中国影响最大，发行时间最长的一份报纸。1872年，英国人美查等3人共集资1 600两银两，在上海创办了《申报》。1912年，史量才以12万银元购得《申报》股权（分三期付清），并自任董事长。1929年初，史量才又以70万银元从美国人福开森手里买下《新闻报》65%的股权，成为中国最大的报界企业家。“国有国格、报有报格、人有人格”，是史量才掷地有声的办报宗旨。

史量才以《申报》为阵地，广泛联合左翼进步作家，积极参加抗日救亡活动，大胆揭露国民党当局不抵抗政策，为共产党仗义执言，从而激怒了蒋介石。1934年11月13日，史量才与夫人沈慧芝、儿子史咏赓等6人乘坐自备汽车，从杭州沿沪杭公路返回上海途经海宁县翁家埠时，一辆牌照为京字72号的汽车突然挡住去路，6名身穿黑色短衣的歹徒突然从路旁窜出，随即举枪向史量才的汽车连续射击，史量才等人迅速开启车门向田野奔逃，藏匿在一个干涸的水塘内，不料被追上的歹徒发现，连发数枪，一弹击中头部，史量才不幸殉难，年仅54岁。史量才夫人和儿子史咏赓及内侄女幸免于难。血案发生后，举国震惊。第二天，《申报》刊出《本报总经理史量才先生噩耗》和遗像，唁电、悼词、哀文如雪片般飞向各大报馆，同时发出愤怒的呼声：“严缉凶犯”。其实杀害史量才的凶案，正是由蒋介石一手策划、戴笠亲自指挥下，由赵理君等6人小组进行的。1934年11月16日，史量才的葬礼在哈同路（今铜仁路）史宅举行，各界知名人士2 000多人到会吊唁。

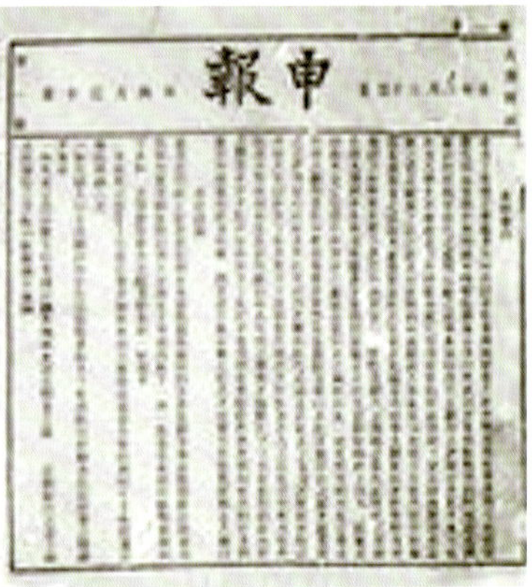

《申报》创刊号

据说蒋介石曾找史量才谈话，蒋说：“把我搞火了，我手下有一百万兵！”史冷冷地回答：“我手下也有一百万读者！”这段无法证实的“你有枪、我有报”的对话，为史量才之死平添了几分悲壮的色彩。

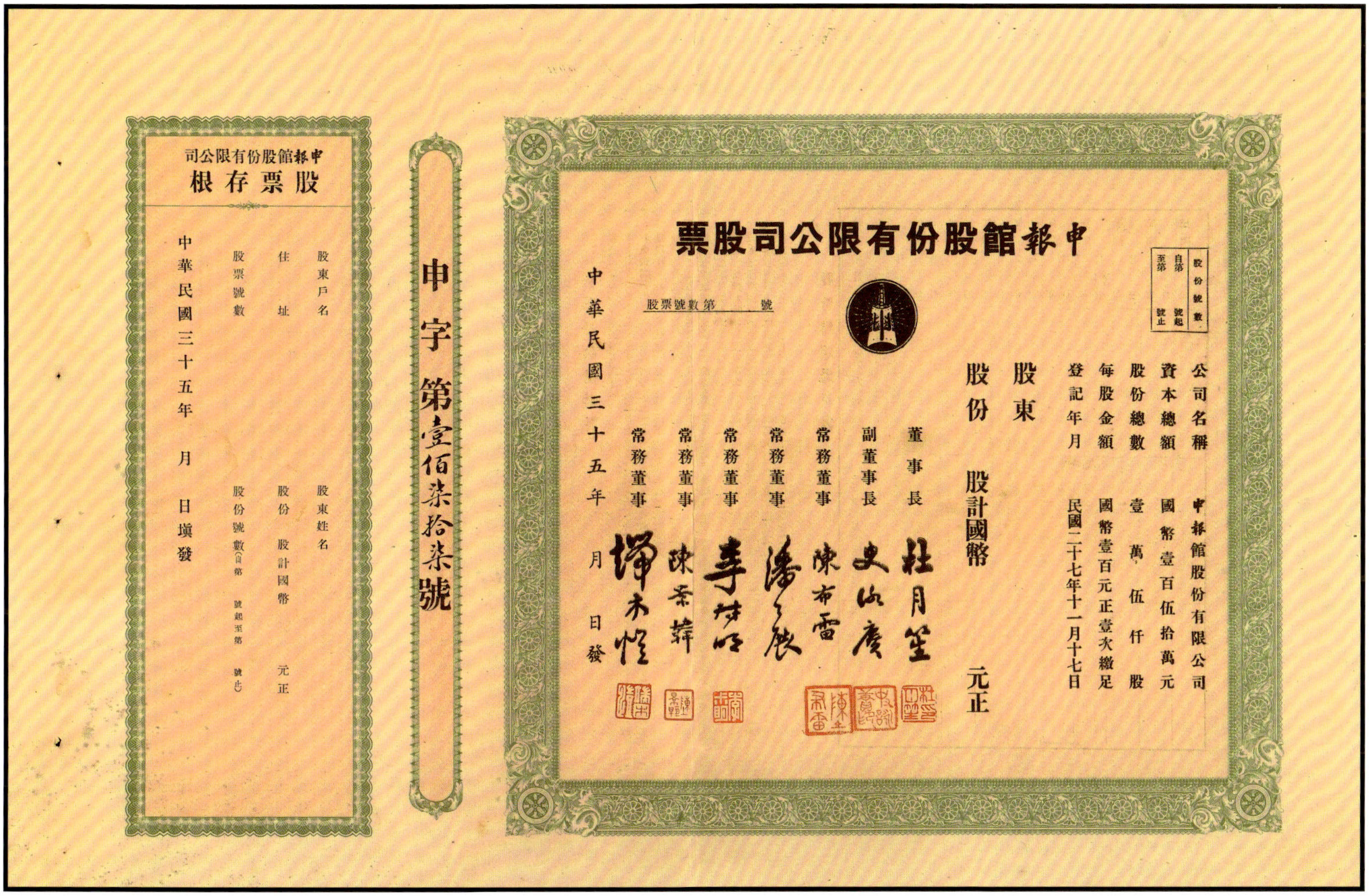

申報館股份有限公司
股票存根
股東戶名
住址
股票號數
中華民國三十五年 月 日塡發
股東姓名
股份 股計國幣 元正
股份號數 自第 號起至第 號止

申字第壹佰柒拾柒號

申報館股份有限公司股票

股數號數第 號

公司名稱	申報館股份有限公司
資本總額	國幣壹百伍拾萬元
股份總數	壹萬伍仟股
每股金額	國幣壹百元正壹次繳足
登記年月	民國二十七年十一月十七日

股份數 自第 號起 至第 號止

股東

股份 股計國幣 元正

董事長 杜月笙
副董事長 史詠賡
常務董事 陳布雷
常務董事
常務董事
常務董事
常務董事

中華民國三十五年 月 日發

图 155 申报馆股份有限公司股票

《申报》，原称《申江新报》，1872 年 4 月 30 日创刊，1937 年 7 月改组为股份有限公司。《申报》从创刊到 1949 年 5 月 26 日停刊，历时 77 年，是我国报刊史上最悠久的一份报纸，被人们视为研究中国近代历史的“百科全书”。申报馆地址在上海汉口路 309 号（今解放日报报业集团）。

申报馆股份有限公司股票（图 155）发行于 1946 年，董事长杜月笙，副董事长史咏赓（史量才的独子）。因为这时史量才已经去世 12 年了，他的事业已由他的儿子史咏赓发扬光大。在“董事”一栏里我们还看到了陈布雷、潘公展、李叔明等人的名字。陈布雷当时任国民党的“宣传总管”，他改组了《申报》、《新闻报》和《中央日报》，由原国民党中宣部副部长潘公展出任《申报》社社长，陈布雷的胞弟、原重庆《中央日报》总编辑陈训悆任《申报》社总经理兼总编辑。这张申报馆股票票幅特大，为股票和存根连张设计，没有实用过。到目前为止，我们还未发现已实用过的申报馆股票。

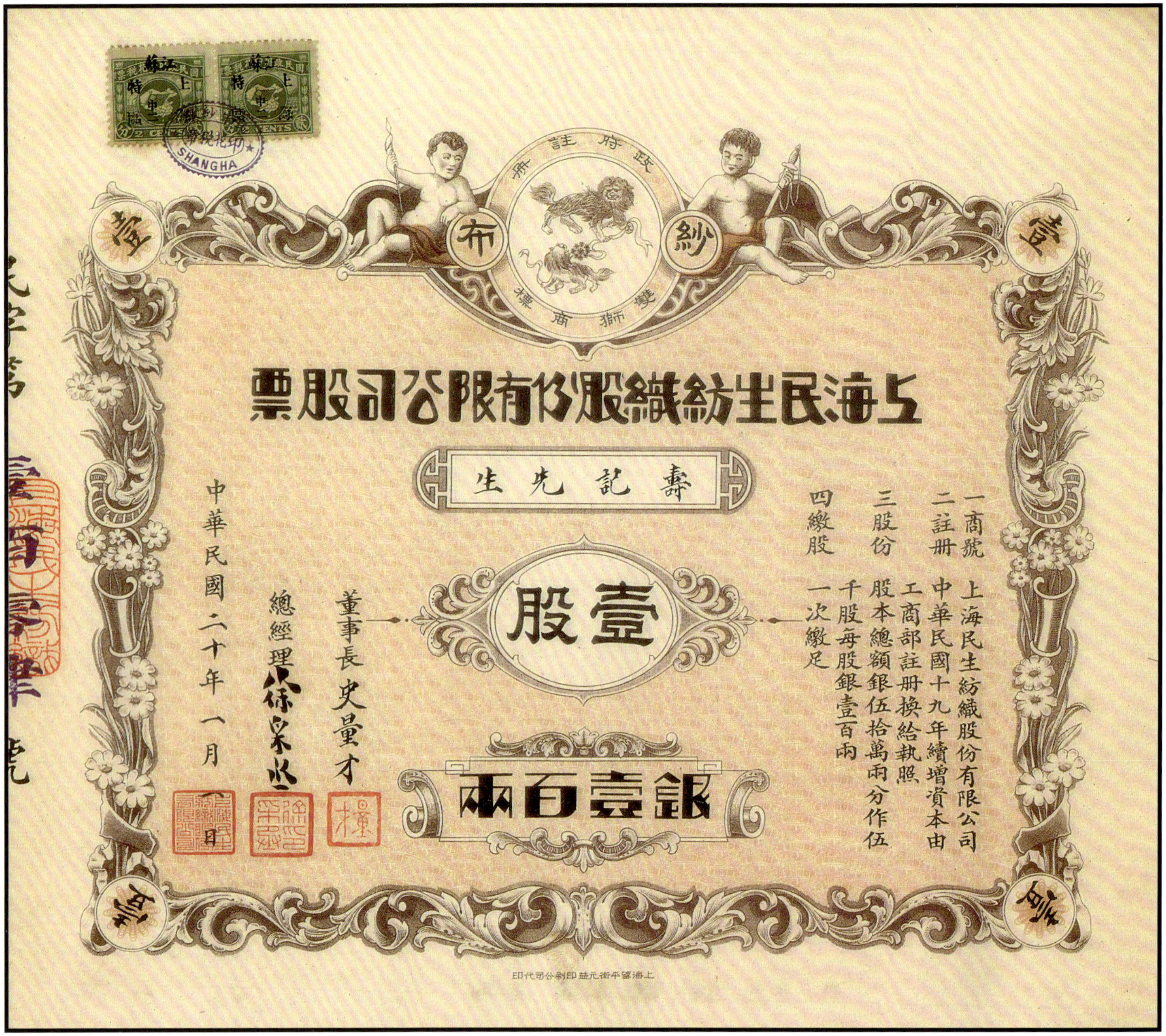

图 156 上海民生纺织股份有限公司股票

上海民生纱厂由史量才、徐采丞等人集资创办，具体创办时间不详。上海民生纺织股份有限公司股票（图 156）发行于 1931 年 1 月 1 日。董事长史量才，总经理徐采丞（杜月笙的机要秘书，被人称为“杜月笙的影子”，曾做过中国红十字会上海分会会长）。上海民生纺织股份有限公司股票无论是它的设计风格还是它的印刷制作，都称得上是纺织类股票中的“一朵奇葩”。

112. “新 闻 巨 擘”

胡政之

胡政之（1889 ~ 1949 年）

胡政之，原名胡霖，字政之，笔名冷观，四川成都人，新记《大公报》创办人之一，被称为“新闻巨擘”、“一代报人”。

也许很多人并不知道胡政之是何许人也，但是在中国新闻史上，赫赫有名的范长江、萧乾、徐铸成等都尊称他为导师；而具有百年历史的《大公报》更是与他有着不解的渊源。如果说“大公报”三个字无法从中国现代史上抹去的话，那么“胡政之”三个字，就应该与“大公报”共生共存，传诸后世。

胡政之幼年随做知县的父亲来到安徽，先在私塾读书，后进安庆省立高等学堂。1906 年父亲因病去世，他扶柩回到四川；1907 年到日本东京帝国大学读法律，1911 年回到上海，1912 年进由章太炎主办的上海《大共和报》任日文翻译，后继任主笔、总编辑。1916 年王郅隆接办《大公报》后，胡政之被聘为主笔和总经理，从此一生以办报为业。1919 年，胡政之以大公报记者身份前往欧洲采访巴黎和会，他是唯一一位进入会场采访巴黎和会的中国记者。1920 年 7 月胡政之回国后不久辞职，创办了著名的国闻通讯社和《国闻周报》。1926 年 9 月，吴鼎昌、张季鸾、胡政之合组的新记公司，接办了《大公报》。胡政之主持《大公报》时间最长，达 27 年之久。而这 27 年也是《大公报》最为辉煌的时期。

在抗战中，胡政之在极为困难的条件下，相继创办《大公报》汉口版、香港版、桂林版、重庆版。1941 年 5 月，《大公报》荣获具有世界声誉的美国密苏里新闻学院奖章。1948 年初胡政之在美国创办英文版《大公报纽约周刊》。到 1949 年，加上复刊后的上海版、天津版、香港版，《大公报》总发行数达 20 万份，真正成为在国内外有重大影响的报纸。1945 年 4 月，胡政之以中国新闻界代表的身份，参加了在美国旧金山举行的联合国成立大会，并在《联合国宪章》上签字。1948 年 4 月 24 日夜，在《大公报》港版复刊一个多月后，胡政之在报馆伏案工作时忽然病倒，4 月 27 日胡政之以沉疴之躯飞回上海治疗，谁知从此一病不起，终于 1949 年 4 月 14 日寂然长逝，享年 60 岁。

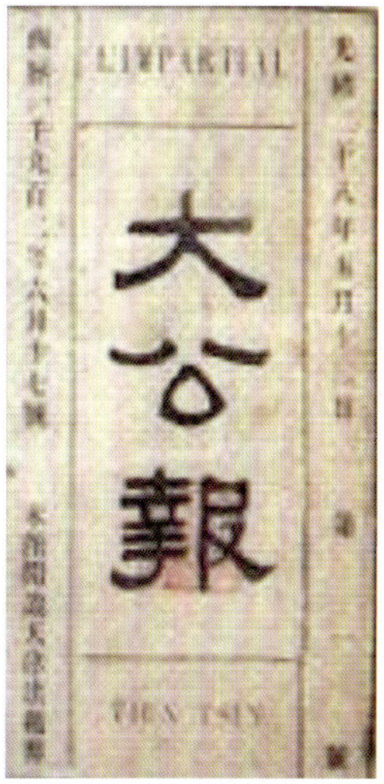
大公報

《大公报》创刊号

大公報社股份有限公司股票

計開

資本總額 國幣陸萬萬元

股份總額 陸萬股

每股金額 國幣壹萬元

設立登記 民國二十六年七月十五日

增資登記 民國三十五年十月二十三日

股東 張伯苓

股數 貳佰股

金額 貳佰萬元

董事

董事

董事 李子寬

中華民國三十五年十二月三十日發行

No. 00014

图 157 大公报社股份有限公司股票（《百年中国证券典藏》图录）

《大公报》以“忘我之为大”的“大”字，和“无私之为公”的“公”字作为报名，这是一个响当当的报名。《大公报》在 1949 年前共分为三个时期：第一时期是 1902 年创刊到 1916 年 9 月，即英敛之时期；第二时期是 1916 年 10 月至 1925 年 11 月停刊，即王郅隆时期；第三时期从 1926 年 9 月 1 日吴鼎昌、张季鸾、胡政之接办起至 1949 年，即新记《大公报》时期。新记《大公报》创业之初，由吴鼎昌任社长，张季鸾任总编辑兼副总经理，胡政之任总经理兼副总编辑。接办之初，他们就提出鲜明的“不党、不卖、不盲、不私”的“四不”方针。新记《大公报》相继创办了汉口版、上海版、香港版、桂林版、重庆版。大公报社股份有限公司股票（图 157）发行于 1946 年 12 月 30 日，胡政之任《大公报》总经理兼副总编辑；“董事”中的李子宽当时任《大公报》经理，1954 年任大公报上海办事处主任，又当选为上海市政协委员、常委兼文史资料工作委会副主任，负责主编《上海文史资料》。

113.“钱业领袖”

秦润卿

秦润卿（1877 ~ 1966 年）

秦润卿，名祖泽，字润卿，晚年自号“抹云老人”，浙江慈溪人。旧上海钱庄业“头号掌门人”，被誉为“钱业领袖”、“上海钱业第一人”。

近代中国商界向有“山西票号、宁波钱庄”的说法，而近代上海则是宁波钱庄的最大活动舞台。担任上海钱业公会会长近 20 年的秦润卿，则是上海乃至全国钱业界公认的领军人物。

秦润卿 15 岁时由表叔林韶斋介绍，进上海豫源（1909 年改名福源）钱庄学生意，3 年满师后，任信房、跑街，1907 年升任豫源钱庄经理。从此，秦润卿正式踏入当时正处于蓬勃发展中的上海钱庄业，并与之结伴半个多世纪。在 20 世纪 30 年代前期，秦润卿还兼任上海中国垦业银行、中国亚浦耳电器公司、大有榨油厂董事长，上海银行、交通银行、天一保险公司、太平水火保险公司、大丰庆记纺织公司董事等职。

作为钱业领袖，秦润卿几乎天天与金钱打交道，却视财富如浮云。他曾说过：“我抱定宗旨两句话：取之于社会，用之于社会；生不带来，死不带去。”秦润卿在长达 50 多年的钱业生涯中，以每月薪资收入作为家庭开支，而将年终所得红利共计银元 4 万余元，全部捐助社会公益事业。他先后捐助的公益事业有慈溪普迪学校、慈溪县立中学、宁波效实中学、上海修能学社、上海储能中学，以及慈溪荣华堂、保黎医院、宁波佛教孤儿院、四明孤儿院等多家慈善机构。

1966 年 7 月 5 日，这位近代中国钱庄业的标志性人物，在上海华东医院安详地合上了双眼，享年 90 岁。根据其遗愿，秦润卿的骨灰归葬于慈城白龙山的青山绿水间。

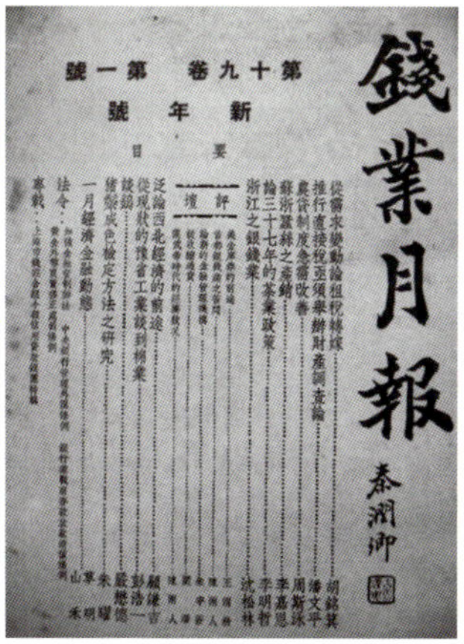

錢業月報

第十九卷第一號

新年號

要目

秦潤卿

秦润卿创办并题字的《钱业月报》

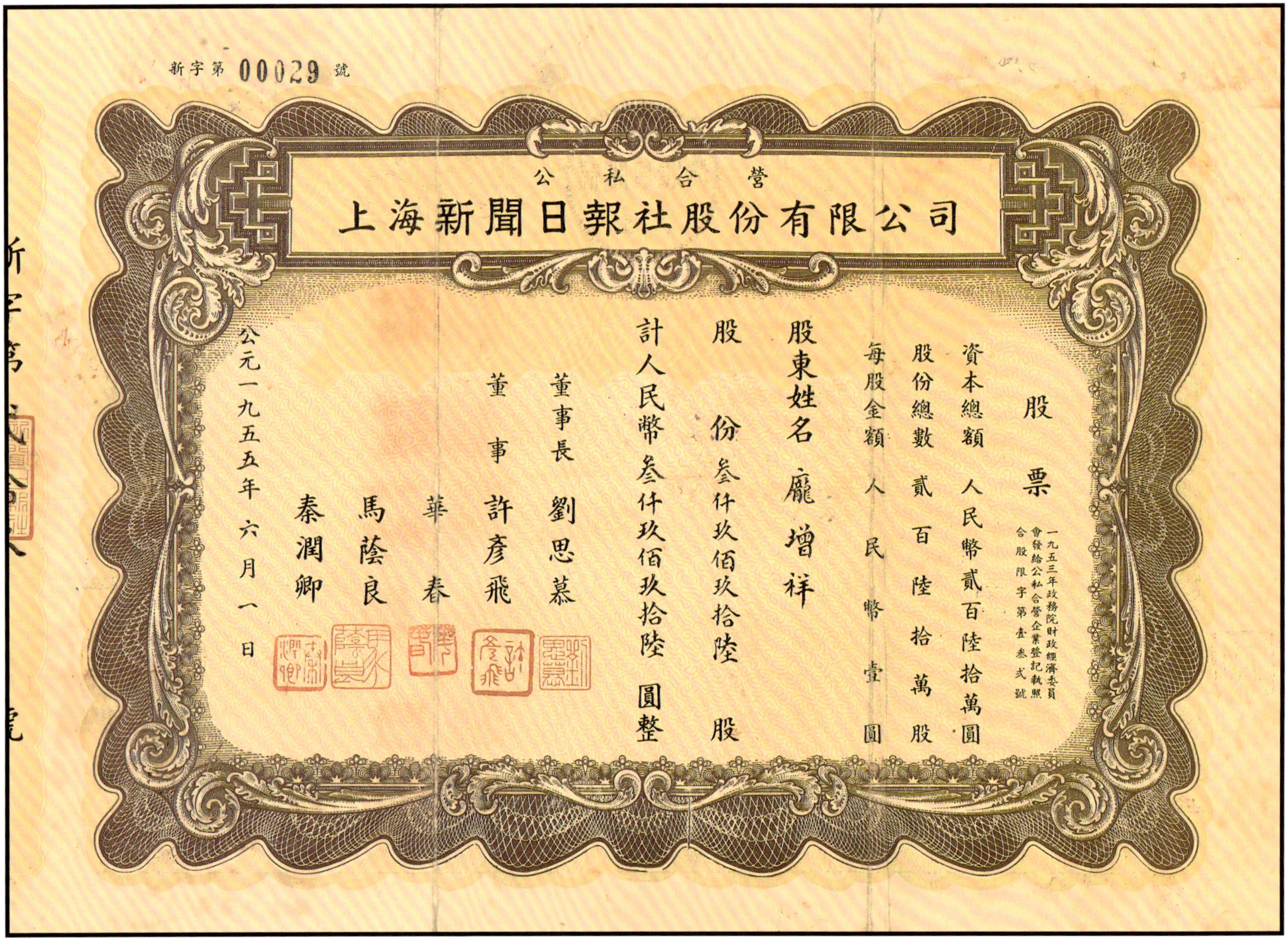

新字第 00029 號

公私合營

上海新聞日報社股份有限公司

股票

一九五三年政務院財政經濟委員會發給公私合營企業登記執照合股限字第壹叁弍號

資本總額 人民幣貳百陸拾萬圓

股份總數 貳百陸拾萬股

每股金額 人民幣壹圓

股東姓名 龐增祥

股份 叁仟玖佰玖拾陸 股

計人民幣叁仟玖佰玖拾陸 圓整

董事長 劉思慕

董事 許彥飛 華春 馬蔭良 秦潤卿

公元一九五五年六月一日

图 158 上海新闻日报社股份有限公司股票

《新闻日报》创刊于 1949 年 6 月 29 日，它的前身是创刊于 1893 年 2 月 17 日的《新闻报》。1949 年上海解放后，中国人民解放军军事管制委员会接管了《新闻报》，并派恽逸群为特派员、许彦飞为副特派员，和金仲华、汪伯奇、马荫良等 5 人组成临时管理委员会。《新闻日报》在《新闻报》原址设立了社务委员会，由金仲华任社长兼总编辑。1953 年，《新闻日报》改组为股份有限公司。1960 年 6 月，《新闻日报》与《解放日报》合并，《新闻日报》停刊。《新闻日报》从 1949 年 6 月 29 日创刊至 1960 年 6 月 1 日与《解放日报》合并，共出版了 3937 期。

上海新闻日报社股份有限公司股票（图 158）发行于 1955 年 6 月 1 日，董事长刘思慕，董事许彦飞、华春、马荫良、秦润卿。股票上的股东叫庞增祥，他是一代书画收藏大家庞莱臣的孙子，曾是上海市杨浦区政协委员、工商联副秘书长。

图 159 大有余机器榨油股份有限公司股票

1922 年 8 月，秦润卿、薛文泰、方椒伯等集资 30 万银元，创办了大有余机器榨油股份有限公司，地址设在上海西苏州路 36 号。1926 年美国费城举办世博会，大有余榨油厂生产的食用油参展该届世博会，荣获“丙等金奖章（植物油类）”。大有余机器榨油股份有限公司股票（图 159）发行于 1923 年 1 月 1 日，董事长秦润卿、总经理薛文泰。

114.“名父之子、名子之父”

章以吴

章以吴（1897 ~ 1978 年）

章以吴，曾用名“吾省”，浙江省三门县人，周恩来总理称他为“名父之子，名子之父”。

左起：张颖、章以吴、邓颖超、罗婉容、周恩来、章文晋、章梅（摄于 1961 年朱启钤住宅）

章以吴一家几代人与周总理渊源很深。章以吴曾是周恩来在天津南开中学的同班同学；章以吴之子章文晋，曾担任周恩来的秘书、英语翻译，是新中国第一代外交家；章文晋之妻张颖，抗战时期任《新华日报》记者，曾是周恩来与文化界人士往来的联络员，后任新中国外交部礼宾司副司长。新中国成立后，有一次周总理在拜访章以吴的老丈人朱启钤时，曾当着章文晋的面与章以吴开玩笑说：“你是章文晋的父亲，章梫又是你的父亲，你真是‘名父之子、名子之父’啊！”

章以吴出生在一个亦官亦儒的书香大家里。他的父亲章梫与当时北洋政府高官朱启钤交往甚笃，后来朱启钤把女儿朱淇筠嫁给了章梫的儿子章以吴，两家从此结为儿女亲家。章以吴少年时在上海澄衷学堂就学，16 岁时考入天津南开中学，当时 15 岁的周恩来随伯父举家迁至天津，也考入南开中学，章以吴和周恩来便成为同窗好友。在校长张伯苓的倡导下，当时学校的文明戏（即话剧）非常活跃，章、周两人差不多同时加入了南开新剧团。因当时不兴男女同台，章以吴常扮女角。不久，家中催促章以吴回北京完婚，便由周恩来“救场”，接替章以吴扮演女角。这种同窗之情一直延续了整整 60 年。

新中国成立后，章以吴任上海金城银行秘书处处长、业务专员，上海公私合营银行五联总处职员。50 年代初期，章以吴自愿放弃上海金城银行的高级职务，到甘肃平凉人民银行当一名普通职员。1956 年因精兵简政，章以吴退职返回北京。此时章文晋生母朱淇筠已病故，章以吴续娶护士罗婉容。1957 年深秋，周恩来听说章以吴、罗婉容结为秦晋之好，非常高兴，打趣地说：“你们一个姓章，一个姓罗，你们是‘章罗同盟’啊！”几天后，周恩来、邓颖超夫妇请章以吴夫妇全家到中南海西花厅吃了一顿饭。席间，周恩来了解到章以吴返京后生活拮据，便根据章在解放前的资历，指示中央统战部会同有关部门商议解决此事，最后章以吴被安置到中央文史馆任馆员。章以吴于 1978 年去世，享年 80 岁，那时周恩来已去世两年了。

图 160　光华美术印刷股份有限公司股票

光华美术印刷股份有限公司股票（图 160）发行于 1921 年，股票上面的“常务董事”，就是我国著名外交家章文晋的父亲章以吴。“光华”两字取自《尚书大传·虞夏传》里的《卿云歌》：“日月光华，旦复旦兮”，含有发扬广大中华民族优秀文化的意义。

115.“印刷泰斗”

柳溥庆

柳溥庆（1900 ~ 1974 年）

柳溥庆，又名圃青、步青、柳霖，江苏靖江人，印刷泰斗、新中国印钞事业奠基人之一。

柳溥庆被公认为中国印刷界德技双馨的知名专家、杰出代表。他从事印刷工作60年，凡涉及印刷的各个领域，都有很深的研究和造诣。他于1933年发起、组建了中国第一个印刷学会“中国印刷学会”；创办出版了我国第一份印刷杂志《中国印刷》；1935年创造发明了世界第一台汉字照相排字机，被当时上海《申报》称为“划时代的创新”。

柳溥庆13岁进上海图书公司印刷所当学徒，14岁转入上海商务印书馆印刷所影印部任副部长。1924年3月，柳溥庆赴法国勤工俭学，就读于里昂美术学校、巴黎美术学校和巴黎印刷学院，主攻美术和印刷技术，并加入旅法共产主义青年团。1924年7月，柳溥庆在里昂地区与邓小平（当时名叫邓希贤）共同编印旅欧中国共产主义青年团机关刊物《赤光》，在工作中建立了深厚的友谊。1926年柳溥庆加入中国共产党，1927年奉命去莫斯科中山大学学习，并参加了在莫斯科召开的中国共产党第六次代表大会秘书处工作。1929年，在苏联消息报印刷厂和莫斯科中央美术制版厂任技师，1931年秋回到上海。

1934年，柳溥庆在上海三一印刷公司任工务部主任，国民党中央军部委托公司密印两张“围剿”江西中央苏区和湖北、安徽革命根据地的大地图。他将地图悄悄复制后，由爱人周砥秘密交给上海地下党转送中央。中共早期领导人瞿秋白被敌人杀害，柳溥庆从其胞弟瞿秋云那里得到他就义的照片后，立即翻版晒印转交党组织，为党留下珍贵的史料。1940年，柳溥庆曾为苏北解放区秘密刻制印刷四达银行、江淮银行钞票，并为新四军秘密购置、运送印钞器材物资。1942年、1948年柳溥庆分别被日军和国民党当局逮捕，坚不吐实。1948年出狱后，柳奉命赴香港任永发印刷公司任总工程师，1949年5月奉命回沪迎接解放。新中国成立后，柳溥庆去北京任中国人民银行印刷厂总工程师兼印刷技术研究所长。1974年10月24日，柳溥庆在北京逝世，终年74岁。

1925年5月，邓小平同志赴莫斯科中山大学学习之前，把自己珍藏多年的一张4寸单人全身肖像照亲笔题词赠送给了柳溥庆留念。这张照片，就是今天我们所熟悉的“头戴鸭舌帽、身穿中大衣”——邓小平1921年3月在法国勤工俭学时的留影。柳溥庆夫妇生前把这张照片视若珍宝，解放前一直把它秘密珍藏在家中的阁楼夹层内。2004年7月24日，柳伦（柳溥庆之女）夫妇和她的3个弟妹夫妇将这张珍贵的原版照片和一张1924年中国社会主义青年团旅欧总支部代表大会31位代表在巴黎的原版合影照一起捐给了国家博物馆，填补了一代伟人一段重要革命时期的资料空白。

129

公司名稱 華東美術印刷廠股份有限公司
登記執照 政務院財政經濟委員會合股限字第二七號
資本總額 人民幣捌億貳仟貳佰萬圓整
股份總額 捌仟貳佰貳拾股
每股金額 人民幣拾萬圓整
創立年月 公曆一九五〇年五月
股票號數 股字第拾貳號

股東 江元青
股份 叁拾貳股
計人民幣叁佰貳拾萬圓整

董事 萬啓盈　董事 湯有光
董事 何步雲　董事 梁志高
董事 周砥　董事 包聞天
董事 柳培慶　董事 彭琳
董事 施永範

公曆一九五三年一月廿七日填發

图 161　华东美术印刷厂股份有限公司股票

华东美术印刷厂股份有限公司创立于 1950 年 5 月，前身是华东美术印刷公司，由柳溥庆创办于 1946 年。华东美术印刷厂股份有限公司股票（图 161）发行于 1953 年 1 月。这时柳溥庆已被调到中国人民银行总行印制管理局任总工程师，所以在这张股票的“董事”栏里，我们没有看到柳溥庆的名字，但他的夫人周砥和他的大弟柳培庆的名字，却赫然出现在“董事”栏里。所以说，这是一张值得收藏的具有历史纪念意义的“红色”股票。

116. “京剧大师”

梅兰芳

梅兰芳（1894 ~ 1961 年）

梅兰芳，名澜，字畹华，江苏泰州人，中国最杰出的京剧表演艺术家。

梅兰芳 8 岁学戏，9 岁拜吴菱仙为师学青衣，11 岁登台，后又求教于秦稚芬和胡二庚学花旦。经过长期的舞台实践，梅兰芳对京剧旦角的唱腔、念白、舞蹈、音乐、服装、化妆等各方面都有所创造发展，形成了自己的艺术风格，世称“梅派”，后来被誉为京剧“四大名旦”之一。

1929 年 12 月，梅兰芳率团赴美国演出，历时半年之久，一时间京剧艺术风靡美国。美国电影界认为他的表演艺术对电影具有宝贵的参考价值，将他演的《刺虎》拍摄成有声电影新闻片，这是第一部中国戏曲的有声电影。

抗日战争爆发后，梅兰芳身居沦陷区，不为敌伪的威胁利诱所屈服，毅然蓄须明志，8 年不登台演出。1945 年 8 月 8 日，抗战胜利的消息一传出，梅兰芳高兴得当天就剃掉了唇髭，没出两个月，就在上海美琪大戏院重登舞台了。

新中国成立后，梅兰芳历任中国京剧院院长、中国戏曲研究院院长、中国文学艺术界联合会副主席、中国戏剧家协会副主席，1959 年加入中国共产党，并以 65 岁的高龄，排演了最后一出新戏《穆桂英挂帅》。除了演戏练功外，梅兰芳的业余爱好十分广泛，特别喜欢养鸽子、养花和书法绘画，而这些爱好对他提高京剧表演艺术起了很大作用。1961 年 8 月 8 日，梅兰芳因心脏病在北京逝世，终年 67 岁。

1933 年梅兰芳在上海

图 162 楚城大戏院股份有限公司股票

楚城大戏院股份有限公司股票（图 162）发行于 1947 年 8 月 1 日，股东就是我国最杰出的京剧表演艺术家梅兰芳先生。楚城大戏院座落在上海虹口区周家牌路 91 号，创建时间不详。它由一家茶馆演变而成，民国时期成为一家老式剧场，有 532 个观众座位。

117.“电影鼻祖”

张石川

张石川（1890 ~ 1953 年）

张石川，原名张伟通，字蚀川，因“蚀”字含有“亏本”之意，后改名石川，浙江宁波人，中国电影事业的开拓者、奠基人之一，被誉为“中国电影导演第一人”。

张石川系中国电影的拓荒者、奠基人之一，他集编剧、导演、制片人与投资人于一身，是中国早期商业电影的先驱。

张石川 15 岁时父亲张和巨去世，就随舅父经润三到上海谋生，后因能说上一口流利的洋泾浜英语，受到亚细亚影戏公司美国老板的赏识，开始其导演、制片生涯。1913 年张石川与郑正秋联合执导了中国第一部短故事片《难夫难妻》，其后又导演了中国第一部武侠片《火烧红莲寺》、第一部有声片《歌女红牡丹》等。1922 年 3 月，张石川和郑正秋、周剑云等 5 人创办了明星影片公司，共出品了二百多部故事片，成为中国电影史上存在时间最长的电影制片公司。张石川一生共导演了《脂粉市场》、《压岁钱》、《啼笑因缘》、《空谷兰》等 150 多部（集）电影，成为大名鼎鼎的电影大导演。

1931 年“九一八”事变后，张石川、郑正秋、周剑云携明星影片公司全体员工积极参加到全民抗日的行列中，他们摄制了《抗日血战》、《十九路军血战抗日上海战地写真》、《上海之战》、《国魂的复活》、《战地历险记》等纪录片和影片，为这段可歌可泣的历史留下了宝贵的影像资料。

1950 年张石川迁居苏州，不久又重返上海，辗转病榻 3 年之久，于 1953 年 6 月 8 日告别人世，终年 63 岁。

上海明星影片有限公司大门

图 163　上海明星影片股份有限公司股票

明星影片公司创办于 1922 年 3 月，由张石川、郑正秋、周剑云、郑鹧鸪、任矜苹等 5 人（号称“五虎将”）发起组建。1925 年明星影片公司招股 10 万银元，改组为“上海明星影片股份有限公司”，这是中国第一家股份制影片公司，公司地址在上海杜美路（今东湖路）上。

上海明星影片股份有限公司股票（图 163）发行于 1930 年 6 月，公司董事长袁履登，总经理张石川。这张明星公司股票设计新颖、印刷艳丽，四面边框用电影胶卷图案环绕，上面有一个红五角星，四周光芒四射，背景采用国画的泼墨写意手法，下面两旁的人物造型和上面两旁配以鲜花和竖琴，使股票有一种电影蒙太奇的感觉。

图 164 友义股份有限公司股票

友义股份有限公司成立于 1936 年 6 月，资本 10 万银元，由日本人林右板吉创办，1927 年 11 月由华商接办，改名明星大戏院。上海友义股份有限公司股票（图 164）发行于 1936 年 12 月 3 日，股东是张石川，总经理是张巨川，他是张石川的大弟，曾担任过六合影片公司和中央大戏院经理之职。友义股份有限公司股票的设计也很漂亮，10 颗小五角星围绕 1 颗大五角星，即寓意电影银幕明星荟粹，又隐喻明星大戏院。另外，7 位董事的印章错落有致，风格迥异。

118. “娱乐业大王”

黄楚九

黄楚九（1872 ~ 1931 年）

黄楚九，名承乾，字楚九，号磋玖，浙江余姚人，明末大儒黄宗羲的后裔，被称为“中国西药业先驱”和“中国娱乐业大王”。

黄楚九是中国西药业的先驱、中国娱乐业的大王，一生创业横跨诸多领域，时人称他为“百家经理”。他敢为人先，故创下多个第一：中国第一家民族资本制药企业——龙虎公司（中华制药公司）；中国第一家屋顶花园——楼外楼；中国第一家综合娱乐场——新世界；远东第一大游乐场——大世界；中国第一家发行量最大的娱乐企业报——《大世界报》；中国第一个医药“托拉斯”——黄氏医药“集团”……

黄楚九药业“托拉斯”旗下有中法大药房、中西大药房、中华制药公司、罗威公司、九福制药公司、九芝堂国药店等二十多家企业，曾经创出了“龙虎人丹”、“百龄机”、“艾罗补脑汁”等著名品牌。凭借这个庞大的药业集团，黄楚九稳稳地坐上了“上海新药业大王”的位置，1927 年上海新药业工会成立时，黄被选为第一任主席。

黄楚九并不满足于在新药业的成功，他还把触角伸进了娱乐业。大世界游乐场是上海最知名的的娱乐场所，曾被誉为“远东第一大游乐场”，他的创始人就是黄楚九。1917 年春，黄楚九在爱多亚路（今延安东路）、西藏中路口建起了“大世界游艺场”，同年 7 月 17 日正式对外营业。解放后，“大世界”改名为“上海市工人文化宫”，1987 年恢复“大世界”原名。

1931 年 1 月 19 日，上海著名实业家黄楚九因气喘病急性发作，在延安路、龙门路口的知足庐寓所去世，终年 59 岁。他的一生正像一幅挽联中所写的：“楚楚大志，十年雄心争天下；九九归原，一双空手赴黄泉。”

上海“大世界”旧影

牌照为“9999”的黄楚九私人小汽车

图 165　上海共发公司股票（吴非先生藏品）

上海共发公司股票（图 165）发行于 1927 年，是黄楚九在合并日夜银行、大世界游艺场、福昌烟公司、温泉浴室和中西大药房这 5 家公司后换发的新股票，黄磋玖（即黄楚九）任董事长兼总理。股票四周以花繁叶茂的缠枝为图案，朵朵花儿竞相开放，象征着公司的事业兴旺发达。股票上部椭圆内的红色变体“共发”两字，表达了黄楚九一生期盼发达、发财的强烈愿望。

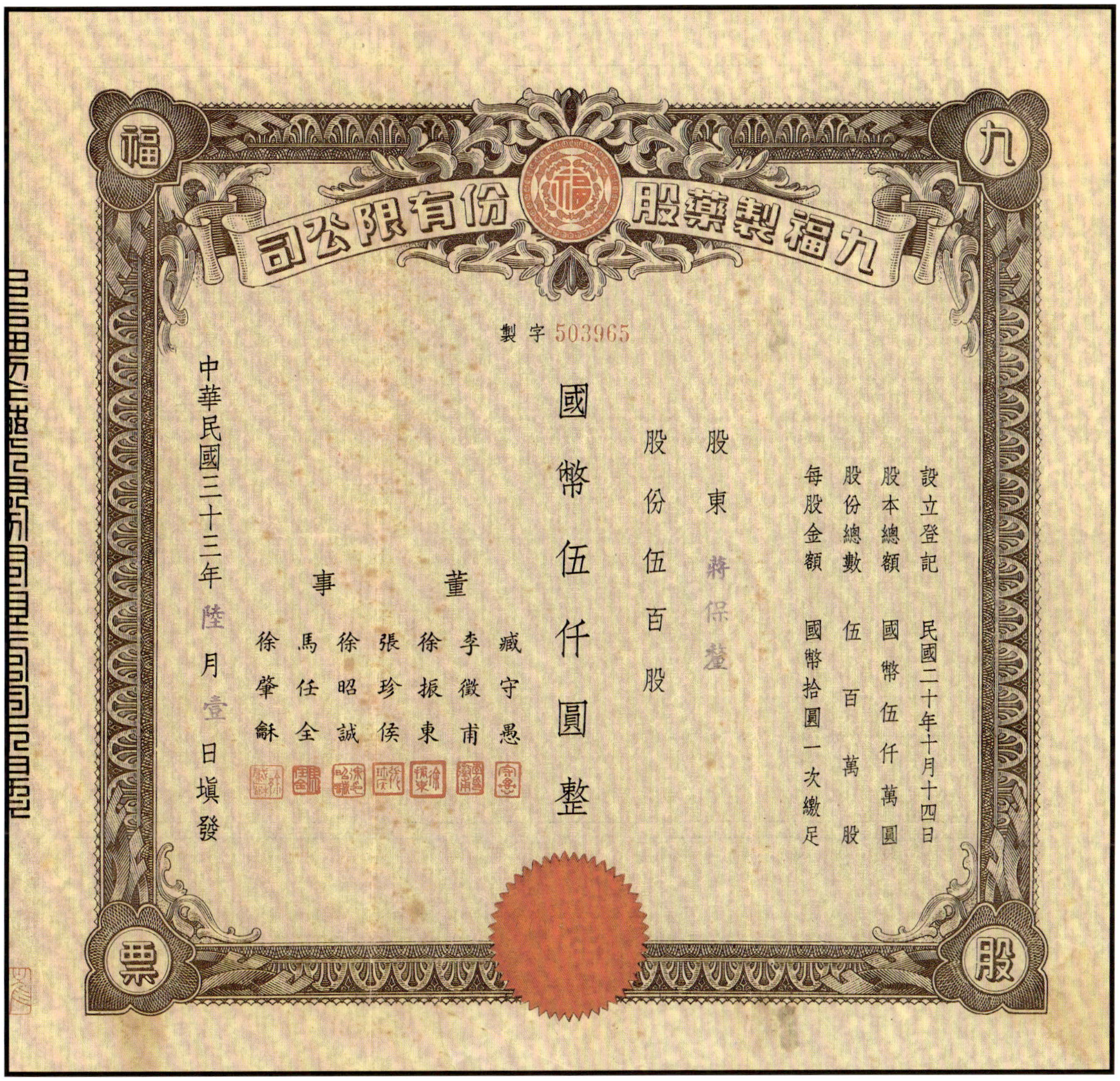

图 166 九福制药股份有限公司股票

九福制药公司由黄楚九独资创办于 1923 年 10 月 29 日，1927 年改组为九福股份有限公司。1931 年黄楚九去世后，由他大女婿臧伯庸等人接盘，改名为“九福制药股份有限公司”。解放后改名为上海黄河制药厂，厂址在凤阳路 250 号。

九福制药股份有限公司股票（图 166）发行于 1944 年 6 月，因为这时黄楚九早已去世，所以在“董事”栏里已看不到黄楚九的名字。这张股票初看好像毫不起眼，但仔细看却大有奥妙，你看票面上方的一个圆形图案：一个美术体红色“福”字居于中心，四周有 9 只蝙蝠（4 只大的 5 只小的）围成两圈，9 只蝙蝠与“九福”谐音，既巧妙又贴切；最外面再用 36 个小“福”字镶成一圈，36 除以 4 是 9，这个“九”字不正好和黄楚九里的“九”字有异曲同工之妙吗？

119. “电影大王”

张善琨

张善琨（1905 ~ 1957 年）

张善琨，浙江吴兴南浔人，中国电影事业家，被称为“上海滩电影大王”。

在中国百年电影史上，有一个极富传奇性、又极具争议性的人物，他就是张善琨。

张善琨的家族是南浔望族，少年时在南京金陵大学附中求学，后毕业于上海南洋公学（交通大学前身）。在南洋公学读书时，张善琨就是一个戏剧、戏曲爱好者，在梨园行中结识了京剧坤伶童俊卿。在童的介绍下，张善琨又结识了上海大世界游乐场经理黄楚九。黄颇赏识能言会道的张善琨，不仅促成了张、童两人的婚事，还邀请张善琨担任福昌烟草公司广告部主任，后升任经理。 黄楚九死后，张善琨通过朋友顾无为的介绍，投奔了青帮头目黄金荣，为他以后的电影事业打下了社会基础。

新华影业公司初创时在上海斜土路的厂址

张善琨是 20 世纪 30 年代上海滩的著名人物。1934 年他办起了新华影业公司，自任总经理，先后拍摄了《新桃花扇》、《长恨歌》、《夜半歌声》等进步影片，和中国电影史上第一部动画长片《铁扇公主》。1941 年底太平洋战争爆发，上海租界陷入敌手后，张善琨出任中华联合制片股份有限公司总经理和中华电影股份有限公司副总经理。抗战胜利后，因遭国民政府的通缉，他辗转逃至香港；1947 年，与李祖永在香港创办永华影业公司。1948 年 12 月，由永华影业公司摄制的影片《清宫秘史》正式公演。1951 年，张善琨在经营航运业的商人吕建康的支持下，又创办了长城影业公司。退出“长城”后，1952 年张善琨又在香港恢复新华影业公司，拍摄了香港第一部彩色故事片《海棠红》。1957 年 1 月 7 日，张善琨携《银海笙歌》等摄制组在日本拍摄外景时，因心脏病突发去世，卒年 50 岁。

新华影业公司上海时期出品影片上的公司标志

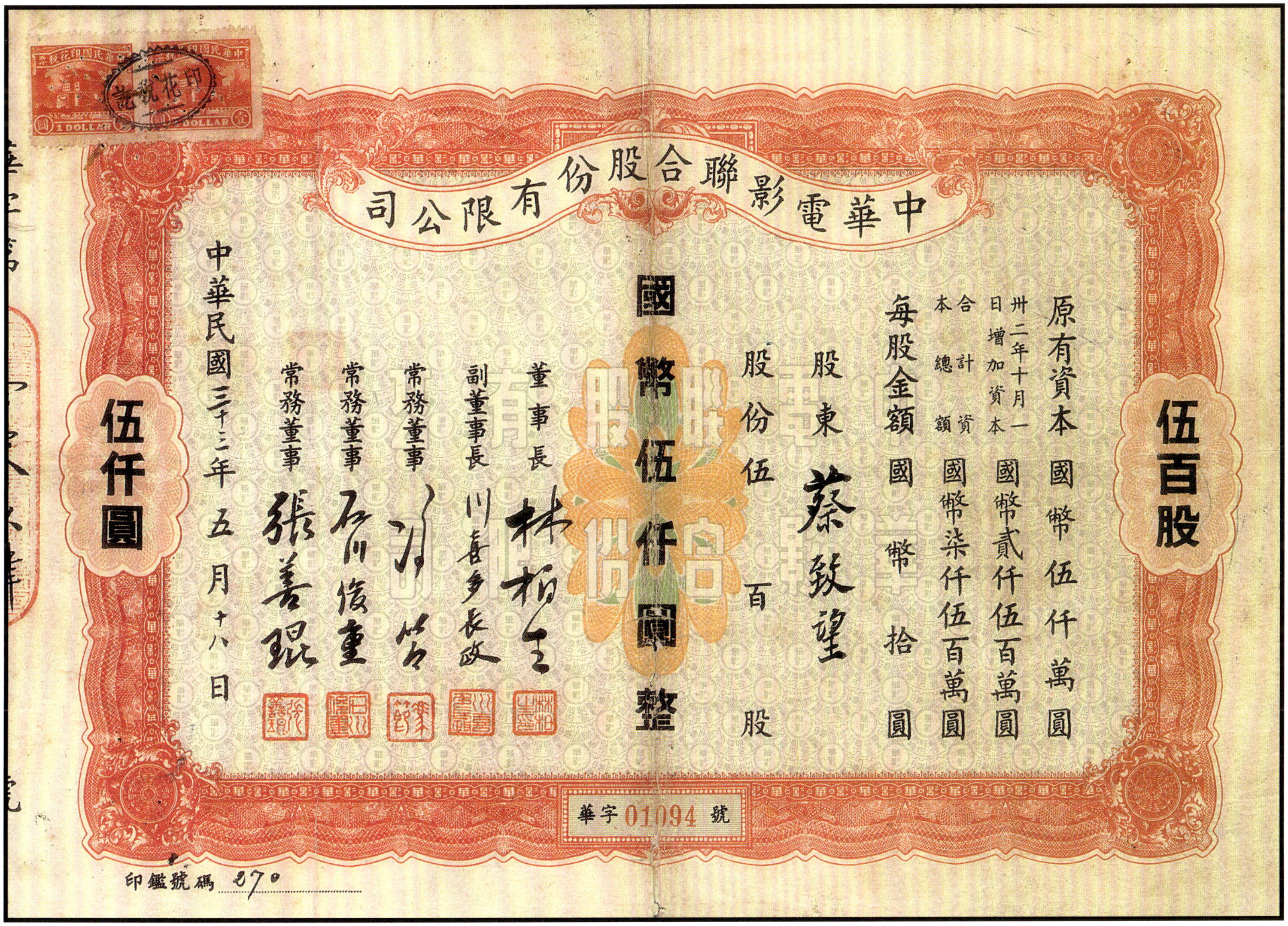
中華電影聯合股份有限公司

伍百股

原有資本國幣伍仟萬圓

卅二年十月一日增加資本 國幣貳仟伍百萬圓

合計資本總額 國幣柒仟伍百萬圓

每股金額國幣拾圓

股東 蔡致望

股份伍百股

國幣伍仟圓整

董事長 林柏生

副董事長 川喜多長政

常務董事

常務董事 石川俊重

常務董事 張善琨

中華民國三十三年五月十八日

伍仟圓

華字01094號

印鑑號碼 270

图 167 中华电影联合股份有限公司股票

中华电影联合股份有限公司成立于 1943 年 5 月 12 日，由“中华电影股份有限公司”、“中华联合制片股份有限公司”和“上海影院股份有限公司”三家公司合并而成，公司地址设在上海江西路 170 号汉弥尔登大厦内。

中华电影联合股份有限公司股票（图 167）发行于 1944 年 5 月 16 日。该公司由林柏生（南京汪伪政府宣传部长）任董事长，陈公博（南京汪伪政府立法院长）、周佛海（南京汪伪政府财政部长）、褚民谊（南京汪伪政府外交部长）任名誉董事长，川喜多长政（日方）任副董事长，冯节（南京汪伪政府宣传部驻沪办事处处长）任总经理，张善琨、石川俊重（日方）任副总经理。中华电影联合股份有限公司简称“华影”，因此，在股票设计上主要突出“华影”两字，除四周边框上的一圈用“华影”组成的图案外，底版网纹上也布满了防伪的“华影”和“中华电影联合股份有限公司”字眼，整个票面给人的视觉似电影胶卷状的流动感。

120. “一代报人”

邵飘萍

邵飘萍（1886 ~ 1926 年）

邵飘萍，原名镜清，后改为振青，笔名飘萍，浙江东阳人。中国新闻理论的奠基人之一，民国著名报人，被后人誉为“乱世飘萍”、“铁肩棘手”。

邵飘萍是我国民主革命时期杰出的文化战士、著名的新闻工作者和新闻理论开拓者。他以报纸和通讯社为武器，宣传真理，抨击邪恶，被后人誉为“飘萍一支笔，抵过千万军”。

邵飘萍14岁考中秀才，19岁考入杭州浙江高等学堂（浙江大学前身），1905年毕业后返回金华，在他的母校金华中学教历史、国文；1911年他再次到杭州，任《汉民日报》主编，开始了他的办报生涯。1914年邵飘萍从上海东渡日本，就读于东京政法学校，并和潘公弼等同学一起创办了东京通讯社，为京津沪汉各报提供东京通讯；1915年底邵飘萍返回上海，应邀为《申报》、《时报》、《时事新报》等撰写评论。1916年袁世凯死后，《申报》社长史量才聘请邵飘萍为驻京特派记者，他成为中国新闻史上第一个特派记者。1918年10月5日，邵飘萍辞去《申报》驻京特派记者之职，自己出资创办了著名的《京报》，并亲任社长和主笔，从此走上了一条独立办报的艰辛道路。

1918年10月14日，由蔡元培、徐宝璜、邵飘萍创办的北京大学新闻学研究会正式成立，它是中国第一个新闻学研究团体，会长由蔡元培担任。1919年8月，因《京报》屡屡发表揭露政府的文章，被当时的皖系军阀查封（终期2275号），邵飘萍遭到全国通缉，被迫第二次东渡日本。1920年皖系军阀倒台，邵飘萍又回到北京，恢复了《京报》的出版。在办报之余，他被聘为北京平民大学、法政大学的教授，讲授新闻学课程，编写出版了《新闻学总论》和《实际应用新闻学》。1925年春，在李大钊和罗章龙介绍下，邵飘萍在北京秘密加入了中国共产党。

1926年“三·一八”惨案发生后，邵飘萍以极大的愤慨，连续在《京报》上发表评论，严厉声讨北洋军阀政府的滔天罪行。4月，张作霖率奉军进入北京，以“宣传赤化”的罪名将邵飘萍逮捕，4月26日清晨押赴北京天桥东刑场。临刑前，邵飘萍向监刑官拱手说：“诸位免送！”然后面向尚未露出曙光的天空哈哈大笑，从容就义，年仅40岁。1949年4月，毛泽东亲笔批复邵飘萍为革命烈士。

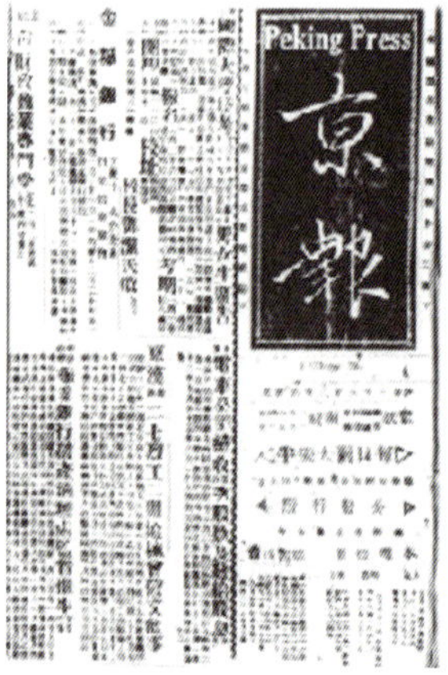
Peking Press
京報

邵飘萍创办的《京报》

邵飘萍北京故居

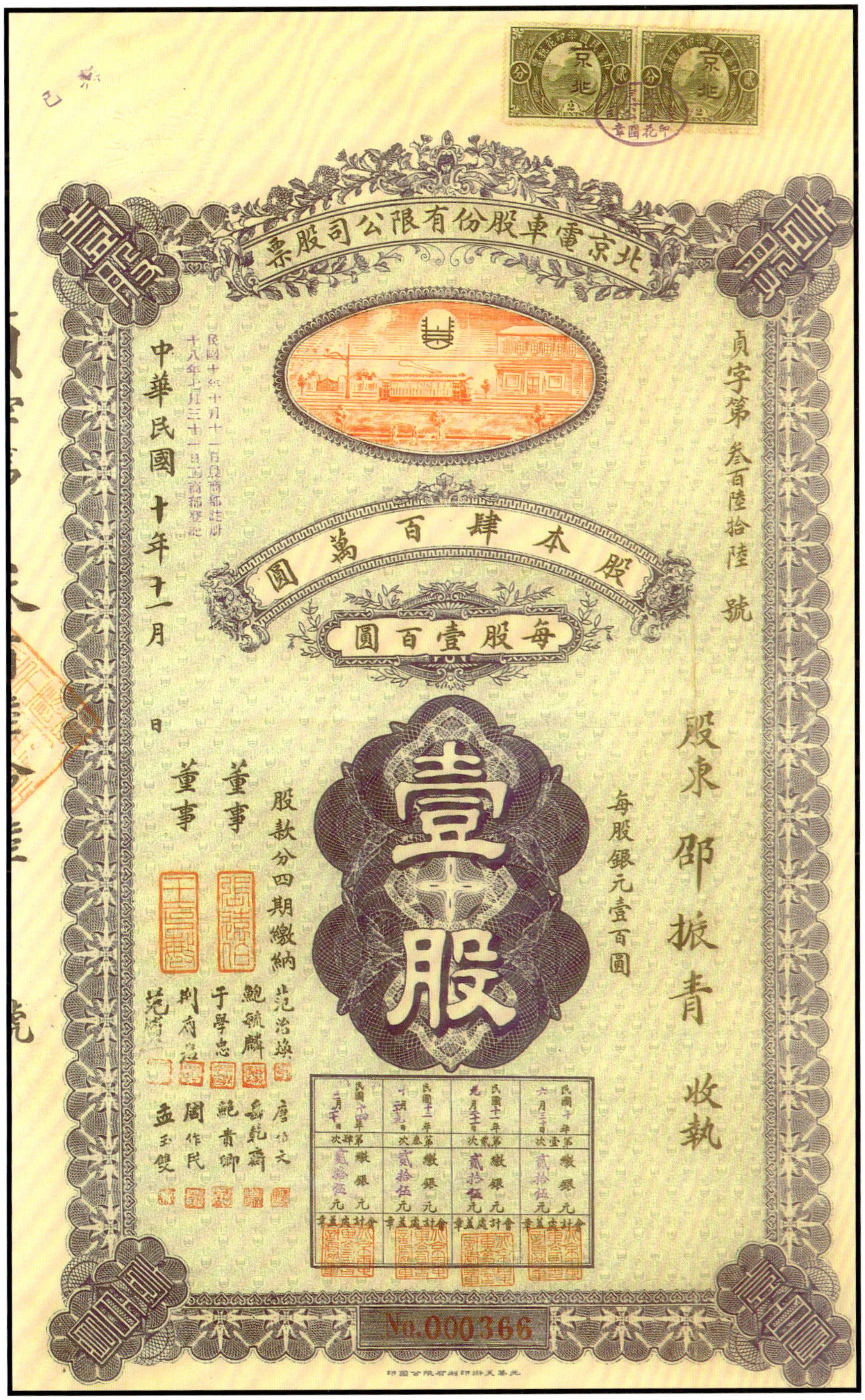

图 168 北京电车股份有限公司股票（罗天生先生藏品）

北京电车股份有限公司股票（图 168）发行于 1921 年 11 月，面值为壹股，股东是“邵振青”（即邵飘萍），至于邵飘萍与北京电车股份公司的关系，还有待进一步考证。

121. “上海影坛明星”

吴 湄

吴湄（1908 ~ 1967年）

吴湄，出生于上海，她是20世纪30年代上海影剧界进步演员，也是南国社、电通影片公司、青岛剧社、业余剧人协会和上海救亡演剧队的活跃成员。上海美心酒家和梅龙镇酒家的“掌门人”。

吴湄初中毕业后在惠群女中小学部任教，1932年肄业于上海暨南大学文学系。在此期间，她参加了田汉领导的“南国社”，成为一名话剧演员。在南国社鼎盛时期，吴湄参加了田汉创作的《湖上的悲剧》、《火之跳舞》、《名优之死》、《南归》等反帝反封建的话剧演出。田汉成了吴湄的引路人。

1930年秋天，吴湄担任了由著名剧作家、导演于伶编剧的《女子公寓》主角，在兰心大戏院公演，轰动了整个上海滩。接着吴湄又主演了《小丈夫》等进步戏剧。1934年春天，田汉和夏衍开辟新的左翼电影阵地，成立电通公司，先后拍摄了《桃李劫》、《风云儿女》、《自由神》、《都市风光》等。这时已是中共地下党员的吴湄，担任了《自由神》的主角，成为南国社一名重要成员。

1940年吴湄告别舞台、影坛，接办了一家行将倒闭的酒家，即上海著名的“梅龙镇酒家”，并出任经理。从此，梅龙镇酒家成为进步戏剧、电影工作者的“文艺沙龙”，同时也成为吴湄秘密接待与掩护进步文艺工作者的场所。上海解放后，吴湄仍担任梅龙镇酒家经理，1956年1月任上海市饮食服务公司副经理，历任上海市人民代表大会第一至第五届代表，中国民主建国会上海市分会第一至第四届委员等。

吴湄剧照

在“文化大革命”中，北京“造反派”责令吴湄交代“问题”，后又对她进行残酷迫害。1967年10月25日，吴湄含冤而死，时年60岁。吴湄的母亲在整理她的遗物时，从女儿贴身衣袋里发现了一张浸染着斑斑血迹的纸条，上面写着：“粉身碎骨浑不怕，要留清白在人间。”1979年2月24日，有关单位在上海龙华革命公墓为吴湄举行追悼会，平反昭雪，恢复名誉。

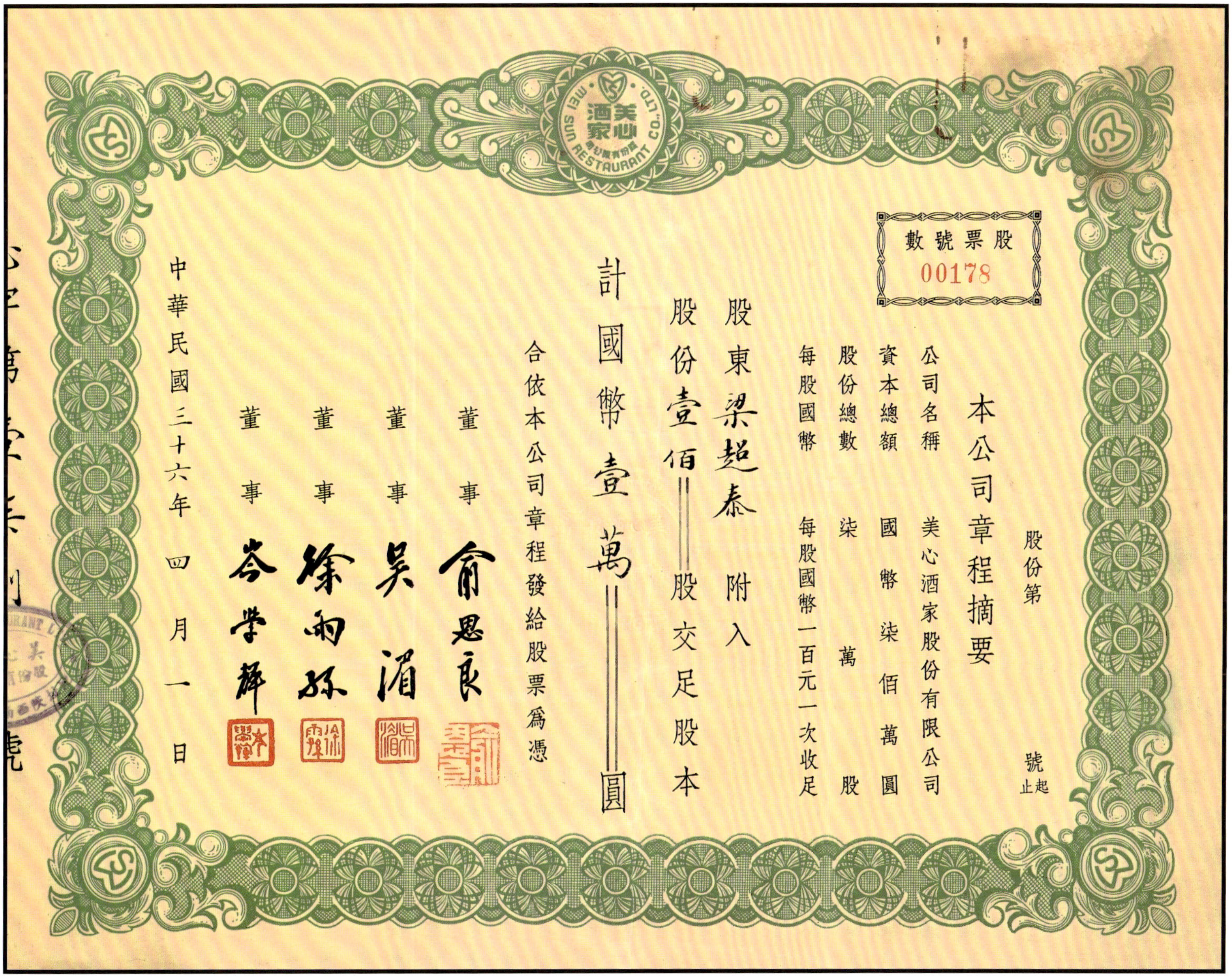

美心酒家
MEI SUN RESTAURANT CO., LTD.

股票號數 00178

股份第　號 起止

本公司章程摘要

公司名稱　美心酒家股份有限公司

資本總額　國幣柒佰萬圓

股份總數　柒萬股

每股國幣　每股國幣一百元一次收足

股東梁超泰 附入

股份壹佰股交足股本

計國幣壹萬圓

合依本公司章程發給股票爲憑

董事 俞思良

董事 吳湄

董事 徐雨林

董事

中華民國三十六年四月一日

图 169　美心酒家股票

美心酒家创设于 1924 年，是沪上著名的粤菜馆之一，原址在虹口区武昌路、崇明路口，1937 年迁到陕西南路 318 号（淮海中路口）。上海美心酒家股票（图 169）发行于 1947 年 4 月 1 日，“董事”栏里有“吴湄”的名字。

122.“地理学家”

童世亨

童世亨（1883 ~ 1975 年）

童世亨，字季通，浙江嘉定（今上海市）人，近代著名地理学家、实业家，浦东电业创始人。他还是我国民间提出“开发浦东”第一人。

中国最早出版的教学地图《中国形势一览图》（1919 年），是我国近代著名地理学家童世亨编著的。

童世亨出生书香门第，1899 年进上海南洋公学学习，1901 年应试录用参与测绘山东、直隶、奉天三省沿海地图，后任上海务本女塾、龙门师范学堂、南京高等师范学校地理教员。1905 年童世亨赴日本留学，1911 年毕业于东京高等工业学校电气机械科，回国后任南京第一工业大学校长，后改任南京电灯厂厂长，1914 年辞职回沪创设中外舆图局。

1916 年童世亨在浙江集资开设嘉兴永明电灯厂，任董事长；1919 年 1 月与黄炎培、钱新之等人创办浦东电气股份有限公司（以下称“浦电公司”），后来归并了川北、大川、祝桥、启明、奉城等 10 多家电灯（电气）公司，供电范围扩展到川沙、南汇、奉贤和上海等 4 县境内，供电面积达 1 450 平方公里，当时的国民政府称赞它“堪称全国民营电业之楷模”。“八一三”事变后，浦电公司被日本侵略军接管，抗战胜利后复业。

新中国成立后，浦电公司于 1954 年实行公私合营。地处浦东的“浦电路”就是以童世亨创办的浦电公司命名的。1975 年童世亨因病在沪去世，终年 93 岁。他一生著有《历代疆域形势一览图》、《中国形势一览图》、《七省沿海形胜图》、《中华民国分道新图》等。

童世亨先生的遗作和手稿

浦東電氣股份有限公司

股票

設立註冊 中華民國八年十二月三十日

變更登記 中華民國卅七年一月卅一日 經濟部執照新字第二九六四號

股份總額 伍億股

每股金額 國幣壹拾圓

資本總額 國幣伍拾億圓

股東 單志眉 君

股份伍萬股

國幣伍拾萬圓整

董事長 童季通

董事 趙晉卿

董事 錢新之

董事 朱鴻圻

董事 童受民

中華民國三十八年三月廿六日填發

第 04577 號

图 170 浦东电气股份有限公司股票

浦东电气股份有限公司创立于 1919 年 1 月，由嘉定学者童世亨联合上海知名人士黄炎培、钱新之、张蟾芬等集银元 20 万元创办，它是上海浦东地区第一家民营电气企业。公司租用上海春江码头 10 号（今陆家嘴游龙路）为事务所，同时在塘桥建造张家浜发电所，并与发电所同步建设浦东第一条长 10 公里的 2.3 千伏供电线路。

浦东电气股份有限公司股票（图 170）发行于 1949 年 3 月 26 日，童季通（即童世亨）任董事长。

123. “集邮界一代宗师”

马任全

马任全（1908 ~ 1988 年）

马任全，江苏常州人，著名集邮家、邮学家，被集邮界誉为“一代宗师”。

在中国集邮界，第一个抢救并收全中华稀世珍邮、第一个在世界上编著出版中英文邮学巨著《国邮图鉴》、第一个将稀世珍邮悉数捐献给国家的人，是被集邮界誉为“一代宗师”的著名集邮家、邮学家马任全。

马任全从学生时代起就迷上集邮，完全是受父亲的影响。马任全的父亲马润生，是当时我国民族工商界中一位卓有成就的企业家，先后在上海、常州两地创办过纺织厂、铁工厂和石粉厂。马润生一生喜好集邮，并对邮学颇有研究，曾撰写过多篇邮学论文。马任全耳濡目染，从学生时代起，就专心致志于清朝和早期国邮的收集。在普遍认为集邮是“玩物丧志”的年头，马润生老先生却十分开明，在经济上、精神上全力支持儿子的集邮活动。早在 20 世纪三四十年代，马润生就想自编一部《国邮手册》，可是正当他即将完成时，一场大病竟夺去了他的生命。马任全继承父志，于 1944 年 5 月，凝结着两代人心血的集邮工具书《国邮手册》得以问世。1947 年，马任全又出版了享誉国内外的权威巨著《国邮图鉴》，此书被国际集邮界称为《马氏国邮图鉴》。

马任全在遨游“邮海”的同时，还积极参与企业的管理工作。1931 年他从上海沪江大学化学系毕业后，在其父亲的顺昌石粉厂从担任书记、营业员做起，1937 年接任经理、厂长，先后去日本、印尼、新加坡、美国等地考察，引进先进技术，打开产品销路，使顺昌石粉厂成为当时远东最大的石粉厂之一。

马任全是一位有着强烈爱国思想的集邮家。抗战时期，他看到旧中国许多珍贵邮票流失海外，痛心疾首，发誓要把珍奇国邮掌握在自己人手中。针对清朝万寿票、大龙票和早期红印花加盖票三大目标，马任全以坚忍不拔的毅力潜心搜罗。功夫不负有心人，马任全收集的早期华邮珍品蔚为大观，特别是觅得了一枚传世孤品“红印花小字当壹圆”旧票。这枚邮票在被发现后的 47 年中，曾九易其主、两次外流，1944 年终于被马任全重金购得，轰动了当时的中国邮坛。

1956 年 7 月，马任全把自己一生花重金收集来的 6 167 枚珍贵邮票（包括这枚传世孤品“红印花小字当壹圆”旧票），全部捐献给了上海博物馆。1988 年 7 月 15 日，马任全因患肺癌不幸逝世，享年 80 岁。值得告慰马任全的是，他的幼子马佑璋接过祖、父两代的衣钵，成为马氏家族的第三代传人，曾任全国集邮联合会理事、江苏省集邮协会副会长。

马任全的邮学巨著《国邮图鉴》

传世孤品“红印花小字当壹圆”旧票

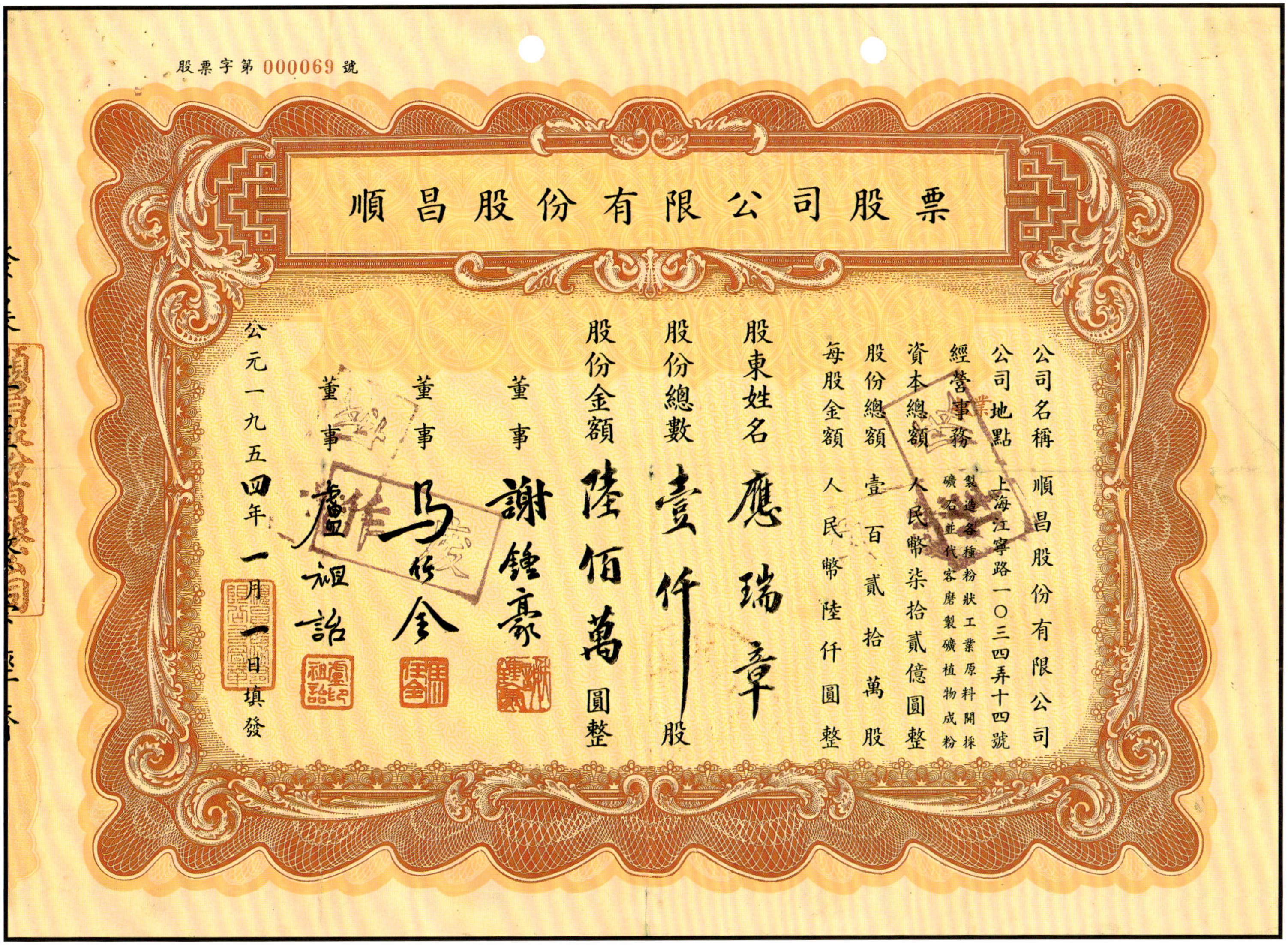

股票字第000069號

順昌股份有限公司股票

公司名稱 順昌股份有限公司
公司地點 上海江寧路一〇三四弄十四號
經營事務 製造各種粉狀工業原料開採礦石並代客磨製礦植物成粉
資本總額 人民幣柒拾貳億圓整
股份總額 壹百貳拾萬股
每股金額 人民幣陸仟圓整
股東姓名 應瑞章
股份總數 壹仟股
股份金額 陸佰萬圓整
董事 謝鍾豪
董事 马任全
董事 盧祖詒
公元一九五四年一月一日填發

图 171 顺昌股份有限公司股票

1924 年，马润生创办了上海顺昌机制石粉厂，1956 年后并入上海石粉厂、天原化工厂。

顺昌股份有限公司股票（图 171）发行于 1954 年 1 月 1 日，上面有马任全的签名和印鉴，当时马任全任顺昌石粉厂厂长。

124.“万金油大王、报业大王”

胡文虎

胡文虎（1882 ~ 1954 年）

胡文虎，原籍福建龙岩永定县，生于缅甸仰光，我国著名的华侨企业家、报业家和慈善家，素有“万金油大王”、“报业大王”、“大慈善家”、“南洋华侨传奇人物”之称。

20世纪前叶，在东南亚出现了一位声誉卓著的华侨实业家，他就是被人们称为“万金油大王”和“报业大王”的胡文虎。

胡文虎的父亲胡子钦是侨居缅甸的中医，在仰光开设永安堂中药铺，1908年胡子钦病故，胡氏兄弟继承父业。1910年，胡文虎着手扩充永安堂虎豹行，又吸收中国传统膏丹丸散的优点，研制成万金油、八卦丹、头痛粉、止痛散、清快水等成药，胡氏兄弟由此发家致富。1923年，胡文虎将永安堂总行迁到新加坡，并先后在新加坡、马来亚、中国香港各地开设分行；1932年，他又把总行从新加坡迁到香港，并在广州、汕头新建制药厂，市场扩展到中国东南沿海。永安堂的“虎标良药”从此畅销于整个西太平洋和印度洋的广大地域。

胡文虎一生中，用了很大一部分财力与精力办报纸。1908年，胡文虎在仰光集股合办《仰光日报》，1929年在新加坡独资创办《星洲日报》，1931年又在广东汕头创办《星华日报》。1935年初，胡文虎的第三家报纸《星光日报》在厦门出版，同年底，《星中晚报》在新加坡发行。1938年8月1日，胡文虎在香港的《星岛日报》正式出版，聘请名记者金仲华为总编辑。1945年抗战胜利后，胡文虎除了迅速恢复战前已经出版的报纸外，又在福州创刊《星闽日报》，在上海筹办《星沪日报》，在香港创办英文版《虎报》，在泰国创办《星暹日报》，甚至购置了专为运送报纸的私人飞机，胡氏本人也由此获得“报业大王”的称号。

1931年“九一八”事变后，海外华侨爱国热情空前高涨。胡文虎首捐2.5万银元支援东北抗日义勇军。1932年“一二八”淞沪抗战爆发，十九路军浴血奋战，胡文虎立即电汇国币1万银元给中国红十字会；2月下旬又电汇1万银元直接给十九路军的蔡廷锴，并捐赠大批“虎标良药”和其他药品。到1937年“七七”卢沟桥事变后，胡文虎除捐助大批药品、物资外，又出钱组织华侨救护队，直接回国参加抢救伤兵工作。

1954年9月5日，胡文虎在美国檀香山病逝，享年72岁。他的“掌上明珠”胡仙继承父亲的香港万金油产业和接掌星系报业有限公司，她本人成为世界中文报业协会蝉联主席、“新闻女王”，名气不亚于乃父当年。1984年5月，福建省人民政府宣布将胡文虎在福建的遗产归还给胡氏家属，胡仙将中川虎豹别墅修葺一新，捐献给政府改作“胡文虎纪念馆”。

汕头市地标式建筑——胡文虎大楼

胡文虎、胡文豹的香港“虎豹别墅”

卅六年度應得溢利撥
充股本肆佰零肆股
計國幣肆佰零肆萬元正

THE FUKIEN ECONOMIC DEVELOPMENT CO. LTD.

福建經濟建設股份有限公司

股票經字第 0014 號
資本 資本總額國幣壹佰億元
股額 分為壹佰萬股每股國幣壹萬元
成立日期 中華民國三十六年七月十二日
總公司 設廈門
股東 陳約翰 户計收伍佰 股
國幣伍佰萬圓整
董事長 胡文虎
副董事長 黃重吉 王振相
常務監察 嚴焰
兼總經理 胡文虎
副總經理 何葆仁 黃超龍
中華民國三十六年十二月三十日

图 172 福建经济建设股份有限公司股票

福建经济建设股份有限公司创立于 1946 年 11 月 15 日，资本总额为国币 300 亿元，其中在马来亚募集 100 亿元，在菲律宾、东印度（今印度尼西亚）、泰国、越南、缅甸等地合募 100 亿元，在福建省和上海、香港等地合募 100 亿元，胡文虎独自承担 13 亿元。公司的经营范围包括金融、交通、工矿、农林及水利、渔盐业、特产、信托保险、国际贸易等。

福建经济建设股份有限公司股票（图 172）发行于 1947 年 12 月 30 日，资本总额国币 100 亿元，总公司设在厦门，胡文虎任董事长兼总经理。股票正反面都盖有胡文虎的印章。

125.“大夏大学创始人”

王伯群

王伯群（1885 ~ 1944 年）

王伯群，原名文选，字荫泰，斋名清雪庐，贵州兴义下五屯景家屯人，辛亥革命和护国运动的直接参与者，天津七君子之一，大夏大学的创始人。

王伯群早年留学日本，毕业于中央大学政治经济科，后加入中国同盟会。1911 年他回国参加辛亥革命，创办上海大共和报，后参加护国和护法运动。1912 年，他与章炳麟等组织中华民国联合会（后改称统一党）。1919 年南北议和时，他任南方代表，1922 年春，任贵州省省长，1926 年任上海财政委员会委员，1927 年后历任中央政治会议委员、国民政府委员、交通部部长、国民党中央执行委员以及贵州省省长、上海交通大学校长、大夏大学校长、中美航空公司董事长等职。

王伯群任交通部长期间，主张振兴铁路，统一邮政，创办航空，发展电讯，整顿交通秩序。其主要政绩有：收回外人主持之财政；建立财政储金汇业局和真茹国际大电台；取消外国人在国内设立的电信营业局，设立国际电信局；开设南京、上海、武汉、青岛自动电话；接收英国人所设烟台、威海卫水线收发处；恢复吴淞商船专科学校；设立沪、蓉航空管理处，开通定期航班；等等。

大夏大学校徽

王伯群的一生为国家、为人民做了两件功垂千秋的业绩：

第一件是对“护国战争”的贡献。1911 年辛亥革命爆发，推翻了清王朝的封建统治，成立了中华民国，孙中山被推选为中华民国临时大总统。但是不久，北洋军阀袁世凯窃取了总统职位，阴谋复辟帝制。王伯群与梁启超、蔡锷等 7 人在天津举行秘密会议，决定在滇黔两省起义反袁。王伯群只身冒险先到云南劝说都督唐继尧，随即入黔策动护军刘显世，终于促成两省起义。

第二件是王伯群捐资在上海创办私立大夏大学。大夏大学是由 1924 年因学潮从厦门大学脱离出来的部分师生在上海发起建立的一所综合性私立大学。“大夏大学”名称含有由厦门大学演变而来及光大华夏之意。1929 年春，王伯群自投白银 6 万 7 千余两，于次年建成占地 300 余亩大夏大学新校舍，包括教学大楼、大礼堂、理科实验室、图书馆、体育馆、教职员宿舍、男女生宿舍、饭厅、浴室等建筑群。抗战期间，大夏大学曾西迁贵州与复旦大学合并为中国历史上第一所联合大学，光复后迁回上海。1951 年 10 月，大夏大学在原址与光华大学合并成立华东师范大学，成为新中国创办的第一所师范大学。

1944 年 12 月 20 日，王伯群因胃溃疡逝于重庆陆军医院，终年 59 岁。

王伯群上海旧居
（后为长宁区少年宫）

大夏大学旧址

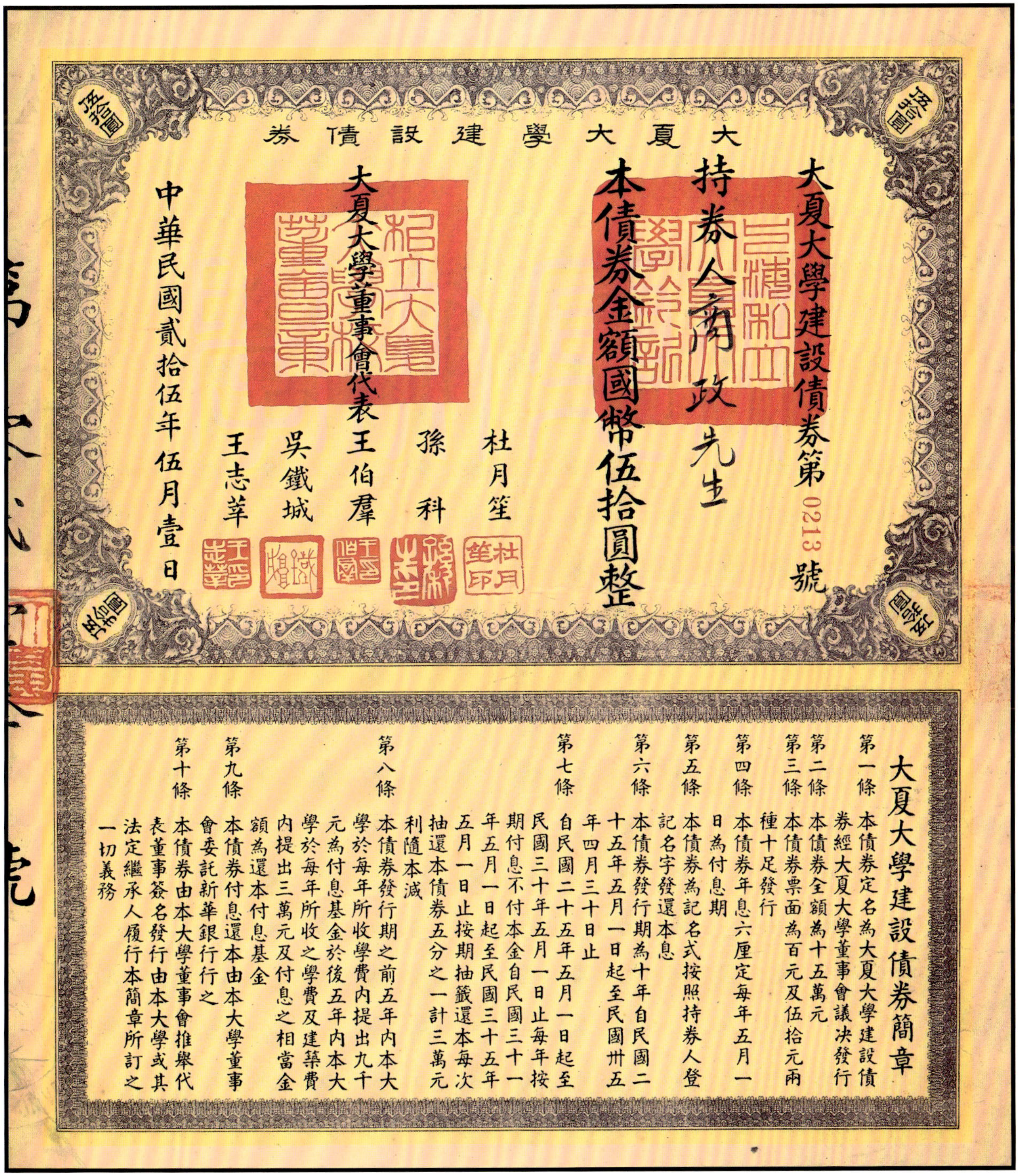
伍拾圓

大夏大學建設債券

大夏大學建設債券第 0213 號

持券人高內政先生

本債券金額國幣伍拾圓整

大夏大學董事會代表 杜月笙 孫科 王伯羣 吳鐵城 王志莘

中華民國貳拾伍年伍月壹日

大夏大學建設債券簡章

第一條 本債券定名為大夏大學建設債券經大夏大學董事會議決發行

第二條 本債券全額為十五萬元

第三條 本債券票面為百元及伍拾元兩種十足發行

第四條 本債券年息六厘定每年五月一日為付息期

第五條 本債券為記名式按照持券人登記名字發還本息

第六條 本債券發行期為十年自民國二十五年五月一日起至民國卅五年四月三十日止

第七條 自民國二十五年五月一日起至民國三十年五月一日止每年按期付息不付本金自民國三十一年五月一日起至民國三十五年五月一日止按期抽籤還本每次抽還本債券五分之一計三萬元利隨本減

第八條 本債券發行期之前五年內本大學於每年所收學費內提出九千元為付息基金於後五年內本大學於每年所收之學費及建築費內提出三萬元及付息之相當金額為還本付息基金

第九條 本債券付息還本由本大學董事會委託新華銀行行之

第十條 本債券由本大學董事會推舉代表董事簽名發行由本大學或其法定繼承人履行本簡章所訂之一切義務

图 173　大夏大学建设债券

大夏大学建设债券（图 173）发行于 1936 年 5 月 1 日，该债券总额为国币 15 万元；债券面额分为 100 元和 50 元两种；债券发行期为 10 年，自 1936 年 5 月 1 日起至 1946 年 4 月 30 日止。票面上的大夏大学董事会代表有杜月笙、孙科、王伯群、吴铁城、王志莘等各界著名人士。

126. “中国现代会计之父”

潘序伦

潘序伦 (1893 ~ 1985 年)

潘序伦，宜兴丁蜀镇人，中国颇负盛名的会计学家和教育家，上海立信会计学院创始人，被国内外会计界誉为“中国会计之父”。

“立信”创始人潘序伦先生，是我国近代历史上一位杰出的会计专家、教育家。

潘序伦出身书香门第，12 岁前读私塾，后入蜀山小学，毕业后考进上海浦东中学，颇得校长黄炎培的赏识，后破格进入上海圣约翰大学。1921 年，潘序伦从上海圣约翰大学毕业后，赴美留学，先后获得哈佛大学企业管理硕士和哥伦比亚大学经济学博士学位，他在留学时就选定会计专业为终生职业。

1924 年潘序伦学成回国，先后担任上海商科大学教务主任兼会计系主任和上海国立暨南学校商学院院长等职。在大学执教的两年中，潘序伦引进并讲授西方新式会计理论，培养了数百名大学生。1927 年，他辞去大学教职，在上海创办“潘序伦会计师事务所”；第二年，取《论语》中“民无信不立”之意，将事务所更名为“立信会计师事务所”，至 1937 年，共承办各类业务案件四千余例。潘序伦深感中国会计人才之匮乏和推广新式会计之紧迫，他在设立事务所不久，就开始会计办学活动。从 1928 年开始，他先后开办了立信会计补习学校、函授学校、专科学校和高级职业学校，以及立信会计图书用品社（后更名为立信会计出版社），创立了立信会计学校、立信会计师事务所、立信会计图书用品社“三位一体”的办学模式，向社会输送了数以万计的会计人才。

新中国成立后，潘序伦积极推动恢复的立信会计专科学校建了新校舍，成立了全国第一个会计学会——上海会计学会和第一个会计师事务所——上海会计师事务所，重建了立信会计编译所，编译出版了《新编立信会计丛书》、《立信财经丛书》等 30 多种。当然，潘序伦也经受了“反右”的灾难和“文革”的迫害。党的十一届三中全会以后，落实政策，他得到“文革”期间被抄财物的赔偿款 8 万元，立即捐半数给刚建成的上海市会计学会作事业费，又捐赠 3.5 万元给正在恢复的立信会计专科学校作奖学基金。1985 年 11 月 8 日，潘序伦在上海病逝，享年 92 岁。1987 年 11 月，他的半身铜像在立信校园落成。

立信会计学校校训

立信会计出版社出版标记

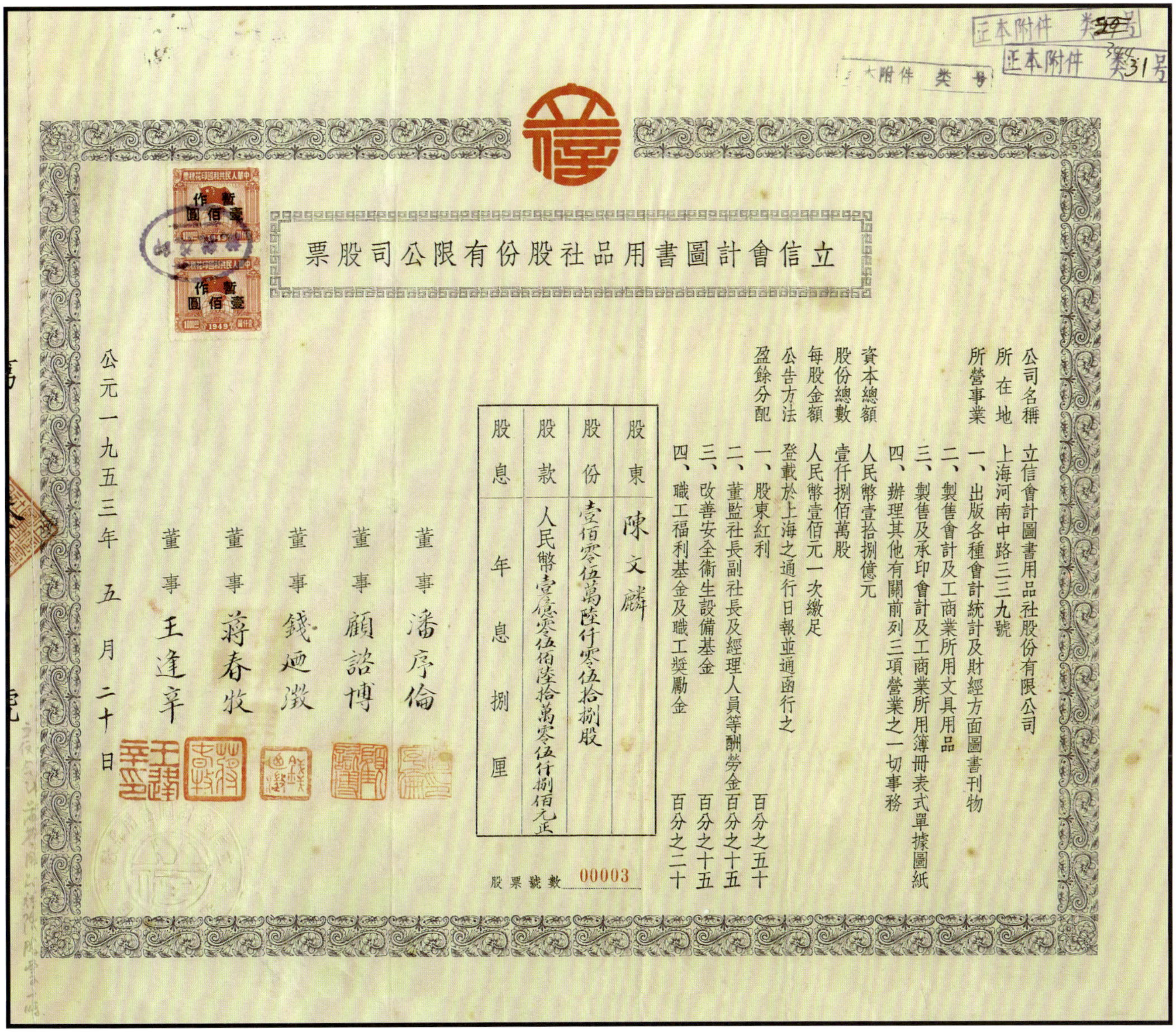
立信會計圖書用品社股份有限公司股票

公司名稱 立信會計圖書用品社股份有限公司
所在地 上海河南中路三三九號
所營事業 一、出版各種會計統計及財經方面圖書刊物
二、製售會計及工商業所用文具用品
三、製售及承印會計及工商業所用簿冊表式單據圖紙
四、辦理其他有關前列三項營業之一切事務
資本總額 人民幣壹拾捌億元
股份總數 壹仟捌佰萬股
每股金額 人民幣壹佰元一次繳足
公告方法 登載於上海之通行日報並通函行之
盈餘分配 一、股東紅利 百分之五十
二、董監社長副社長及經理人員等酬勞金 百分之十五
三、改善安全衛生設備基金 百分之十五
四、職工福利基金及職工獎勵金 百分之二十

股東	陳文麟
股份	壹佰零伍萬陸仟零伍拾捌股
股款	人民幣壹億零伍佰陸拾萬零伍仟捌佰元正
股息	年息捌厘

股票號數 00003

董事 潘序倫
董事 顧詢博
董事 錢廼澂
董事 蔣春牧
董事 王逢辛

公元一九五三年五月二十日

图 174 立信会计图书用品社股份有限公司股票

立信会计出版社原名“立信会计图书用品社”，是一家出版会计、财经类图书，印制会计用品的专业出版社。1941 年 6 月 1 日由我国已故著名会计专家、教育家潘序伦与出版家邹韬奋主持的生活书店集资创办于重庆，1945 年迁至上海。

立信会计图书用品社股份有限公司股票（图 174）发行于 1953 年 5 月 20 日，董事长潘序伦，股票号数 00003，票面上有“立信”LOGO 和 2 枚印花税票。立信会计图书用品社股份公司地址在上海河南中路 339 号。

陈伟国在家中研究老股票

陈伟国，浙江镇海人，1947年生，“老三届”中的一员（67届高中），毕业于上海电视大学中文系；1981年应聘编辑、记者进入上海广播事业局、上海电视台工作，先后任编辑、记者、责任编辑、制片人、主编等，主要作品有4集大型电视纪实片《证券风云录》。

陈伟国与股票的情缘

20世纪90年代，4集《证券风云录》让陈伟国的名字被众人知晓，这是第一部翔实记录新中国证券市场孕育、诞生、发展轨迹的大型电视专题片。20年后，陈伟国又出版了由他精心编纂的《稀珍老上海股票鉴赏录》，140余张老上海实物股票跃然纸上。从金融记者到股票收藏人士，陈伟国近30载的新闻生涯与股票结下了深厚的情缘。

初生牛犊做记者

1981年，陈伟国怀着对新闻事业的憧憬，参加了上海广播事业局的首次社会招聘。皇天不负有心人，经过重重选拔，他从5 000多名应聘者中脱颖而出，踏上了上海广播事业局的编辑岗位。1987年，从事编辑工作6年的陈伟国决定投身一线记者岗位，于是他来到当时上海电视台二台经济部，做了一名金融记者，这一待就是20多年。

20世纪90年代初，改革开放的浪潮开始席卷全国，陈伟国采制了大量银行、证券、保险等方面的新闻，更是见证了上海证券交易所开业等重大经济事件。就在那时，陈伟国开始酝酿一个计划：摄制一部介绍新中国证券市场的专题片。

《证券风云录》名噪一时

1990年底，陈伟国以编导身份开始筹拍一部名叫《证券风云录》的大型电视专题片。为了翔实反映上海证券市场的发展轨迹，陈伟国和主创人员曾走访各地收集大量史料。历时8个月，这部《证券风云录》终于摄制完成，片子里辑录了上海第一个股票柜台交易、第一次发行股票时股民连夜排队、中国改革开放总设计师邓小平送给纽约证券交易所董事长凡尔霖一张“飞乐音响股票”等许多历史性画面，为后人留下了非常珍贵的影像资料。然而，由于当时这部片子涉及的题材非常敏感，陈伟国面临了片子拍好但不能播出的尴尬境地。直到1992年3月26日，雪藏一年多的4集《证券风云录》终于在上海电视台晚上9点的黄金时段开播，一时引起国内外舆论的广泛关注。新华社当天报道称："上海第一场股市交易的第一声锣响今晚将在上海许多家庭再一次响起。"国外舆论认为，《证券风云录》的开禁，是中国金融领域改革开放的一个强烈信号。

股票收藏成"心头好"

就在《证券风云录》播出后，陈伟国便与股票结下了不解之缘。陈伟国惊喜地发现，从清末到民国时期的老股票印制精美，文化内涵丰富，非常具有收藏价值。面对这块未开垦的"处女地"，陈伟国开始在业余时间收藏老股票、研究老股票。从收藏1992年第一批发行的"老八股"，到2002年开始搜集更具"文化底蕴"的民国时期老股票，目前陈伟国已经收藏了数百张从清末、民国到新中国成立以来的实物股票。

2010年12月19日，上海证券交易所成立20周年。当晚，陈伟国应上海电视台《新闻夜线》栏目之约，接受主持人张译心的专访。

在陈伟国看来，老股票所蕴涵的历史文化价值远远超过它的收藏价值：每一张老股票都包含着一个故事，每一个故事都包含着一段历史；每一张老股票都记载了岁月的沧桑变迁，每一个时代变迁都在老股票上留下深深的印记。一张1955年发行的中国青年出版社股票，引出了当年胡耀邦与新中国出版业的一段往事，陈伟国曾将这张股票送到《新民晚报》，报纸当天就刊发了这则新闻和图片。

出书满怀历史情

2007年，陈伟国编著的《稀珍老上海股票鉴藏录》由上海远东出版社出版。对于实物股票收藏界来说，这是至今我国出版的最全面、最系统的老上海股票"工具书"。它汇集了清末到1949年上海120多家知名企业所发行的实物股票、债券140多张，涵盖了金融、工业、商业、公用事业、房地产、文化出版、电影娱乐等各个行业。《稀珍老上海股票鉴藏录》的出版，凝聚了陈伟国多年的心血和炽热的情感。他说："编著这样一本书，是出于我对上海这座城市深厚积淀的深深眷恋，出于对上海不少民族资本家坎坷创业经历的深深敬佩，出于对上海老股票厚重文化底蕴的深深迷恋。"

如今，陈伟国已退休在家享受天伦之乐。除了炒炒股票、写写文章，他的兴趣爱好主要还是放在股票收藏上。如今他的第二本股票鉴藏书《中国近代名人股票鉴藏录》又问世了。从不轻易放弃梦想，做自己喜欢的事情，这是陈伟国几十年来坚持的人生理念。（原载《传媒人报》）

任良成，福建福州人，1958年出生在一个普通的文人家庭，经历过“文化大革命”，进过工厂，当过工人，得益于恢复“高考”制度，1982年毕业于福州师专中文系，曾有短暂的语文教学生涯，期间担任过校办工厂厂长。

任良成简介

1990年，因缘际会买入福耀玻璃未上市公司股票，从此由实业投资转向证券投资，与证券市场结下了不解之缘。同年，创办福州成涛信息有限公司并任董事长。

1992年，见证了沪深证券市场实行上市公司股票从实物到无纸化发行和交易，并加入走南闯北购买上市公司股票认购证的大军，从此和上市公司股票认购证收藏结下良缘。

1997～1998年，公司投巨资向全国各地大量收购上市公司股票认购证与股票藏品，并引来了全国各地跟风盘，掀起了上市公司股证与股票收藏的第一次高潮，其收购价格也一路攀升。1999年经福建省计量局审计，由福州市公证处公证后，荣获上海大世界基尼斯总部颁发的股证收藏数量之最，达353万余枚，其中既有清朝、民国、解放初期的股票，也有各类改革开放后上市公司股票，以及上市公司股票认购证等。

2000年，公司利用收集来的股藏品，和《上海证券报》社联合推出十余种证券系列文化礼品，如《中国老股票珍品》、《中国股证珍藏册》、《上市公司股票选粹》、《大清帝国股票珍品》等。另外，还设计出中国第一套带有股票的台历、挂历、贺卡，以及中国第一副股票扑克牌。这些礼品被上海证券交易所、深圳证券交易所部分选作礼品赠送给贵宾。

2003年，为了弘扬中国证券文化，普及、宣传证券知识，并有助于人们收藏和鉴赏股票，公司投资创办了中国股票博物馆（www.ct66.com），这也是中国最早的股票收藏网站和股票博物馆。

2004 年，为了抢救保护这些已退出证券交易市场的上市公司股票，再次投放大量资金收购了大量的老股票并获得成功。

2005 年，与北京大学金融与证券研究中心、中国人民大学

金融与证券研究所、中央财经大学证券与期货研究所、西南财经大学货币证券博物馆以及著名经济学家曹凤岐、吴晓求、贺强，还有著名收藏家联合主编《中华人民共和国上市公司股票图谱大系》；同年，应上海财经大学建校成立 88 周年之邀请，与上海收藏协会股票专业委员会成功举办了“中国百年证券展”。

2005 年～ 2007 年，中国证券市场掀起了绝无仅有的一轮大牛市，本人又在上海成立上海任行投资管理有限公司，并与众多机构合作，大量收购银行、证券、保险等金融类法人股，股票上市后获得了巨大的投资收益，为中国股票博物馆（www.ct66.com) 提供了有力的资金保障。

2008 年至 2012 年，公司除了大幅建仓中国老股票藏品、完善馆藏品外，再次转战资本市场，带领上海任行投资管理有限公司全体工作人员收购沪深股市上市公司大小非解禁股，成为全国大宗交易领域最大的买家之一。截至今日，从事的大宗交易达200多家上市公司。它们的股票包括：大唐电信（600198）、东华软件（002065）、宝石 A(000413）、江淮汽车（600418）、圣莱达（002473）、上海绿新（002565）、海康威视（002415）、潜能通信（300191）、四维图新（002405）、海能达（002583）、中化岩土（002542）、西南证券（600369）、上海钢联（300226）、双龙股份（300108）、西陇化工（002584）、大金重工（002487）、海兰信（300065）、万昌科技（002581）、金亚科技（300028）、佐力药业（300181）、高乐股份（002348）、益盛药业（002566）、威华股份（002240）、中弘股份（000979）、新海股份（002120）、ST 宝龙（600988）、长江润发（002435）、佰利联（002601）、华谊嘉信（300071）、老板电器（002508）、中银绒业（000982）、金力泰（300225）、卫宁软件（300253）、吉峰农机（300022）、爱康科技（002610）、山东章鼓（002598）、同花顺（300033）、新世纪（002280）、理邦仪器（300206）、海鸥卫浴（002084）、朗姿股份（002612）、东方国信（300166）、天宝股份（002220）、江河幕墙（601886）、汇川技术（300124）等。

近年来，上海任行投资管理有限公司、中国股票博物馆在资本市场和股票收藏界的声誉越来越受到媒体关注，曾经协助中央电视台拍摄《大市中国》、《盛宣怀》等纪录片，接受香港凤凰卫视、山东电视台、福建电视台等电视媒体的采访，也接受过《上海证券报》、《证券时报》、《东方早报》、《海峡都市报》、《21 世纪网》等平面媒体的采访。

上海任行投资管理有限公司（www.renhang.net/）董事长
中国股票博物馆（www.ct66.com）馆　长

后记

大约在5年前，也就是2007年6月，凝聚着自己多年心血的《稀珍上海老股票鉴藏录》出版了。编著这样一本书，是出于我对上海这座城市深厚历史积淀的眷恋，出于对不少民族资本家坎坷创业经历的敬佩，出于对上海老股票厚重文化底蕴的迷恋。

然而在欣喜之余，随着时间的推移，随着我手头老股票的不断增多和对它研究的不断深入，我时不时有一种意犹未尽、不吐不快，特想出一本《稀珍上海老股票鉴藏录》姐妹篇的强烈愿望。真是"皇天不负有心人"，后来偶遇上海任行投资管理有限公司董事长、中国股票博物馆馆长任良成先生和上海财经大学出版社第一编辑室主任王永长先生，说起这个想法，三个人都觉得不错。于是，《中国近代名人股票鉴藏录》因缘际会而面世了。这对于我来说，一生也不留遗憾了。

每一张老股票都记载了岁月的沧桑变化，每一张老股票都牵涉到一些人物，每一个人物都在老股票上留下了深深的印记。说实话，我在收藏和欣赏每一张老股票时，对股票上董事和股东的名字格外留意、特别关注，因为在我看来，在中国近代史上，凡是能够发行股票、拥有股票，并且在股票上留下大名和印鉴的绝非是等闲之辈，而是一批在政治、经济、文化等领域具有相当威望和经济实力的人物，他们披荆斩棘、筚路蓝缕，冲破封建势力的重重束缚，在中国古老的土地上确立起了新的生产方式、经营方式，他们无愧为中国股份制企业的开拓者、先行者和实践者。

本书就是试图从传承中国文化这样的一种高度，从"名人与股票"这样的一个视角，来展示这幅长达百年的中国股票发展的历史画卷。今天，我们展示和梳理这样一条跨越中国百年的股票发展的脉络，是为了借助这些弥足珍贵的老股票，从更高的层次、更广的视野，来审视中国清末民初以来那种独特的博大精深的文化底蕴。

随着时间的流逝和时代的变迁，如今绝大多数的中国老股票已经"沉淀"了，我们只能从侥幸漏网的实物股票中去探寻那些创业者曾经走过的人生足迹。但值得欣慰的是，中国的股票史仍在延续，那些著名股份公司的创业史仍在延续，不少创业者的后代仍在延续着他们昔日的辉煌！

在编写《中国近代名人股票鉴藏录》的过程中，得到了不少股藏界朋友的热情鼓励和大力帮助，他们有的为我们提供人物线索和珍贵史料；有的则毫无保留地为我们提供独家收藏的股票实物，特在此一并表示感谢！因本人成书心切且又才疏学浅，书中必有不少谬误和值得商榷之处，还望各位读者和股藏界朋友指正和谅解。

陈伟国
2012年9月